教育部人文社会科学重点研究基地
东北财经大学产业组织与企业组织研究中心重大项目

经济全球化背景下转轨国家产业发展和产业安全

——以中国、俄罗斯为主要分析视角

郭连成　王鑫　著

2016 年·北京

图书在版编目(CIP)数据

经济全球化背景下转轨国家产业发展和产业安全：以中国、俄罗斯为主要分析视角/郭连成、王鑫著—北京：商务印书馆，2016
ISBN 978 – 7 – 100 – 12806 – 3

Ⅰ.①经… Ⅱ.①郭…②王… Ⅲ.①产业发展—研究—中国 Ⅳ.①F121.3

中国版本图书馆 CIP 数据核字(2016)第 291934 号

所有权利保留。
未经许可，不得以任何方式使用。

经济全球化背景下转轨国家产业发展和产业安全
——以中国、俄罗斯为主要分析视角
郭连成　王鑫　著

商　务　印　书　馆　出　版
(北京王府井大街36号　邮政编码100710)
商　务　印　书　馆　发　行
北京市艺辉印刷有限公司印刷
ISBN 978-7-100-12806-3

2016 年 11 月第 1 版	开本 787×1092 1/16
2016 年 11 月北京第 1 次印刷	印张 26
	字数 370 千

定价：68.00 元

目 录

前 言 1

第一章 经济全球化与转轨国家经济安全的相关性 5

第一节 经济全球化与国家经济安全相关性综论 5
一、经济全球化背景下的国家经济安全 5
二、经济全球化与国家经济安全的一般性分析 8
三、经济全球化与发展中国家经济安全 9
四、经济全球化与国家经济安全相关性若干理论观点 12

第二节 经济全球化与转轨国家经济安全相关性及其原因 15

第三节 经济全球化与转轨国家财政金融安全的相关性 19
一、经济全球化与转轨国家的财政安全 19
二、金融全球化与转轨国家的金融安全 28
三、简要结论 34

第四节 贸易自由化与转轨国家对外贸易安全的相关性 35
一、全球贸易自由化与转轨国家对外贸易发展 36
二、全球贸易自由化与转轨国家对外贸易安全 41

第五节 投资自由化和生产全球化与转轨国家经济安全的相关性 49
一、投资自由化与转轨国家经济安全 49
二、生产全球化与转轨国家经济安全 53

第六节　本章小结 ··· 56

第二章　经济全球化背景下全球产业发展和产业结构变动趋势 ······ 59
第一节　经济全球化与国际产业转移和产业分工 ······················ 59
一、经济全球化进程中国际产业转移和产业分工的变化与特点 ······ 60
二、经济全球化下国际产业转移对世界经济的影响 ··················· 73

第二节　全球产业结构调整的基本态势 ······························· 81
一、投资自由化和生产全球化：全球产业结构调整的原动力 ········ 81
二、全球产业结构调整的基本趋势与特点 ····························· 84
三、全球产业结构调整与升级的推动因素 ····························· 88

第三节　美国和日本产业发展与产业结构调整变化 ···················· 91
一、美国的产业发展与产业结构调整 ·································· 92
二、日本的产业发展与产业结构调整 ································· 100

第四节　欧盟产业发展和产业结构调整变动 ·························· 109
一、产业政策调整 ·· 111
二、产业结构调整 ·· 112

第五节　新兴经济体产业发展和产业结构调整升级 ··················· 122
一、新兴经济体经济与产业发展状况 ································· 123
二、新兴经济体产业结构变化趋势 ··································· 126
三、新兴经济体战略性新兴产业发展与结构升级 ····················· 131

第六节　本章小结 ·· 149

第三章　经济全球化背景下转轨国家产业发展和产业结构调整 ······ 153
第一节　经济全球化对转轨国家产业发展和结构调整的推动作用 ····· 153
一、生产全球化影响转轨国家产业发展和产业结构调整 ············ 154
二、跨国公司全球扩张推动转轨国家产业发展和产业结构调整 ······ 156

三、新一轮科技革命带动转轨国家产业发展和产业结构调整………161

第二节　中国的产业发展与产业结构调整………………………………162

　　一、第一阶段的产业发展与产业结构调整状况…………………163

　　二、第二阶段的产业发展与产业结构调整新态势………………165

第三节　俄罗斯创新发展战略与产业发展和产业结构调整……………189

　　一、创新发展战略为产业发展和产业结构调整奠定了基础……189

　　二、俄罗斯创新发展战略下产业发展和产业结构调整分析……200

第四节　本章小结…………………………………………………………217

第四章　经济全球化背景下转轨国家的产业安全………………………223

第一节　产业安全相关理论………………………………………………223

　　一、产业安全的理论起源…………………………………………223

　　二、产业安全基本理论……………………………………………226

　　三、产业安全若干重要理论………………………………………230

第二节　经济全球化对转轨国家产业安全的影响………………………235

　　一、贸易自由化与转轨国家产业安全……………………………236

　　二、金融全球化与转轨国家产业安全……………………………242

　　三、投资自由化与转轨国家产业安全……………………………248

　　四、生产全球化与转轨国家产业安全……………………………256

第三节　粮食安全…………………………………………………………263

　　一、中国的粮食安全问题…………………………………………264

　　二、俄罗斯的粮食安全问题………………………………………270

　　三、简要结论与评述………………………………………………281

第四节　民族工业安全……………………………………………………284

　　一、中国的民族工业安全——基于产业外资控制的分析………285

二、俄罗斯的民族工业安全 ··· 303
　　三、简要结论 ·· 321
第五节　能源安全 ·· 322
　　一、中国能源安全问题 ··· 323
　　二、俄罗斯能源安全问题 ·· 332
　　三、总结性评述 ··· 341
第六节　金融安全 ·· 345
　　一、转轨国家共同面临的金融安全问题 ··································· 345
　　二、国际金融危机和后危机时期俄罗斯的金融安全问题 ············ 352
　　三、简要结论 ·· 363
第七节　本章小结 ·· 364

第五章　转轨国家促进产业发展和维护产业安全的对策措施 ········· 367
第一节　完善国家经济（产业）安全体系，保护民族工业 ············ 368
第二节　转变经济发展方式，加快产业结构调整与升级 ··············· 370
第三节　完善产业政策，促进产业发展和产业安全 ······················ 373
第四节　优化外贸结构，改善外贸环境 ······································ 375
第五节　深化金融改革，完善金融监管和调控 ···························· 377
第六节　改善投资环境，合理引导外资流向 ······························· 380
第七节　完善科技创新体系，培育高新技术产业 ························ 384
第八节　发挥人才支撑引领作用，促进产业发展 ························ 387
第九节　发挥政府作用，促进产业发展和维护产业安全 ··············· 389

第六章　总的结论 ·· 393

主要参考文献 ··· 400

前　言

　　经济全球化和原计划经济国家的经济转轨是两大久论不衰的话题。之所以如此，一是因为世界各国正处在经济全球化的发展潮流之中，既享受着经济全球化带来的实际利益，也面临着经济全球化带来的种种挑战；二是因为作为新兴经济体的转轨国家，其经济转轨和经济发展令世人瞩目。关于经济全球化与转轨国家经济转轨这两个当今世界发展的重大进程以及两者之间的关系，波兰著名经济学家科勒德克早有精辟的阐述。他指出："近十年来，两个并行不悖的进程正在如火如荼地展开，就其范围、内涵和速度而言，它广泛地吸引着人们，几乎使全人类都从智力上、物质上和情感上卷入了这两大进程之中。其一是经济关系的全球化，其二是后社会主义的转轨。这两大进程相互渗透，相互影响，创造了一系列相互关联的内涵。一方面，全球化过去和现在都是后社会主义转轨的催化剂，其作用正在不断加强；另一方面，假如不是不久前还是一个特殊封闭的社会主义世界的参与，那么全球化至少不可能以如此规模、如此速度得以发展——这个社会主义世界曾经拥有16亿人口，拥有巨大资源，对商品和服务有着巨大的潜在需求——这需要由世界经济来满足。基于这一理由，后社会主义国家的转轨是必要的，以便使我们在以前就已观察到的地区性、民族性和局部性市场一体化进程演变成全球化进程。"① 这段话说的是经济全球化和经济转轨这两个并行不悖的进程相互渗透、相互影响、相互关联，两者之间存在着相关性。这种相关性一方面深刻地改变了世界面貌和世界经济的运行，使世界市场更加开放，竞争更为激烈，也使资本、技术、信息、人才等生产要素跨国界自由流动；另一方面，由于经济全球化进程中转轨国家与世界经济的联系更加紧密，经济全球化与转轨国家经济之间产生互动效应，因而使转轨国家在分享经济全球化带来的利益和发展机遇的同时，也面临着更大的风险与挑战，存在着经济安全的隐患。因此，经济转轨国家在充分享受经济全球化所带来的经济利益的同时，还应特别注意规避其所产生的经济风险，应对经济全球化对国家经济主权和经济安全的挑战，处理好经济主权与经济安全的关系，最大限度地保障国家经济和产业安全。也可以说，经济全球化的发展程度越深，经济市场化和经济自由化的特征就越明显，转轨国家的经济安全就会面临更多的挑战。因而转轨国家必须从经济全球化的大视角来审视国家经济安全问题。

以上观点和基本认识，构成了本书研究的基础和出发点。以经济全球化这一大趋势为背景，本书以经济全球化与转轨国家经济安全相关性为理论基础，着眼于经济全球化对转轨国家经济发展的积极推动作用和带来的弊端与负面影响，较为全面地分析研究转轨国家的产业发展和产业安全问题，特别是重点而深入分析转轨国家面临的产业风险和产业安全的挑战。

本书的主要研究内容和重点工作包括：

---

① 〔波兰〕科勒德克：《全球化与后社会主义国家大预测》，郭增麟译，世界知识出版社2003年版，第13—14页。

第一，在对经济全球化与国家经济安全的关系进行一般性分析的基础上，重点梳理并分析了经济全球化与转轨国家经济安全的相关性及其原因。认为随着经济全球化的深化以及转轨国家经济融入全球化程度的不断加深，这些国家的经济和产业安全面临着严峻的挑战。而且，转轨国家与发达国家产业安全水平之间的差距越拉越大。

第二，从多角度分析了经济全球化背景下全球产业发展和产业结构变动的基本趋势。首先全面阐述了经济全球化与国际产业转移和产业分工及其特点，以及全球产业结构调整的基本态势；然后重点分析了美国、日本、欧盟和新兴经济体的产业发展与产业结构调整变化。认为经济全球化对全球产业结构的发展变化产生深刻的影响，这种影响不仅表现在使全球产业结构经历深刻调整，而且也改变了各国产业分工的格局和发展模式。

第三，深入分析了经济全球化背景下转轨国家产业发展和产业结构调整问题。从经济全球化对转轨国家产业发展和结构调整的重要推动作用出发，分析了全球产业结构调整与变化趋势下转轨国家承接国际转移产业、推动产业结构逐步升级、提升产业竞争力的基本状况。本书还用大量篇幅，重点分析了中国和俄罗斯这两个经济转轨大国各自不同的产业发展和产业结构调整之路，认为中俄两国在经济转轨进程中始终面临着调整产业结构、促进产业发展、转变经济发展方式的艰巨任务。这是本书的研究重点之一。

第四，详细分析了经济全球化背景下转轨国家的产业安全问题。一方面，从贸易自由化、金融全球化、投资自由化和生产全球化与转轨国家产业安全的视角，分析经济全球化对转轨国家产业安全的深刻影响。另一方面，重点对中国和俄罗斯的粮食安全、民族工业安全、能源安全和金融安全这四大重要的产业安全问题展开全面和系统深入分析。中俄两国虽然产业安全状况各不相同,但降低产业风险和维护产业安全对两国都是至关重要的。两国也都在金融自由化与金融安全、投资自由化和生产全球化与产业安全、经济发展与经济安全之间寻找着平衡点。这是本书的研究重点之二。

第五,提出了转轨国家促进产业发展和维护产业安全的如下对策措施:完善国家经济(产业)安全体系,保护民族工业;转变经济发展方式,加快产业结构调整与升级;完善产业政策,促进产业发展和产业安全;优化外贸结构,改善外贸环境;深化金融改革,完善金融监管和调控;改善投资环境,合理引导外资流向;完善科技创新体系,培育高新技术产业;发挥人才支撑引领作用,促进产业发展;发挥政府作用,促进产业发展和维护产业安全。

本书是郭连成研究员主持承担的教育部人文社会科学重点研究基地"东北财经大学产业组织与企业组织研究中心"重大项目的最终研究成果,由郭连成研究员与王鑫博士共同撰写,是两人合作研究成果的结晶。刁秀华副研究员为本书资料的收集和整理做了大量的工作,在此致谢。

本书在撰写过程中参考了大量的国内外文献资料,在此,对这些文献资料的作者深表谢意。要特别感谢商务印书馆著作编辑室郑殿华主任的鼎力支持。

书中如有疏漏或不妥之处,敬请读者批评指正。

郭连成

2016 年 7 月 20 日

第一章 经济全球化与转轨国家经济安全的相关性

经济全球化已成为当今世界经济发展不可逆转的历史潮流，经济全球化使各国之间的经济联系日益紧密，为各国的经济发展提供了机遇。在经济全球化进程中，快速发展的贸易自由化、投资自由化、生产全球化和资本国际化，在对转轨国家经济发展产生积极影响的同时，也对其国家经济安全构成越来越严峻的挑战。因此，经济全球化是导致转轨国家经济安全问题日益突出的重要原因，经济全球化与转轨国家的经济安全具有相关性。

第一节 经济全球化与国家经济安全相关性综论

一、经济全球化背景下的国家经济安全

对于经济安全的概念，目前尚无一致的认识。有的认为，经济安全是指一国的国民经济发展和经济实力处于不受根本威胁的状态。当一国经济面对威胁时，能利用各种有效手段捍卫国家利益，保障国家的经济稳定、发展和繁荣，使经济免受损失，经济发展大局不受影响，在国际竞争中能争取到有利的地位和良好的外部环境。经济安全涉及能源、外

汇外贸、财政金融、主导产业、新兴产业、重大基础设施、科技、教育、资源等方方面面，是一个极为复杂的系统问题。总体来看，国家的经济安全主要包括两个方面：一是指国内经济安全，即一国经济处于稳定、均衡和持续发展的正常状态；二是指国际经济安全，即一国经济发展所依赖的国外资源和市场的稳定与持续，免于供给中断或价格剧烈波动而产生的突然打击，散布于世界各地的市场和投资等商业利益不受威胁。[1]也有人认为，国家经济安全是指经济全球化时代一国保持其经济存在和发展所需资源的有效供给、经济体系独立稳定运行、整体经济福利不受恶意侵害和不可抗力损害的状态和能力。经济安全的核心是国民经济体系具有抗击外来冲击的能力，主要包括资源安全（如粮食、能源、人才、资本）、金融安全、产业安全、财政安全、信息安全等。其中，金融安全是最突出的经济安全问题，它不仅涉及资本的供给安全，而且由于金融虚拟化的趋势加强以及对其他经济部门影响的日益加深，它已成为一个独立的经济安全领域。[2]

世界各国不仅非常重视经济全球化背景下的经济安全问题，而且每个国家对经济安全都有各自不同的理解和诠释，这是由各国的不同国情和在经济全球化进程中所确定的不同发展目标决定的。从俄罗斯的情况看，《俄罗斯联邦国家经济安全战略》中明确提出："经济安全是国家安全体系中的重要组成部分，是保障国家安全的关键所在。经济领域的国家利益是最主要的国家利益，保障俄罗斯的经济安全和利益是国家政策的主要内容。"《经济安全——生产·财政·银行》一书将俄罗斯经

---

[1] 《国家经济安全》，百度百科，http://baike.baidu.com/view/1104784.htm。
[2] 曹荣湘：《经济安全——发展中国家的开放与风险》，社会科学文献出版社2006年版，第59页。

济安全和主要的经济威胁归结为以下9个方面：经济结构的畸形加剧；投资和创新积极性下降，科技潜力遭到破坏；变为发达国家的燃料和原材料供应地，不仅出卖自然资源，而且强化了对世界市场行情的过分依赖；对进口的依赖性加强；外汇资金外流；社会的财产分化加深；外债增加；经济过度开放；经济犯罪增加。① 其中5个方面，即变成发达国家的燃料和原材料供应地、经济增长受制于世界燃料和原料市场的行情波动、过分依赖进口、资本外流、外债增加和经济过度开放，均与经济全球化有直接和密切关系，是俄罗斯融入经济全球化进程并与之相互作用所产生的国家经济不安全因素。俄罗斯学者还认为，保证国家安全首先要保证国家的经济安全，而对于俄罗斯而言，经济安全首先是保证国家经济的正常运行，保持经济和社会稳定，拥有抵御内部和外部不良因素影响的强大国防能力。

美国政府和学者认为，美国的国家经济安全就是国家的经济利益要有足够的安全保证；国家的经济发展不能受到来自外部的威胁；经济安全本质上是"经济适应变化的能力"，是国家经济体系的国际竞争力。美国还将经济安全的重点放在国外，以谋求经济霸权。日本政府认为，由于日本既无资源也无能源，均要依赖国际市场，因此，日本要通过保证海外资源、能源的稳定供给和国际市场的开放，维护国家的经济安全。日本还应不惜以政治、军事上的低姿态换取较大的经济安全。欧盟则通过谋求全球化下的经济安全合作来共同应对外部威胁。中东欧等中小国家主要通过依附于大国或国家集团的保护实现经济安全。尽管各国经济安全目标和经济安全战略重点各不相同，但经济安全已经上升为经济全

---

① 参见〔俄〕先恰科夫主编：《经济安全——生产·财政·银行》，国务院发展研究中心国际技术经济研究所译，中国税务出版社2003年版，第17页。

球化背景下各国国家安全战略的重要组成部分。

二、经济全球化与国家经济安全的一般性分析

第一,经济全球化是影响国家经济安全的重要因素。经济全球化极大地促进了生产要素在全球范围内的自由流动,也强化了各国在经济和贸易方面的相互依存和相互依赖性,因而经济全球化与国家经济安全具有相关性。正如有学者所指出的:"所有已经适应开放性全球贸易和金融体系的民族国家经济,都依赖于这一体系的持续稳定和平稳运作。因此,一旦出现破坏全世界商品和资本流动的体系危机的可能性,这些经济的所有部分都必然受到威胁。"[①]

第二,从经济全球化的发展进程看,它一方面给世界各国经济发展带来了前所未有的机遇,促进了全球资源的有效利用和合理配置,形成了新的国际分工格局,从而推动了全球经济与发展中国家经济的协调发展,同时也为发展中国家吸收发达国家的资金、先进技术和管理经验提供了可能;但另一方面,经济全球化也导致一系列错综复杂的矛盾和问题,会使主权国家在处理经济和市场开放与捍卫经济主权和保障经济安全的关系时面临两难选择。虽然选择开放的市场经济意味着选择了效率与进步,但也同时意味着要面对市场经济带来的各种风险。

第三,从各国经济的相互依赖性看,经济全球化进程中各国之间的相互依存、相互联系和相互渗透日益增加,不仅使各国经济利益交织在一起,而且也使发达国家及国际组织对其他国家事务的干预能力大大增强,因而一个国家的经济发展往往会面临更多的国家经济安全问题。此外,世界联系日益紧密,联系渠道更加畅通,加之全球经济一体化趋势的加强,

---

① 〔英〕巴瑞·布赞等:《新安全论》,朱宁译,浙江人民出版社2003年版,第132页。

使得经济不安全因素更易于在全球范围内迅速扩展。再则,工业化进程在全球的快速推进,各国特别是发达国家对有限资源、能源的争夺日趋激烈,从而使经济安全问题成为最为重要的问题之一。

第四,从发达国家与发展中国家的利益与风险看,虽然经济全球化密切了世界各国在经济安全方面的联系,但各国的经济安全水平还存在着较大的差异。发达国家作为国际经济秩序的构建者,凭借其雄厚的经济实力和科技优势始终占据经济安全的上风。而相对于发达国家,发展中国家的经济安全性大大降低,特别是处于经济转轨时期的国家,为了实现经济的快速发展,不得不牺牲一定的国家利益,从而大大增加了经济安全的风险。

总之,在经济全球化条件下,由于全球经济环境的变化、科技的进步、世界经济的激烈竞争等因素,经济安全问题成为各国必须面对的客观现实。而且,一国的经济实力也成为能否保障国家经济安全的重要标志。从2008年美国次贷危机迅速演变为全球性的金融危机当中可以看出,那些对外部经济依赖性较强的国家,更容易受到国际金融危机的影响和冲击。欧债危机的发生也进一步说明了经济全球化的深刻影响,及经济全球化与各国和各国际组织经济安全的相关性。事实一再表明,一国经济的稳定发展和自身强大是维护本国经济安全的基础,也是维护经济安全的核心。

三、经济全球化与发展中国家经济安全

不可否认,经济全球化促进了世界各国特别是发展中国家的经济发展,但同时也导致了资源枯竭、人口老龄化、技术鸿沟、经济发展不平衡等全球性问题,更是直接威胁到发展中国家的能源安全、农业安全、

人才安全、技术安全、工业安全、信息安全等。可见，经济全球化犹如一把双刃剑。随着经济全球化的加速发展，越来越多的发展中国家融入经济全球化的大潮之中。世界政治经济形势的深刻变化不仅引发了新的经济安全问题，而且也使国家安全的内涵出现了新的变化，国家经济利益和国家经济竞争力上升至国家安全的优先位置，国家经济安全成为国家安全的核心。

经济全球化使世界市场更加开放，竞争更为激烈。经济全球化进程本身及其所引起的国际经济环境的急剧变化，对发展中国家所产生的正面和负面影响都是显而易见的。因而发展中国家在分享经济全球化所带来的利益和机遇的同时，也面临着经济安全的更大挑战。经济全球化对发展中国家经济安全的影响及两者的相关性主要表现在以下几个方面。

第一，经济全球化背景下日益强化的各国经济之间的相互依存和相互渗透，以及由此产生的"经济无边界化"，使得各国的经济联系更加紧密，也使发展中国家的经济增长和发展越来越依赖于日益全球化的世界经济。与此同时，发展中国家的国内经济政策与经济管理权限，越来越受到主导全球化的发达国家以及国际组织或国际规则的制约，其经济主权面临挑战。因此，发展中国家必须妥善解决融入经济全球化进程、发展民族经济、市场开放与维护国家经济安全之间的相互关系。

第二，在经济全球化进程中，发达国家促使发展中国家开放市场，使资本、技术、信息、人才等生产要素跨国界流动更为自由和便利，从而促进了全球资源的有效利用与合理配置，形成了一定的国际分工体系。但另一方面，发达国家也借发展中国家市场开放之机强化经济渗透，以此来争夺这些国家的资源和市场。此外，在维护和加强既有的"中心"与"外围"国际分工体系方面，发达国家往往凭借其经济技术优势、创新优势和国际规则制定优势，将自己置于国际分工体系的高端，而将发展中国家置于这一体系的低端，从而形成了使国际分工利益更多地向发达国家倾斜的国际分工格局。这种国际分工格局一方面使发展中国家利益受损，另一方面又形成了发展中国家经济对发达国家的高度依赖性，因而容易受到来自发达国家经济危机或经济波动的影响，发展中国家维护自身经济安全的能力大大减弱。

第三，与军事安全密切相关的是实力的对比，而与经济安全直接相关的则是竞争力的较量。发展中国家经济长期落后，综合国力不强，国际竞争力弱，在经济全球化进程中往往处于不利和弱势地位，经济安全也得不到保障，因而经济全球化背景下提高国家竞争力和国际竞争力，是维护发展中国家经济安全的前提和必要保证。发展中国家提高竞争力以确保经济安全，既要提高企业的国际竞争力，更要提高国家竞争力。唯有不断提高国家竞争力，才能改变越发不利的贸易和投资条件，影响甚至改变对自己不利的国际分工体系，并使国际经济秩序趋于公正、公平、合理，从而在经济全球化进程中赢得相对适宜的外部经济环境，维护经济安全利益。

第四，经济全球化进程中发展中国家的市场开放和生产要素跨国界流动对其经济既有积极影响，也有不利影响。市场开放和生产要素跨国界自由流动一方面有利于发展中国家吸收外资和外部稀缺生产要素来加快自身的经济发展；另一方面也会给发展中国家经济带来巨大的冲击。例如，短期资本的大量流入和流出会严重冲击发展中国家的金融市场。而且，市场开放条件下外国长期资本、技术和商品的大量流入也会对发展中国家的民族工业造成巨大冲击。这种冲击使得发展中国家民族工业的市场份额下降、人才流失、失业增多，使社会各阶层之间的收入差距拉大。因此，发展中国家控制生产要素跨国界流动的能力减弱和市场开放条件下保护市场的能力下降，是影响其经济安全的重要因素。

第五，在经济全球化迅猛发展的条件下，发展中国家金融体系和金融市场安全问题日益凸显，金融风险和金融危机始终是发展中国家必须直面的客观现实。发展中国家普遍缺乏市场开放的经验和化解金融风险的能力，全球经济失衡与国际金融动荡对其构成严重威胁。特别是国际金融风险通过国际贸易、资本流动等途径向发展中国家传导，对金融等相关产业造成严重冲击。自20世纪80年代以来，全球多次发生大的金融危机，给发展中国家尤其是新兴经济体造成惨重的经济损失，而整体上发展中国家应对金融危机的能力仍是有限的。

综上所述，经济全球化与发展中国家的经济安全具有明显的相关性。因此，将发展中国家的经济安全问题置于经济全球化的背景下加以深入研究，应是分析发展中国家经济安全问题的正确途径。同时，正视经济全球化进程中经济风险的客观存在，努力消除威胁经济安全的隐患，不断增强自身抗御经济风险的能力，应成为发展中国家维护经济安全的重要方向。

四、经济全球化与国家经济安全相关性若干理论观点

对于经济全球化与国家经济安全的相关性问题，许多学者进行了较为深入的研究，观点各异。曹荣湘认为，经济全球化在给各国经济发展带来机遇的同时，也导致了一系列错综复杂的矛盾和问题。可以说，经济全球化是影响国家经济安全的重要因素。经济全球化大大促进了生产、资金、技术在全球的扩散和发展，使得各国经济的相互依存性增强。在这种情况下，任何一国经济的内部失衡都可能会反映为外部失衡，并将

经济相互依存的国家不同程度地拖入失衡和危机的境地。①

江涌认为，在经济全球化背景下，处于不同发展阶段的国家的经济安全有着显著的差异。正如著名发展经济学家托达罗所认为的，发展中国家"在国际关系中处于受支配、依附和脆弱的地位"，这使得发展中国家比发达国家面临更多的安全困境。一是市场竞争造成两极分化，使得国际范围内发达国家与最不发达国家的差距越来越大。二是扩大开放威胁宏观经济稳定。市场开放使发展中国家融入国际经济体系，其国内市场与国际市场迅速接轨，经济一体化程度加深。因此，国际市场的变化对发展中国家国内市场会产生越来越大的影响，从而考验着发展中国家的宏观经济调控能力。三是发展中国家容易受到发达国家的侵害，经济安全面临挑战。少数发达国家与广大发展中国家形成了"中心"与"外围"的国际分工体系，由此决定了"美国霸权→发达国家主导→发展中的新兴市场承启→一般发展中国家与最不发达国家垫底"的"金字塔式"的国际政治经济格局。这一格局的典型特征就是利益上浮、风险下沉，发展中国家始终处于弱势而成为易被侵害的群体。在经济全球化背景下，发达国家凭借知识、技术、人才以及销售网络领域的垄断优势，在国际分工中占据并不断巩固"微笑曲线"价值链的高端，获取高额垄断利润，将高消耗、高污染、高风险产业向发展中国家转移，而发展中国家只能凭借人力、资源等比较优势，长期局限于劳动与资源密集的加工及原料与燃料的生产，获取的只是一般的平均利润。不仅如此，发达国家在不断强化垄断优势的同时，滥用WTO相关规则，动辄制造贸易摩擦，甚至

---

① 参见曹荣湘：《经济安全——发展中国家的开放与风险》，社会科学文献出版社2006年版，第68—69页。

以经济制裁相威胁，加剧了与发展中国家的对立。①

何维达认为，经济全球化进程的加速对产业安全的影响很大，这甚至成为产业安全日益突出的直接原因。随着资本国际化、生产全球化的深化，生产要素和商品跨国界流动的规模持续扩大。外国资本通过国际投资和贸易渠道，对东道国产业发展产生多方面的深刻影响，使各国产业主权和产业发展面临新的形势，特别是产业安全成为各国在经济全球化进程中必须着重考虑的重大问题。②

如琢指出，20世纪90年代以来，经济全球化的加速发展，一方面大大提高了资源在全球配置的效率，促进了世界经济的快速增长；另一方面，各国经济交往的壁垒和阻碍得以逐渐消除，各国经济的关联性与依存度不断增强。从根本意义上讲，经济全球化要求各国让渡部分经济主权，这势必影响国家对经济的宏观调控，削弱国家对经济安全的保护能力。尤其是国际经济新秩序尚未真正建立，世界经济的不确定性和风险因素增多，这些不确定性和风险因素很容易通过"链条效应"和"蝴蝶效应"在全球范围内迅速扩散，影响世界各国特别是发展中国家的经济安全。因此，国家经济安全问题越来越引起各国的高度关注。③

郭连成则以转轨国家为视角来分析经济全球化与国家经济安全的相关性问题。他认为，经济全球化构成了计划经济体制改革和向市场经济转轨的外部推动因素，而计划经济体制转轨使世界经济向全球化更进一步发展，两者之间存在着一种互动关系。以此为出发点，在转轨国家所处的经济体制转换和制度变迁的特殊阶段，经济全球化与转轨国家经济

---

① 参见江涌：《经济全球化背景下的国家经济安全》，人民网，www.people.com.cn。
② 参见何维达：《产业安全理论评价与展望》，http://blog.sina.com.cn/hwd6071。
③ 参见如琢：《重视经济全球化下的经济安全》，《人民日报》，2004年12月16日。

安全的相关性也表现得尤为明显。他从多角度分析研究了转轨国家制度变迁特殊阶段中经济全球化与经济安全的相关性及其原因。[④]

第二节 经济全球化与转轨国家经济安全相关性及其原因

经济全球化席卷全球,深刻地改变着世界面貌和世界经济的运行环境,使世界市场变得更加开放,竞争更加激烈,使资本、技术、信息、人才等生产要素能够跨国界自由流动。由于经济全球化的迅猛发展,世界经济的运行已从过去以国际贸易为主,转向以资本跨国界流动为主、国际贸易迅速扩大的新的发展态势。与此同时,经济全球化进程中转轨国家与世界经济联系的不断加深,使其在分享经济全球化带来的利益和发展机遇的同时,也面临着更大的风险与挑战。

经济全球化构成了转轨国家计划经济体制改革和向市场经济转轨的外部压力和制度转轨的制导性因素。以中东欧国家为例,20 世纪 90 年代,这些国家在经济全球化进程中逐步完成了从计划经济向市场经济的转轨,逐渐形成了市场高度开放的市场经济体制框架。特别是进入 21 世纪后,一些中东欧国家为加入欧盟,实现与欧盟市场制度的趋同,在欧盟的压力下,对欧盟全面开放了本国的商品市场和资本市场,与欧盟经济的一体化程度迅速提高。中东欧国家的全面市场开放,大大提高了其对外部市场和资本的依赖程度,从而形成了外部依赖程度较高的经济发展模式。应当说,融入经济全球化进程和全面市场开放是中东欧国家遭受国际金融危机剧烈冲击的深层次原因或制度基础。

[④] 参见郭连成主编:《经济全球化与转轨国家经济发展及其互动效应》,经济科学出版社 2007 年版,第 235—236 页。

以经济全球化与经济转轨的相关性和互动性为出发点，可以从多角度来考察和研究转轨国家制度变迁特殊阶段中经济全球化与这类国家经济安全的相关性及其原因。

第一，转轨国家处于新旧体制交替时期，甚至有的转轨国家旧体制已被彻底摒弃，而新体制又尚未完全建立起来，出现了所谓的"体制真空"。在这种情况下，与经济全球化进程相伴的各种风险很容易乘虚而入，通过一定的传导机制，对转轨国家还没有最终建立起来的新经济体制或其中的薄弱环节造成冲击，威胁经济安全。俄罗斯和中东欧国家在经济全球化（金融全球化）和经济转轨这两个并行不悖的进程中由于传导机制的作用几乎同时或先后多次发生金融危机，对这些国家的金融体系和经济造成巨大冲击，就是经济全球化与转轨国家经济安全密切相关的典型例证。

第二，转轨国家不仅市场机制不尽完善，而且使市场机制充分发挥作用的客观环境和条件也并不完全具备。这其中，市场体系不完善是制约市场机制充分发挥作用的主要因素。众所周知，由于社会生产各个环节的内在相关性，商品市场与生产要素市场之间相互关联，构成统一的市场体系，该市场体系决定着市场机制的结构、运行方式和作用范围。因此，完善的市场体系是市场机制赖以发挥作用的重要基础。而在经济全球化迅猛发展的条件下，由于市场越来越自由化，越来越同外部世界建立更广泛的接触和联系，转轨国家市场体系不完善和市场机制不健全，加上所处外部经济形势的瞬息万变和激烈竞争，使经济转轨国家处于高风险的经济运行区间，就更加容易受到经济全球化浪潮的冲击。在这种情况下，经济全球化与转轨国家经济安全的相关性也更为明显。正如巴瑞·布赞等人所说："所有已经适应开放性全球贸易和金融体系的民族国家经济，都依赖于这一体系的持续稳定和平稳运作。因此，一旦出现破坏全世界商品和资本流动的体系危机的可能性，这些经济的所有部分都必然受到威胁。"①

第三，在经济全球化进程中，大多数转轨国家都主张建立完全自由的市场经济体制，主张取消市场限制和政府行政干预。因而，在实践中这些转轨国家的政府提出了建立"大市场、小政府"的国家经济运行机制，不断减少对市场经济的介入，甚至"遵循市场经济对政府的角色定位"，迅速退出了原来发挥重要作用的许多领域，政府在经济转轨中的职能作用日渐衰微。其直接后果，不仅严重削弱了国家的宏观经济调控作用，而且政府在经济全球化进程中驾驭本国经济的能力下降，尤其是当本国的经济主权受到侵蚀、经济安全受到威胁时，政府往往表现得软弱无力，只能任凭经济危机和金融危机等损害本国经济。俄罗斯及中东欧某些国家发生金融危机时政府束手无策，调控不力，就是例证。

尽管可以从不同的角度去定义政府的职能作用，但俄罗斯及中东欧等经济转轨国家的教训昭示人们，向市场经济转轨和融入经济全球化进程必须要加强而不是削弱国家的宏观经济调控职能，政府要对经济和市场运作实行适度干预并提供制度保证。相反，在经济全球化的浪潮下，如果否定政府作用和放弃政府对经济的必要和适度干预，甚至造成"政府失效"，都会危及转轨国家的经济主权和经济安全。因此，从这一视角分析问题，经济全球化与转轨国家经济安全的相关性依然是极其明显的。

第四，正如科勒德克所指出的，经济全球化会限制转轨国家的自由，既限制它们对经济政策的选择，也限制它们对市场经济各种规制和结构

---

① 〔英〕巴瑞·布赞等：《新安全论》，朱宁译，浙江人民出版社2003年版，第132页。

的选择。转轨国家制定经济政策特别是金融政策，必须要符合国际货币基金组织提出的全球性要求。而且事实上，任何一个转轨国家，一旦实行对外开放，融入经济全球化特别是金融全球化进程，就会立即卷入国外的金融漩涡。同时，由于转轨的大衰退和对资本不断增长的巨大需求，几乎所有转轨国家都很快成为负债国，其中一些国家的债务已大大超出了偿还能力。这种情况既发生在小国阿尔巴尼亚，也发生在俄罗斯和乌克兰这样的大国，只有中国没有失去对本国经济的控制，避免了这种危险。① 这说明，只要转轨国家融入经济全球化进程，就可能会在一定程度上面临经济安全问题。

与此相关，还可以进一步考察作为经济全球化产物的三大专门性国际经济组织——国际货币基金组织、世界银行和世界贸易组织这些"超国家机构"对转轨国家所产生的双重影响：一方面，这些国际经济组织对推动转轨国家的经济转轨进程，推进它们的金融全球化和贸易自由化，促进资金、技术、人员等的更加自由流动，发挥了重要作用。也可以说，如果没有它们的支持及参与，转轨国家融入经济全球化进程会是非常困难的。但另一方面，这些国际经济组织对转轨国家的经济主权也形成约束。例如，国际货币基金组织和世界银行对俄罗斯、乌克兰等转轨国家提供贷款和经济援助时，都会提出苛刻的政治经济条件和加速经济转轨、实行市场自由化的要求。虽然这些转轨国家并不情愿采纳向其提出的干涉经济主权的建议或要求，但迫于本国经济恢复与发展以及向市场经济转轨的资金需求压力，它们只得接受相关的条件。尤其是俄罗斯，在向市场经济转轨的一开始便受到国际货币基金组织（IMF）的一定控制和影

---

① 〔波兰〕科勒德克：《全球化与后社会主义国家大预测》，郭增麟译，世界知识出版社2003年版，第110—112页。

响。在经济转轨的初期阶段，由于国内宏观经济形势恶化、通货膨胀加剧、商品严重短缺、产业结构畸形、巨额财政赤字和货币流通完全失控，加之市场发育迟缓、对外开放成效不显著，对外部援助和外部资金的需求更加迫切，资金需求量也越来越大。"俄罗斯政府一开始便寄希望于IMF贷款以减轻转轨的代价，为此不惜同IMF协商自己的转轨纲领。以美国为首的国际组织无一例外奉行的是西方发达国家的游戏规则，因此，IMF为提供贷款制定了严格的条件，比如私有化、自由化和稳定化的政策。为了获取贷款，俄罗斯也不得不接受IMF提出的条件。激进的以自由市场经济为目标的'休克疗法'转轨方案中隐藏着IMF的影子。"[①]

第三节 经济全球化与转轨国家财政金融安全的相关性

一、经济全球化与转轨国家的财政安全

在市场化程度很高、市场机制作用所引发的各种矛盾日益尖锐和突出的现代市场经济条件下，国家财政自身的安全及其对整个国家安全产生的基础性影响，成为各国政府和理论界普遍关注的重大问题。特别是20世纪90年代以来，财政安全问题开始在世界范围内凸显，财政风险和财政安全成为理论界和政策部门共同关注的热点问题。一方面，不断发生的金融危机、债务危机，引起了世界各国对财政金融风险的高度重视。另一方面，财政具有综合性，一国所有的国家经济风险，最后都可以表现为或归结为财政风险。

---

① 程伟等：《经济全球化与经济转轨互动研究》，商务印书馆2005年版，第317页。

（一）财政风险及其后果

财政风险对整个社会经济的正常平稳运行造成极大的威胁，严重的财政风险甚至会深刻影响到国家的稳定与安全，延缓国家经济发展的进程。因此，对财政风险的防范成为各国政府维护国家经济安全的重要措施之一。对财政风险，学者们给出了不同的定义。有学者认为，"所谓财政风险是指财政不能提供足够的财力致使国家机器的正常运转遭受严重损害的可能性。财政风险越大，也就是国家机器的正常运转遭受严重损害的可能性越大。"[①] 也有学者认为，"财政风险是指国家在组织收入和安排支出过程中，由于财政制度和财政手段本身的缺陷以及多种经济因素的不确定性造成损失和困难的可能性。"[②] 另有学者指出，所谓财政风险，是指国家财政面临支付危机的可能性，集中表现为赤字和债务的膨胀。在政府支出不能够直接依靠中央银行拨付的财政金融体制下，财政风险最后都要体现为政府债务。

财政风险有各种表现形式，我们认为主要的有三种：财政收入风险、财政支出风险和财政债务风险。弄清这些表现形式，对防范财政风险并将其降到最低限度，有着重要的意义。

1. 财政收入风险

财政收入是财政支出的前提与保障，没有稳定的财政收入，财政支出就无从实现。导致财政收入风险形成的原因，一是不能按预定的计划实现财政收入，或财政收入不稳定，经常发生波动。如果财政收入不能及时实现，就会直接影响到财政的再分配，从而使政府缺少足够的财力来保障必要的公共支出，政府也难以为社会经济的稳定发展和人民的安

---

① 刘尚希主编：《财政风险及其防范研究文集》，经济科学出版社 2000 年版，第 2 页。
② 同上书，第 36 页。

居乐业提供必要保障，国家的经济安全就会受到威胁。因此，保证国家财政收入的稳定和及时实现，是防范财政风险的首要前提。二是财政收入规模或总量的确定不合理。财政收入占国民生产总值的比重直接涉及财政收入的规模及其稳定性，能够反映一国财政收入总量的多少和规模的大小。如果财政收入占国民生产总值的比重过低，财政长期出现赤字，就会导致财政困难和由财政"入不敷出"而引发的财政风险。三是财政收入政策失误。财政收入政策的偏差或失误是造成财政收入风险的重要原因之一。而财政收入政策中最主要的是税收政策，税收制度是否健全，税种税率的确定是否科学，税收负担是否合理，税收减免是否适当，税种的选择能否反映经济税源的基本状况等，都会对财政收入产生较为直接的影响。因此，如果税收政策出现偏差或失误，就会导致出现财政收入风险。

2. 财政支出风险

财政支出属于国民收入的二次分配活动。财政支出作为政府直接配置资源的主要形式，如果出现政策失误或结构偏差，就会形成财政支出风险，对社会经济产生不良影响甚至造成严重后果。

（1）财政支出结构不合理是引发财政支出风险的主要原因。在计划经济时期，财政支出是社会主义经济建设的主要资金来源，财政支出结构成为影响我国国民经济结构特别是产业结构的关键性因素，因而财政支出结构不合理或失误是经济风险和财政风险产生的重要原因。即使是在经济转轨时期，虽然财政支出结构已发生很大改变，公共支出成为主要形式，但财政支出结构不合理仍会对我国经济转轨和制度变迁进程中的经济社会稳定和发展造成不良影响，甚至会形成财政风险。

（2）财政支出总量不足，不能满足经济社会发展的需要，是造成财政支出风险的另一重要原因。应当说,财政支出总量不足,几乎是世界各国普遍面临的难题,也是导致各国债务膨胀的根源之一。财政支出规模受限、总量不足,政府难以有效地进行财政支出结构调整,从而使财政支出结构的风险不能得以有效控制。特别是在财政收入增长有限的情况下,政府不得不通过大量举债来弥补财政支出的不足,从而增大了政府的债务负担,并有可能引发国内通货膨胀或使国家陷入债务危机。

(3)财政支出失控,安排不当。在财政分配中,由于各种因素的影响和左右,往往会使财政支出出现安排不当甚至失控的问题。财政支出失控,不仅加重了财政支出的负担,而且影响财政支出目标的实现,并形成财政支出风险。

3. 财政债务风险

由债务引起的风险是财政风险的一种主要形式。发行国债和政府借款是财政债务的两种基本形式。发行国债和政府借款无论对于弥补财政赤字,还是补充经济建设资金的不足,都具有积极的意义。但这两种形式的财政债务可能产生的最大风险是出现政府的偿债危机,即政府的债务负担超过了自身的偿还能力,其后果会非常严重。为了偿还债务,政府不得不经常性地借新债还旧债,从而形成更为严重的债务累积效应,会严重拖累国民经济发展。此外,政府在国际资金市场上举债,如果对不同借债来源、借债方式和利率结构等选择失误,也会面临更大的债务风险。

一般说来,财政风险的长期存在有可能演化为财政危机,不仅给部分微观经济主体的利益带来损失,而且对整个国家的宏观经济层面以及国家信用都会造成不利影响,引发更严重的经济安全问题。这些问题主要包括:财政风险货币化造成通货膨胀;债务危机引发或加剧金融危机;

降低主权评级，加大融资难度和引发资本外逃；造成经济萧条，加大社会不公，引发社会政治动荡。[①] 财政风险是经济风险的组成部分，但财政风险带来的后果不仅对财政本身产生不良影响，而且可能引发社会、经济、政治风险。因此，一旦发生财政风险，财政安全和经济社会安全都会受到严重威胁。

（二）经济全球化对财政安全的影响

在当今世界，经济全球化对转轨国家的财政安全产生双重影响，两者具有一定的相关性。这种相关性可以从两个方面加以考察：

1. 经济全球化对财政安全的积极影响

我们认为，经济全球化对转轨国家财政安全的积极影响主要反映在以下三个方面。

（1）经济全球化促进了生产要素的跨国界自由流动，推动并进一步深化了国际分工，这有利于经济转轨国家在融入经济全球化进程中实现经济快速增长。一些经济转轨国家特别是中国的实践充分证明了这一点。经济增长与发展使这些国家的税基和税源扩大，从而使财政收入不断增加，积累了大量的财力。这构成了转轨国家保证财政安全、降低财政风险的基础。

（2）由于经济全球化的发展特别是转轨国家的市场开放，世界统一大市场在逐步形成，全球生产、贸易和金融一体化要求各国的投资政策、财政政策和税收政策与之相适应并日益趋同。因此，经济全球化和全球经济一体化带来了并要求财政规则的全球化。同时，由于经济全球化使各国的相互依赖性增强，风险共生和利益共享越来越成为经济全球化进

[①] 曹荣湘：《经济安全——发展中国家的开放与风险》，社会科学文献出版社 2006 年版，第 16 页。

程中各国合作的基本原则。而且,全球范围内财政风险的防范也推动了财政规则一体化的进程。目前,已有一些转轨国家采用了世界银行和国际货币基金组织制定的财政稳健度标准。那些已经或准备加入欧盟的转轨国家也采用欧盟规定的国债余额占 GDP 的比重不高于 60%、财政赤字不超过 3% 的"入围限制标准",以此来衡量和测度本国财政面临风险的程度。采用这些财政标准,能够强化转轨国家的财政政策约束,有利于完善财政制度,健全财政体系,维护国家财政安全。

(3)经济全球化条件下国际财政政策的协调与合作有利于转轨国家保障财政安全和防范财政风险。其中,强化财政税收领域的国际协调与合作是转轨国家维护和拓展国家财政经济主权的重要措施。经济全球化进程中世界经济日趋区域化和集团化,使各国财政税收政策以及投资、金融货币政策等的协调成为国际合作的重要内容。通过积极参与国际协调与合作,转轨国家的财政安全能够得到进一步的保障。

2. 经济全球化对财政安全的负面影响

经济全球化对财政安全的影响不容忽视。经济全球化和金融自由化不仅使金融危机的发生成为可能,而且金融危机还会在短期内给政府带来巨额财政负担,直至引发财政危机。金融全球化和金融自由化使得大量私人资本在全球范围内自由流动,并加剧了一国国内金融系统和企业对外国资本的依赖,这种情况在新兴工业化国家和转轨国家表现尤甚。金融危机不仅能够骤然加剧政府的财政负担,而且危机后的经济萧条会造成税基和税源锐减,而政府还要为金融系统的重组投入财力。如果说金融危机给一国财政支出带来的压力是短期内骤然出现的,那么,经济全球化给财政收入带来的冲击则可能不是短期的,并会危及国家财政安全。这种冲击一是来自税收竞争,因为在投资自由化和生产国际化进程中,减税成为世界潮流，各国为吸引外国直接投资纷纷降低公司税率和所得税率；二是来自跨国税费逃避，由于跨国公司在国际范围内进行税收筹划，使自己的税收负担最小化，因而不可避免地会对各国的财政收入造成一定影响。

总之，在经济全球化条件下，经济转轨国家无一例外地面临着越来越严重的财政安全隐患。

（1）国际税收竞争与转轨国家的财政风险。国际税收竞争是经济全球化条件下国际竞争在财政税收领域的反映。经济全球化在带来国际投资和国际生产便利化的同时，大大加剧了各国综合国力和经济实力的竞争与较量。而世界各国为了获取优势经济资源以加快本国经济发展和提升竞争力，纷纷出台税收优惠政策，由此形成并加剧了国际税收竞争。自20世纪末21世纪初以来，包括发达国家、发展中国家和转轨国家在内的许多国家纷纷出台减税政策，大力调减税负，形成了全球新一轮的减税浪潮。之所以出现这一趋势，一是在世界性经济增速减缓的情况下，这些国家将减税作为刺激经济增长和社会有效需求的重要手段；二是为应对经济全球化进程中日益加剧的国际竞争，各国试图通过减税来提高本国企业的国际竞争力。

在经济转轨国家中，俄罗斯可以说是实行减税政策的典型代表。由于实行以简化税制、减少税种、下调税率、降低税负为主要内容的税制改革，俄罗斯"成为一个建立了良好税收制度的国家"（普京语）。特别是俄罗斯把简化税制、减轻纳税人的税收负担作为税制改革的重点，取得了较好的效果。俄力图通过不断的税制改革，一方面保证国家财政收入能够稳定增加；另一方面减少纳税人过重的税收压力和负担，从而真正建立起符合市场要求和与世界接轨的税收体制，以便刺激经济增长，提高本国企业的国际竞争力,并在融入投资自由化和生产国际化进程中吸引更多的国内外投资。俄罗斯采取的主要措施,一是减税。简化税制和减少税种是俄罗斯税法典规定的最重要的税制改革措施之一。税法典将原来的47种联邦和地方税费减至28种,后又减至15种。2004年俄又取消了销售税。二是降低税率。俄罗斯将企业利润税税率先是从35%降至30%,后再降至24%;银行的利润税税率从43%降到38%,再降至24%,其下降幅度之大前所未有。24%的利润税税率在欧洲也是较低的。此外,为了加入世界贸易组织,俄罗斯早在1996年就开始逐步减让关税,减少纳税商品范围。

应当说,实行税收优惠政策和减税,以参与适度的国际税收竞争,这对于优化资源配置、鼓励投资、促进经济增长和贯彻税收中性原则都是有利的。但如果激烈的税收竞争演变成过度的或恶性的税收竞争,就是有害的,这会侵蚀一国的税基,扭曲税负分配,甚至扭曲国际资源的地域流向,降低全球福利水平。从财政安全的角度看,恶性税收竞争、过度的税收优惠和减税会给转轨国家带来冲击和严重影响:其一,税基受到削弱,税收收入减少。虽然转轨国家适度减税和税收优惠能够促进经济增长与发展,从而扩大税源,并能够达到增加税收收入的目的,但过度的税收优惠和减税短期内会使转轨国家的税收收入减少,进而影响到国家的财政安全。其二,税负不平等,有损于本国民族工业的发展。转轨国家利用税收优惠手段参与国际税收竞争,降低外国投资者的税率,从而降低了生产及经营成本,人为扩大了外国投资者的获利空间。而本国投资者的税负则大大高于外国投资者,形成税负不平等。这种情况不利于本国民族工业的发展。民族工业是国内税收收入的主要来源之一,其发展受到影响,后果是使税收收入减少,危及转轨国家的财政安全。其三，在世界各国普遍采用税收优惠方式参与国际税收竞争的情况下，转轨国家微观经济主体的自身趋利动机驱使其开展对外直接投资，因而出现资本大量外流。资本外流导致税基减少，造成税收流失。

（2）转移价格与转轨国家的税收流失。转移价格问题是随着经济全球化的发展以及跨国公司的全球扩张而出现的。转移价格被跨国公司用于降低成本以提高竞争力、规避投资风险、加强资金和业务管理等，而利用转移价格逃避税收也是跨国公司的主要目的之一。在经济全球化和投资自由化条件下，跨国公司往往利用转轨国家在关税、利率、税制、外汇管制、政策法规等方面的差异，利用转移价格来逃避所得税和关税。主要的逃税方法如：通过商品高进低出，即高报进口商品价格、低报出口商品价格的手段将利润转出；通过高估机器设备等资本品或无形资产的价格，减少应投入的本金，从而以最少的投资获取最大的利润；通过关联企业之间的服务价格差异，压低税率高的国家的服务价格，抬高税率低的国家的服务价格，达到少纳税之目的，等等。中国就是因跨国公司采用转移价格而导致税收流失的受害国。改革开放以来，随着生产全球化和投资自由化的发展，越来越多的跨国公司到中国投资，其生产规模不断扩大，投资额直线上升（2009年中国吸引外资900多亿美元，仅次于美国名列全球第二）。但这些跨国公司和外商投资企业报亏损的比例却长期居高不下，其中半数以上的跨国公司和企业采用转移价格和其他手段避税，国家每年因此而流失的税收多达上千亿元。

（3）利用外资不当与转轨国家的财政风险。利用外资不当也与转轨国家的财政安全和财政风险相关。外资对转轨国家经济发展的作用至关重要，这毋庸置疑。但举借外债而背负的大量利息支付负担，使得转轨国家入不敷出、财政困难，容易出现财政危机。另一方面，如果对外资的使用不当，也能够引发债务危机，而一旦发生债务危机，国家财政就成为最后的偿还者。而且，这种由外资引起的财政风险往往会演变成为国家主权风险。20 世纪 80 年代发生的全球债务危机就说明了这个问题。在这次债务危机期间，国际货币基金组织就向债务国提出了有损于国家主权的种种政策要求，如放松外汇和进口管制、对外国投资和国际贸易实行全方位开放等。

二、金融全球化与转轨国家的金融安全

经济全球化和科技进步为全球金融市场的发展提供了巨大的发展空间和技术支持，大大促进了全球金融市场的发展。在全球经济一体化的背景下，经济安全与军事安全和领土安全具有同等重要的地位，而金融安全则是经济安全的核心。金融全球化为转轨国家的经济发展提供了大量的资金，给转轨国家带来了实际经济利益，也给这些国家的经济和金融发展创造了各种便利条件和机遇。同时，转轨国家顺利融入金融全球化进程，并从中获得较大的收益，这对金融全球化的可持续发展也是极大的贡献。但是还必须看到，金融全球化对转轨国家的金融主权、金融市场、货币政策等带来了较大的冲击，给转轨国家带来了诸多的金融风险。尤其是在缺乏规范的全球性金融监管制度的条件下，不断加强的金融联系和金融自由化更易使转轨国家遭受冲击并滋生风险。总体来看，汇率与外贸传导机制、金融市场传导机制、国际投资渠道的传导、国际银行借贷传导等，都构成了金融风险国际传导渠道和传导机制。通过这些渠道，国际流动资本扩大了其波及的范围。而事实也证明，哪里有不完善的金融监管制度，哪里所受的冲击就大，从而加剧了这些转轨国家金融体系

运行的不协调。①

俄罗斯学者认为，虽然国家经济安全主要包括粮食安全、能源安全、金融安全、生产领域安全、运输和通信领域安全、社会经济领域的安全、对外贸易领域的安全等，但其中的金融安全是国家经济安全的最重要因素之一。②中国学者也指出，在经济全球化（金融全球化）条件下，由于国际信息一体化趋势的加强和信息跨国界的迅速传播以及生产资料配置的优化和社会生产力的提高，特别是由于金融自由化和电子化的快速发展，资金流量激增和流速加快，并极大地促进了金融交易的发展。而金融自由化、资金快速流动和金融业的混业经营，既增加了金融市场的复杂性，也平添了管理上的艰巨性③，还特别容易引发金融危机。

毋庸置疑，金融安全是国家经济安全的构成要素之一。当今世界各国经济联系越来越紧密，经济相互依存度不断提高，经济全球化特别是金融全球化与转轨国家经济的联动关系和传导机制的作用更加明显，因而与这些国家金融安全的相关性也更为密切。我们认为，可以从不同角度探究转轨国家金融安全问题产生的原因以及金融全球化与转轨国家的金融安全问题。

（一）金融自由化催生转轨国家的金融风险

在经济全球化浪潮的推动下，跨国经济联系在全球迅速发展，世界经济国际化和金融市场一体化的进程加快。虽然转轨国家处在两种体制转换过程中，新旧金融体制同时影响着人们的经济活动，深层矛盾并没有得到根本解决，但金融全球化迫使实行金融市场保护的转轨国家开放

---

① 米军、郭连成：《国际资本流动与转轨国家金融安全的相关性——以俄罗斯为研究视角》，《世界经济与政治》2009年第11期，第74页。
② 〔俄〕布尔采夫：《国家经济安全问题》，《财政》2003年第8期。
③ 《经济全球化呼唤金融安全》，《人民日报》，1998年10月21日。

本国金融市场，实行金融自由化。金融自由化对转轨国家的金融活动、金融机构和金融市场产生了巨大而深远的影响。正是由于这些国家的金融自由化以及阻碍资金跨国自由流动的藩篱被不断拆除，才使转轨国家的金融逐步融入金融全球化进程。其结果，一方面促进了资本向世界市场特别是向转轨国家市场的扩张；另一方面也使世界金融体系得以扩大。而转轨国家金融市场的进一步开放，必然使其金融企业面临着与外国金融企业的激烈竞争以及由此带来的金融风险。

（二）金融业务和机构准入自由化及其风险

在金融全球化进程中，金融业务和机构准入自由化是转轨国家金融业发展的一大趋势。转轨国家在受益于这一发展趋势的同时，也面临着其所带来的新的风险。这是因为：第一，金融业务自由化打破了银行业和证券业的分业限制，加重了银行业的流动性风险和不良资产的比例。而且，随着金融业务自由化的推进和政府对金融的管制放松，金融衍生工具在得到更大发展的同时，也带来了更大的风险。第二，随着转轨国家金融市场的对外开放和机构准入的自由化，外资金融机构纷纷进入转轨国家金融市场。相对于国内金融机构而言，这些外资金融机构具有较强的竞争力，不仅资金充裕、技术先进、资产安全性高，而且服务质量好、成本低，占有优质客户资源和人才资源，因而不断挤压了转轨国家国内金融机构的发展空间。而随着国外金融机构市场规模的不断扩大，有可能逐渐取得一国金融体系的支配权，并对该国金融运行产生举足轻重的影响。因此，外资金融机构的进入会给转轨国家带来较大的金融风险。有资料显示，20世纪90年代以来，转轨国家相继对外开放了本国金融市场，外资银行以兼并、收购、控股、设立分支机构或代表处、离岸和越境贷款等方式进入转轨国家。到20世纪90年代末，外资银行的资产占匈牙利和波兰等转轨国家全部金融资产的比重超过了50%。外资银行的进入，一方面可以提高转轨国家银行的竞争力，引进国外现代银行技术和技能，从而有助于提高国内金融服务质量并促进银行监管制度的完善；另一方面，会加剧转轨国家国内金融市场的竞争，形成金融业过度竞争的局面。此外，还会增加转轨国家经济和金融受外部冲击的可能性，特别是会受到外资银行母国经济波动的连带影响。

（三）资本账户开放和国际游资带来的风险

资本账户开放是转轨国家融入金融自由化进程的重要举措。转轨国家为了更好地利用国际资本、弥补工业化进程中的资金短缺，在实行利率自由化、金融业务和机构准入自由化的同时，也开放了资本账户。资本账户开放意味着允许资本账户的各种资本自由流动，即本国居民可以自由地进出国际金融市场进行投资和筹资，非居民也可以自由地进出转轨国家国内金融市场进行投资和筹资。资本账户开放不仅会导致大量风险资本流入和资本的突然性逆转，也为国际投机资本特别是国外套利基金冲击本国金融市场打开了方便之门。投机资本是投机者为了在短期内获得较多的利润而投放的资本，要求在短期内完成利润的实现，因而特别注重资本的流动性。而国际投机资本或称国际游资，是没有固定投资领域、以追逐高额利润为目的而在各市场之间移动的短期资本。在金融全球化条件下，许多转轨国家经济过分依赖于这类国际短期投机资本，导致这些国家的金融体系过于脆弱。尤其是当国际游资进入转轨国家扰乱金融市场时，就会形成巨大的风险。转轨国家不断开放金融市场，使得国际游资大量涌入，这些资本利用转轨国家金融制度的缺陷和不足，成为导致转轨国家金融市场不稳定和动荡的重要因素。例如，波兰、捷克、乌克兰、克罗地亚、拉脱维亚、阿尔巴尼亚、哈萨克斯坦、阿塞拜疆、塔吉克斯坦、摩尔多瓦等国都采用浮动汇率制度，当国际游资大规模进入时，便会面临着本币升值、进口增加、出口减少的压力；当国际游资流出时，又会面临着本币贬值、进口减少的压力。而国际游资的快速流动导致那些实施浮动汇率制度的转轨国家面临着大起大落的汇率变动，容易引发汇率风险，并影响其实体经济的发展。由此，金融自由化不仅给世界金融体系增添了不稳定性和不可预见性，而且也使转轨国家金融体系与国际金融体系接轨更具风险性。

（四）金融自由化对转轨国家货币政策自主性的制约

金融全球化和金融自由化的发展加强了世界各国金融市场的联动性。在这种情况下，每个转轨国家制定的货币、汇率、国际收支调节、国际储备等货币金融政策，都不仅要考虑本国经济转轨发展和金融市场的需求，还须顾及全球金融市场的发展变化，这都降低了国家货币政策的独立性和货币政策的效应。当一国国内经济过热时，中央银行往往会采取提高法定存款准备金率、大量发行国库券等紧缩性货币政策，这会导致市场利率提高，同时会吸引外资大规模流入，并最终增加国内货币供给量；当国内经济比较低迷时，中央银行往往会实施降低法定存款准备金率、大量回收国库券等积极的货币政策，这会导致市场利率较低，国际资本流出，最终会降低国内货币的供给量。因而金融全球化和金融自由化的发展会使转轨国家货币政策的实施效果大大偏离预期的目标，导致政策效率低下。

（五）国际金融组织对转轨国家金融主权的影响与侵蚀

金融全球化对转轨国家金融主权的影响，还表现在国际金融组织对转轨国家的制约和苛刻要求上。虽然以国际货币基金组织为代表的国际金融组织的职责是向需要帮助的国家特别是发展中国家提供资金援助，但在提供援助的同时还会提出许多苛刻条件，借机向受援国施压，特别是要求转轨国家实行金融自由化和开放国内金融市场，并提出干涉其经济金融主权的要求。例如，2008年，乌克兰为了应对金融危机的冲击，向国际货币基金组织申请援助，国际货币基金组织决定向乌克兰提供期限为24个月的165亿美元的贷款，但前提条件是乌克兰议会需通过法规来确保此笔贷款用于支持该国的银行体系，并通过控制社会开支和收窄经常账户的亏空来平衡其预算。2008年年底，国际货币基金组织、欧盟和世界银行同意向匈牙利联手提供超过250亿美元的救援资金。而作为受援条件，匈牙利政府须承诺将采取削减开支和增税等一系列措施来控制预算赤字。2010年7月，国际货币基金组织和欧盟中断了对匈牙利的援助，要求匈牙利政府在削减财政赤字方面付出更多的努力后，才能拿到余下的援助资金。①

（六）转轨国家内部因素的影响

从转轨国家的内部因素看，俄罗斯、乌克兰和中东欧一些转轨国家迅速融入金融全球化进程，实行金融自由化政策，开放本国金融市场，允许外资进入，实行了外汇自由化。但金融全球化在加速国际资本流动和为转轨国家利用国外资金提供便利条件的同时，也往往隐藏着金融危机和风险。金融体制转轨带来的风险既包括计划经济体制向市场经济转轨的风险，如俄罗斯东欧地区以及中国等转轨国家所出现的金融风险；也包括以政府为主导、实行金融抑制的金融体制向以市场为主导、实行金融自由化的金融体制转轨所出现的金融风险。与此相关，转轨国家所出现的金融风险是由两方面原因造成的：一是转轨过程中新旧体制交替

---

① 《IMF撤出匈牙利援助谈判》，新华网，http://news.xinhuanet.com/world/2010-07/20/c_12350818.htm。

和摩擦，相关改革不配套；二是在金融自由化进程中盲目开放金融市场，并放松金融管制。转轨国家实行金融自由化和开放金融市场，过早取消了对资本项目的控制，导致外资大规模流入，使外国直接投资和有价证券投资不断增加。特别是非居民可以自由进入转轨国家的金融市场，使得外国短期资本大量涌入这些国家，导致实际汇率上升，扭曲了国内经济，也增强了转轨国家国内金融市场对世界金融市场的依赖性。由于这些原因，在金融全球化与转轨国家经济的联动和传导机制的作用下，转轨国家接连发生金融危机，造成严重后果。

最后应当指出，金融全球化推动了金融资本的国际化进程和国际资本的大循环，使得世界金融市场规模不断扩大，金融业务量猛增，世界金融市场的竞争也因此而进一步加剧。与此同时，对世界金融市场的有效调控在弱化。在这种情况下，处于特殊阶段的转轨国家金融体系容易受到冲击，产生金融风险。

三、简要结论

经济全球化条件下的市场经济应当说是一种风险经济。在这种带有风险的市场经济中，金融全球化和投资自由化的发展进程越快，经济的货币化程度越高，转轨国家经济所面临的不确定性就越大，经济风险也就越大，国家经济安全特别是财政金融安全就会在更大程度上受到威胁。因而防范财政金融风险和保障财政金融安全成为转轨国家维护国家经济安全的最重要任务之一。

经济转轨国家是一个"特殊群体"。转轨国家的政府不仅要承担经济转轨的风险与代价，承担市场经济条件下政府的支出责任，同时还要制定和实施正确的经济和财政政策，以增加财政收入、稳定和发展本国经济，特别是肩负着保障财政安全、防范财政风险的责任。而且，要在经济全球化进程中保障转轨国家的经济安全特别是金融安全，政府的职能作用更是不可或缺。中国作为经济转轨大国，一直注重发挥政府在经济全球化进程中的作用。这在实践上表现为政府凭借其宏观经济管理权力和制度安排方面的职能，对经济转轨和参与经济全球化进程实行宏观调控，对市场进行适度干预，把握对外开放和经济自由化的尺度，达到市场经济与国家宏观调控的有机结合，以此最大限度地减少来自外部世界的经济威胁，防范经济风险。

第四节 贸易自由化与转轨国家对外贸易安全的相关性

在经济全球化进程中，全球贸易自由化得以快速发展，并随着世界贸易组织的成立和多边贸易体制的建立与完善而不断向纵深推进，成为当今世界经济发展的主旋律之一和不可逆转的趋势。在此背景下，转轨国家迅速融入贸易自由化进程。俄罗斯、乌克兰、波兰和匈牙利等一些中东欧转轨国家纷纷全面实行对外经贸自由化政策。这些国家不仅取消了外贸经营权的国家垄断，允许境内的一切企业自由从事对外经贸活动，而且开放国内市场，放宽或基本取消进出口限制，实行进出口贸易的自由化。例如，俄罗斯已经基本取消了进口数量限制，"入世"后的关税总水平大为降低。俄实际上已成为经济完全开放和对外贸易完全自由化的转轨国家。这一方面是由于俄罗斯国民经济对对外贸易的依存度高，另一方面是由其实行自由化的对外经济政策和制度所决定的。而作为经济转轨大国，中国也已经迅速融入经济全球化进程，在与世界经济逐步融合的过程中使贸易制度和贸易政策向国际惯例靠拢，并在此基础上加速贸易自由化进程。

一、全球贸易自由化与转轨国家对外贸易发展

全球贸易自由化浪潮推动着转轨国家的外贸发展和贸易自由化进程，为转轨国家提供了外贸发展的契机。而转轨国家的贸易自由化也推动了全球对外贸易的发展。因此，全球贸易自由化与转轨国家对外贸易发展和贸易自由化之间存在着一种相互促进、相互影响的互动关系。深入分析这种互动关系，对于融入贸易自由化进程的转轨国家对外贸易安全和贸易风险的防范具有十分重要的现实意义。

（一）全球贸易自由化为转轨国家对外贸易发展提供了契机

经济全球化促进了世界多边贸易体制的形成，促进了全球贸易自由化的发展，从而使转轨国家与世界各国的经贸联系进一步增强。同时，全球贸易自由化也使转轨国家的贸易自由化发展成为一种不可逆转的趋势。总的来说，全球贸易自由化为转轨国家对外贸易发展提供了重要机遇，降低了转轨国家产品与服务进入他国市场的难度，扩大了转轨国家的对外贸易规模，带动了转轨国家的经济增长和经济发展。

1. 为转轨国家经济贸易发展创造了条件

贸易自由化给转轨国家带来了巨大的经济利益，尤其是为转轨国家的经济发展创造了一个更加开放和自由的市场环境，注入了新的活力。伴随着全球贸易自由化的深化和贸易壁垒的减少甚至消除，转轨国家经济和对外贸易快速发展，各国都把越来越多的产品投入世界市场。这一趋势为转轨国家的产品、资金、服务走向世界创造了条件，增加了贸易机会；也增加了这些国家的福利，并强化了分工，提高了资源配置的效率，促进了产业结构的调整和升级。

2. 加快转轨国家的外贸增速、扩大外贸规模

全球贸易自由化推动了转轨国家的外贸体制和贸易自由化改革，从而使这类国家能够迅速融入全球贸易自由化进程，对外贸易迅速增长，贸易规模不断扩大，对国内经济增长的拉动作用明显。特别是中国对外贸易增长迅速且平稳，自 2002 年以来连续 6 年商品贸易出口保持 20% 以上的高速增长，对经济产生强劲的拉动作用。虽然 2008 年受国际金融危机的影响，外贸增长放缓，但也达到了 17.31% 的增速。2000—2008 年转轨国家的商品进出口贸易增长率及年均进出口增长率，均高于世界同期的增长率，详见表 1—1。

表 1—1 2000—2008 年转轨国家商品贸易进出口增长率

	出口年增长率（%）					进口年增长率（%）				
	2000—2005	2000—2008	2006	2007	2008	2000—2005	2000—2008	2006	2007	2008
世界	11.38	13.63	15.66	16.06	14.83	11.25	13.39	14.77	14.87	14.83
转轨国家	19.81	23.84	26.20	19.88	38.93	21.46	25.10	28.45	33.79	30.77
俄罗斯	19.32	22.95	24.66	16.61	33.12	22.72	26.85	31.30	35.70	30.64
乌克兰	20.79	20.81	12.09	28.48	35.92	21.75	25.64	24.64	34.59	41.10
中国	26.73	26.88	27.22	25.63	17.31	26.47	24.21	19.95	20.74	18.55

资料来源：UNCTAD：*Handbook of Statistics 2009*。

从表 1—1 可见，2000—2008 年，转轨国家的进出口贸易增长率不仅大大高于全球的平均增速，而且包括中国、俄罗斯和乌克兰在内的转轨国家的进出口贸易平均增长率都超过了 20%。

即使是在国际金融危机后，转轨国家的进出口贸易依然得到了较快发展。以中国和俄罗斯为例：[①]中国进出口贸易总额和增速，2010年为2.973万亿美元，同比增长34.7%（其中出口增长31.3%、进口增长38.7%）；2011年为3.642万亿美元，同比增长22.5%（其中出口增长20.3%、进口增长24.9%）；2012年为3.867万亿美元，同比增长6.2%（其中出口增长7.9%、进口增长4.3%）；2013年为4.16万亿美元，同比增长7.6%（其中出口增长7.9%、进口增长7.3%）。俄罗斯进出口贸易总额和增速，2010年为6254亿美元，同比增长33.3%（其中出口增长31.4%、进口增长36.8%）；2011年为8213亿美元，同比增长31.2%（其中出口增长30%、进口增长33.4%）；2012年为8372亿美元，同比仅增长1.8%（其中出口增长1.6%、进口增长2.2%）；2013年为8442亿美元，同比仅增长0.84%，其中出口额为5264亿美元，进口额为3178亿美元，两项指标均与2012年基本持平。从以上数据可见，俄罗斯2012和2013两年的进出口贸易增长乏力，增速明显放缓。这是由于世界经济复苏脆弱和外部需求疲软，对以能源出口为主的俄对外贸易产生较大负面影响。对俄罗斯的这种影响在2014年还会更大。与此同时，俄罗斯国内经济增速放缓，产业结构调整进展缓慢，投资环境得不到明显改善，吸引外资水平大幅降低，也是导致外贸增长乏力的重要原因。2012和2013年中国进出口贸易增长率较前几年明显下降，也多半与世界市场疲软、需求减弱相关。

综上所述，转轨国家融入贸易自由化进程，不仅促进了对外贸易的迅速增长，使贸易规模得以不断扩大；而且在分享国际贸易收益的同时，推动了本国经济的增长与发展，增强了经济活力。

---

① 以下数据根据中华人民共和国商务部网站、新华网、中华人民共和国驻俄罗斯联邦大使馆经济商务参赞处网等网站发布的数据整理而成。

（二）转轨国家贸易自由化进程助推全球贸易自由化发展

事实上，如果没有包括中国和俄罗斯在内的转轨国家的积极参与，贸易自由化实际上还不具备全球意义。正是由于广大转轨国家不断扩大对外经济贸易联系，参与国际分工，才加速了世界统一大市场的形成，并对全球贸易自由化产生了较大的推动作用。

1. 转轨国家加入世界贸易组织推动了全球贸易自由化进程

考察转轨国家融入贸易自由化进程并由此推动全球贸易自由化的发展和深化，最有说服力的例子莫过于中国和俄罗斯加入世界贸易组织（WTO）。中国在2001年年底加入了WTO。作为在世界上具有举足轻重地位的经济大国，中国加入WTO进一步推动了全球贸易自由化的发展。加入WTO后，不仅中国对世界市场的开放程度不断提高，而且其他国家也向中国开放本国市场。这样一来，虽然中国某些缺乏比较优势的产品会面临国外进口产品的冲击，但中国具有比较优势的产品能够参与到国际市场的竞争。随着经济的快速增长和国际贸易地位的提升，中国对全球贸易自由化和国际贸易政策的影响力也越来越大。

从俄罗斯的情况看，历经18年的艰苦努力，俄罗斯终于于2012年8月正式加入了世界贸易组织。这是俄罗斯融入经济全球化特别是全球贸易自由化的重要步骤，也意味着转轨国家对全球贸易自由化影响力的增强。这对于以多边贸易机制为基础的世贸组织也具有重要意义，因为俄罗斯加入WTO后，WTO成员方的国际贸易已经覆盖全球贸易的98%，从而使WTO成为真正的"世界"贸易组织。根据"入世"协议，俄罗斯总体关税水平已从2011年的10%降至7.8%，其中农产品总体关税水平由13.2%降至10.8%，工业制成品总体关税由9.5%调整至7.3%。但俄罗斯加入世贸组织后，由于实行贸易自由化和国内市场的更加开放，外国商品大量涌入本国市场,并与本国商品展开激烈竞争。竞争的直接后果,会导致一些没有竞争力的企业倒闭。而且,服务市场的开放会对俄保险和银行业产生冲击。但加入世界贸易组织既是俄罗斯深度参与全球贸易自由化的需要,也是积极倡导贸易自由化的世贸组织的需要。因为没有俄罗斯的加入,世贸组织就不能真正体现多边贸易体制的普遍性和公正性。

2. 转轨国家的服务贸易自由化促进全球贸易自由化进程的深化

全球贸易自由化与转轨国家服务贸易发展存在着明显的互动关系。贸易自由化促进了转轨国家服务业和服务贸易自由化的发展,而转轨国家服务业和服务贸易自由化也对全球贸易一体化进程产生较大影响。可以以贸易自由化与转轨国家金融服务业发展为例来说明这种互动关系和互动效应,因为金融服务业是服务业中非常重要和敏感的领域。一方面,全球贸易自由化促进了转轨国家金融业和金融服务贸易在全球的拓展,因为随着贸易自由化和对外经济贸易的发展,转轨国家的银行可以借助于金融服务贸易自由化并通过金融创新向全球拓展金融业务,以此提升转轨国家金融服务业的国际竞争力,获取融入金融服务贸易自由化进程所带来的利益。另一方面,转轨国家金融服务业和金融服务贸易自由化的发展,促进并加快了全球贸易自由化进程。可以说,如果没有转轨国家金融服务业的巨大发展以及金融服务贸易自由化水平和金融服务贸易一体化程度的提高,全球贸易自由化的深化不仅难以实现,而且也难以想象。

当然,也应当看到转轨国家贸易自由化对全球贸易自由化进程影响的有限性。因为大多数转轨国家是以所谓"比较优势"加入全球分工体系的。这种比较优势说到底就是国家的廉价资源,包括劳动力资源和自然资源的开发和利用。因而使转轨国家处在国际分工体系的低层，对经济全球化和全球贸易自由化的影响力较弱。因此，转轨国家必须按照国际市场的需求不断调整产业结构，大力发展高科技产业，才能应对贸易自由化的挑战。

总之，转轨国家融入全球贸易自由化进程依然困难重重，贸易自由化与转轨国家外贸改革和外贸发展之间还存在着不容忽视的非良性互动效应。因此，要更好地实现转轨国家外贸体系与国际对接和融合，真正融入全球贸易自由化进程，转轨国家既需要有合理的外贸制度安排，也需要强化国家的宏观调控作用和政府的经济职能，充分发挥贸易自由化与转轨国家外贸改革和外贸发展之间的良性互动效应，融入并进而推动全球贸易自由化向纵深发展。

二、全球贸易自由化与转轨国家对外贸易安全

在贸易自由化和世界贸易组织的推动下，全球贸易规模不断扩大，贸易产品不断丰富，涉及范围越来越大。与此同时，全球贸易自由化的发展也提高了转轨国家的对外贸易依存度和对外贸易风险，对转轨国家的经济和产业安全以及国家利益都造成了一定的冲击，特别是对转轨国家经济主权造成的冲击和影响较大。在贸易自由化的推动下，世界贸易组织和各类区域经济合作组织不断发展壮大，但转轨国家加入 WTO 和欧盟的难度却非常大，要接受这类国际和区域组织对国家经济主权的干涉，冒一定的经济风险。例如，保加利亚、捷克、罗马尼亚、斯洛伐克、斯洛文尼亚等转轨国家加入 WTO，以及捷克、匈牙利、波兰、斯洛伐克等转轨国家加入欧盟时，都要被动地接受下调关税、开放市场等苛刻要求和条件，并将一些经济主权让渡给这些国际或区域经济组织，从而削弱

了对本国经济的宏观调控。俄罗斯加入WTO，不仅其谈判道路充满艰辛与坎坷，本国的部分经济主权也受到损害。

事实表明，全球贸易自由化的发展侵蚀了转轨国家的某些经济利益。在全球市场中，大部分转轨国家都以出口原材料或传统产业的产品为主，并由此付出了较大的代价，如造成环境污染、资源枯竭、丧失产品定价权等。在欧盟内部，相对于英、法、德等发达国家，转轨国家的经济发展水平较低，产业竞争力不强，出口产品主要是机电产品、贱金属制品、矿产品等中低端产品。转轨国家的外贸出口受国际市场原材料和产品价格波动的影响较大，而发达国家不仅以低廉的价格获得原材料和产品，而且还掌握着全球高端产品的核心技术和产品定价权，凭借垄断优势便可获得丰厚的利润，因而大部分转轨国家成了贸易剪刀差的牺牲者。目前，转轨国家的产业结构仍以采掘业、制造业等传统产业为主，较少涉及新能源、新材料、生物医药等知识密集型和资本密集型产业。产业结构的不合理降低了转轨国家的整体竞争实力，使这类"特殊群体"容易成为发达国家经济的附庸。特别是在服务贸易自由化发展的背景下，转轨国家的市场开放大大降低了发达国家服务贸易进入本国市场的门槛。而且，发达国家的服务业主要以知识和资本密集型服务为主，具有较强的竞争力。尤其是在金融、通信等行业，发达国家服务贸易的进入不仅扩大了转轨国家的贸易逆差，还导致转轨国家只能选择以货物贸易的原材料产业和传统产业为主，这更加剧了转轨国家产业结构的不合理状况。

此外，贸易自由化对转轨国家利益的侵蚀还体现在贸易壁垒上。虽然WTO积极鼓励消除贸易壁垒，实现贸易自由化，但反倾销、技术贸易壁垒等形式的非关税壁垒再次成为发达国家实行贸易保护的主要手段。虽然部分转轨国家已加入了欧盟，执行了欧盟的共同标准，但仍然会受到贸易壁垒的影响，并会导致出口下降，使这些国家的外贸环境进一步恶化。

总之，无论是俄罗斯和中东欧转轨国家还是中国，在全球贸易自由化浪潮中均面临对外贸易安全问题，这是由贸易自由化与外贸安全两者的密切相关性所决定的。

（一）加入世贸组织与对外贸易安全

作为经济全球化和贸易自由化的产物，世贸组织对推动全球贸易发展发挥重要作用，可以说是推动全球贸易一体化和自由化的"发动机"。从转轨国家的情况看，匈牙利和波兰早在高度集权的计划经济时期就加入了关贸总协定，后来自然成为世贸组织的成员。除这两国外，保加利亚、捷克、罗马尼亚、斯洛伐克、斯洛文尼亚和中国等转轨国家也相继成为世贸组织成员。

下面以俄罗斯为例来分析加入世贸组织与对外贸易安全问题。俄罗斯正式加入WTO是在2012年8月，要大大晚于上述国家。在此之前的很长时期，俄罗斯是世界上唯一一个没有加入WTO的大国，与阿尔巴尼亚、柬埔寨、老挝等30个不发达国家处在同一行列。这与俄罗斯作为联合国安理会常任理事国和对国际事务有着广泛影响力的大国地位极不相称。由于世界上大约有90%的商品贸易、服务贸易和知识产权贸易是按世贸组织的30个多边贸易协定严格执行，俄罗斯因没有加入世贸组织而只能置身其外，损失惨重。成为享有充分权利的世贸组织成员后，俄就可以通过这一国际经济组织来维护本国的经济利益。当然，加入世贸组织意味着融入全球贸易自由化进程并开放本国市场。与此相关联，俄罗斯必然要面临对外贸易安全的风险并要付出一定代价：一是WTO要求俄罗斯降低关税，俄政府就必须下调关税税率。而对进口关税税率的任何调整和修正都会引起俄国内市场"游戏规则"的改变,也会给相关的市场主体造成严重经济损失。二是在世贸组织规则框架内,实行市场开放会使外国商品和劳务大量进入俄市场,使俄很难有效保护本国企业免受冲击。特别是进口关税大幅降低会导致外国商品大量涌入,不仅对民族工业造成冲击、构成威胁,而且由于本国产品缺乏竞争力而减少出口或遭到重创。三是WTO采用十分复杂的诉讼机制来解决参加国之间的贸易矛盾和纠纷,使俄罗斯保护生产者和外贸主体切身利益的难度增大。

关于加入WTO带来的风险,时任俄罗斯经济发展部长的别洛乌索夫还曾指出,按官方的估算,由于俄罗斯进口关税等相关税收的下降,2013和2014两年国家财政收入会分别损失1880亿和2570亿卢布。不仅如此,"入世"后俄罗斯国内产业要面临的挑战可能是空前的,多数产业的产量面临下降。①

(二)对外贸易依存度与对外贸易安全

外贸依存度是衡量一国对外开放程度的重要指标之一,它反映一国对外贸的依赖程度和参与国际分工及国际合作的程度,也在一定程度上反映对外贸易对经济发展的影响程度。在贸易自由化浪潮的推动下,转轨国家积极参与国际分工和国际经济合作,对外开放和自由化程度不断提高。在这一进程中,对外贸易依存度经历了由快速升高到逐渐回落的过程。

中国的外贸依存度由1999年的37%上升到2003年的52%,到2006年达到67%后,便从这一高点开始回落。到2011年外贸依存度已经下降到50%。2012年又在2011年基础上再度回落3个百分点,降至47%。2013年中国外贸依存度为46%。近几年中国外贸依存度的回落态势,意

---

① 张健荣:《俄罗斯入世及其影响》,《国际关系研究》2013年2期。

味着中国的外贸正在发生重大结构性变化，也表明中国经济增长正由外需拉动向内需驱动转变。俄罗斯在经济转轨初期实行对外贸易自由化政策，促进了对外贸易的快速发展，外贸依存度也随之上升，到1999年曾一度达到71%的高位。而自2000年以来，虽然俄罗斯对外贸易发展依然较快，但外贸依存度却总体出现了下降趋势，2001年降至61%，2002和2003年降至59%，此后几年直至2008年国际金融危机前都一直保持在50%以上。而后危机时期特别是自2011年以来，俄外贸依存度均低于50%。而且，受外贸政策的影响，俄罗斯对外贸易结构一直处于畸轻畸重的不平衡状态。大宗燃料、金属和原材料商品占出口份额的80%以上，这表明俄罗斯对外贸易质量和层次的低端性，也是2008年国际金融危机对俄罗斯经济造成巨大冲击，使其饱受"资源诅咒"之苦的根源之一。

应当指出，转轨国家的外贸依存度是随全球外贸依存度的变化而变化的。20世纪90年代以来，随着经济全球化和贸易自由化的迅速发展，WTO和欧盟等全球性多边贸易组织和区域性组织的相继建立，以及计划经济国家向市场经济转轨并融入贸易自由化进程，不仅推动了全球贸易的迅速增长，而且在全球范围内推升了外贸依存度。在1995年前，全球外贸依存度一直在40%左右徘徊，而在此后的11年间迅速提高到60%左右。总的来看，这一时期转轨国家外贸依存度的变化是与全球外贸依存度迅速提高的国际经济大环境基本一致的。同样，近些年转轨国家的外贸依存度也随着全球外贸依存度的下降而降低。

虽然外贸依存度既不能完全等同于经济开放度，也不能完全等同于一国经济对外贸的依赖度，更不能等同于经济风险度，不能认为外贸依存度高就一定存在经济安全风险，但外贸依存度高可能会增加贸易不安全因素，容易产生贸易纠纷和摩擦。一般认为，一个国家的外贸依存度高于 40% 或低于 10%，就会使该国的贸易安全面临危险状态。如果按照这个标准，大多数转轨国家的贸易安全形势已经不容乐观。不能否认，对外贸易的快速发展及与之相关的较高的外贸依存度，不仅容易造成转轨国家国民经济的过度对外依赖性，世界市场的任何"风吹草动"都会对其经济和外贸进出口产生不利影响，而且也使转轨国家的对外贸易摩擦趋于频繁化。商务部的一份报告认为，由于中国的直接出口对美国市场依赖较大，美国消费需求进一步放慢会直接影响中国的出口和增长目标的实现。"央行研究显示，美国经济增长放慢 1 个百分点，我国出口就会下降 6 个百分点。"[①] 这种较高的外贸依存度也成为中美两国频繁发生贸易摩擦的重要原因。总之，贸易自由化条件下外贸依存度的迅速提升和贸易摩擦的加剧，会导致转轨国家的贸易不安全。而由于全球经济不断融合，各国经济"你中有我、我中有你"，外贸风险和不安全因素也会超越转轨国家并可能波及全球。转轨国家也只有转变发展方式，不断优化外贸结构，提升外贸的国际竞争力，参与更高层次的国际分工和合作，才能降低贸易自由化进程中外贸依存度过高所带来的外贸安全隐患。

（三）全球贸易自由化中转轨国家自身缺陷导致的对外贸易风险

由于大多数经济转轨国家的商品缺乏竞争力，商品出口结构不尽合理，外贸体制改革不到位等原因，这些国家参与贸易自由化遇到一定的困难，甚至由于自身的这些缺陷导致出现对外贸易风险。以俄罗斯为例：俄制成品在国际市场上缺乏竞争力，俄出口到国外的产品中能源、原材料和半成品所占的比重最大，多年来基本保持在 60% 以上，超过经济安

---

① 盛宝富：《世界经济下行风险》，中华人民共和国商务部网站，政策研究室商务评论，2007 年 11 月。

全临界值30个百分点。[1]有资料显示,在俄罗斯向非独联体国家的出口中,矿物原料和燃料以及黑色和有色金属的比重曾在70%以上,而机器和运输设备及化工产品的比重则在20%以下。这与全球矿业和能源等资源性产品占世界出口贸易的比重明显下降、机器制造和信息技术等产品的比重大大提高的趋势背道而驰。虽然近几年俄罗斯为改变这种不合理的落后经济结构和出口结构出台了若干政策措施,但以石油和天然气以及原材料的生产和出口为主的这样一种经济结构并没有很大的改变,知识和技术密集型产品所占的出口比重不大。尤其是作为能源大国,石油出口多年来一直占俄罗斯出口总额的40%左右。石油是俄出口的大宗商品,石油收入对俄财政收入和经济稳定的影响是巨大的。但另一方面,这种生产和出口结构使俄罗斯时常受到国际市场行情波动的影响,从而使其经济发展不可避免地受外部因素的左右,经济增长也在很大程度上受国际市场石油价格影响,价格上升则经济增长,价格回落则经济下跌,经济和贸易安全受到威胁。例如,1998年世界石油价格降到10年以来破纪录的最低点,每桶仅为10美元,这导致俄罗斯出口收入损失极大和财政税收收入锐减,并成为诱发严重金融危机的重要原因之一。而自2000年以来,石油价格的攀升又大大增加了石油出口对俄经济增长的影响。石油价格从2000年一路上涨到2007年,乌拉尔石油价格在2008年夏达到每桶超过140美元,俄罗斯共获得4750亿美元的石油收益。此后,受全球金融危机影响国际油价狂跌,甚至一度降至每桶不足45美元。俄罗斯经济也因此遭到沉重打击。美国《洛杉矶时报》称,凭借油价高涨,"普京将俄罗斯从一个几乎破产的国家变成了一个富裕、傲慢的大国。但最近,

---

[1] 王郦久:《俄罗斯经济安全及保障措施》,载《国家经济安全》,时事出版社2005年版,第424页。

莫斯科开始紧张了,他们不得不面对残酷的现实,油价的暴跌揭示出了俄罗斯无法回避的弱点"。① 俄《观点报》也指出,金融危机与油价暴跌的双重打击对俄经济造成了重大影响,阻碍了俄罗斯强国复兴的步伐。"当初支撑俄罗斯经济在全球经济衰退中巍然屹立的石油,今天却成为推倒俄罗斯经济的多米诺骨牌。"到了2014年,国际油价再度暴跌,全年累跌近50%,创六年最大年度跌幅。北海布伦特油价由2013年的每桶约109美元,跌至2014年12月1日的每桶67.8美元,再跌至2015年1月5日的每桶54.7美元,这是2009年5月以来首次跌破55美元。俄罗斯出口产品的结构比较单一,资源性产品特别是石油出口的比重过大,国际市场行情的经常性波动尤其是油价下跌严重影响到俄出口收入和财政收入,对其经济稳定和经济增长产生极大的负面影响,成为导致经济与外贸不安全的重要因素。

从中东欧转轨国家的情况看,多数中东欧转轨国家已融入贸易自由化进程,全面开放了市场,对外贸易成为拉动各国经济增长的重要引擎。欧盟是中东欧各国最大的贸易伙伴,多数国家与欧盟的贸易额已占其外贸总额的60%以上。这种过分依赖欧盟市场的外贸格局,必然使这些中东欧转轨国家易受西欧经济形势的影响,因而存在着经济和贸易安全的隐患或风险。

综上所述,贸易自由化与转轨国家经济发展的双向互动关系,一方面给转轨国家带来巨大的经济利益,对其经济发展产生了多方面的积极影响,特别是促进了转轨国家国际贸易的发展。另一方面也使转轨国家的经济发展面临着难以回避的风险,尤其是实行服务贸易自由化会带来国家经济和贸易安全问题。无论是发达国家还是发展中国家,都面临着

---

① 《俄罗斯复兴之梦面临新考验》,《环球时报》,2008年11月18日。

在国家利益、安全利益与服务贸易利益之间的权衡和选择。经济转轨国家虽不能回避服务业的开放，但应当逐步推进服务贸易自由化，以保证国家的经济和贸易安全。

第五节 投资自由化和生产全球化与转轨国家经济安全的相关性

20世纪90年代以来，投资自由化和生产全球化有力地推动了世界经济发展和经济全球化进程。跨国公司主导的国际投资活动推动了市场关系的全球传播和生产全球化，而生产全球化的发展又促进了国际资本在世界范围内更大规模的流动。在这种不断深化和相互促进的过程中，投资自由化从根本上改变了国际资本流动的格局和特征。转轨国家持续快速的经济增长和广阔的市场前景吸引了无数跨国公司入驻，在成为全球自由投资体系重要组成部分的同时，转轨国家也改变着跨国资本的全球配置格局。与此同时，转轨国家在融入投资自由化和生产全球化过程中也面临着经济风险和国家经济安全的挑战。

一、投资自由化与转轨国家经济安全

20世纪90年代以来，全球投资自由化呈快速发展趋势，国际资本流动规模巨大，流动速度加快，特别是国际直接投资增长迅速。1990年以前，全球FDI总额每年不过2000亿美元左右，而到2000年创纪录地达到1.39万亿美元。进入21世纪的最初3年，全球FDI逐年下降，这与当时世界经济状态低迷有关。但2004—2006年全球FDI再次迅速增长。根据联合国贸发会议（UNCTAD）数据，2005年全球FDI在2004年增长了

27%的基础上，又增长了29%，达9160亿美元，2006年继续快速增长到1.2万亿美元。全球FDI在2007年和2008年分别达到1.83万亿美元和1.82万亿美元的顶峰后，于2009年下降至1.22万亿美元。到2010年出现15.8%的恢复性增长，达到1.41万亿美元。2011—2013年，全球FDI分别为1.65万亿美元、1.32万亿美元和1.46万亿美元。[①]

跨国公司是当代国际资本流动尤其是国际直接投资的主要载体。它拥有庞大的资本和生产规模、强大的研发能力、全球性的经营战略、先进的现代管理手段以及覆盖全球的销售网络。跨国公司对推动"无国界经济"的发展和全球自由投资体系的建立发挥着巨大的作用。世界上绝大部分FDI都是由跨国公司实现的。跨国公司控制了全球约90%的对外直接投资，实现产值约占世界总产值的1/4。[②]特别是20世纪90年代中期以来，面对迅速发展的经济全球化和投资自由化潮流，跨国公司通过全球战略调整及相应的组织架构调整，逐步向"全球性公司"转型。全球性公司的出现，使大型跨国并购数量急剧上升，并使大型跨国并购成为全球FDI的主要方式。

投资自由化的发展为资本流动扫除了障碍，转轨国家逐渐成为国际资本流动的重要市场。一方面，投资自由化的发展为转轨国家引进外资和资金提供了良好的条件，加快了这些国家国内市场的对外开放进程。但另一方面，投资自由化的发展也给转轨国家的民族企业带来了一定的冲击。由于转轨国家逐渐降低投资门槛，跨国公司凭借资本优势、技术优势、人才优势、管理优势等迅速进入转轨国家，并成为转轨国家民族

---

① 参见联合国贸发会议（UNCTAD）数据和《2014年全球外国直接投资（FDI）趋势分析》，中国投资咨询网，http://www.ocn.com.cn/info/201402/qiuguo100913.shtml。
② *World Investment Report*, UN, UNCTAD, 2006.

企业的强有力的竞争者。在追逐高额利润的驱动下，跨国公司不断扩大其在东道国的市场份额，成为行业的垄断者，挤压民族企业的发展空间。尤其是大多数转轨国家的企业成为国外公司兼并的对象，使跨国公司迅速成为转轨国家某些行业的垄断者。例如，乌克兰的卷烟市场基本上被跨国公司所垄断：菲利普莫利斯乌克兰公司占市场份额的31.1%，帝国烟草公司的利兹马—基辅工厂所占市场份额为23.3%，英美烟草乌克兰公司所占的市场份额为16.9%，日本烟草乌克兰国际公司的市场份额为11.9%，加拉赫集团的市场份额为11.2%。因而在乌克兰，跨国公司生产的产品占据了该国烟草市场95%以上的份额。[1] 又如，匈牙利的电力和天然气系统、爱沙尼亚的啤酒市场、波兰的食品销售业、捷克的大型零售超市、斯洛伐克的大型软件公司等，也被国外跨国公司垄断。由于转轨国家正处在经济转轨阶段，跨国公司的垄断无疑会对民族经济造成一定的冲击，甚至会危及这些国家的某些支柱产业。而如果跨国公司从东道国撤出资本，则会给转轨国家的国民经济带来沉重打击。

　　随着投资自由化的发展和全球资源的锐减，一些外国公司开始向转轨国家的资源行业进军。可以说，投资自由化的发展加剧了转轨国家经济资源的流失速度。目前，乌克兰、波兰、爱沙尼亚、俄罗斯等矿产资源丰富的国家均有外资企业投资，造成这些转轨国家的资源流失特别是战略性资源的流失。随着转轨国家私有化改革的进展，许多跨国公司又纷纷瞄准了转轨国家的国有资产。由于这些跨国公司高估外国技术和设备，低估东道国企业的固定资产，造成转轨国家的国有资产大量流失。而这些公司在并购转轨国家的企业资产及本土化品牌后，便用外资品牌替代，使民族品牌在跨国公司的并购中丧失，给转轨国家造成巨大的经

---

[1] 《乌克兰烟草市场》，数字中国网，http://www.china001.com/show。

济损失。①2008年国际金融危机后,有的转轨国家继续推动私有化改革,如白俄罗斯欲出售国有资产以获得30亿美元的外国直接投资,保加利亚正在加速烟草行业的私有化改革,俄罗斯准备进一步对外出售国有资产。这些重大举措再度引起众多跨国公司的关注,许多跨国公司都跃跃欲试,表现出明显的投资意向。

投资自由化还会加速国际金融风险的传导,威胁转轨国家的经济安全。金融自由化趋势的加深和电子信息技术的发展,使国际金融市场上充斥的大规模"游资"在全球各个市场寻觅攫利机会,这不可避免地给世界各国带来经济风险。特别是在投资自由化条件下,金融危机会通过"投资"途径在世界范围内加速传播。20世纪90年代爆发的东南亚金融危机,就是由于当事各国资本市场的盲目开放和本币过早实行自由兑换所导致的。中国虽然在这次金融危机中受到的影响不大,但随着投资自由化程度的加深,中国经济安全所面临的风险会越来越大。

此外,投资自由化的发展还加剧了跨国公司在转轨国家国内人才市场的竞争。跨国公司凭借丰厚的待遇、良好的工作环境、长远的职业规划等优势吸引了转轨国家的许多优秀人才,特别是大量的研发人员,从而导致这些转轨国家国内企业的人才和智力支持不足。尤其是在中东欧10国加入欧盟后,西欧等发达国家为了缓解人口老龄化的压力,纷纷出台了吸引高级人才的优惠政策,从而加速了转轨国家人才流失的速度。应当说,人才大量流失是转轨国家在融入投资自由化进程中所面临的最大经济风险和安全隐患之一。

---

① 郭连成主编:《经济全球化与转轨国家经济发展及其互动效应》,经济科学出版社2007年版,第105页。

二、生产全球化与转轨国家经济安全

在经济全球化进程中，生产全球化呈快速发展趋势。跨国公司则是生产全球化的主要推动者。发达国家的跨国公司快速向发展中国家和转轨国家实施产业转移，并通过全球合作完成产品制造和创新，从而推动了国际生产分工的深化和生产的全球化。跨国公司在产业转移中转出产业的层次是由低到高递次展开的。在继续转移制造业的同时，越来越多地采用外包形式转移服务业，特别是其中的计算机和信息通信技术、公用事业以及与交通和旅游有关的服务领域。而且，国际投资者的注意力也越来越多地从发达国家转向新兴市场国家，特别是其中的中国、俄罗斯和中东欧等经济转轨国家。再者，跨国直接投资的进入方式已不只是兴建新企业的"绿地方式"，而是"兼并"和"收购"，尤其是在俄罗斯等转轨国家，并购在外资中的比重不断上升，越来越成为外资进入的重要方式。[1]

融入生产全球化进程既是转轨国家经济发展的需要，也是一种必然的选择。转轨国家普遍存在产业结构不合理、技术和设备落后的问题，迫切需要实现产业升级，提高国民经济的整体竞争力。而参与发达国家跨国公司主导的生产全球化，则为转轨国家的产业升级提供了难得的契机。如果不抓住这个机会，转轨国家就难以跟上生产全球化的发展步伐，甚至可能落伍掉队。另一方面，"经济转轨为跨国公司的全球化生产和经营提供了舞台和更广阔的空间，推动跨国公司的国际化生产体系逼近全球化水平"。[2]

---

[1] 参见郭连成主编：《经济全球化与转轨国家经济发展及其互动效应》，经济科学出版社2007年版，第116页。

[2] 程伟等：《经济全球化与经济转轨互动研究》，商务印书馆2005年版，第142页。

当然，从另一角度看，经济全球化与转轨国家经济之间的相关性和互动效应也会给转轨国家带来经济安全的隐患。由于投资自由化和生产全球化的快速发展，由于生产和投资越来越具全球性，实行全面经济开放的转轨国家已经很难完全控制跨国公司的进入及其对本国生产的影响，转轨国家的民族工业和产业安全面临直接的威胁。例如，跨国公司已经在中国的一些行业和部门取得优势地位甚或已经形成市场垄断势力。这不仅对中国民族工业和产业安全构成威胁，也威胁到国家经济安全。鉴于跨国公司并购对中国构成的威胁以及跨国公司市场垄断力量的不断增强，《中华人民共和国反垄断法》已于2007年8月30日通过，自2008年8月1日起施行。《反垄断法》的基本原则是：健全统一、开放、竞争、有序的市场体系；鼓励公平竞争，依法实施集中，提高市场竞争力；禁止违法实施限制竞争行为；禁止滥用行政权力，排除、限制竞争。反垄断法的任务就是防止市场上出现垄断，并对合法产生的垄断企业进行监督，防止它们滥用市场优势地位。具体来说，反垄断法的主要任务是：禁止卡特尔、控制企业合并、禁止行政垄断、禁止滥用市场支配。实施《反垄断法》，限制了投资自由化和生产全球化条件下跨国公司在华日益膨胀的市场垄断力量和滥用市场权力问题。

应当指出，生产全球化的发展加速了全球生产要素的流动、生产产品的标准化、生产过程的全球分布和生产技术的国际化。生产全球化在将转轨国家纳入全球生产链条的同时，也对转轨国家的技术进步和环境保护等领域造成了一定的压力。一方面，生产全球化加大了转轨国家陷入技术陷阱的风险。由于转轨国家在全球产业链中主要处于中下游地位，较少承接知识型、资本型等产业的生产环节，因而生产全球化的发展难以带动转轨国家的产业升级和技术创新的发展。而随着全球原材料价格的上涨及转轨国家劳动力成本的上升，转轨国家承接的劳动密集型产业存在着被转移的风险。利润空间的不断挤压，导致转轨国家和企业对研发投入不足，容易陷入技术陷阱。即使产业未被转移出去，但由于转轨国家的外资企业较多，这些国家高新技术的来源对跨国公司母国研发部门的依赖性较强，能否引入先进技术还主要取决于母国公司的战略意图，这也使转轨国家陷入技术陷阱的风险大大增加。大多数独联体国家陷入技术陷阱的可能非常大，这是因为，苏联解体前国内的科技力量主要分布在俄罗斯、乌克兰的一些城市，哈萨克斯坦、乌兹别克斯坦、亚美尼亚、格鲁吉亚、阿塞拜疆等主要承担一些局部性的科学研究项目，而塔吉克斯坦、土库曼斯坦、白俄罗斯等的企业基本上没有研发部门，因而对其他加盟共和国的技术依赖性比较高。[①] 苏联解体之后，独联体国家的科技投入比较低，因而寻求与西方发达国家的科技合作成为获得新技术的重要途径，导致这些国家缺乏完全独立自主的研发能力，大大降低了这些国家科技安全的水平。

另一方面，生产全球化的发展还加大了转轨国家环境保护的压力。随着全球气候的变化和生态环境的恶化，发达国家越来越重视环境保护，不断提高企业的生产标准，并加大环境污染的治理力度。而跨国公司为降低生产成本，将一些高污染、高耗能的产品生产环节转移到转轨国家，对转轨国家的环境造成一定程度的破坏。由于长期的资源开采，哈萨克斯坦、阿塞拜疆等国的生态环境都遭到了极大的破坏。2009年，俄罗斯最北部城市诺里尔斯克市和阿塞拜疆的苏姆加以特市均排在全球最脏的十大城市之列。

---

① 宋兆杰、王续琨：《独联体国家的科学研究状况》，《科学学与科学技术管理》2006年第3期，第45页。

此外，经济全球化加大了转轨国家产业发展的不稳定因素。随着全球经济的发展，全球生态环境不断恶化、自然灾害频发、人口老龄化、自然资源大量耗费、信息保护制度存在漏洞、局部区域冲突不断等问题也随之出现，成为新的影响转轨国家产业安全的不稳定因素。特别是在全球贫富差距不断扩大的背景下，这些问题加大了国家之间的利益冲突，难以维系全球产业链条的长久持续发展，成为产业发展的安全隐患。

第六节 本章小结

（一）随着经济全球化的快速发展，世界上越来越多的国家不断融入经济全球化进程。特别是 20 世纪 90 年代以来，以中国和俄罗斯为代表的绝大多数计划经济国家先后实行了市场化改革和经济转轨。与此同时，更多的发展中国家开始实行开放型经济发展战略，减少国家对经济活动的干预。这两方面的实质性变化推动了经济全球化的发展进程。应当说，经济转轨国家融入经济全球化进程是一种历史的必然。

（二）经济全球化促进并实现了市场对资源在全球范围内的有效配置。建立在劳动成本优势、资源禀赋差异、产品研发与创新、规模经济等基础上的国际分工与自由贸易，成为全球经济发展的主流趋势。而随着融入经济全球化进程的加快，以及经济、贸易与金融等领域对外开放的不断扩大，转轨国家经济越来越容易受到外来的冲击，其所面临的经济、金融风险也越来越大。因而国家经济利益和国家经济竞争力被置于国家安全的优先位置，国家经济安全、产业安全也成为国家安全的核心。

（三）经济全球化背景下生产全球化趋势日益明显。跨国公司在生产全球化进程中扮演重要角色，是生产全球化的推进器，转轨国家则在跨国公司推动的生产活动全球化中受益。跨国公司对转轨国家的企业实施并购，能源生产、机械制造、食品消费品生产、商业、金融服务业等成为外资并购的重要领域。今后，随着全球产业的不断转移，转轨国家境内的外资并购还会扩大，这必然会引起人们对外资并购可能危及国家经济安全的担忧。因此，转轨国家融入生产全球化进程，必须以保证国家经济安全和确保稳定的生产经营环境为前提。

（四）贸易自由化、金融全球化、投资自由化和生产全球化为转轨国家的市场开放和制度借鉴提供了契机。在贸易自由化的发展进程中，转轨国家不仅要积极加入WTO，而且作为WTO成员必须遵守共同的制度，以统一的国际准则来规范自己的行为。而金融全球化进程会对各转轨国家的金融体制产生整合作用，使金融领域的制度安排逐步趋于统一，而且在此进程中制度创新也会被迅速推广。在生产全球化进程中，随着跨国公司进入转轨国家，先进的公司治理结构和制度会随之被引进、效仿和采纳，从而使这些国家微观企业制度逐步趋同。因而转轨国家的一系列制度安排会通过这些渠道发生改变。①

（五）转轨国家在经济全球化进程中要大力发展有比较优势的产业，为国民经济发展赢得更大的空间。外商投资企业可以给转轨国家带来先进的设备和技术，因而能够促进这些国家加工工业的改造，有利于转轨国家的产品在短时间内实现升级换代。当然，在注重产业结构调整与优化的同时，转轨国家还要高度重视现代服务业和高新技术产业的发展，使本国在全球产业升级的浪潮中不被边缘化。但转轨国家的许多产业还处于发展的起步阶段，与国外跨国公司相比，其竞争力还很弱，因此，转轨国家的政府有必要实施一定的产业保护政策。

---

① 参见刘军梅:《经济全球化与转型国家的制度变迁》,《世界经济研究》2002年第5期,第14页。

（六）随着经济全球化的深化以及转轨国家经济融入全球化程度的不断加深，这些国家的经济安全面临着严峻的挑战。也就是说，经济全球化在给转轨国家带来利益的同时，也对转轨国家的经济安全造成了一定的冲击。经济全球化加剧了转轨国家与发达国家产业安全水平之间的差距。经济全球化的发展对世界各国提出了严峻的产业安全挑战。而由于发达国家、发展中国家、转轨国家之间存在着巨大的科技、人才、理念等的差异，各国的产业安全水平各不相同。欧美等发达国家是全球经济的主导者、经济秩序的构建者和产品价格的制定者，而发展中国家和转轨国家只能被迫选择现有的经济秩序和接受发达国家的资源掠夺和价格压榨。相比之下，发展中国家和转轨国家的产业安全更容易受到威胁。而随着科学技术的快速升级换代，部分欠发达国家已经陷入了贫困陷阱，这大大增加了保障产业安全的难度。但另一方面，转轨国家已确立了市场化和全球化的发展方向，从而为未来的经济发展奠定了制度性基础。

转轨国家的实践证明，在经济全球化和世界经济一体化进程中，计划经济条件下的自我封闭式经济安全政策有可能会造成国家经济基础的脆弱性，从而经不起国际市场风浪的冲击，并有可能最终导致转轨国家的政治安全与社会安全受到严重的削弱甚至崩溃。[①] 而如果转轨国家的改革开放和经济转型操之过急，也会带来严重的安全问题。因此，转轨国家在摒弃旧的经济发展模式、探求新的发展道路，特别是实行对外开放政策的同时，要坚持国家经济安全的重要原则和基本标准，不断完善保障国家经济安全的政策与措施。

---

① 滕维藻、张岩贵：《全球化对世界各国经济安全的影响以及我国的因应措施》，《南开经济研究》1999年第5期，第37页。

第二章 经济全球化背景下全球产业发展和产业结构变动趋势

在经济全球化发展趋势下，以现代信息技术和高新技术发展为基础的当代国际分工和国际产业转移，无论从内容还是到形式都在发生新的变化、出现新的特征。因而当代国际分工和国际产业转移对全球产业结构的演进和产业发展产生着极其深刻的影响，不仅使全球产业结构经历着大规模的深刻调整，而且也在很大程度上改变了各国产业分工的格局和发展模式。发达国家借经济全球化进程中全球产业结构调整升级之机，不断加快产业升级并优化增长方式，大力增强产业竞争优势和技术优势，使产业结构向知识密集、技术密集、服务密集的方向升级。而发展中国家则利用全球产业转移和产业结构调整的时机，对传统的落后的产业结构进行必要调整和改造，转变粗放的经济增长方式。本章从多角度分析经济全球化进程中全球产业发展和产业结构调整与变化趋势。

第一节 经济全球化与国际产业转移和产业分工

在19世纪末第二次工业革命至今的一百多年时间里，国际产业分工经历了由产业间国际分工到产业内国际分工，再到产品内国际分工的发展变化过程。产业间分工是早期国际分工的典型形式，在这种分工形式下，发达国家主要从事工业生产,而发展中国家则以传统的农业生产为主。但 20 世纪 60 年代起,轻工和纺织等劳动密集型产业逐步由发达国家转移到发展中国家,由此,国际分工也从工业国与农业国的产业间分工,逐步转向由产品差异化和规模经济而产生的产业内分工。特别是进入 20 世纪 90 年代以来,经济全球化的迅猛发展、知识经济的迅速崛起和以信息技术为代表的第三次产业革命的兴起,不仅使国际产业转移和国际产业分工进一步深化,而且也使全球的生产过程被进一步专业化细分为研发、生产、设计、供应、营销,国际分工也由产业内分工逐渐发展到全球范围内的产品内分工。这种国际分工的最大特点,是以最大限度地降低成本和提高产出效益为目标,将同一产品的各个生产环节放在不同的国家或地区进行生产或加工。

还需指出,20 世纪 90 年代以来,由于经济全球化进程中投资自由化和生产全球化的迅速发展,不仅国际产业分工及其格局发生了许多新的变化,而且发达国家向发展中国家转移生产能力也达到了一个新的阶段。据有关资料,由发达国家生产能力转移而在发达国家和发展中国家之间形成的全球共享型生产的规模,到 20 世纪 90 年代中期已经达到 8000 亿美元,大体上相当于当时世界制造业贸易的 30%。[1]

一、经济全球化进程中国际产业转移和产业分工的变化与特点

在经济全球化背景下,国际产业转移不断加速,国际产业分工也随之进一步调整。特别是在投资自由化和生产全球化发展到相当快的程度,贸易、投资壁垒逐步削减甚或消除,跨国公司更加积极地活跃在世界经济舞台时,国际产业转移和产业分工在全球呈新发展态势。这种以跨国公司为主导,

---

[1] 宋泓:《国际产业转移新趋势》,《经济日报》,2004 年 6 月 19 日。

以国际竞争为直接推动力的国际产业转移和产业分工,促进了世界各国的产业结构调整,也使各国在国际产业分工体系中的地位发生变化。

(一)国际产业转移和国际产业分工的四个发展阶段

学界对国际产业转移和国际产业分工发展阶段的划分不尽相同。一般认为,国际产业转移和国际产业分工经历了四个发展阶段。

1. 第一阶段:第二次世界大战后至20世纪50年代

这一时期是西方工业发达国家经济快速发展的时期。当时形成了工业国与农业国和与此相适应的工业制成品生产与初级产品生产这样的国际分工格局。工业发达国家主要生产和出口工业制成品,而经济落后的农业国则主要生产和出口农矿产品。但由于美国逐步确立了其在全球经济和产业技术领域的领先地位,因而率先进行了产业结构的调整升级和产业转移,将相当一部分制造业特别是纺织业等传统产业,通过直接投资形式向处于经济恢复期的日本等国家转移,而自己则集中力量发展汽车、化工等资本密集型重化工业。

2. 第二阶段:20世纪60—70年代

在这一时期,由于现代科学技术的发展和科技革命的推动,美、德、日等发达国家加快了产业结构调整与升级的步伐,在继续集中力量发展钢铁、化工、汽车和机械等资本密集型产业的同时,大力发展电子工业和航空航天工业等技术密集型产业,而将轻纺工业等劳动密集型产业和相当一部分能耗大、污染严重的重化工业向发展中国家特别是东亚的发展中国家和地区转移。当时被称为亚洲"四小龙"的韩国、新加坡、中国香港和中国台湾紧紧抓住这一轮产业转移的机遇,在承接转移产业的同时调整经济发展战略,扩大劳动密集型产品生产和加工,注重由进口替代型向出口导向型经济转变,其工业化取得了突飞猛进的进展,逐步发展成为新兴工业化国家和地区。特别是20世纪70年代由两次石油危机诱发的1973—1975年的世界性经济危机,迫使发达国家进一步加快产业结构的调整,将一些资本密集型产业也向外转移,以在国内重点发展微电子、新能源、新材料等高附加值、低能耗的技术密集和知识密集型产业。而亚洲"四小龙"等新兴工业化国家或地区则借助这次国际产业调整和转移的机会,及时调整自身的产业结构,积极承接从发达国家转移出来的资本密集型产业。与此同时,又将一部分劳动密集型产业转移到东盟国家和其他发展中国家。由此,20世纪60—70年代的产业转移逐步改变了传统的国际分工格局,形成了发达国家主要生产并出口资本和技术密集型产品,而发展中国家主要生产并出口资本密集型特别是劳动密集型工业制成品这样一种新格局。

据联合国跨国公司研究中心的统计,在第二阶段,由于积极承接从发达国家转移过来的劳动密集型和资本密集型产业,韩国、新加坡、巴西等19个发展中国家的产业结构发生较大改变。1970—1981年,这些国家的制造业出口额增长了9.5倍,其中,韩国增长了近30倍,新加坡增长了24倍,巴西增长了25倍,从而使韩国、新加坡、巴西的制造业出口额占本国出口总额的比重分别达到了90.5%、49.7%和39.6%。[1]不仅如此,随着国际产业转移的发展,一些新兴工业化国家或地区也参与到发达国家在高技术领域的分工中,并将高技术产品打入欧美市场。

3. 第三阶段:整个20世纪80年代

进入20世纪80年代后,随着经济全球化趋势的进一步加强,世界各国之间的经济联系日益紧密,世界统一大市场逐步形成。在这一背景下,

---

[1] 参见联合国跨国公司研究中心编:《三论世界发展中的跨国公司》,商务印书馆1992年版,第578页。

国际产业转移的规模不断扩大,国际产业分工进一步深化,不同类型的国家以不同的方式加快产业结构的调整。美国和日本等工业发达国家主要是进一步推动产业结构的高级化,使产业结构的重心向高技术化、信息化和服务化的方向发展。例如,20世纪80年代,美国在个人计算机行业率先开始实行"模块化"(所谓"模块化",就是将产业链中的每一个工序分别按照一定的"模块"进行调整和分割,各模块独立运行,然后再依据统一的规则与标准连接成整体)经营战略。计算机行业的"模块化"战略以及计算机技术的快速发展,不仅推动了信息产业的崛起,也带动了通信设备等高科技产业、汽车等传统制造业和金融等服务业的发展。

在20世纪80年代,亚洲"四小龙"等新兴工业化国家或地区不仅继续承接美国和日本等发达国家转移出来的重化工业等资本技术密集型产业,促使产业结构迅速升级,从而有力地推动了经济增长,实现了经济腾飞和繁荣,而且也逐步开始生产一些技术密集型产品。80年代中期之后,亚洲"四小龙"在钢铁、汽车、化工等领域与一些发达国家特别是美国和日本展开激烈竞争的同时,开始大量吸纳这些国家的微电子等高科技产业和投资,并将劳动密集型产业和一部分资本技术密集型产业转移到东盟和中国。在这个过程中完成了比较优势的动态转换。与此同时,大部分发展中国家仍以发展劳动密集型产品、某些资本密集型产品和初级产品为主。这是当时形成的国际产业转移和基本国际分工格局。

4. 第四阶段:20世纪90年代至今

进入20世纪90年代,随着经济全球化的进一步深化以及知识经济和信息技术的迅速发展,全球产业结构和国际分工格局又面临着新的调整和变化。从发达国家间的国际分工情况看,美国处于国际产业分工体系的顶端,具有新产品和高新技术的创新优势,主要从事高附加值和高科技含量产品的开发与生产,因而在国际产业分工中占据了最有利的地位;日本和欧洲一些发达国家则发挥在应用技术领域中的优势,主要从事一般高附加值和高科技含量产品的开发与生产。例如,日本虽然电子机械工业发达,但部分软件技术仍要从美国等发达国家进口。[①] 当然,发达国家间国际产业分工中出现的这种"双重结构"的格局并不是一成不变的,而是处在一定的动态变化之中。因为美、日、欧这些工业发达国家从来就没有停止过在高科技领域的互相追赶和激烈的竞争。

从发展中国家参与国际分工的情况看,总的来说,由于绝大多数发展中国家经济发展落后,科学技术水平较低,因而主要从事附加值较低的一般工业产品或初级产品的生产。正因如此,发展中国家与发达国家在国际分工体系中的地位难以发生根本改变,差距在继续拉大。当然,有些发展中国家如新兴工业化国家则抓住投资自由化、生产全球化和新技术革命的机遇,抓紧吸收新技术并大力调整产业结构,缩短了与发达国家的差距。

还应当指出,20世纪90年代以来,对服务业的投资逐渐成为国际产业转移的新热点。1990—2002年,全世界制造业的国际直接投资流入存量增长2.03倍,而同期全世界服务业的国际直接投资流入存量则增长了3.6倍。这说明服务业已经成为国际产业转移的主要领域。尤其是随着国际服务外包的异军突起、服务业离岸外包和跨国转移势头的日益强劲,发达国家跨国公司相继将一部分服务业务转移到成本相对低廉、又具有合格的廉价劳动力的发展中国家,使得全球服务业国际直接投资额不断增加。2008年国际金融危机后,全球投向服务业的跨国投资开始明显增多,其增速高于制造业。有资料显示,2010年投向服务业的跨国投资占到全

---

① 参见沈志渔等:《经济全球化与中国产业组织调整》,经济管理出版社2006年版,第36页。

球总额的1/3。① 服务业领域的跨国公司为实现其国际化战略，正逐渐将发展重点转向海外。

（二）国际产业转移和国际产业分工的主要特点

1. 国际产业转移规模在扩大、周期在缩短

在经济全球化进程中，投资自由化和生产国际化的快速发展，跨国直接投资的规模不断扩大，大大推进了国际产业转移。正如以上有资料所显示的，全球国际直接投资（FDI）总额1995年为3310亿美元，2000年增加到1.39万亿美元，达到了30年来的顶峰。但受世界经济低速增长影响，自2001年起全球国际直接投资连年下降，2003年跌至5600亿美元。从2004年起全球FDI开始回升。据联合国贸发会议2006年10月16日发布的《2006年世界投资报告》，2005年全球FDI流入量为9160亿美元②，2006年达到了1.2万亿美元，2007年又猛增至1.83万亿美元，创下了2000年以来的新高。但是受国际金融危机的影响，2008年全球FDI开始回落，并于2009年降到1.22万亿美元后，在2010年升至1.41万亿美元，但仍未达到危机前的平均水平。2011—2013年，全球国际直接投资总额分别为1.65万亿美元、1.32万亿美元和1.46万亿美元，基本回升到国际金融危机爆发前的水平。③

国际产业转移的规模和速度与全球国际直接投资的规模和速度密切相关。自20世纪90年代以来，除了国际金融危机的特殊时期外，发达国家国际产业转移的步伐一直随着全球国际直接投资规模的扩大而加快。

---

① 《商务部副部长：跨国投资投向服务业明显增多　高端产业加快向发展中国家转移》，新华网，http://news.xinhuanet.com/fortune/2011-06/18/c_121553170.htm。
② 王德生：《2005年全球外国直接投资继续增长》，上海情报服务平台，www.istis.sh.cn。
③ 2006年以后数据均来自联合国贸发会议（UNCTAD）发布的全球外国直接投资监测报告和各年度世界投资报告。

发展中国家也继续扩大对国际产业转移的接纳，以充分利用国际产业转移的有利机遇，加速本国产业结构的调整、升级和高度化。可以说，国际产业转移规模的不断扩大，正是投资自由化和生产国际化进程中跨国直接投资推动的结果。因而，跨国公司是以国际直接投资方式推动并扩大国际产业转移的主体。目前，跨国公司的竞争已扩大到全球范围。而且，跨国公司的全球战略布局也大大推进了国际产业转移。特别是20世纪90年代以后，跨国公司在大规模向母国之外转移生产制造产业的同时，还将研发、设计、采购、销售及售后服务等转移或延伸到国外。因此，跨国公司在大力推动国际产业转移进程、扩大国际产业转移规模和调整国际产业分工中扮演着重要的角色。

在国际产业转移进程加快和规模不断扩大的同时，随着各国产业结构升级步伐的加快，国际产业转移的周期也在缩短。仅20世纪后半期就发生了四次大规模的国际产业转移浪潮，比20世纪前半期国际产业转移的周期大为缩短。尤其是20世纪90年代以来，信息产业迅速发展，信息技术日新月异，传统的工业化生产方式正在向集工业化、信息化于一体的现代生产方式转化，发达国家和发展中国家产业结构调整和升级的步伐都在加速。这不仅使国际产业转移的速度得以提升、规模得以扩大，也会使国际产业转移的周期进一步缩短。

2. 国际产业转移呈现高度化和多元化趋势

在生产全球化进程中，国际产业转移经历了逐步由原材料工业向加工工业、由初级产品工业向高附加值工业、由传统工业向新兴工业、由劳动密集型产业向资本和技术密集型产业转移这样一个由低级到高级、越来越高度化和多元化的发展过程。在20世纪50—70年代，国际产业转移以初级产品加工和原材料为主，主要由发达国家向发展中国家进行单向转移。而且，向发展中国家转移的多是发达国家已经失去竞争优势的劳动密集型产业，或是一部分资本和技术密集型产业。尤其是在60—70年代，发达国家主要生产并出口资本和技术密集型产品，发展中国家主要生产并出口资本密集型特别是劳动密集型工业制成品的格局已基本形成。20世纪80年代后，工业发达国家进一步推动产业结构的高级化，使产业结构的重心向高技术化、信息化和服务化的方向发展，并将重化工业等资本技术密集型产业向国外大量转移。亚洲"四小龙"等国家和地区在接纳这些资本技术密集型产业的同时，开始大量吸纳来自发达国家的微电子等高科技产业和投资，并将劳动密集型产业和一部分资本技术密集型产业转移到其他发展中国家。20世纪90年代以后，由于知识经济和信息时代的到来，国际产业转移结构高级化和多元化态势进一步加强。发达国家不仅继续向发展中国家转移劳动密集型和一些资本、技术密集产业，甚至开始向一些发展中国家转移高新技术的研发和高技术产品的生产工序。例如，一些著名汽车制造商开始将一部分设计开发业务转移到发展中国家；英特尔、国际商用机器公司等全球著名公司也纷纷将部分研究开发业务向发展中国家转移。总的来看，国际产业转移已进入劳动密集型、技术密集型、资本密集型产业转移并存的阶段。高度化和多元化的产业转移共同构成了国际产业转移的新格局。

不仅如此，全球经济的迅速发展也使国际产业转移的方式日渐多样化，投资方式不再局限于单纯的产业结构转换或资源开发，所涉及的领域越来越广。尤其是20世纪90年代后全球掀起的跨国并购浪潮，一方面表明作为当代国际产业转移主体的跨国公司进行新一轮的全球产业结构和产业布局的大调整；另一方面也推进了服务业的跨国并购和重组。据有关资料，1987—2008年，全球并购数量和并购额均呈稳步上升的趋势。

在国际金融危机前的 2007 年，全球并购数量甚至达到了创纪录的 10145 件，交易额达到 1.64 万亿美元。在 1987—2007 年的 20 年间，全球并购数量扩大了 8.6 倍，交易量扩大了 16.8 倍。[①] 图 2—1 反映了 1987—2007 年的全球并购情况（左轴为并购额，右轴为并购数）。

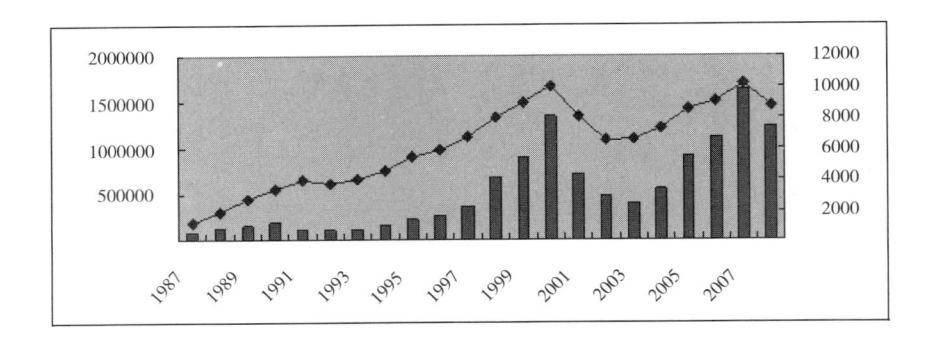

图 2—1　1987—2007 年全球并购情况（单位：百万美元，件）

数据来源：UNCTAD cross-border M&A database；Thompson Finance。

而从服务业的跨国并购情况看，有资料显示，1987—2008 年，服务业仍是跨国并购的主导行业，服务业领域的并购最多，约占全球跨国并购总额的 70%（服务业的跨国并购详见表 2—1）。国际金融危机后期，全球投向服务业的跨国投资开始明显增多，增速也高于制造业。如上所述，2010 年，投向服务业的跨国投资占到全球总额的 1/3。[②] 国际产业转移沿着制造业链条向服务业和研发延伸，对服务业投资渐成国际产业转移的新热点。服务

---

① 《全球跨国并购形势分析及中国对策》，中国产业安全指南网，http://www.acs.gov.cn/sites/aqzn/。
② 《商务部副部长：跨国投资投向服务业明显增多　高端产业加快向发展中国家转移》，新华网，http://news.xinhuanet.com/fortune/2011-06/18/c_121553170.htm。

业的国际直接投资也开始超越制造业,在国际直接投资的部门结构中占据主导地位。因而服务业越来越成为国际产业转移的主要领域,而包括研发在内的服务外包则与国际产业转移具有较强的合意性。服务外包成为全球产业转移的主流方式,成为服务业全球分工体系形成的重要载体。据有关资料,2012年全球服务外包市场达到超过1万亿美元的规模,今后仍将保持年增长率30%—40%的高速发展。[1] 服务外包之所以越来越成为国际产业转移的主要方式,其主要原因有二:一是服务资本的独立化为服务外包提供了可能性;二是服务外包能够为企业带来竞争优势。

表2—1 1987—2008年全球并购产业分布

并购情况	全球并购数量(件)			全球并购额(亿美元)		
产业类别	第一产业	第二产业	第三产业	第一产业	第二产业	第三产业
1987	58	572	528	139.8	399.6	433.0
1988	83	956	795	131.7	654.8	586.5
1989	125	1404	1139	117.4	893.5	655.2
1990	167	1481	1600	74.3	882.4	1041.4
1991	156	1658	1918	84.0	461.4	616.1
1992	209	1504	1884	42.8	401.6	681.0
1993	218	1527	2077	43.5	357.0	830.4
1994	240	1759	2434	96.1	741.3	862.7
1995	278	2256	2869	140.8	971.5	1199.4
1996	380	2383	2982	232.9	839.3	1566.6
1997	344	2587	3654	200.4	1283.9	2216.7
1998	325	2939	4534	256.0	2798.1	3860.5

---

[1] 《服务外包产业"井喷"在即发展职业教育是关键》,http://www.hg1988.com/detailed_fw.asp?id=548700。

（续表）

并购情况 产业类别	全球并购数量（件）			全球并购额（亿美元）		
	第一产业	第二产业	第三产业	第一产业	第二产业	第三产业
1999	283	3113	5463	333.2	2879.8	5816.2
2000	294	3132	6456	217.4	3259.5	10012.8
2001	310	2572	5082	540.3	1990.4	4769.7
2002	279	1994	4161	363.6	1106.4	3359.4
2003	335	1999	4094	285.3	1100.6	2721.4
2004	427	2071	4766	281.8	1290.8	4085.0
2005	433	2375	5743	1296.7	1834.3	6162.1
2006	532	2494	6041	942.5	2410.7	7826.3
2007	615	2768	6752	1308.4	3703.1	11352.4
2008	258	1304	2801	260.7	1521.8	4430.1

注：2008 年为上半年数据。
数据来源：UNCTAD cross-border M&A database；Thompson Finance。

3. 区域内产业转移趋势明显

与经济全球化进程相伴随，区域经济集团化和区域经济一体化得到快速发展。区域经济一体化不仅促进了区域内的贸易和投资自由化与便利化，而且也加快了区域内的资本流动和产业转移，区域经济集团内部的产业转移甚至超过区域间的产业转移，形成了当前国际产业转移的一大特点。如作为世界最大和最成功区域经济集团的欧盟，其对外投资和产业转移主要在欧盟内部进行，欧盟国家对外投资的 1/3 是在成员国之间进行的。在北美自由贸易区，美国和加拿大互为最大的投资对象国和产业转移国，美国对外投资的 1/5 集中在加拿大，而加拿大对外投资的 1/3 则集中于美国。在区域经济集团化和区域经济一体化进程中，"贸易创造与转移"效应扩展为区域经济一体化条件下的"投资创造与转移"效应。[①]区域经济集团化和区域经济一体化促进了成员国间的"产业内投资"。而且，跨国公司的对外投资由于受制于母国政策等因素，也会倾向于对区域经济组织内的成员国进行投资。因此，国际投资和产业转移的区域内部化成为国际产业转移的一种主要趋势和基本特征。

4. 国际产业转移和产业分工主体多元化、方式多样化

国际产业转移是国家间或地区间国际产业分工形成的重要基础。在投资自由化和生产全球化背景下，国际产业转移的迅速发展不仅引起了国际产业分工格局的变化，而且也形成了主体多元化和方式多样化的国际产业分工特点。首先，发达国家、新兴工业化国家甚至一部分发展中国家都成为向外转移产业或接纳产业转移的主体，形成了国际产业转移和国际产业分工主体多元化的格局。在这种格局中，国际产业转移和产业分工已不再局限于发达国家之间以及发达国家与发展中国家之间。随着各国技术进步和全球产业结构的调整与升级，发生在发展中国家之间的国际产业转移和产业分工也屡见不鲜。因此，国际产业转移和产业分工的主体既有欧美和日本等发达国家，也有韩国、新加坡等新兴工业化国家（这些国家在国际产业转移链中往往身兼产业承接方和产业转移方两种角色）；更多的新兴工业化国家在产业升级的同时，将原有的传统产业转移到具有更低产业梯度的那些国家；此外，还有中国、东盟等发展中国家和地区。不仅如此，国际产业转移和产业分工还更多地从国与国之间转变为跨国公司与跨国公司之间。大型跨国公司越来越倾向于向产业链中的知识密集和非有形的功能集中，如产品设计、研发、营销和品牌管理等，而将更多的生产性、技

[①] Kindleberger,c.p., European Integration and The International Corporation, *Columbia Journal of World Business*, Vol.1, 1996, pp.45–47.

能性环节或有形功能转移给世界各地的合同制造商。上述特征在现代国际产业转移和产业分工进程中表现十分明显。

其次,国际产业转移和产业分工方式日益多样化。随着投资自由化和生产全球化的发展,国际产业转移既有将整个产业转移到国外的方式,也有将一个产业的部分生产环节向外转移、多个国家共同分工生产的方式。这后一种方式甚至逐渐成为国际产业转移和产业分工的重要形式。同时,国际产业转移也突破了原来单一的直接投资和单一股权安排模式,逐步形成了独资、合资、收购、兼并和非股权安排等多样化投资与产业转移方式并举的格局。跨国的企业收购和兼并成为国际投资和产业转换的重要方式。另外,跨国公司产业分工主体地位的增强和全球性经营活动的扩展,使得国际产业分工方式更加多样化,形成了国家间、产业间、部门间和企业间的水平分工与垂直分工,以及国家内、产业内、部门内和企业内的水平分工与垂直分工等多种方式并存的局面。

5. 后金融危机时期国际产业转移的趋势与特点

2008年国际金融危机爆发。在后危机时期,鉴于世界政治经济格局出现的新变化,世界主要发达国家都把科技创新作为重塑竞争优势和摆脱经济危机的重要手段。国际投资和国际产业转移也出现了一些新的变化趋势。有数据显示,2011年发达国家吸收外国直接投资达7532亿美元,占全球外国直接投资总量(1.5万亿美元)的一半,结束了连续三年下降的态势。这一年的跨国并购额达3963亿美元,增幅高达57.4%。特别是,高技术以及新兴产业成为跨国并购的热点领域之一,以获取和利用技术为特点的产业转移也更加明显。例如,外资对中国高技术产业的并购主要集中在规模较大和发展迅速的电子、IT、医药制造业等领域。2010年4月,美国临床研究公司Charles River Laboratories International 以16亿美元收购无锡药明康德,拓展其在全球的契约型研究和药品研制业务,成为中国制药史上最大宗的并购案。[①]

后危机时期发达国家推动的国际产业转移呈现出两个发展特点:一个特点是国际技术双向转移趋势更加明显。在后危机时期,一方面,美日欧等发达国家逐步加大对科技创新的投入,加快对新兴技术和产业发展的布局,大力发展新技术和培育新产业,试图以此创造新的经济增长点,并尽快走出危机;另一方面,在发达国家跨国公司的推动下,技术的双向转移、优势互补、相互储存,成为当今世界技术转移的一种趋势。双向技术转移不仅表现为发达国家之间的投资、技术贸易和技术合作,也表现为发达国家和发展中国家之间的相互技术转移。而且,随着国际产业转移规模和形式多样化的发展,跨国公司将转移的范围延伸至技术开发、设计、销售、服务等环节。

另一个特点是新兴产业成为国际产业转移的新焦点。后危机时期,为将科技创新优势迅速转化为经济竞争优势,主要发达国家都把突破核心关键技术、推动战略性新兴产业发展作为培育新的经济增长点、加快转变经济发展方式、抢占世界经济战略制高点的重大战略部署。美国、日本、欧盟等都确定了新兴产业的重点领域。虽然许多新兴产业尚处在科技突破和推广应用的重要阶段,但发达国家间围绕新兴产业的国际布局和争夺已日趋激烈。

二、经济全球化下国际产业转移对世界经济的影响

(一)国际产业转移加快了全球产业结构调整和产业格局的变化

在经济全球化时代,世界各国之间产业发展的关联度增强。资源配

[①] 《国际产业转移盯上东道国 日企靠中国内需赚钱》,《经济日报》,2011年1月13日。

置的全球化以及产品生产和交换的全球化,使一国的产业结构变动与全球产业发展和产业结构调整的相关性进一步加深。特别是在经济全球化进程中,与投资自由化和生产全球化相伴而生的国际产业转移和产业分工,极大地推动了全球产业结构调整和产业格局的变化。而且,随着技术的不断进步和产品生命周期的缩短,国际产业转移的步伐在加快,全球产业格局的变化也随之加快。有资料表明,自工业革命以来,全球主导产业在世界各国间的转移与传递速度不断加快。纺织业成为世界性产业用了 200 年;钢铁工业地理格局的改变至少用了 70—80 年;而第二次世界大战结束以来发达国家的一些主导产业和新兴产业如汽车、家电等,在全球的转移速度已缩短至 20—30 年;IT 产品的全球生产扩散更快,而且彻底改变了产业的地理布局和产业转移的路径。[1]

因此,毋庸置疑,主导产业的加速转移直接促进了全球产业格局的演进和变化。这可以以东亚地区为例加以分析,因为这种变化和推动作用在东亚地区也表现得较为明显。东亚地区经历过几次产业结构的调整和转移。20 世纪 50 年代至 60 年代初,东亚地区主要由日本生产工业制成品。这一时期,日本大力发展纺织、食品等出口导向型的轻工业劳动密集型产品,以此带动日本经济的迅速恢复和发展。其他国家和地区则主要生产原料和初级产品。60 年代以后,日本集中精力发展钢铁、造船、化工、汽车、机械等资本密集型的重化工业,并以重化工业为中心实现了战后日本经济的高速增长。随着重化工业的快速发展,日本机械、机器等资本密集型产品的出口比重迅速提高,并超过了纺织品的出口。因此,20 世纪 60 年代末至 70 年代初,日本适时将纺织、纤维等劳动密集型产业向亚洲"四小龙"转移。亚洲"四小龙"不失时机抢抓机遇,接纳从日本转移过来的劳动密

---

[1] 潘悦:《国际产业转移的四次浪潮及其影响》,《现代国际关系》2006 年第 4 期,第 24 页。

集型产业，开始重点发展以轻纺工业为中心的劳动密集型产业和产品，并将满足国内市场需求以外的产品推向国际市场，从而拉动了经济增长。70年代石油危机后至80年代中期，日元升值使日本加快了对亚洲"四小龙"和中国及东盟的产业转移。日本重点发展知识密集型和技术密集型产业，而逐渐把资源、能源消耗型的资本密集型重化工产业向亚洲"四小龙"转移。亚洲"四小龙"将发展重点转移到重化工业等资本密集型产业的同时，又将纤维、服装、杂货等劳动密集型产业逐渐转移到中国和东盟。东亚地区形成了新的产业格局和产业分工格局。80年代末期以后，由于区域经济一体化和区域经济集团化的发展，国际经济竞争日趋激烈。日本深感在与欧美经济集团的竞争中势单力薄，于是以"雁行模式"理论为依据，制定其东亚经济战略，并正式提出建立包括日本、亚洲"四小龙"和东盟国家在内的"东亚经济圈"的构想。这实际上是谋求实现以日本为中心的东亚经济一体化。为了实现这个战略意图，1993年以后日本加快了对东亚各国直接投资的步伐。但由于日本经济一直处于低迷状态，国内产业结构没有得到有效提升，这一时期日本对亚洲"四小龙"和中国及东盟的直接投资领域依然停留在资本密集型和劳动密集型产业上。总的来看，20世纪80年代以后，日本在贸易、投资领域加强了同东亚各国的经济合作关系，从而推动了该地区国际产业分工格局的变化和产业结构的升级。[①]

（二）国际产业转移加速了国际分工细化和国际贸易格局的变化

在投资自由化和生产国际化背景下，跨国公司不仅是推动国际产业转移的主体，而且也对全球分工体系产生极为深刻的影响。国际产业转移将实行开放政策的国家尤其是发展中国家纳入全球分工体系。国际分

[①] 徐世刚、姚秀丽：《"雁行模式"与东亚地区产业分工的新变化》，《东北亚论坛》2005年第3期，第16页。

工也不再是浅层次的产业间分工,而是由以产业间分工为主向以产业内部分工为主的格局转变;产业内部分工又开始向工序之间、向日益细化的链条和模块之间的分工方向发展。与此同时,随着产业的国际转移和产业链条的全球配置,日益发展的产业内贸易取代了产业间贸易的主导地位,加工贸易也成为多数国家的一般贸易形态。国际产业转移对国际分工和国际贸易格局的影响在东亚得以充分体现。经历过多次大规模的产业结构调整和国际产业转移,东亚地区形成了"雁阵"发展格局,其中几乎所有的国家或地区都对美国拥有越来越多的贸易顺差。从20世纪90年代起,由于全球制造业链条向中国东南沿海的大规模转移,加工贸易占据了对外贸易的半壁江山,外商投资企业约有80%以上从事加工贸易。①

(三)国际产业转移促使形成新的国际生产网络

在新世纪新阶段,国际产业转移推动国际产业分工向纵深发展,以跨国公司为主导的国际生产网络不断扩展。国际生产网络是国际产业分工发展的高级形态。这种产业分工既不是产业之间的分工,也不是产业内部之间的分工,而是一种产品或服务价值增值链上,不同生产阶段或不同经营功能上的分工。跨国公司将产业或服务的制造过程进行分解,并根据不同生产阶段或功能对生产要素和技术的不同要求以及不同地区成本、资源、物流和市场的差别,在全球范围内进行最有效率的区位配置,以获取最大利益。发达国家的一些跨国公司甚至将某些产品的生产和制造功能都转移到其他国家,而只控制该产品的品牌和营销渠道;另外一些跨国公司则将自己的核心业务定位在产品的研究和开发上;还有的几乎将所有的生产和经营功能都转包出去。国际生产网络不断深化主

---

① 潘悦:《国际产业转移的四次浪潮及其影响》,《现代国际关系》2006年第4期,第25页。

要表现在三个方面:一是制造业中的国际生产网络继续快速扩张。二是服务业中的高附加值服务转包活动开始活跃。近些年,一些高科技跨国公司开始将它们的高收入、高附加值职业转移到海外。这些工作包括集成电路的设计、工程、样本制作、测试、咨询、医学诊断、统计分析、汽车和航空设计以及制药和纳米技术研究等。三是研发国际化开始兴起,所涉及的产业主要是一些新兴产业,如微电子、生物技术、医药、化学和软件产业等。[①]

(四)国际产业转移加剧了国际利益分配的不均衡

生产全球化的不断深化,使得生产要素的全球最优配置成为可能。正因如此,国际产业转移能够通过资源的全球配置来增进全球的福利。然而,只有那些融入生产全球化和全球产业链条的国家才能真正分享到国际分工和国际贸易的好处。那些被边缘化的发展中国家实际上很难融入经济全球化和生产全球化体系,因而也不可能分享到由此产生的福利和利益。从这个角度看,由于国际产业转移而新增利益的分配是非常不均衡的。此外,发达国家和发展中国家之间利益分配的不均衡也在加剧。发达国家在国际产业转移中始终处于主导地位,它们通过国际产业转移,不仅将劳动密集型产业转移到发展中国家,也将自己的资本和技术密集型产业优势与发展中国家的廉价劳动力和资源优势相结合,充分享受着国际产业转移和国际分工所带来的福利和收益。大多数发展中国家则劳动密集型产业占优势,以初级产品生产、低端产品加工和组装为主。这类产业不仅产品的附加值很低,而且由于越来越多国家的进入而引发竞争甚至恶性竞争。另有研究表明,发达国家向发展中国家转移的一般是成熟技术,而发展中国家往往对转移技术的消化吸收能力不足,即使发

---

① 宋泓:《国际产业分工的变化与影响》,《经济日报》,2006年2月6日。

展中国家在产业转移中顺次实现了产业升级,不同层次国家之间的产业级差仍将长期存在。在当今技术进步日新月异的情况下,这种产业级差还有可能进一步拉大,从而使旧有的垂直分工格局及其相关的利益分配状况非但不能改变,反而有可能进一步恶化。①

(五)国际产业转移使各国经济的相互依赖性增强、相互摩擦加剧

经济全球化背景下投资自由化和生产全球化的深化极大地推动了国际产业转移的发展。在这一趋势下,国与国之间产业发展的关联度进一步增强,一国产业结构变动与世界产业发展和国际产业转移的相关程度也在加深,各国经济的相互依存和相互依赖性明显增强。一方面,在生产全球化进程中,国际产业转移推动的国际分工的发展,使越来越多的产品在多国间合作生产,从而凸显国际经济合作和国际市场对各国经济增长的意义。另一方面,在投资自由化和贸易自由化条件下,世界各国的外贸依存度明显提高,也表明各国经济和产业的相互关联以及经济的相互依赖性。有资料显示,20世纪70年代以来,世界各国的外贸依存度迅速提升,其中,发展中国家的外贸依存度高于发达国家,东亚国家的外贸依存度明显高于其他国家。1970年以来,世界对外贸易依存度年均增长速度为1.49%,而中国对外贸易依存度年均增长速度达7.82%。1979年,中国外贸依存度为11%,低于印度、美国和日本的外贸依存度。而到1990年,中国外贸依存度超过了这三个大国的水平。据2003年的统计数据,包括日本在内的东亚国家,外贸依存度已达54.5%,超过北美地区47.2%的外贸依存度。到2006年,中国的外贸依存度已达67%,远高于美国(23%)和日本(30.4%)。国际金融危机爆发的2008年,全球对外贸易依存度为52.5%。中国的外贸依存度则从2006年67%的高峰回落

---

① 潘悦:《国际产业转移的四次浪潮及其影响》,《现代国际关系》2006年第4期,第25—26页。

到2009年的44%。2012和2013年保持在46%—47%的水平。总的来看，近几年中国的外贸依存度呈现总体下降的趋势。

与此同时，国际产业转移也导致了产业转移国和承接国之间的贸易摩擦。例如，东亚地区由于更多地承接了国际产业转移，因而国际贸易摩擦也频频发生。而且，随着国际产业转移的梯次演进，东亚的贸易摩擦焦点也逐级转移。有资料显示，20世纪60年代，美国与日本在纺织、钢铁、汽车等行业频繁发生贸易摩擦，因而美国采取的贸易保护主义措施主要是针对日本。从20世纪80年代起，亚洲"四小龙"和日本一起成为美国贸易保护工具"关注"的对象。20世纪90年代以来，随着日本、亚洲"四小龙"把越来越多的加工组装环节转移到中国，中国成为与美国发生贸易摩擦和产生贸易争端最多的国家之一。即使是近几年，中美两国的贸易摩擦和贸易争端依然不减。据商务部数据，2012年中国共遭遇21国发起的77起贸易救济调查，涉案金额高达277亿美元，比前一年增长369%。而目前世界所有的反补贴措施中，一半以上针对中国。美国的反补贴措施有70%针对中国。①

国际产业转移也加剧了发展中国家之间的经济摩擦。由于基本相同的资源禀赋优势，发展中国家往往在承接国际产业转移时展开激烈的竞争。而且，产业的同构性会将它们的这种激烈竞争延伸到国际商品市场，进而引发高潮迭起的贸易摩擦。与发达国家之间的贸易摩擦相比，发展中国家之间不仅贸易摩擦频发，而且贸易冲突更加激烈。例如，1995—2003年，在发展中国家之间，印度对中国、印尼、泰国和俄罗斯等国发起的反倾销指控和调查都在两位数以上，其中，对中国的反倾销调查竟

---

① 《全球贸易摩擦频发 中国如何突出重围？》，新华网，http://news.xinhuanet.com/fortune/2013-08/05/c_116816516.htm。

然高达69起，为各国反倾销调查之最。同时，多个发展中国家相互之间的反倾销指控也都达到了两位数以上。①

如果说中国加入世贸组织之前所遭遇的贸易摩擦主要来自发达国家（20世纪80年代，发达国家对中国反倾销立案数量占全部案件的97%），那么，加入世贸组织后，中国遭遇来自发展中国家的贸易摩擦不断增加。据中国贸易救济信息网统计，2005年中国遭遇各类贸易救济措施案件64起，其中发展中国家发起的案件超过60%。2006年，欧盟和美国之外对我国发起反倾销调查或采取反倾销措施的国家和地区总共有19个，其中发达国家3个，发展中国家和地区有16个，发展中国家对我国发起反倾销调查总数达39起。②有资料显示，导致中国出口屡屡受挫的反倾销壁垒主要不是来自发达国家，而是来自印度、阿根廷、土耳其、南非、秘鲁、巴西、墨西哥等发展中国家。印度既是全球使用反倾销措施最频繁的国家，也是对中国产品实施反倾销诉讼案最多、涉案金额最大的国家。目前印度已累计对中国发起了90多起反倾销调查，仅2006年，印度对华发起的反倾销调查就有8起。土耳其也对中国产品频繁设限，对中国的反倾销案件占其全部反倾销案件的37.6%。2006年巴西对中国发起反倾销调查数量达到9起，超过印度和土耳其这两个对华反倾销传统大国，位列发展中国家之首。③

2014年1月16日，商务部新闻发言人沈丹阳在例行发布会上表示，2013年中国贸易摩擦的形势并未趋缓，在调查数量上反而有所增加，中国仍然是贸易保护主义的最大受害国。从数据对比来看，中国已连续18年成

---

① 潘悦：《国际产业转移的四次浪潮及其影响》，《现代国际关系》2006年第4期，第26—27页。
② 《中国与发展中国家贸易摩擦分析》，http://www.sypz119.com/news/kb/beecbhpomhqc/qqbbcqkc.html。
③ 同上。

为遭遇反倾销调查最多的国家,连续8年成为遭遇反补贴调查最多的国家。2013年共有19个国家和地区对中国发起贸易救济调查92起,比2012年增长17.9%,92起中反倾销调查71起、反补贴调查14起、保障措施7起。此外,美国还对中国发起了337调查19起。不仅发达经济体立案增幅继续大幅度上升,新兴工业化国家和发展中国家立案也呈增长趋势。[①]

第二节 全球产业结构调整的基本态势

在经济全球化进程中快速发展的投资自由化和生产全球化,不仅大大加快了国际直接投资的发展,而且也极大地促进了生产要素的跨国界流动以及国际分工、产业转移、全球经营等的发展,全球产业结构得以不断调整并发生深刻的变化。特别是发达国家为了抢占全球经济的制高点,在强化高新技术产业竞争优势的同时,通过产业全球转移和国际生产网络的扩张,推动全球产业结构的调整和发达国家产业结构高级化进程,产业整体竞争优势不断加强。而发展中国家也抓住难得的发展机遇,在承接国际转移产业的同时,推动产业结构的逐步升级,不断提升产业竞争力。

一、投资自由化和生产全球化:全球产业结构调整的原动力

作为经济全球化最重要组成部分之一的投资自由化和生产全球化,是以跨国公司为主导来推动的。正是由于投资自由化的深化及由此带动的跨国直接投资规模的不断扩大以及生产全球化进程的加快,才有力地推动了国际产业转移,进而推进了全球产业结构的调整。

---

① 《2013年中国贸易摩擦形势并未趋缓》,http://www.chinairn.com/news/20140311/112031599.html。

（一）投资自由化和生产全球化推动国际产业转移

国际产业转移是全球产业结构调整的基础。以此为出发点，投资自由化和生产全球化推动全球产业结构的调整，是从推动国际产业转移和国际产业分工开始的。在这个过程中，跨国公司发挥着十分重要的甚至是无以替代的作用。不仅如此，投资自由化和生产全球化推动的国际产业转移已形成劳动密集型、技术密集型、资本密集型产业转移并存的局面，并呈现出高度化和多元化的特征。而且，在以跨国公司为主导的投资自由化和生产全球化进程中，国际产业转移主体更加多元化，国际产业转移方式和国际直接投资方式也日趋多样化。

（二）投资自由化和生产全球化催生新的全球生产经营体系

在投资自由化和生产全球化发展进程中，作为全球资源配置和产业转移主体的跨国公司，积极面向国际市场，捕捉全球市场机会，利用全球资源，从而获得全球发展空间，建立起全球生产经营体系。跨国公司通过发展全球分工，使生产环节和零部件生产国际化，形成了垂直的分工和协作体系。此类例子不胜枚举，例如，美国福特汽车公司组装轿车所需大约2/3的零部件，是由分布在世界各地许多国家的不同企业生产的；波音公司的波音747飞机零部件，是由60多个国家的1.6万多家企业生产和提供的；奔驰汽车的海外零部件供应商有5万多家；国际商用机器公司70%的零部件来自海外。这种零部件生产的"非本国化"，是跨国公司主导的生产全球化的一种普遍现象和趋势。跨国公司借此实现了全球生产和全球销售。这种全球生产和销售体系，是一个分工协作、统一运作的严密网络。目前几乎所有的大型跨国公司都有自己庞大的全球生产经营体系。因此，在投资自由化和生产全球化进程中，世界经济实际上形成了由跨国公司的全球生产经营体系和各国国内生产经营体系组成的"二元结构"。在这种情况下，积极融入跨国公司的全球生产经营体系，以全球生产和全球销售为基点来寻求、培育和强化自己的比较优势，是各国的明智选择。

（三）投资自由化和生产全球化推动全球产业结构调整

经济全球化进程中的投资自由化和生产全球化，其实质是以发达国家为主导、以跨国公司为主体推动的世界范围内的产业转移、产业分工和产业结构调整过程；其核心是生产要素的全球配置和全球流动、产业结构的全球性调整和转移以及产业链在全球范围内的重新布局和重组。与过去产业结构调整主要限于一个国家内部完全不同，投资自由化和生产全球化背景下由跨国公司推动的产业结构调整，主要是在全球范围内进行的。发达国家通过全球产业转移和产业结构调整，不仅有力地推动了产业结构的高级化，而且也使其产业整体竞争优势不断增强。

由跨国公司推动的全球产业结构调整，实际上是在三个方向展开的：一是对具有规模经济效益和市场前景的技术密集型产业，如汽车、石化等，仍然进行全球产业转移和调整。二是对规模经济效益不佳或市场萎缩的技术密集型产业尤其是劳动密集型产业，进行全球产业转移和调整的势头减弱。三是高新技术产业和知识密集型服务业成为全球产业转移和结构调整的主要领域，并保持良好的发展态势。发达国家的跨国公司在强化高新技术产业和知识密集型产业竞争优势的同时，通过国际生产网络的扩张推动全球产业结构的调整。特别是推动全球产业结构的重心向信息产业和知识产业偏移，产业结构高科技化趋势日益明显，这是信息经济时代全球产业结构调整的一种新趋势。在这一趋势下，随着高新技术产业的快速发展，知识经济开始替代工业经济，跨国公司的大量投资流向高新技术产业和服务业。而且，知识经济和信息经济的发展促使形成了一批与知识和信息密切相关的新兴产业。信息技术、生物技术、新材料技术、先进制造与自动化技术、资源环境技术、航空航天技术、新能源技术等一批高新技术产业得到前所未有的迅速发展。一个以信息产业、生物技术产业及相关高科技产业为核心的全球产业发展新格局正在形成。不仅如此，高科技产业还能够促使高新技术不断向传统产业渗透，使高新技术被广泛用于改造传统产业。

总之，跨国公司在投资自由化和生产全球化进程中推动的全球产业结构调整和全球生产力新布局，有助于推动全球产业结构的升级换代，加速培育新的产业"增长极"，促进全球资源在产业间的合理配置，引导全球产业结构适应市场结构的变化，从而促进全球经济的发展。

二、全球产业结构调整的基本趋势与特点

（一）全球三次产业构成发生变动

20世纪90年代以来，在投资自由化和生产全球化的推动下，全球产业结构的调整使全球三次产业结构特征顺次变化，即全球三次产业变动的总趋势由原来第一、第二、第三产业的排序向第三、第二、第一产业的"高服务化"阶段逐步转变，而且最近10多年这一趋势表现得更为明显，尤其是第三产业所占的比重越来越大。这一趋势不仅表现在发达国家，也表现在发展中国家包括中等收入国家和低收入国家。随着全球产业结构的调整和变化，三次产业中农业比重普遍下降；全球的工业化重心也发生转移，发达国家工业所占比重下降，发展中国家工业所占比重上升；国际产业转移由制造业转向服务业，使得服务业比重普遍持续上升，尤其是服务业离岸外包成为国际产业转移的新形式。全球第二产业比重发生有升有降的变动，表明西方发达国家已进入后工业化时期，发展中国

家的工业化进程加快，新兴工业化国家的地位逐步提升。[①]

（二）全球产业结构呈现"软化"趋势

20世纪90年代以后，在发达国家加快推进产业结构知识化和高度化的趋势下，国际产业转移的重心也开始由原材料向加工工业、由初级产品工业向高附加值工业、由传统工业向新兴工业、由制造业向服务业的转移。在这一进程中，高新技术产业以及金融保险、服务贸易、电子信息、房地产业等日益成为国际产业转移的重要领域。所谓产业结构"软化"，是指由工业经济时代传统的以物质生产为关联的硬件产业结构，向以技术、知识生产为关联的软件产业结构转变的过程。产业结构"软化"不仅是指产业结构演进过程中第三产业的比重不断上升，出现所谓"经济服务化"的趋势，也是指整个产业结构的演进更加依赖信息、服务、技术和知识等"软要素"。全球产业结构"软化"趋势主要表现在三个方面：一是由于技术密集型和知识密集型产业的蓬勃发展，劳动密集型产业所占比重逐渐下降，形成产业结构高度化和高新技术产业化趋势。在这种趋势下，钢铁、石化、汽车等传统产业的主导地位，逐渐被信息和通信、生命科学与生物工程、新材料与新能源等新兴产业所替代。当然，对大多数发展中国家而言，劳动密集型产业仍是国民经济的支柱产业，产业结构高度化和高新技术产业化仍是这些国家产业结构调整的长期目标。二是知识型服务业逐渐成为拉动经济增长的主导产业。知识型服务业主要包括金融、信息、咨询服务等，其在经济社会发展中的作用会越来越突出。美国知识产业中83%以上集中于金融与保险、信息与通信和企业服务等行业。继硬件、软件和网络后，信息服务业成为信息业中的第一大产业。三是高新技术尤其是信息技术在传统产业中的广泛应用，为趋

[①] 卢中原主编：《世界产业结构变动趋势和我国的战略抉择》，人民出版社2009年版，第2页。

于衰退的传统产业提供了新的发展机遇和空间。例如，20世纪90年代以来，美国利用高新技术对传统产业进行全面升级和改造，使制造业成为推动美国经济扩张的第一大产业。世界许多国家的实践也证明，用高新技术改造传统产业，不仅能够使纺织、服装、建筑等劳动密集型产业转变成为资本和技术密集型产业，而且可以使钢铁、汽车、化工等资本密集型产业转变成为技术密集型产业。

（三）服务业本身向高附加值、知识密集方向加快发展

在经济全球化趋势下，全球产业结构调整的一个明显趋势，是服务业向高附加值和知识密集方向发展的速度加快。一是以金融、保险、房地产和商务服务为主的现代服务业的发展和增速最快。与之相比较，教育、卫生、社会服务业等传统服务业的发展速度相对放缓。而且，服务业的内部结构也在不断调整和升级。二是服务业对技术创新和扩散的推动作用更加突出，这是服务业发展的一个新态势。之所以如此，一方面是因为服务业促进了多项技术之间的相互渗透和发展，例如，物流业就把仓储技术、管理技术、运输工具、信息技术和批发零售的业态结合在一起，形成一种新的服务业形态，从而其本身就需要技术的支持，也需要技术创新；另一方面，服务业自身也需要通过技术创新发展成为高附加值和知识密集型的高端服务业。

（四）信息技术成为产业结构调整的驱动力

后金融危机时期，随着全球经济的逐渐复苏，无论是发达国家还是新兴经济体，都着力提升传统产业的竞争力，特别是将经济发展的重点放在调整产业结构、提升产业层次、培育新兴产业和支柱产业上。而信息技术作为信息资源开发与利用的基础，长期以来发挥了促进经济增长、转变发展方式和助推产业升级的独特作用，也成为新时期全球产业结构调整的重要驱动力。其一，信息技术是新兴产业发展的重要支撑，例如，信息技术和产业的发展带动了电子商务、现代物流、网络金融等现代服务业发展；信息技术与传统产业的深度融合，催生了智能电网、新能源、高端装备制造等新兴产业。其二，信息技术加快了各类技术相互融合和渗透的步伐，提高了工业产品信息化、生产工具数字化和智能化水平，改变了产业和产品结构，极大地促进了生产力的提高和生产方式的转变。有数据显示，自20世纪90年代中期以来，信息技术对经济增长的贡献度一直在提升。1980—2004年，美国劳动生产力全部增长的约35%是由以信息技术为主的科技变革所贡献的。同样，2000年以后以信息技术为中心的技术复苏，是日本经济增长的重要原因之一。[①]

（五）先进制造业推动第二产业内部结构加快升级

由传统制造业向先进制造业转变，成为一个时期以来全球制造业发展的显著特点。一般而言，先进制造业是拥有先进制造技术的行业。虽然先进制造业在不同时期会表现出不同的特点，但都会代表一个时期主流制造业的发展方向。例如，在信息化时代，先进制造业是指不断吸收和应用电子信息技术和现代管理技术等领域的高新技术成果和先进制造技术，从而实现信息化、自动化、智能化、柔性化和绿色化生产的制造业。

在发达国家，先进制造业对推动第二产业内部结构升级发挥了至关重要的作用。经过改造升级后的发达国家传统工业，其技术水平和生产效率明显提高，工业中的高新技术产业特别是先进制造业发展非常迅速。在美国、德国和日本等发达国家，制造业中高技术产业的比重都在60%以上，生产效率的不断提高主要还是由先进制造业拉动的。制造业特别

[①] 丁伟：《信息技术：产业结构调整的基础动力》，中国经济网，http://views.ce.cn/main/yc/201102/21/t20110221_22231180.shtml。

是先进制造业劳动生产率的较高增幅，带动了第二产业劳动生产率的整体提高。

三、全球产业结构调整与升级的推动因素

（一）传统产业

传统产业主要包括传统农业、传统制造业和传统服务业。不可否认，在经济全球化迅猛发展的今天，这些产业在世界各国经济中依然发挥着十分重要的作用，源源不断地提供着经济社会发展和人民生活所需的基本生产和生活资料。综观人类社会的经济发展，传统产业的每次调整和升级换代都有其不同的特点，这是由新技术和新的经济形态本身的特点决定的。应当说，新技术特别是高新技术是全球传统产业结构调整与升级的主要推动力。而用高新技术尤其是信息技术改造传统产业，使其不断拓展新的发展空间，成为全球经济结构调整面临的共同课题。世界经济发展的实践也证明，一方面，用高新技术改造传统工业，不仅能使逐渐失去竞争优势的一些劳动密集型产业转变成为资本和技术密集型产业，而且也能够使资本密集型产业转变成为技术密集型产业；另一方面，用信息技术改造传统服务业，可以使传统服务业日趋信息化与知识化。因而对传统产业进行信息化改造，能够加快传统产业结构的调整、改造与升级。

还须指出，在新技术革命的推动下，发达国家将实现自动化作为用高新技术改造传统产业的基本目标，通过电子技术与机械技术的结合，从机械自动化过渡到智能自动化。日本就是用高新技术改造汽车工业的成功例子。日本用智能机器人生产的每辆汽车的成本，要比美国低2000美元。而且，机器人的应用已从汽车工业扩展到重型机械、金属、电气

机械等许多传统产业部门。美国也不甘落后，不仅在传统产业结构的调整中对 2/3 以上的钢铁企业进行了智能化改造，建立智能制造系统，而且还从 20 世纪 70 年代末至 90 年代投资 1600 亿美元对汽车工业实行技术改造。①

当然，不仅全球传统产业的改造与优化升级迫切需要战略性新兴产业加以推动（例如，信息通信技术的广泛应用能够推动传统制造业向数字化、智能化的先进制造业发展），而且多数战略性新兴产业的发展也仍要依赖于传统产业所形成的技术积累和制造能力等的支撑。因而可以说，发展战略性新兴产业是传统产业转型与优化升级的需要，而传统产业又构成了战略性新兴产业发展的基础。世界各国的实践表明，对传统产业的技术创新和体制变革与创新，能够使传统产业转变成为新兴产业和现代产业，如传统的原材料产业通过利用高新技术加以改造提升后，可以转化和发展成为新材料产业。所谓传统产业的技术创新，就是要加大研发投入，提高自我创新能力，建立有自主产权的核心技术优势；还要注重引进高新技术，并对引进技术进行消化、吸收和创新。所谓传统产业的体制变革与创新，是要为传统产业升级提供坚实的制度基础和体制机制保证。没有体制创新，传统产业的技术创新和其他方面的创新也是不可能的。

（二）高新技术产业

在以信息技术革命为中心的新技术革命的推动下，全球产业结构的高科技化趋势日益明显。在这一趋势下，发达国家加速发展高新技术产业，大力增加对科学技术尤其是高新技术的投入，促进高新技术的商品

---

① 肖樱林：《90 年代以来美国国际投资的变化趋势》，http://www.docin.com/p-108990907.html。

化和产业化,并使之成为经济增长中最活跃的因素和最主要的推动力量。无论是美国推出的所谓"再工业化",还是日本推出的所谓"技术立国"战略和法国推出的所谓"重振工业"计划,其核心都是要通过加快发展高新技术产业来推动经济的高效快速发展。与此同时,光纤通信技术、生物技术、新材料技术、激光技术和航天技术等也在日益成为新兴产业和推动现代经济发展的强劲动力。特别是智能网络产业即以网络融合和智能化为特征的下一代网络产业,成为全球IT产业发展的重要领域之一。以"三网融合"为目标的智能网络技术和产品的研发与应用推广,将会形成庞大的产业链和巨大的产业规模。今后的重点是要突破下一代网络与通信、物联网、语义网、云计算等关键技术,以促进通信设备制造业、信息安全产业、软件产业、高性能计算产业和空间信息产业的加速发展。

(三)现代服务业

世界经济已经步入服务经济时代。在这一时代进程中,无论是传统服务业还是新兴的现代服务业都得到快速发展。有资料显示,目前服务业占世界经济总量的比重约为70%,主要发达经济体的服务业比重接近80%;服务领域跨国投资占全球跨国投资的比重已接近2/3,服务贸易占世界贸易的比重约为1/5。[1]大多数发达经济体也包括一些发展中经济体都积极推进现代服务业的发展,使服务业特别是现代服务业成为增长最快和对经济增长贡献较大的部门。有资料显示,2000—2003年,对全球特别是发达国家生产率增长贡献最大的5个部门都在服务行业。目前服务业已占到发达国家工业活动的50%—70%。在美国和瑞士等国家,服务业的产值甚至是制造业的3.5倍以上,其中,增长最快的是包括计算机软

---

[1] 商务部部长陈德铭:《大力发展服务贸易 推动世界经济新增长》,《国际经济合作》2011年第6期,第4页。

件服务业以及通信服务业在内的高技术服务业。2007年,美国信息服务业年销售额为531.63亿美元,同期包括法律服务、会计纳税服务、建筑工程服务以及专业设计服务等在内的科技服务业的销售额为10310亿美元,医疗保健服务为11232.95亿美元,这三项合计占到当年美国GDP的1/3左右。[1]发达国家以金融、保险、房地产和商务服务为主的现代服务业增长最快,服务业对GDP和就业贡献的增长主要来源于这四类服务业;而发展中国家服务业的增长主要依靠商业、酒店业、交通和通信业等较为传统的服务行业。

第三节 美国和日本产业发展与产业结构调整变化

知识经济和高新技术产业的快速发展,有力地推动了全球产业结构的调整和升级。知识经济时代的产业结构不同于以汽车和建筑业等为支柱产业的工业经济时代,其特点是以高科技产业作为支柱产业,尤其是以信息技术为核心的高新技术产业,成为推动经济增长和产业结构优化升级的强大动力。世界各国产业结构的调整因不同国家的不同情况而各不相同。发达国家凭借各自的资本和技术优势对产业结构进行调整,从而将自身的经济发展推进到一个更高的层次。例如,美国凭借其核心技术优势在全球占领产业结构价值链的高端,构建了一个以高科技为主的产业结构,引领着全球产业结构调整的走向。世界银行的数据显示,2007年美国高技术产品出口额占其制成品出口额的比重超过了39%,位列世界第一。另一个发达国家日本,战后注重大量引进国外先进技术和

---

[1] 牛晓帆、代坤宏:《全球分工与我国未来产业结构调整问题研究》,《四川经济日报》,2010年4月27日。

最新科技成果，特别是20世纪80年代后，日本提出了科技立国战略，加大科技投入，强化大中型企业的研究开发能力，对日本高技术产业的发展和产业结构的调整起到了至关重要的作用。日本注重发挥自身优势抢占高科技产业发展的制高点，大力发展超高速光纤通信、生物技术、纳米技术研发等领先技术来推进整体的产业信息化步伐和产业结构调整。

一、美国的产业发展与产业结构调整

（一）基本发展状况

自20世纪初期美国工业化的早期阶段，美国就已成为世界第一经济强国，之后，美国经济一直占据世界经济发展的主导地位。到20世纪50年代初，美国已完成工业化并开始进入后工业化时期。有资料显示，与美国产业政策调整和国际产业转移、国际产业分工的变化相关联，从20世纪50年代到70年代末，美国第一产业占GDP的比重不断下降，到1980年仅为2.5%（20世纪初期为28%左右）；第二产业占GDP的比重也在下降，到1980年为33.5%（20世纪初期为53%左右）；第三产业占GDP的比重一直呈上升趋势，1980年达到64%（20世纪初期仅为19%）。在这一时期的第三产业中，信息业已占50%以上。美国只用了20多年的时间就实现了信息产业占主导地位的产业结构调整。到1997年，三次产业占GDP的比重进一步发生变化，第一产业下降到1.7%，第二产业降至22.5%，而第三产业则上升到76.5%。[①]

20世纪80年代以来，美国产业结构调整的基本原则之一是促进生产力的发展，提高产业竞争力。因为80年代初，美国在发达国家中的竞争

---

① 《总统经济报告》1999年，第342页，转引自沈志渔、罗仲伟等：《经济全球化与中国产业组织调整》，经济管理出版社2006年版，第124页。

力曾一度明显下降。1980年日本取代美国成为世界头号汽车生产大国，其轿车占据了美国汽车市场的28.6%。[①] 之后，联邦德国也取代美国成为世界头号出口大国。鉴于美国在发达国家中传统产业竞争力的下降，1983年里根总统成立了"工业竞争力总统委员会"。该委员会成立一年半后提出了一个题为《全球竞争：新的现实》的报告。报告中明确提出，美国产业结构调整的目标是提高国际竞争力。面对其他发达国家的步步紧逼，美国必须以产业结构调整为契机，重新获得国际竞争的比较优势，与追赶者拉开距离，从而能够保持并扩大美国在世界市场的份额。

从20世纪80年代中后期开始，美国经历了一次较大规模的经济结构调整，调整的范围既包括三次产业和工业内部的结构，也包括地区经济结构和企业内部结构的调整与变革。通过这次结构调整，不仅汽车和钢铁等传统产业的技术改造步伐得以加快，而且以信息产业为代表的新兴产业得到了快速发展。同时，信息产业和信息技术的发展又促进了传统工业部门的技术更新与改造。高新技术对传统产业的改造提升了美国的产业结构，使各主要产业在世界市场上的竞争力进一步加强，为巩固美国世界第一经济强国的地位奠定了坚实基础。当时美国政府曾先后出台了一系列的扶持和优惠政策措施，以促进信息产业的发展并利用信息技术来优化产业结构。同时，鼓励国内外私人资本投资于高新技术领域，从而极大地促进了以信息产业为代表的高新技术产业的发展。可以说，自20世纪90年代尤其是1995年以来，美国以信息技术和网络技术为先导、以知识为基础、以生产率增长和结构转换为特征的新经济，是与80年代中后期的结构调整政策分不开的。

[①] 王允贵：《80年代以来美国经济结构调整的经验与启示》，《世界经济与政治》1997年第10期，第5页。

进入20世纪90年代,国际形势由于冷战的结束而发生了重大变化。国家间的竞争已转为以各国经济实力的竞争为主的综合国力的竞争。为适应这一重大变化,美国及时调整了其国家战略。1993年克林顿上台后,为了实现产业结构的调整和产业国际竞争力的提高,美国仍然将继续发展高技术产业作为重点,使以信息技术为主的高新技术在美国产业结构调整中发挥更加重要的作用,以提高美国工业品在世界市场上的竞争力,为重振美国经济铺平道路。这一时期,美国产业结构的调整主要体现为三大产业结构进一步优化;以信息产业为代表的高新技术产业继续迅速发展;工业内部结构更加合理化。此外,美国还特别重视提高民用工业的竞争力。自1993年起,美国要求全国726个主要从事军事研究的国家实验室,将现有预算的10%—20%用于与工业界合资兴办民用企业,以帮助民用工业进行高技术创新。研究的重点从军事工业转向具有广泛应用前景的民用工业。美国投资的重点也明显转向民用工业产业竞争力的提升。美国自20世纪90年代以来产业结构调整的成效,一方面是使GDP中第一产业的比重进一步降低,第二产业的比重不断下降,而第三产业的比重则大大提高,其产值远远超过第一、第二产业的产值;另一方面,也使美国经济进入了一个新的繁荣期。有资料显示,美国经济从1991年3月开始持续增长,到2000年,年均增长率达4%,而通胀率仅为1.9%,失业率维持在4%左右,出现了"两低一高"的经济繁荣景象。[①]

进入21世纪后,20世纪六七十年代美国制造业大量外移造成的国内"产业空心化"日益明显。特别是奥巴马就任总统初期,作为制造业代表的美国汽车制造产业就因金融风暴而陷入困境。美国投入巨资来挽救汽车产业,并主导产业结构调整进程。这一举措使得曾在国际金融危机

---

① 刘澄:《美国经济结构优化与经济增长》,《贵州财经学院学报》2002年第5期。

中遭受重创的美国汽车业三巨头——通用、福特、克莱斯勒2011年在美国市场的汽车销量均实现两位数增长，分别高达14%、11%和26%。[①]汽车业成为美国制造业回暖的一个明显标志。自2011年起，美国制造业进入了上升期，美国制造技术协会(AMT)秘书长道格拉斯·伍兹表示，"美国制造技术订单（USMTO）数据达到了近10年来的历史最高纪录，制造业引领美国开启了复苏的2012年"。美国制造业回暖得益于奥巴马政府直接干预制造业转型、推进税务改革、推出鼓励科技创新政策、利用国际贸易规则帮助美国企业争夺出口市场、为中小企业提供出口融资等激励措施。2010年3月，奥巴马正式提出"国家出口倡议"并成立总统出口委员会。这项被称为"出口倍增计划"的重大经济政策，为振兴美国制造业提供了巨大推动力。2012年2月，奥巴马政府重申要在2015年前把美国的出口提高1倍，同时大力吸引美国跨国公司重返美国设厂。[②]

（二）战略性新兴产业发展与调整

1. 新能源产业

长期以来，为拉动经济增长，美国政府先后制定并出台了若干政策和法规，试图通过法律强制、财政支持、税收优惠等多种措施，创造适于新兴产业尤其是战略性新兴产业发展的良好环境。而发展战略性新兴产业，美国首选新能源产业，主张依靠科学技术来促进能源产业发展。通过发展新能源产业实现美国产业结构的战略转型，为长期经济增长和经济发展奠定坚实基础。美国总统奥巴马于2009年2月签署了《2009年美国复兴与再投资法》(ARRA)，推出了总额为7870亿美元的经济刺激方案。其中，作为投资重点的基建和科研、教育、可再生能源及节能项目、

---

① 《美国经济谋划全新布局　出台激励举措主导结构调整》，《经济日报》，2012年3月20日。
② 同上。

医疗信息化、环境保护等分别投入1200亿美元、1059亿美元、199亿美元、190亿美元和145亿美元。在1200亿美元的科研（含基建）计划中，新能源和提升能源使用效率占468亿美元。为发展新能源产业，美国将189亿美元投入能源输配和替代能源研究、218亿美元投入节能产业、200亿美元用于电动汽车的研发和推广。①另有资料显示，由于新能源产业的发展，到2012年美国电力总量的10%来自风能、太阳能等可再生能源，2025年要达到25%。到2020年汽车燃油经济标准从现在的每加仑汽油行驶27.5英里提高到35英里。在2030年之前将石油消费降低35%，化石燃料在美国能源供应中的比例将下降到79%；进口石油依存度将从2007年的58%下降到41%，天然气进口依存度从16%下降到14%。②

2. 新兴信息产业

信息产业一直是美国制造业和服务业中生产率增长最快的产业。信息技术相关产品和服务日益成为美国的需求热点，经济社会发展对信息技术相关产品和服务的需求不断提升。根据OECD测算，从2008年到2012年，全球企业和消费者对信息技术相关产品和服务的需求（ICT spending，ICT支出）稳中有升，规模由3.63万亿美元增长到4.41万亿美元。而且，国民经济发展水平与对信息技术相关产品和服务的需求呈现较强相关性。有数据显示，2012年美国ICT支出达到1.2万亿美元，占GDP的比重高达7.66%。③

20世纪90年代信息技术和互联网的普及曾对美国经济产生深刻影响，

---

① 《2010年世界新兴产业发展战略报告》，http://www.chinairn.com/doc/40140/647312.html。
② 沈坤荣、杨士年：《美国的战略性新兴产业发展趋势及其启示》，http://www.360doc.com/content/2011/1011/16/1847464_155206941.shtml。
③ 《发达国家信息技术相关产品和服务的消费水平》，http://finance.ifeng.com/a/20131023/10915829_0.shtml。

促使美国"新经济"快速发展。而近些年,随着信息基础设施的进一步完善以及计算存储能力的提高,信息技术和互联网产业展现新的发展趋势。经济合作与发展组织(OECD)2012年发布的《互联网经济展望》认为,移动互联网、物联网、云计算、大数据等理念正在引领第二次互联网革命。在这一趋势下,美国的新兴信息产业发展在全球仍有明显的领先优势。据该《互联网经济展望》提供的数据,全球前250家信息通信产业公司中美国占82家,排名第二的日本只有49家;在前50家互联网公司中美国就占了30家,日本和中国分别只占6家和4家。美国一些信息技术公司在全球占有举足轻重的地位,微软的全球市场份额高达50%,谷歌的全球市场份额更是高达60%。[①]美国还把加快"三网融合"作为产业调整和信息产业发展的重要方向,不仅提出要在宽带普及率和互联网接入方面重返世界领先地位,而且要加大对信息传感网、公共安全网、智能电网等现代化基础设施的建设。特别是重点发展下一代宽带网络,以适应21世纪商业和通信的需要。总之,美国从未放弃使其信息网络产业领跑全球的努力。

有学者认为,新兴信息产业会对美国各个产业产生明显的外溢和带动作用。美国近期的制造业复兴和页岩气革命等难以改变其服务业主导、知识经济主导的大趋势。在这种大趋势下美国信息技术产业的影响必将是广泛而深刻的。[②]

3. 重振先进制造业

2009年年底,美国总统奥巴马发表声明,美国经济要转向可持续的增长模式,即出口推动型增长和制造业增长,实行"再工业化"。"再

[①] 曹永福:《美国信息技术二次革命影响经济走向》,http://news.cnstock.com/news/sns_jd/201406/3064720.htm。

[②] 同上。

工业化"并不是恢复原有传统制造业,而是在新的技术平台上,实现新兴产业发展。为此,美国政府推出了《美国制造业促进法案》,并投入约 170 亿美元用以鼓励科技创新,支持中小企业发展。为巩固在航空航天和海洋产业的优势地位,美国决定在航空航天领域实施新的太空探索计划,研制新一代载人飞船"猎户座"探索飞行器;鼓励各类私人公司建造和发射多种航天器;进一步开展月球和火星等的深空探索;实施太空武器计划;尽快完成国际空间站建设,并使其使用年限扩展到 2016 年;切实推动远近地轨道的太空探索,力争在 2020 年实现重返月球,在 21 世纪 30 年代中期实现人类往返火星轨道的目标。在海洋产业领域,美国政府提出要大力提高美国海洋产业的国际地位,采用全面、综合和基于生态系统的方法,制定新的有效的海洋空间规划框架,寻求在海洋可再生能源领域取得更多突破。①

总体来看,为了长期的经济增长和繁荣,美国正在推动一场以新能源为主导的新兴产业革命。同时,通过对新兴产业投入巨资,通过杠杆效应撬动社会资本,来保证美国在相关领域建立全球技术优势,以推动美国新兴产业的快速发展。②

(三)美国政府的支持措施

1. 加强产业政策对产业结构调整的引导作用

从战后直至 20 世纪 70 年代末,美国政府一直奉行重点扶持工业建设、扩大基础设施的公共投资、对衰退的工业部门和企业提供补贴、对外贸部门加强干预的传统工业政策。这些政策对当时恢复经济和促进工业生

---

① 沈坤荣、杨士年:《美国的战略性新兴产业发展趋势及其启示》,http://www.360doc.com/content/2011/1011/16/1847464_155206941.shtml。
② 《2010 年世界新兴产业发展战略报告》,http://www.chinairn.com/doc/40140/647312.html。

产发展的确发挥了积极作用，使美国经济到 60 年代进入了繁荣时期。但进入 70 年代后，由于国内需求相对饱和，而国际市场竞争也日趋激烈，美国传统产业的发展陷入了困境。为走出这一困境，美国政府从 20 世纪 70 年代开始着手对传统产业政策加以调整。调整后的产业政策的重点目标是：大力发展高新技术产业和新兴产业；利用高新技术改造传统产业，重新确立钢铁和汽车等传统工业的竞争优势；通过跨国并购与国内重组，将更多的产业拓展为全球性产业。可以说，第二次世界大战后美国经济之所以能够实现产业结构的成功调整，美国历届政府实施的各项产业政策起到了重要的引导作用。[①] 当然，在克林顿政府之前的历届美国政府，对高新技术产业的发展并不直接参与，而是着重于制定产业政策和法规加以引导并进行宏观调控。

2. 通过产业政策的实施加强政府干预，推动产业结构调整

20 世纪 90 年代，美国政府通过采取压缩军事经济总量、提高产业科技水平和积极开拓国内外市场等政策措施来推动产业结构的调整。在这一过程中，美国政府通过产业政策的实施来加强政府对产业发展的干预力度，尤其是克林顿担任美国总统后，逐渐改变了以往对产业技术开发不干预的做法，加强了政府对关键技术产业发展的干预与引导，注重先进制造技术的开发与应用，从而推动了美国高技术产业的发展。克林顿政府对产业的干预可以分为两大类：一类是对产业内部的干预，主要是采取一系列产业技术政策，从技术创新和技术开发等入手，增加对产业的支持。另一类是对产业外部的干预，主要是干预对外贸易，通过开拓国际市场和保护国内市场为产业的发展创造条件；再就是干预资本市场，以便为产业发展提供充裕资金。当然，政府的直接干预仅限于产业技术

---

① 卢中原主编：《世界产业结构变动趋势和我国的战略抉择》，人民出版社 2009 年版，第 348 页。

发展，其他的干预措施一般都是间接的抑或是非行政性的。应当说，克林顿政府所实行的产业政策，是一种以产业技术政策为核心的产业政策，这一政策适应了美国高新技术产业发展的需要。

3. 以大力发展高技术产业改造传统产业

美国注重加大政府对高技术产业的投入，通过大力发展高技术产业来改造传统产业。1994年，美国在高技术研究和开发领域的投资达1730亿美元，占GDP的2.6%。自20世纪80年代以来，美国企业每年对信息产业的投资均超过1000亿美元，1996年对电脑及通信软件设备投资达到2120亿美元。同时，美国注意运用高技术来改造传统产业，使汽车、钢铁等传统行业恢复并提高了竞争力。高技术对美国经济增长的贡献率从1986—1990年的14%左右，提高到1991—1995年的28%以上，1996年已接近35%。另据美国白宫科技政策办公室报道，2000—2004年，信息技术对美国经济增长的贡献率达33%以上。美联储经济学家运用增长核算框架进行定量分析，认为1994—2004年信息技术对美国劳动生产率的贡献率为50%，而2004—2012年的贡献率虽然有所下降但仍然高达40%，信息技术产业对经济增长的贡献不可低估。①

二、日本的产业发展与产业结构调整

在战后一个较长的时期内，日本通过政府主导的发展战略，通过制定和实施产业政策，长期介入和引导产业结构的调整，成功地推动了产业升级，促成了经济起飞。而在经济起飞阶段，日本将汽车和家电等产业确定为主导产业，并给予一系列的政策倾斜，从而实现了产业结构的高度化。

---

① 曹永福：《美国信息技术二次革命影响经济走向》，http://news.cnstock.com/news/sns_jd/201406/3064720.htm。

(一)产业发展和产业结构调整基本状况

早在20世纪50年代上半期,日本政府就制定了"产业合理化政策",用以推行出口导向与进口替代并行发展的第一次产业结构调整。调整的重点是发展钢铁、煤炭、电力和造船四大产业,提高技术水平,改造落后设备并刺激民间企业对现代化设备的投资。自20世纪60年代,在经济持续高速增长、经济实力明显增强的情况下,日本为追赶欧美发达国家,提出了"贸易立国"战略,并以需求弹性大、产品附加值高的重工业为主导产业,带动其他产业的发展。到1970年,重化工业已占日本制造业的62.3%,重化工产品占出口产品的约77%,[①] 重化学工业已远远超过轻工业。日本造船、钢铁、汽车、家电、人造纤维等主要工业产量已位居世界前列,拥有了巨大的生产能力。

由于1973年第4次中东战争的爆发,原油价格大幅上涨,引发了石油危机。石油危机使80%以上的石油依赖于从中东进口的日本一度陷入混乱,并迫使日本调整产业结构。日本政府在发表的《70年代展望》中提出了产业结构知识集约型的设想,将电子计算机、宇航等尖端技术为代表的知识密集型产业作为主导产业来发展。产业结构向"资源节约型"和"加工技术选择型"方向发展,重化学工业的比重明显下降。在重工业领域,有色金属、钢铁、化学产业的地位也已让位于医药、运输机械和精密机械等产业。1979年日本的进出口贸易双双突破1000亿美元大关,成为名副其实的贸易大国。[②] 可以说,日本的"贸易立国"战略在这一时期得以有效实施。还须指出,从20世纪70年代初开始,日本政府曾连

[①] 王一鸣:《"中等收入陷阱"的国际比较和原因分析》,《学习时报》,2011年3月28日。
[②] 管克江:《日本的产业结构调整》,人民网,http://www.people.com.cn/GB/guandian/8213/8309/28296/2198515.html。

续出台了多项有助于高技术产业发展的产业政策和研究计划，用以指导和鼓励产业技术进步与发展。因此可以看出，日本政府对高科技产业进行宏观调控和干预的政策是非常明确的。

进入20世纪80年代后，日本产业结构调整向以尖端技术为中心的发展方向转变，明确提出了以高技术产业为先导的口号。为实现这一目标，日本政府明确规定对电子、生物工程、机器人和新材料等高技术产业实施优惠税制和特别折旧制度。为鼓励和引导产业的技术进步，政府不仅承担了一部分高科技开发费用，而且还对企业高技术的开发活动给予补助。同时，政府还通过制定法律法规或动用其他行政手段，促使金融机构向基础产业和高新技术产业提供重点贷款。例如，为实施高技术产业化，日本开发银行对从事产业化开发的民间企业给予有效的资金支持，提供15年以内的长期低息贷款。在80年代中期，日本提出了"技术立国"战略，意在加大科研投入，集中力量发展高科技新兴产业和高附加值产品，加强创造性的科学研究工作，这些措施极大地促进了日本高技术产业的发展。

20世纪80年代日本产业结构调整产生了两种不同的结果：一方面，产业结构的调整使日本保持了全球产业结构的领先地位，其经济大国的地位继续巩固；另一方面，土地、股票价格逐渐背离正常价格，导致形成泡沫经济。特别是20世纪80年代后期确立的由"出口主导型"向"内需主导型"转变与调整的经济结构目标，并没有通过改善劳动生产条件和提高大众消费购买力等有效措施来实现，而是仍继续采取"支持生产者"的政策，因而"内需主导型"的结构并没有完全得以实现。

进入20世纪90年代以来，由于泡沫经济崩溃和日元持续升值等因素的影响，日本"出口主导型"的经济结构受到了严峻挑战，日本经济进入了漫长的调整时期。这一时期日本产业结构的调整和变化详见表2—2。

表 2—2　20 世纪 90 年代日本产业结构的变化

	部门与产业结构（%）			比重变化	
	1980	1990	2000	80 年代	90 年代
产业部门合计	90.1	90.6	89.9	0.5	−0.7
农业	3.6	2.5	1.5	−1.1	−1.0
矿业	0.5	0.3	0.2	−0.2	−0.1
制造业	28.2	23.6	22.3	−4.6	−1.3
建筑业	9.0	10.3	6.6	1.3	−3.7
电力水热供应	2.6	2.6	2.8	0.0	0.2
批发零售商业	14.8	12.0	13.3	−2.8	1.3
金融保险业	5.0	5.2	6.0	0.2	0.8
房地产业	9.1	11.1	11.6	2.0	0.5
运输电信业	5.9	6.5	7.0	0.6	0.5
服务业	11.3	16.5	18.7	5.2	2.2
政府服务	8.2	7.9	8.5	−0.3	0.6
民间非营利服务	1.7	1.5	1.6	−0.2	0.1
合计	100.0	100.0	100.0	0.0	0.0

资料来源：〔日〕大木博已：《日本的产业结构与东亚贸易发展》。

由表 2—2 可见，与 1990 年相比，2000 年各主要产业上升幅度较大的是服务业、批发零售业、金融保险业等第三产业。表明 20 世纪 90 年代日本产业结构变化的主要特点是第三产业发展较快。在全部 GDP 中占比较大的行业是服务业、批发零售、金融保险、政府服务、房地产、运输通信等，这些行业全都属于第三产业。表明这一时期结构变化的主要特点是第三产业的地位明显上升。而制造业、农业、建筑业等的比重下降，传统产业的竞争力面临挑战和竞争压力。尤其是在经济持续低迷的背景下，日本的民间产业部门增长放缓，制造业大国地位也逐渐发生变化，经济转型的趋势加快。

进入 21 世纪后，日本的产业结构仍在发生变化。2005 年，日本的三次产业结构中，第三产业占 GDP 的比重进一步上升到 69.7%；第一产业的比重继续下降，占 GDP 的份额降至 1.5%；第二产业所占比重也在下降，降到 28.8%。而到 2010 年，第一产业占 GDP 的份额降至 1.16%；第二产业占 GDP 的比重下降到 25%；第三产业占 GDP 的比重则稳步上升到 73.8%。图 2—2 反映了至 2012 年日本三次产业占 GDP 比重的变化情况：

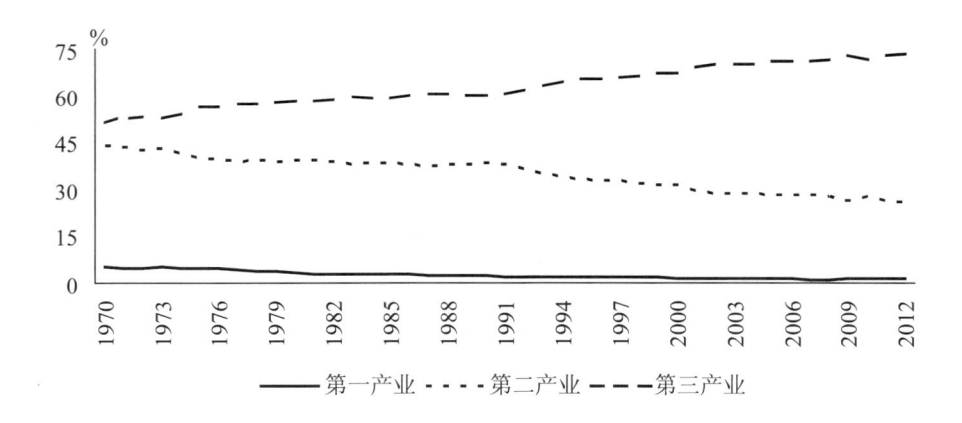

图 2—2 1970—2012 年日本三次产业产值占 GDP 比重

资料来源：世界银行世界发展指数数据库，http://data.worldbank.org/data-catalog/world-development-indicators。

（二）产业结构的软化——信息化

经过战后几十年的发展，日本已经形成了具有强大竞争力的、较为完备的产业结构体系。然而，随着 20 世纪 90 年代泡沫经济的崩溃，日本经济陷入低迷状态，产业结构也需要进一步调整和优化。2000 年日本通商产业省发表的《21世纪经济产业政策的课题与展望》认为，支撑日本半个世纪发展的"自给自足式"经济模式已经不能适应新时代的要求，应当将未来的可持续发展产业重点放在技术创新、信息产业、老龄化社会服务和环保产业上。实际上，20世纪90年代至今，日本的产业结构调整就呈现出软化特征即信息化。自90年代以来，日本信息产业除个别年份有小幅的负增长外，其他年份均呈快速发展的态势，1994年信息产业的增长率已位居各行业之首。信息产业对GDP增长的贡献率也一直较高，1994年甚至达到创纪录的62%。与同期其他各主要产业的发展相比，信息产业已经超过建筑业、汽车和钢铁业，成为对GDP增长贡献最大的产业部门。而且，自20世纪90年代，日本产业结构的"软化"即信息化程度快速提高，尤其是金融、保险、运输、通信业的"软"信息化速度令人瞩目。这不仅带动了信息产业自身的发展，而且也提高了与信息产业相关行业自身的效率。

日本政府《2010年信息通信白皮书》显示，仅占名义GDP9.6%的信息通信产业在五年间对实际GDP增长的贡献率为34%。在日本经济不景气的情况下，能够保持正增长的也只有这一个产业，说明信息通信产业有力拉动了经济增长，并带动了其他相关产业的增长。另据日本厚生劳动省《劳动经济白皮书》提供的数据，从1990至1999年的10年间，日本信息技术产业创造了200万个就业岗位。日本有媒体推算，根据政府制定的IT发展战略，到2020年，IT产业能够培育70万亿日元的新市场。[1]
日本信息产业的发展有五个主要特点：一是产业的增长速度相当快；二是整个产业的就业人数剧增；三是产业的劳动生产率不断提高；四是逐步从硬件制造业向软件制造业转移；五是信息产业产值占GDP的比重越

---

[1] 王喜文：《日本：半年间出台四项国家IT战略》，http://www.chinaeg.gov.cn/html。

来越高，从而使整个产业逐步成为日本的主导产业。当然，日本政府对促进信息产业的快速发展发挥了重要作用。日本政府的信息产业政策具有明显的倾向性、较强的专指性、实用性和功利性，注重在产业目标的确立、产业组织协调、产业保护策略和产业国际化等方面全方位地为信息产业的发展提供基本保证。日本制定的信息产业和信息技术发展计划，不仅大大提高了信息产业和信息技术发展水平，而且增强了本国的信息产业实力，从而保持了信息产业在世界的优势地位。

（三）新能源产业

为调整产业结构，促进新能源产业发展和技术开发，日本自1974年起相继制订并实施了"阳光计划"和"新阳光计划"，明确对包括太阳能、风能在内的新能源产业进行重点扶持。2004年6月，日本经产省公布了《新能源产业化远景构想》，提出到2030年将新能源产业发展成为支柱产业之一，使新能源技术的商业产值达3万亿日元、创造就业岗位31万个。为实现这一目标，日本政府采取一系列优惠措施，促进企业参与新能源开发。日本还于2008年出台了《低碳社会行动计划》，重点发展太阳能和核能等低碳能源，并为产业科研提供财政和关税等政策扶持以及资金补助。同时，为发展新能源产业，增加能源的自给率，日本将新能源研发和利用的预算由882亿日元大幅增加到1156亿日元。2008年国际金融危机爆发后，日本在总结教训的基础上提出转变经济发展模式，重视对以新材料、新能源为代表的新兴产业的扶持，并将新能源定位为未来十年经济增长的战略性支柱产业，使其到2020年在能源消费中所占比重提高至20%，带动50万亿日元的内需市场，新增140万个就业岗位。[1]

---

[1] 中华人民共和国驻日本国大使馆经济商务参赞处：《日本新能源产业发展状况》，http://jp.mofcom.gov.cn/aarticle/ztdy/201102/20110207390458.html。

日本发展新能源产业和新能源开发利用主要包括核能、太阳能发电、太阳热利用、风力发电、生物质能源、废弃物热、地热发电、天然气混合循环发电、温度差能源、冰雪热等形式。其中，尤以核能、太阳能和风能发电的发展和应用最为广泛，产业规模一直在不断扩大。

1. 核能

核能作为最主要的新能源之一，在全球得到广泛使用，日本也不例外。日本重视核能开发，目前全国共有核电站54座，总装机容量4712.2万千瓦，是世界第三核能大国，核能占能源供给总量的15%，核能电化率近40%。[1] 另有资料显示，2000年、2005年、2010年、2011年和2012年，日本核能利用量分别为72.3百万吨标准油、66.3百万吨标准油、66.2百万吨标准油、36.9百万吨标准油和4.1百万吨标准油。[2] 由这组数据可见，在2012年以前，日本核能利用量非常大，在66百万吨标准油以上。而2012年则明显减少，仅为4.1百万吨标准油，比2011年减少了89%。这种情况与日本核泄漏事件发生后对核能的利用更加谨慎有很大关系。[3]

2. 太阳能发电

日本大力发展太阳能产业，逐步形成了太阳能生产、销售和使用的完备体系，不仅使太阳能得到广泛应用，而且产业规模不断扩大。1999—2004年，日本太阳能发电量始终保持全球首位。虽然2005年后日本太阳能发电增长放缓，并在2007年装机总容量被德国赶超，但日本的太阳能电池产量2009年仍高达138.7万千瓦，约占全球产量的1/4。夏普、京瓷、三洋电机、三菱电机四家企业是日本太阳能产业的主力军，这些

---

[1] 《2010年世界新兴产业发展战略报告》，http://www.chinairn.com。
[2] *Statistical Review of World Energy* 2013 *Workbook*.
[3] 邵琳：《中日韩新能源产业发展政策探析》，《现代日本经济》2014年第3期，第88页。

企业不仅从事太阳能技术研发时间长，而且产量约占日本太阳能电池总产量的50%。另有资料显示，2012年日本累计太阳能光伏装机总容量达到了6914兆瓦。日本提出实施太阳能发电全球最大规模计划，2020年太阳能发电规模将达到2008年的10倍，2023年达到2008年的40倍。为此，日本决定由政府财政出资，鼓励普通家庭安装太阳能光板等太阳能发电设备。[①] 此外，日本还决定在三年内为全国3.6万所学校集中安装太阳能光板。预计未来3—5年太阳能相关产品价格将降至一半，可有效提升日本产品在国际上的竞争力。[②]

3. 风力发电

根据风力资源极其丰富的特点，日本自20世纪80年代开始建设风力发电设备，到2007年年底共建设风力发电站1409座，发电能力约达168万千瓦。日本风力发电设施主要设置在北海道、东北、九州等空旷地区。尽管日本风力发电快速发展，但由于地形复杂，特别是一些偏远山区的交通不便，使风力发电站的建设和发展受到一定制约。为此，近些年日本探索开发海上风力发电，取得了一定成效。有资料显示，日本政府于福岛县近海建立的海上风力发电站，预计总输出功率可达460万千瓦。日本政府计划投资100亿—200亿日元，建设6座输出功率为5000千瓦的海上风车，并用5年时间建成配套设施，并计划于2020年扩大至40万千瓦，相当于1/3座核反应堆的发电量。截至2012年年底，日本累计安装风电机组容量为2673兆瓦，比2011年增加了3%。[③] 日本政府还投入大量资金用于风力发电蓄存技术研发。由于日本政府对风力发电大

[①] 邵琳：《中日韩新能源产业发展政策探析》，《现代日本经济》2014年第3期，第89页。
[②] 中华人民共和国驻日本国大使馆经济商务参赞处：《日本新能源产业发展状况》，http://jp.mofcom.gov.cn/aarticle/ztdy/201102/20110207390458.html。
[③] 邵琳：《中日韩新能源产业发展政策探析》，《现代日本经济》2014年第3期，第90页。

力支持，对风电设备给予补贴，剩余风电还可卖给电力公司，促进了风力发电的快速发展，使日本跻身于全球十大风能市场行列。日本风力设备企业技术优势也较为明显，产品出口到欧美及非洲国家。

在发展新能源产业和新能源开发利用方面，除核能、太阳能和风能发电外，日本还注重开发利用生物质能源。截至2010年，日本生物质能发电量约为100亿千瓦时。有资料显示，2000年、2005年、2010年、2011年和2012年，日本的生物质能使用量分别达到4.2百万吨标准油、5.7百万吨标准油、5.5百万吨标准油、5.5百万吨标准油和5.7百万吨标准油。①

综上所述，日本的产业发展和产业结构调整正在不断向前推进。据日本媒体报道，日本政府已经确定了今后旨在提高产业竞争力的"产业结构蓝图"。根据该蓝图，日本将重点发展以下产业：核电站、环保车辆等环境能源技术、文化产业、医疗、机器人和航天航空等尖端技术。到2020年培育出规模为149万亿日元的市场，增加就业岗位258万个。为实现日本政府提出的新增长战略目标，日本需要从根本上进行产业结构转型，增加经济竞争力。②

第四节　欧盟产业发展和产业结构调整变动

在欧盟东扩之前，原15个老成员国的产业结构较为相似。农业在整个国民经济中所占的比重较小，一般都在2%左右。而且，1999—2005年，欧盟增长速度最慢的是农业，增长率为1%左右，法国、卢森堡、瑞典、

---

① *Statistical Review of World Energy* 2013 Workbook.
② 《日本确定"产业结构蓝图"力促转型》，http://www.chinanews.com/cj/cj-gjcj/news/2010/05-31/2313667.shtml。

葡萄牙、希腊甚至出现负增长；工业和建筑业的比重一般在20%—30%；服务业在各国经济中都占有较大比重，平均为70%左右，有的国家甚至更高。欧盟的这种产业结构明显反映了发达工业化国家产业结构的特征。而经过两次扩张后，欧盟新老成员国间产业结构的差异日益显现。特别是欧盟在2004年的扩张属于异质性扩张，接纳波兰、匈牙利、捷克、斯洛伐克、斯洛文尼亚、爱沙尼亚、拉脱维亚、立陶宛、塞浦路斯、马耳他10个国家"入盟"，其中，前8个国家为经济转轨国家。此后，保加利亚和罗马尼亚又于2007年加入欧盟。这两次东扩使欧盟成员国达到了27个。27个新老成员国的产业结构虽有某些共同的特征，但仍存在着一些较为明显的差异：一是新成员国的农业在经济中所占的比重相对较大，高于老成员国。2005年，新成员国农业在国民经济中所占的比重平均为4%，但个别国家（如匈牙利）则高达7.5%。[1] 二是新成员国工业和建筑业的比重普遍高于老成员国。但与老成员国相比，新成员国存在着技术设备落后和国际竞争力较弱的不利因素。三是虽然新成员国的服务业在GDP中所占的比重略低于老成员国，但贸易、运输和通信服务业的比重都高于老成员国的平均水平。在金融服务领域，与老成员国相比，新成员国的金融业相对不发达。在公共管理和教育服务领域，绝大多数新成员国的比重也低于老成员国和欧盟的平均水平。

还应当看到，欧盟新老成员国间的经济制度也差异较大，经济发展水平差距明显。因此，仅从经济制度和经济发展水平的层面，欧盟就面临着进行差异性整合的艰巨任务，即在不同经济制度和经济发展水平的基础上，做出新的制度安排，协调复杂的利益关系，对不同质的经济要

---

[1] 王晓畅、丁凯：《欧盟成员国产业结构差异、整合前景及启示》，《经济纵横》2007年第5期，第55页。

素进行整合，以实现欧盟所有成员国的同步发展。在这个过程中，欧盟各成员国的产业结构整合是整个经济整合的基础和核心。

一、产业政策调整

由于科研经费投入不足、科研人才缺乏、产学研脱节、科研体制滞后、产业政策不到位等因素，导致欧盟在新科技革命中曾长期落后于美国。有资料显示，1971—1986年，美国高新技术产业增长了46倍，日本增长高达107倍，而欧洲仅仅增长了4倍。为缩小这一差距，20世纪90年代以来，欧盟产业政策将高新技术产业列为经济发展的引领产业，加大投入力度，以期带动欧盟整体产业结构的更新换代，打造经济增长的新引擎，提升欧盟在全球的竞争优势。为使高新产业快速发展，欧盟各国还将产业政策的重点放在了改革旧有科研体制、增加科研投入和补贴、鼓励中小企业科研创新上。同时，欧盟一直注重指导和协调各成员国工业发展和结构调整的政策努力。1992年签署的《马斯特里赫特条约》正式将"增强共同体工业的竞争力"纳入共同体行动的范畴，并在第130条中对共同体工业政策的制定做出专门的规定。进入21世纪后，欧盟明显加快了产业政策制定的步伐，从而极大地促进了其工业结构的有效调整，推动了新兴产业的发展，提高了相关产业的国际竞争力。10多年来，欧盟的产业政策主要以高新技术产业为导向，支持研发与创新，支持制造业结构调整并开辟国际市场，关注能源、环境政策对竞争力的影响等。欧盟产业政策的特点，一是强调技术、知识和创新活动对于制造业产业结构升级和竞争力提升的重要性。产业政策的最终目标是提高欧盟制造业的竞争力，促进各成员国制造业的协调发展。二是欧盟产业政策一方面作为成员国产业政策的必要补充，作为指导和协调性政策而存在；另一方面又通过竞争政策对各成员国形成约束。三是欧盟产业政策体现了欧洲基本价值观和欧洲经济社会模式的重要影响,不仅重视社会公正与社会包容的价值,还注重制造业竞争力提升过程中的经济、社会和环境的可持续性。

从欧盟的贸易政策看,2009年12月1日生效的《里斯本条约》使欧盟贸易政策发生较大变化,贸易政策一体化得到进一步加强。该条约明确规定,"共同贸易政策"不仅包括货物贸易,还包括服务、知识产权贸易以及投资,它们均为欧盟独享权力。欧盟贸易政策的调整有两个特点:其一,从欧盟近10多年的贸易政策走向看,欧盟特别注意发挥贸易在巩固其竞争优势、推动经济发展和增加就业方面的突出作用,贸易政策的调整不断深化和细化,并确保贸易规则得到有效和严格遵守。同时,更加强调维护欧盟企业的利益,为这些企业创造一个公平竞争的环境。其二,欧盟的贸易保护主义抬头,并逐步渗入到欧盟的贸易政策之中。欧盟内部市场受到外部市场越来越强烈的冲击,传统工业也面临着新兴工业化国家的挑战,加之国际贸易利益在欧盟内部各成员国间的分配不均,促使欧盟的贸易保护主义抬头,运用反倾销、反补贴等贸易保护手段,在非关税壁垒方面重新制定市场准入政策,以最大限度地维护欧盟企业的利益。欧盟委员会于2010年11月9日公布了一份题为《贸易、增长和世界事务》的新贸易战略文件,该文件进一步阐明了欧盟在未来几年内的贸易政策走向,主张采取更加强硬的政策来为欧盟企业打开外部市场,主张依靠贸易帮助欧盟经济摆脱困境。

二、产业结构调整

欧盟东扩后,一方面,新成员国开始按欧盟的标准制定产业调整计划和政策，努力培育本国产业的竞争优势。例如，爱沙尼亚在产业结构调整过程中注意巩固本国食品加工业和木材加工业的优势，并利用资源优势大力发展化学工业、建材工业和海运交通服务业；拉脱维亚注重发展贸易和金融服务业，旅游业也得到较快发展；斯洛文尼亚加工工业基础雄厚，同时拥有强大的制造业基地，因而为发展汽车、电子和化工等行业，并参与国际分工和国际竞争提供了条件。另一方面，老成员国扩大了对新成员国的贸易和投资领域与规模，从而有利于新成员国贸易和投资总量的增加，以及各行业技术和管理水平的提高。而且，老成员国提供的大量科技和人力资源等方面的帮助，也使新成员国的自主创新能力和可持续发展能力得到提升。因此，总的来说，欧盟成员国间的内部调整、密切合作和相互支持，既是欧盟经济一体化的客观要求，也是产业结构调整和整合的需要。

虽然欧盟成员国产业结构的差异不利于甚至会阻碍欧盟一体化进程，但成员国间产业结构和经济发展水平趋同的可能性是很大的。这不仅是因为欧盟老成员国都是发达国家，在欧盟发展中发挥主导作用，而且还因为新成员国"入盟"后迅速调整产业结构，从而为产业整合奠定了基础。欧盟的产业结构调整主要体现在以下方面。

（一）扶持新成员国农业，缩小新老成员国在农业方面的差距

欧盟新成员国产业结构的一个主要特征是农业在经济中所占的比重相对较大，而农业发展水平却比老成员国落后，农业人口收入水平较低。这对扩容后的欧盟在农产品供给、农民收入和农业发展方面带来较大的负面影响。而且新成员国普遍难以达到欧盟在农业上的严格标准。欧盟新老成员国在农业领域更大的差异还在于，新成员国的农业就业人口占整个就业人口的比重大大高于老成员国。2004年，新成员国农业就业比

重为12.5%,而老成员国仅为3.8%。在不同的新成员国中,农业就业的比重也各不相同。例如,波兰这一比重为19.2%、立陶宛为15.8%、拉脱维亚为12.5%、斯洛伐克为3.9%、捷克为4.2%。[①] 新成员国农业就业人口较多,在一定程度上说明这些国家的农业劳动生产率低于老成员国。为缩小新老成员国在农业方面的差距,欧盟专门设立了支持新"入盟"国家农业和农村发展特别项目(SAPARD),以帮助新成员国实行农业改革,并大力推行共同农业政策(CAP)。特别是逐步增加对新"入盟"中东欧国家的农业补贴。2004—2006年,欧盟对中东欧10国的农业直接补贴相当于老欧盟15国水平的25%、35%和40%,而且以后每年增加10%,到2013年达到实行同等待遇的目标。同时,规定欧盟直接农业补贴的发放将采用更为严格的环保和食品安全标准。此外,欧盟还大力支持新成员国的农业发展,通过设立基金和项目大力帮扶新成员国实行农业部门改革。

(二)制造业结构调整与升级

随着经济全球化和新技术革命的深入发展,新技术不断涌现,新产品层出不穷,运输网络不断完善,通信成本大为降低,贸易壁垒不断得以消除,但全球市场的竞争进一步加剧,传统制造业面临着新的挑战。特别是面对"金砖国家"以及亚洲其他新兴经济体的迅速崛起和不断增强的竞争力,欧盟企业必须提高适应能力并进行结构调整,以应对挑战并提高欧盟制造业的竞争力。为此,欧盟委员会专门提出了新的综合性产业政策和结构调整目标,力图通过改善制造业的政策环境,促进欧盟国家制造业的产业结构调整和升级,提升制造业的国际竞争力。而且,欧盟委员会将制造业不同领域的产业政策均统一在提高竞争力的框架下,

---

① 王晓畅、丁凯:《欧盟成员国产业结构差异、整合前景及启示》,《经济纵横》2007年第5期,第56页。

以便加强各领域政策之间的协调性，使这些政策能够在促进竞争力方面发挥更大的作用。欧盟委员会还建立了竞争力、能源和环境高层工作组，以加强能源和环境政策两者之间的协调，使其对提高竞争力发挥更加积极的作用。

为了提升制造业竞争力，欧盟对其制造业和建筑业的27个行业进行了调查评估，并根据调查研究结果，将这27个行业分为食品和生命科学业、机械工程和系统业、时尚和设计业、基本产品和中间产品业等四大门类。食品和生命科学业约占欧盟制造业增加值的1/5，这类行业面临的挑战主要是研发创新，包括研发投资、知识产权保护和高创新中小企业的创新融资；机械工程和系统业约占欧盟制造业增加值的1/3，研发投资比例较高。影响这类产业发展的主要问题是创新、知识产权保护和高技能人才的获得；时尚和设计业包括纺织和鞋类，这类产业约占欧盟制造业增加值的8%，其研发投资相对较低。成功进行结构调整，提高创新能力，有效保护知识产权，实现产业升级，是这类产业面临的最大挑战；基本产品和中间产品业包括化工、钢铁、纸浆和造纸业，这类产业大部分是能源密集型产业，约占欧盟制造业增加值的40%。因而能源和环境问题是这类产业面临的主要挑战，且产业结构调整升级的压力较大。

总的来看，欧盟大多数制造业表现优于其他工业化国家。然而，由于欧盟经济整体结构性问题的制约，使这些产业难以在经济全球化进程中应对挑战。虽然欧盟的机械工程、化工和汽车产业等竞争优势较为明显，但目前欧盟出口仍然主要集中在中高技术含量和中低劳动力素质的领域。因而，在新兴经济体不断提高出口产品技术含量和非价格因素竞争力的情况下，欧盟制造业的竞争压力越来越大。欧盟委员会通过对欧盟制造业竞争力的评估，认为纺织、皮革、家具、制鞋、制陶、印刷、汽车、造船、钢铁以及部分食品行业都面临着结构调整问题,并将解决这些产业结构调整问题列入 2007—2013 年的结构调整计划。特别是对机床工业,为达到欧盟 2020 年的战略目标,建立一个欧洲知识型加竞争力并不断发展的制造业,欧盟致力于调整和发展机床工业这一主要行业。自 2008 年年底推行"欧洲恢复计划"以来,欧洲机床工业合作委员会就一直积极在国企和私企中推行总额为 120 亿欧元的"未来工厂"计划。而且,欧洲机床工业合作委员会将创新作为机床工业走出危机和维持一个强大的欧洲工业基地的必由之路,认为创新和知识是引领机床工业转型和可持续发展的关键。这既包括技术上的升级,也包括采取新的激励政策来促进机床工业的转型,尤其是保持欧洲机床的竞争优势和技术上的领先地位。

2008 年国际金融危机和欧债危机后,欧盟逐步感受到制造业外移和"去工业化"导致的实体经济增长动力不足和失业加剧等问题,并开始反思和调整产业政策,将重振制造业提上议事日程。欧盟委员会通过了 2010 年制定的《全球化时代的统一产业政策》和 2012 年发表的《强大的欧盟工业有利于经济增长和复苏》等政策文件,重新确立工业在欧盟产业结构中的核心地位。不仅将汽车、钢铁等传统制造业纳入 2007—2013 年结构调整计划,恢复传统的比较优势;而且着力扶持机械制造、信息、通信等知识和技术密集型的先进制造业,以提高欧盟产业的整体竞争力。

为重振欧洲经济,欧盟产业结构调整新的战略定位是用"再工业化"应对"去工业化"的挑战,并确定了工业占欧盟国内生产总值的比重由 15.6% 提升至 2020 年的 20% 的总体目标。"再工业化"并不是简单地提高制造业与工业的比重,而是在推动新兴产业发展的同时,强化对已有产业高附加值环节的再造。其核心在于抓住"新工业革命"机遇重构工业产业链。"新工业革命"的概念是由欧盟委员会于2012年正式提出的，认为由绿色能源和数字制造等先进制造技术引领的新一轮工业革命已经到来。只有及时抓住这一机遇，才能弥补"去工业化"的损失，实现"再工业化"目标。欧盟掌握着接近50%的全球工业技术标准和产品规则，集中了全世界约一半的"高端"需求的内部大市场，因而欧盟具备实现"再工业化"的有利条件。当然，欧盟的"再工业化"也面临不少困难和障碍，包括新老成员国的实际经济状况和工业化水平差距较大、科技创新与应用环境欠佳等。因此，欧盟推进"再工业化"既有一定的基础，又面临诸多的挑战。①

（三）信息通信产业的调整与发展

信息通信产业是欧盟经济中快速增长的产业，也是工业以及整个经济发展的支柱产业之一。在信息产业领域，欧盟早在2000年就发布了"数字欧洲计划"，2009年又开展了"欧盟物联网行动计划"。特别是2010年欧盟又提出了"欧盟数字战略行动计划"。鉴于当时欧盟信息和通信技术领域的产值已经达到6600亿欧元，占欧盟内部生产总值的5%②，"欧盟数字战略行动计划"将信息化作为今后欧盟经济发展的主要推动力，提出要使社会各领域都享受数字化时代带来的好处。上述三个计划的实施使欧盟信息产业在世界的信息产业中占据重要位置，使其不断扩大全球市场，拥有世界信息产业市场约30%的份额。

在电信产业领域，进入21世纪以来，欧盟不断推进电信产业改革，促进了产业规模化发展。即使遭受了2008年国际金融危机的严重冲击，

---

① 参见《欧盟借"再工业化"找出路（经济透视）》，人民网，http://opinion.people.com.cn/n/2013/1016/c1003-23217837.html。
② 《欧盟把信息化作为经济发展的主要推动力》，新华网，http://news.xinhuanet.com/world/2010-05/19/c_12120609.htm。

欧盟电信产业改革和调整也依然在向前推进。不仅优化了产业结构，促进了资源合理配置，而且增加了欧盟电信产业的整体竞争力，使欧盟市场成为全球最具吸引力的电信市场。目前，欧盟电信产业的年营业额在3000亿欧元以上，并为欧盟创造了超过4%的就业率。未来欧盟电信产业改革的目标是继续降低市场费用、调整产业结构和鼓励竞争，促进电信产业的更大发展。

欧盟注重营造产业发展的基础和宏观环境，支持并引导信息通信产业结构调整与发展。欧盟信息通信产业政策和产业调整，一是强调提高产业竞争力，提高产品质量，鼓励欧盟内部竞争并与美日展开竞争，占据更多的市场份额；二是关注世界新兴市场发展，开放和扩大信息通信业的欧盟内部市场和国际市场；三是鼓励加快产业结构调整和创新，满足市场的迅速发展变化和消费者的需求；四是注重协调欧盟成员国的有关政策，体现欧盟整体利益。

欧盟各项信息产业政策由欧洲理事会制定。欧洲理事会是欧盟最高决策机构，为欧盟信息产业政策法规体系的建设确定统一的发展方向和总体目标。而欧盟委员会既是欧盟信息产业政策的制定者，又拥有信息立法动议权，同时，还负责欧盟信息产业政策法规的贯彻实施，从而保证了欧盟信息立法与信息产业政策之间的良性互动。

对于信息产业的未来发展，欧盟委员会早在2010年就指出，欧盟在实现信息化的道路上仍然面临以下七个方面的挑战：欧盟27国市场处于割据状态；信息技术和标准之间缺乏兼容性；网络犯罪增加；对新的宽带互联网络投资不足；许多欧盟居民信息技术知识缺乏；在应对老龄化和气候变化等诸多挑战中信息技术的利用不够；信息技术的研究和发展投资不足。欧盟委员会提出，为更好地应对这些挑战，欧盟应当在以下七个方面优先采取行动：建立一个充满活力的一体化数字市场；制定更好的信息化标准；发展安全稳定的网络在线技术和提高用户对网络的信任度；增加投资以尽快建立快速及超速的互联网接入；大幅度提高居民的数字化知识水平和技能；创造具有更大社会利益的数字通信技术；加大对信息技术研究和发展的投资力度。[①]

（四）新能源产业的发展

近20年来，欧盟的新能源产业发展迅速，已初具规模。有资料显示，到2011年年底，欧盟新能源产值已达1370亿欧元，创造了118.6万个工作岗位。自2001年以来，欧盟新能源在总能源消费中的比重上升了63%。新能源的平均增长率为69%，高于其他类型能源的增长速度，同期石油和煤炭的比重大幅下降。这表明新能源产业正在逐步取代传统能源产业。欧盟传统能源结构的弊端、传统能源消费对环境的负面影响、经济与产业结构转型的需要，是促使欧盟开发和利用新能源的重要原因。[②]

为发展新能源产业，欧盟出台了若干重要的新能源发展战略。例如，2006年制定了《欧盟能源绿皮书》；2008年，欧盟通过了战略能源技术计划，提出发展风能、光伏能和生物能技术，将欧盟经济发展建立在"低碳能源"基础上。此后，欧盟又先后推出了欧盟"2020能源战略"和欧盟"2050能源路线图"，为欧盟新能源产业的发展和结构调整确定了明确的目标。到2020年，欧盟新能源和可再生能源在能源消费中的比重将达到20%；而到2050年，这一比重将达到50%，其中，新能源比重最高将达到75%，电力能源中的97%将来自新能源。表2—3反映了2005年和到2020年欧盟27

---

① 《欧盟把信息化作为经济发展的主要推动力》，新华网，http://news.xinhuanet.com/world/2010-05/19/c_12120609.htm。
② 周弘主编：《欧洲蓝皮书：欧洲发展报告（2013—2014）》，社会科学文献出版社2014年版。

个成员国可再生能源占能源总消耗量的比重及变化情况。

表2—3 欧盟27个成员国可再生能源占能源总消耗量的比重

国　　家	2005年（%）	2020年（%）
比利时	2.2	13
保加利亚	9.4	16
捷克	6.1	13
丹麦	17.0	30
德国	5.8	18
爱沙尼亚	18.0	25
爱尔兰	3.1	16
希腊	6.9	18
西班牙	8.7	20
法国	10.3	23
意大利	15.2	17
塞浦路斯	2.9	13
拉脱维亚	32.6	40
英国	1.3	15
立陶宛	15.0	23
卢森堡	0.9	11
匈牙利	4.3	13
马耳他	0.0	10
荷兰	2.4	14
奥地利	23.3	34
波兰	7.2	15
葡萄牙	20.5	31
罗马尼亚	17.8	24
斯洛文尼亚	16.0	25
斯洛伐克	6.7	14
芬兰	28.5	38
瑞典	39.8	49

资料来源：Doerte Fouquet：《可再生能源价格机制——来自欧洲的经验》，《中国可再生能源规模化发展项目/世界银行研讨会》，2010年1月15日。

另有资料显示，截至2012年，已经有3个欧盟成员国达到了2020年可再生能源发展目标，其中爱沙尼亚已经在2011年达到了25%的目标，保加利亚和瑞典在2012年也达到目标，两国2020年的目标分别是16%和49%。而英国和荷兰2012年的可再生能源消费比重只完成了各自2020年目标的28%和32%。2004—2012年，所有欧盟成员国的可再生能源占总能源消耗的比重均出现了增长，增幅最大的是意大利，从5.7%增至13.5%；第二是希腊，从7.2%增至15.1%；第三是丹麦，从14.5%增至26%；第四是奥地利，从22.7%增至32.1%；第五是瑞典，从38.7%增至51%。[1]

据欧洲风能协会（EWEA）提供的数据，太阳能、风能等可再生能源占欧盟新建电站装机容量的比重不断上升，2008年突破50%，2011年达到了71.3%。但另一方面，由于太阳能、风能严重依赖于天气状况，可再生能源在欧盟的发展还是受到一定限制。自2000年以来，欧盟天然气发电站新增容量最大，达116吉瓦，其次为风电（84吉瓦）和太阳能（47吉瓦）。整体来看，煤电站占装机总量的比重仍然最大，为26%。[2]

欧盟国家制定可再生能源产业政策基于三个出发点：一是保证能源安全供应；二是保护环境；三是提高能源产业的竞争力。而发展可再生能源与这些基本出发点相一致。而且，欧盟为新能源产业发展提供了多方面的政策支持，特别是欧盟国家为新能源产业发展提供大量补贴。尽管欧盟内部没有统一的补贴标准，但大部分成员国都通过实行"上网电价补贴"政策来支持本国新能源产业发展。在税收和贷款方面，欧盟国家为本国新能源产业的发展

---

[1] 洪韶：《欧盟可再生能源消费大幅提高》，《中国化工报》，2014年3月24日。
[2] 中国驻德国使馆经商处：《可再生能源占欧盟2011年新建电站装机容量70%以上》，中华人民共和国商务部网站，http://www.mofcom.gov.cn/aarticle/i/jyjl/m/201202/20120207956120.html。

提供税收减免和贷款优惠。此外，2009—2013年，欧盟还筹集1050亿欧元，用于发展环保产业，其中40%的资金用于开发新能源和与新能源有关的产业。① 这些政策措施不仅推动了欧盟产业结构调整并促进了经济增长，而且也为欧盟在节能环保领域保持世界领先地位奠定了基础。

第五节 新兴经济体产业发展和产业结构调整升级*

新兴经济体作为一个迅速崛起的"特殊群体"，其经济的快速增长和发展令世界瞩目，为世界经济发展注入了新的生机和活力。新兴经济体已成为经济全球化的重要和不可或缺的参与者，其作用不可低估。可以说，如果没有新兴经济体的积极参与，经济全球化根本不可能实现，就只能成为"经济半球化"。一个明显的事实是，新兴经济体在全球经济中的分量明显增大。从G20中的11个发展中新兴经济体情况看，这些国家的GDP总量已占世界经济总量的20%以上，外汇储备占全球的2/3，出口总量占全球的42%以上。③

尽管目前国内外专家学者对新兴经济体的界定仍五花八门，可谓众说纷纭，莫衷一是，但新兴经济体的群体性崛起已是不争的事实。我们认为，为便于分析和研究，可将新兴经济体分为两大类：一类是具有成长潜力且经济增长较快的新兴经济体，这些新兴经济体是指那些虽然经济落后、欠发达，但具有相当成长潜力、经济增长速度较快的弱小国家。这些新兴经

---

① 《欧洲蓝皮书：欧洲新能源正逐步取代传统能源》，人民网，http://world.people.com.cn/2014/0829/c1002-25565981.html。
* 本节使用了由本书作者之一郭连成主笔与谷方杰、马晓雪合作完成的研究成果。
③ 姜跃春：《新兴经济体崛起及其对世界经济格局的影响》，《国际问题研究》2011年第6期，第83页。

济体对世界经济发展的影响和推动作用有限；另一类是最具成长潜力且能够大大推动世界经济发展的新兴经济体，即指那些迅速崛起、综合国力较强、经济发展和经济增长较快并且对世界经济具有重要影响的国家。"新兴11国"（E11）就属于这一类国家，可以看作是新兴经济体的典型代表。所谓"新兴11国"，指的是"G20"中的11个新兴经济体，即阿根廷、巴西、中国、印度、印尼、韩国、墨西哥、俄罗斯、沙特、南非和土耳其。毫无疑问，这11个国家中，中国是最具成长潜力和迅速崛起的、对世界经济产生重要影响的国家。根据IMF发布的《世界经济展望报告》，按照购买力平价计算，中国2014年经济规模为17.6万亿美元，美国为17.4万亿美元，中国超过美国成为世界最大经济体。虽然按购买力平价计算经济总量是否科学尚需讨论，但中国作为公认的全球第二大经济体和最大的新兴经济体，其引领世界经济增长的作用毋庸置疑。

新兴经济体无论体量大小和经济强弱，在其崛起过程中首先要破解的往往是产业发展和产业结构调整的难题，"E11"也概莫能外，其中的"金砖五国"即巴西、俄罗斯、印度、中国和南非更是通过产业结构的不断调整和升级，借以推动经济发展。本节以"E11"为分析研究对象，在较为全面分析新兴经济体产业发展状况及其影响因素的基础上，进一步探讨新兴经济体三次产业的发展变化趋势，详细分析新兴经济体战略性新兴产业的发展及产业结构升级问题。

一、新兴经济体经济与产业发展状况

根据国际货币基金组织（IMF）提供的数据，2008年国际金融危机后，"E11"的经济增速在2010年达到了8.5%的峰值，之后便开始下滑，近几年维持在5%左右，呈缓慢复苏的态势。中国的GDP增幅在"E11"中最大，2012—2014 年在世界经济复苏乏力的背景下依然达到了 7% 以上的增速，分别为 7.7%、7.7% 和 7.4%。虽然"E11"的经济增长速度整体上趋缓，但其整体增速还是大大高于发达经济体。这表明新兴经济体正在迅速崛起，成为带动世界经济增长的重要力量。表 2—4 反映了近些年"E11"的经济增长及其变化情况。

表 2—4　2009—2013 年"新兴 11 国"经济增长变化情况　（%）

年份 国家	2009	2010	2011	2012	2013
发达经济体	−3.4	3.0	1.7	1.4	1.3
新兴 11 国	3.4	8.5	6.9	5.0	5.1
阿根廷	0.9	9.2	8.9	1.9	3.5
巴西	−0.3	7.5	2.7	1.0	2.3
中国	9.2	10.4	9.3	7.7	7.7
印度	5.9	10.1	6.3	3.2	4.4
印尼	4.6	6.2	6.5	6.2	5.3
韩国	0.3	6.3	3.7	2.0	2.8
墨西哥	−6.0	5.6	4.0	3.7	1.2
俄罗斯	−7.8	4.3	4.3	3.4	1.5
沙特	0.1	5.1	8.6	5.1	3.6
南非	−1.5	2.9	3.5	2.5	1.8
土耳其	−4.8	9.2	8.8	2.2	3.8

注：
1. "E11"经济增长率根据各国按照购买力平价（PPP）计算的现价 GDP 总量加权计算得出。
2. 2013 年数据均为估计值。

资料来源：IMF（2014）。

"E11"经济的崛起既带动了全球经济和产业发展,也更加推动了自身的产业发展。尤其是对于其中的"金砖国家"来说,其产业发展优势更为明显。以印度和巴西为例,印度软件与制造业的发展势头强劲,与此同时,其服务业也在高速发展,走出了一条直接发展IT、金融等服务业之路。据世界银行数据显示,2009年印度软件出口的规模、质量和成本等综合指数排在世界首位,也成为跨国公司软件及其他信息服务外包的首选地。而巴西则在能源农业方面占有优势,主要体现在种植甘蔗及油料作物方面,以甘蔗为原料生产乙醇,以及推广汽车使用燃料乙醇等。巴西是目前世界上唯一不提供纯汽油燃料的国家。不仅"金砖国家"产业发展势头强劲,"E11"中的其他国家如韩国的产业发展也表现不俗。韩国经济之所以在短期内取得明显成就,应归功于其符合国情的产业发展模式和政府的主导作用。最为典型的就是韩国政府审时度势,助推数字内容、生物技术以及半导体三大新兴产业发展。在数字内容产业方面,韩国政府设有发展新兴产业的专门机构;在生物技术上,韩国政府也在资金及技术上给予了强有力的支持;而为了推动半导体产业的发展,韩国政府积极扶持半导体行业中的大型企业并实施"以大带小"策略。此外,韩国的大型企业和中小企业共同在生物制药、机器人技术、脱盐设备、发光二极管、绿色轿车等领域获得政府研发资金的支持。在保证大企业优先发展的前提下,保证大企业与中小企业在高技术和新兴产业领域的合作,以带动中小企业迅速成长。

"金砖国家"不仅在各自的优势产业发展上表现突出,而且其经济和产业的互补性也较强,如中国对印度的直接投资领域主要集中在电子、通信和轻工等行业;而印度对华的投资领域主要有冶金、电器、医药、油墨和纺织品等。中国对俄罗斯的投资领域主要为能源、矿产资源开发以及林业、贸易、家电、通信、建筑、服务等；而俄罗斯对中国的直接投资主要集中在制造业（核电站及汽车、农机组装、化工）、金属冶炼、交通运输等领域。中国对巴西的直接投资集中在通信设备、纺织品、轻工业品、空调等家电的生产；巴西对中国的直接投资主要涉及支线飞机制造、汽车零部件、冰箱压缩机、水力发电等重工业以及纺织业等轻工业和餐饮服务业。

总体而言，生产全球化背景下"新兴11国"的产业发展是一把"双刃剑"，在促进各国产业结构调整和优势产业发展的同时，也产生了相应的负面效应。例如，由于巴西不仅过度依赖资源性产业，而且还高度依赖大宗商品的出口，导致其制造业竞争力下降，对全球产业链的融入程度较低。从2005年开始，巴西制造业产品的净出口下降，而2005—2010年，巴西石油的净出口以每年30%的速度增长。再如，虽然俄罗斯长期以来依靠石油和天然气的出口迅速积累了国家资本，但在产业结构上过分偏倚能源产业，导致其在全球经济危机中遭受了比其他"金砖国家"更为严重的经济衰退。另一方面，也必须看到，"E11"间既有紧密的经济合作，也存在着激烈的经济竞争，并由此引致经济合作中的矛盾和问题。这会严重阻碍新兴经济体之间的经济合作与发展。因此，各国应求同存异，顺应产业发展的需要，在产业选择、技术创新等方面提供相互支持，使"E11"在产业发展重点及技术研发方面取得更大的进展。

二、新兴经济体产业结构变化趋势

在经济全球化进程中，随着生产要素跨国界自由流动以及国际分工、产业转移、全球经营等的发展，全球产业结构得以不断调整并发生深刻的变化。发达国家为了抢占全球经济的制高点，在强化高新技术产业竞争优势的同时，通过产业全球转移和国际生产网络的扩张，推动全球产业结构的调整和发达国家产业结构高级化进程，产业整体竞争优势不断加强。而新兴经济体也抓住难得的发展机遇，在承接国际转移产业的同时，推动产业结构的逐步升级，不断提升产业竞争力。在这一过程中，与全球产业结构调整使全球三次产业结构发生变化，即与三次产业的变动趋势由原来的一、二、三产业的排序向三、二、一产业的"高服务化"阶段转变一样，新兴经济体的产业结构也在逐渐发生这种变化。第三产业所占的比重增大；第二产业占比有升有降；第一产业的比重则普遍下降。总体而言，新兴经济体服务产业在经济结构中的比重上升，服务业增加值占经济总量的比重提高，这是一个基本的趋势。例如，多年来印度服务业增加值占GDP的比重一直超过50%，远高于第二产业。尤其是印度软件业与服务外包产业的迅速崛起，使其成为世界最大的软件接包国和仅次于美国的第二大软件出口国。目前印度的软件服务已占世界20%的市场份额，拥有占65%的世界离岸信息服务业和46%的世界外包业。[1]而另一个新兴经济体俄罗斯一直在努力摆脱资源型经济结构，由以石油为主的原材料出口模式转向创新型经济增长与发展模式，实施以制度改革和结构调整为主要内容的中长期发展战略。其中，大力发展服务产业成为战略重点，2006—2012年，俄服务业增加值占GDP的比重一直超过或接近60%。服务业成为俄罗斯第一大产业，进而成为拉动经济增长的引擎。表2—5、表2—6、表2—7所列新兴经济体三次产业增加值占GDP的比重，能够反映出新兴经济体三次产业的变化情况。

---

[1] 《新兴经济体国家服务创新趋势及取向》，http://www.xzbu.com/3/view-4465832.htm。

表2—5 主要新兴经济体2004—2012年农业增加值占GDP百分比 （%）

年份 国家	2004	2005	2006	2007	2008	2009	2010	2011	2012
韩国	3.73	3.33	3.16	2.88	2.68	2.78	2.64	2.68	2.64
印尼	14.34	13.13	12.97	13.72	14.48	15.29	15.29	14.70	14.44
土耳其	10.92	10.80	9.52	8.68	8.61	9.35	9.65	9.15	9.08
印度	19.03	18.81	18.29	18.26	17.78	17.74	18.21	17.86	17.52
巴西	6.91	5.71	5.48	5.56	5.91	5.63	5.30	5.46	5.24
墨西哥	3.55	3.35	3.36	3.32	3.29	3.52	3.47	3.38	3.56
中国	13.39	12.12	11.11	10.77	10.73	10.33	10.10	10.04	10.09
俄罗斯	5.62	4.97	4.52	4.41	4.40	4.69	3.87	4.36	3.87
南非	3.11	2.67	2.88	3.00	2.99	2.92	2.58	2.46	2.57

数据来源：世界银行数据库（2013）。

表2—6 主要新兴经济体2004—2012年工业增加值占GDP百分比 （%）

年份 国家	2004	2005	2006	2007	2008	2009	2010	2011	2012
韩国	38.14	37.70	37.16	37.12	36.48	36.78	38.82	39.31	39.14
印尼	44.63	46.54	46.94	46.80	48.06	47.65	46.98	47.11	46.95
土耳其	28.52	28.51	28.67	28.26	27.69	25.94	26.95	27.92	27.04
印度	27.93	28.13	28.84	29.03	28.29	27.76	27.16	27.22	26.21
巴西	30.11	29.27	28.75	27.81	27.90	26.83	28.07	27.53	26.29
墨西哥	35.77	35.47	36.33	36.10	36.56	34.29	34.80	35.73	35.75
中国	46.23	47.37	47.95	47.34	47.45	46.24	46.72	46.59	45.31
俄罗斯	36.33	38.08	37.23	36.44	36.12	33.64	34.70	36.75	36.00
南非	31.27	31.17	31.16	31.25	32.32	30.99	29.84	29.21	28.41

数据来源：世界银行数据库（2013）。

表2—7　主要新兴经济体2004—2012年服务业增加值占GDP百分比　（%）

年份 国家	2004	2005	2006	2007	2008	2009	2010	2011	2012
韩国	58.13	58.96	59.67	60.00	60.84	60.45	58.54	58.01	58.22
印尼	41.04	40.33	40.08	39.48	37.46	37.06	37.73	38.19	38.61
土耳其	60.56	60.69	61.80	63.07	63.71	64.71	63.40	62.94	63.88
印度	53.05	53.06	52.87	52.71	53.93	54.50	54.64	54.91	56.27
巴西	62.97	65.02	65.76	66.63	66.18	67.54	66.63	67.01	68.47
墨西哥	60.67	61.17	60.30	60.58	60.15	62.19	61.73	60.90	60.69
中国	40.38	40.51	40.94	41.89	41.82	43.43	43.19	43.37	44.60
俄罗斯	58.05	56.96	58.25	59.15	59.48	61.67	61.44	58.89	60.13
南非	65.62	66.16	65.96	65.74	64.70	66.08	67.58	68.33	69.02

数据来源：世界银行数据库（2013）。

应当指出，制造业在国民经济中具有基础性地位，对其他产业的关联和带动效应较大。长期以来，制造业也是新兴经济体实现经济可持续增长的重要支撑。特别是自20世纪80年代，发达国家致力于发展虚拟经济，曾将制造业大规模转移到新兴经济体和其他发展中国家，促进了这些国家的经济增长和发展。而国际金融危机则使以美国为代表的发达国家意识到过度依赖虚拟经济所带来的风险与挑战。另一方面，制造业对发展绿色能源等新兴产业的作用也日益明显。因此，发达国家又提出要"重回制造业时代"，向实体经济回归。足见制造业对新兴经济体和发达国家经济的重要性。

综观新兴经济体制造业的发展，可以看到如下三个特点和趋势：一是总体来看制造业发展速度较快，但各国之间的差异较大。以"金砖国家"为例，中国和印度制造业的增速一直高于本国GDP的增长速度，而相比之下俄罗斯、巴西和南非制造业的增速较慢，但还是快于美国等发达国家；二是新兴经济体制造业的产出规模都不断扩大,其中尤以中国的规模为最大,南非和印度等国的规模则较小;三是近些年主要新兴经济体制造业增加值占GDP的比重呈现下降的趋势(详见表2—8)。这催生了制造业和生产性服务业的延伸融合发展。这种发展趋势成为推动新兴经济体经济增长与发展的新动力。通过生产性服务业和制造业间的互补、渗透和延伸,赋予制造业更强的竞争力。可以说,产业融合已成为新兴经济体产业发展的现实选择。[①] 俄罗斯提出,发展创新型经济需要具竞争力的制造业和发达的服务业,服务业的发展必须立足于与制造业的产业互动和融合。否则,单纯追求三次产业比例的变化,特别是只注重提高第三产业的比重,也难以实现真正意义上的产业转型与结构调整。印度也切身体会到制造业发展对国民经济平稳快速增长的举足轻重的作用,采取措施提高制造业在整个经济中所占比重及其国际竞争力,并在这一过程中实现制造业与生产性服务业的产业融合。

表2—8　主要新兴经济体2004—2012年制造业增加值占GDP百分比　(%)

年份 国家	2004	2005	2006	2007	2008	2009	2010	2011	2012
韩国	27.75	27.54	27.12	27.28	27.86	27.80	30.29	31.27	31.05
印尼	28.07	27.41	27.54	27.05	27.81	26.36	24.80	24.33	23.94
土耳其	20.02	19.93	19.82	19.13	18.31	17.20	17.91	18.59	17.75
印度	15.25	15.39	16.06	15.99	15.43	15.10	14.80	14.73	14.07
巴西	19.22	18.09	17.37	17.03	16.63	16.65	16.23	14.60	13.25
墨西哥	18.13	17.16	18.09	17.38	16.98	16.64	17.34	17.10	17.37
中国	32.37	32.51	32.92	32.91	32.65	32.30	32.46	n.a.	n.a.
俄罗斯	17.44	18.30	17.91	17.64	17.52	14.80	14.82	15.55	15.19
南非	19.20	18.49	17.46	16.99	16.80	15.23	14.20	12.81	12.38

数据来源:世界银行数据库(2013)。

注:缺失数据用n.a.表示。

---

① 《新兴经济体国家服务创新趋势及取向》,http://www.xzbu.com/3/view-4465832.htm。

三、新兴经济体战略性新兴产业发展与结构升级

为了推进产业结构的调整升级，加快经济增长方式的转变，实现经济社会的可持续发展，新兴经济体纷纷选择培育并发展战略性新兴产业。战略性新兴产业对经济社会发展具有重大引领带动作用，是以重大技术突破和发展需求为基础，物质资源消耗少、知识技术密集、发展潜力大、综合效益好的产业。[①] 战略性新兴产业主要包括节能环保、新一代信息技术、生物医药、高端装备制造、新能源、新材料、新能源汽车七大产业。

在新兴经济体产业发展的不同阶段，根据自身的发展条件选择适合本国发展的新兴产业以取代丧失竞争优势的传统产业，是各个新兴经济体产业结构调整和产业发展的必然选择。一般而言，新旧产业的更替是经济持续繁荣发展的关键；而影响新兴产业发展的关键因素是技术的创新应用、正确的产业政策和对产业的大力扶持以及产业链的延伸和合理的空间布局。新兴经济体产业的发展从根源上体现了整合能力与技术创新。

（一）新兴经济体战略性新兴产业发展的格局已经形成

虽然由于新兴经济体的资源禀赋、发展目标以及技术积累各不相同，各国的产业发展重心存在差异，但在全球战略性新兴产业发展方兴未艾的大背景下，新兴经济体纷纷制定了适合本国国情的战略性新兴产业发展计划，并不断加大对新兴产业的投入力度。

韩国政府将低碳和绿色发展作为推进战略性新兴产业发展的重要措施。韩国政府于2009年公布了《低碳绿色增长基本法》，提出了"绿色新政"，

---

① 刘玉茹、周建国、费学宁：《国外战略性新兴产业的成功经验及其对天津发展的启示》，《中国轻工教育》2004年第1期。

以此来扶持带动新兴产业发展,力争在2030年前通过提高能源的自主性、绿色技术水平以及环境绩效指数,来建立绿色国家并进入世界环境前十强。在《新增长动力前景及发展战略》中,韩国确立了作为新增长动力的产业,主要涉及的领域有绿色技术、尖端技术交叉产业、生物制药和医疗设备、高附加值服务业等17项产业。除此之外,还提出要重点发展能源与环境、新一代运输装备、新兴信息网络产业、生物产业、知识服务业等六大产业,以及太阳能电池、海洋生物燃料、绿色汽车等22个重点发展方向。韩国发展战略性新兴产业主要围绕三个主题:一是防范气候的变化,减少能源依赖;二是发展"绿色经济",寻找新的经济增长点;三是提高居民生活水平,增强国家的经济地位。针对第一个主题,韩国从2010年开始实施的《绿色增长五年计划》提出,要从控制并减少温室气体排放、减少化石能源的消耗、提高能源自给和产业应对气候变化的能力三个方面进行战略部署。针对第二个主题,韩国政府提出要将"绿色化"的传统产业与创新绿色产业相结合,为绿色经济发展奠定良好基础,以此来促进产业结构的优化与升级。针对第三个主题,采取的措施主要包括:实现土地和水资源"绿色化";倡导国民日常生活的"绿色革命";通过其他各项举措,使韩国成为"绿色增长"的领头羊。韩国强大的资金扶持对不同时期的新兴产业发展起到了关键性的促进作用。特别是自国际金融危机之后,韩国将产业结构调整和升级的重心转向绿色经济、低碳经济。2009年7月,韩国政府提出要在未来5年累计投资107万亿韩元来发展绿色经济;2030年前投资1030亿美元用于开发新能源,并将可再生能源的比例提升至11%。[1]

---

[1] 吴可亮:《简析韩国"低碳绿色增长"经济振兴战略及其启示》,《经济视角》2010年第12期,第97—98页。

巴西则根据本国国情，将发展生物能源、风能和核能等新能源产业，作为战略性新兴产业发展的重点。在生物能源产业方面，巴西政府综合运用金融、法律和科技等多种手段，扎实推进生物能源的发展，形成国家发展战略—科技研发—市场应用这样一个完整的链条。这其中，政府的支持是巴西新能源产业发展取得成功的关键因素。巴西政府制定了管理风电场发展政策，在风能、核能等新能源产业发展方面给予支持，目前已建成"安格拉1号"和"安格拉2号"核电站，而"安格拉3号"核电站也正处于在建状态。巴西新能源产业的发展既离不开政府的资金扶持，更有赖于银行的资金投入。巴西国家经济社会发展银行已投资600亿雷亚尔的信贷资金来支持新兴产业创新活动。巴西在其他新兴产业发展方面也做出了相应的努力，如巴西政府积极推进电动汽车产业的发展，并将其作为能源技术选择的重要途径。

俄罗斯、印度和南非等国作为正在崛起的重要新兴经济体，也一直在立足本国优势和资源禀赋的基础上，抓住全球产业结构调整升级和战略性新兴产业发展的有利契机，努力实现产业升级和战略性新兴产业发展的新突破，走出一条符合本国国情的差异化发展道路。例如，俄罗斯制定的《2020年前经济社会长期发展战略》中，提出要利用其重工业发达的基础优势，促进传统优势部门与创新部门的共同发展。规定重点发展原子能、航空航天技术、船舶、核能工业，并在信息通信、纳米、生物、空间技术等领域取得突破性进展。就发展纳米产业而言，俄罗斯将其作为本国的战略性新兴产业加以重点扶持，早在2007年就宣布投资2000亿卢布用于发展纳米技术。[①] 印度虽在新兴产业发展领域并未出台带有综

---

① 《俄罗斯投入2000亿卢布发展纳米技术，堪比核计划》，中国新闻网，http://news.qq.com/a/20070622/002657.htm。

合性的战略规划纲要,但众所周知,印度的信息技术产业发展堪称典范。有资料显示,2009年印度软件出口的规模、质量和成本等综合指数名列世界第一。印度也是跨国公司软件及其他信息服务外包的首选地,2010年软件业增加值占印度GDP的比重高达7%,占据世界离岸信息服务业份额的65%和外包业的46%。至于南非,由于其具有发展太阳能和生物质能等新能源产业的优势,在未来10—20年内,南非在新能源及新能源汽车领域的投资将达数万亿兰特。同时,南非还将新材料、空间技术等高技术产业作为重点扶持的战略性新兴产业。

总的来看,自进入21世纪以来,新兴经济体将新能源、节能环保、先进制造业、新兴信息网络等战略性新兴产业作为产业结构调整和科技创新的重点领域,并取得了不同程度的进展。新兴经济体战略性新兴产业的快速发展正在对世界经济产生越来越深刻的影响。

(二)新兴经济体新能源产业的发展

根据《BP2030能源展望》,核能、水电和可再生能源等非化石能源有望成为能源的新增长点和主要来源,2010—2030年,可再生能源包括太阳能、风能、地热能源和生物能对能源增长的贡献率将从5%增至18%。[1]最新发布的《全球新能源发展报告2015》指出,新能源产业不仅已成为全球化产业,而且正以多元化的发展格局逐步深化。该报告显示,2014年全球已有超过130个国家实施了新能源扶持政策,其中,发展中国家和新兴经济体的比重超过了2/3。在全球应对气候变化的大背景下,新兴经济体纷纷调整各自的能源发展战略,提出了打造能源经济的新目标。例如,韩国推出了绿色能源新政;中国提出要大力发展有中国特色

---

[1] 《BP能源展望:未来20年新兴经济体领涨能源需求可再生能源增长赶超石油》,http://finance.ifeng.com/roll/20110125/3293514.shtml。

的新兴能源产业,培育经济发展的新的引擎和增长点,在未来国际竞争中占据有利地位。

1. 太阳能和风能

据国际能源署 2013 年 6 月发布的报告,到 2016 年,全球风能、太阳能、水能及其他形式的可再生能源发电量将会超过天然气发电量,是核能发电量的 2 倍多。而新兴经济体对太阳能和风能等可再生能源的需求将会超过天然气,新兴经济体将成为可再生能源消费的主力军。事实上,为适应全球新能源产业的发展趋势,主要新兴经济体都纷纷制定了调整传统产业和发展新能源产业的战略规划,对新兴产业的投资力度也不断加大。有资料显示,截至 2012 年,中国对可再生能源的投资总额达到了 670 亿美元,已经超过了美国。巴西、土耳其、墨西哥、南非等国的可再生能源发电量已接近化石燃料发电量。[①] 表 2—9 和表 2—10 反映了主要新兴经济体太阳能和风能这两类主要可再生能源的发展状况。

表 2—9　主要新兴经济体 2007—2013 年太阳能容量　(兆瓦)

年份 国家	2007	2008	2009	2010	2011	2012	2013
墨西哥	20.8	21.8	25.0	30.6	37.1	55.0	100.0
土耳其	0.00	0.00	0.00	0.00	0.00	9.0	15.0
印度	31.0	71.0	101.0	35.0	481.5	1176.3	2291.3
中国	99.9	139.9	299.9	799.9	3299.9	7000.0	18300.0
韩国	81.2	356.8	523.7	650.3	729.2	1025.0	1467.0

数据来源:BP 世界能源数据库。

---

① 张尼:《新兴经济体将成可再生能源开发利用主力》,《中国社会科学报》,2013 年 7 月 8 日。

表 2—10　主要新兴经济体 2007—2013 年风能装机容量　（兆瓦）

年份 国家	2007	2008	2009	2010	2011	2012	2013
墨西哥	86.0	332.0	453.0	769.0	1123.0	1512.0	1988.0
巴西	247.0	341.0	606.0	931.0	1430.5	2507.1	3445.3
土耳其	147.0	363.7	791.6	1320.0	1728.7	2260.6	2759.7
印度	7845.0	9655.0	10926.0	13065.0	16179.0	18420.4	20226.0
中国	5875.0	12121.0	25853.0	44781.0	62412.0	75372.0	91460.0
韩国	235.0	311.0	311.0	342.0	370.0	446.0	506.0

数据来源：BP 世界能源数据库。

由表 2—9 可见，太阳能容量的增长速度中国最快，从 2007 年的 99.9 兆瓦上升到 2013 年的 18300 兆瓦；印度次之，从 2007 年的 31 兆瓦升至 2013 年的 2291.3 兆瓦；韩国位居第三，从 2007 年的 81.2 兆瓦升至 2013 年的 1467 兆瓦。另有资料显示，印度的太阳能发电总装机到 2020 年将达到 200 亿瓦。[①] 而表 2—10 则反映了主要新兴经济体风能总装机容量的增加情况：中国的增速最快，从 2007 年的 5875 兆瓦猛增至 2013 年的 91460 兆瓦。而且，中国的风电装机容量将实现每年 30% 的高速增长；印度从 2007 年的 7845 兆瓦快速升至 2013 年的 20226 兆瓦，位居第二。2011 年印度对风电领域的投资高达 46 亿美元，其风能装机容量遥遥领先于除中国以外的其他新兴经济体，拥有"风能之子"的美誉。目前印度已经成为全球第 5 大风电生产国。今后印度风能也将保持每年 23% 的增长速度。

2. 生物燃料

有资料显示，全球生物燃料产量将由 2010 年的 180 万桶/日上升至 2030 年的 670 万桶/日。而持续的政策支持、居高不下的油价和不断发展

---

① 田珍：《我国战略性新兴产业发展的国际经验借鉴》，《现代管理科学》2014 年第 4 期。

的技术革新，也将推动新兴经济体生物燃料产量的迅速提升。在发展生物燃料新能源领域，巴西的优势明显。据有关资料，美国和巴西在2010年全球生物燃料总产量中约占76%，居于主导地位。今后虽然由于亚太地区的产量开始上升，这一比重会下降，但在2030年前也会保持在68%左右。[①]

2010年12月巴西矿产与能源部通过了《2010—2019年能源扩张新计划》，规定到2014年要逐步淘汰化石燃料电厂，并在未来10年重点发展水力发电和风力发电并网。作为全球最大的乙醇燃料生产国，巴西政府还制定了更加雄心勃勃的生物燃料发展计划。特别是在第二代生物燃料研发方面，巴西开始尝试从甘蔗渣、各种植物纤维、秸秆及其他农产品加工废弃物中提取纤维素乙醇的技术，加快第二代生物燃料乙醇研发生产并投放市场。巴西凭借其得天独厚的地理环境优势已成为生物燃料的重要生产基地，其发展前景看好。表2—11反映了巴西在一些主要新兴经济体中生物燃料产量的优势地位。

表2—11 主要新兴经济体2004—2013年生物燃料产量（千桶油当量/日）

年份 国家	2006	2007	2008	2009	2010	2011	2012	2013
墨西哥	0.00	0.09	0.09	0.09	0.26	0.24	0.28	1.07
阿根廷	0.58	5.47	12.66	21.05	33.26	44.54	45.72	37.83
巴西	175.28	227.36	282.22	280.35	312.75	265.00	271.29	316.92
中国	17.00	18.10	21.96	22.58	28.94	32.08	34.63	33.74
印尼	0.88	4.33	10.57	9.32	14.43	22.18	27.79	32.29
印度	2.69	2.74	3.11	3.50	3.11	3.85	4.54	6.45

数据来源：BP世界能源数据库。

[①] 《BP能源展望：未来20年新兴经济体领涨能源需求可再生能源增长赶超石油》，http://finance.ifeng.com/roll/20110125/3293514.shtml。

从表 2—11 可见，在墨西哥、阿根廷、巴西、中国、印度尼西亚和印度六国中，巴西生物燃料产量最高，达到近 317 千桶油当量／日，远远高于阿根廷、中国和印尼，而墨西哥和印度的生物燃料产量与巴西相比就显得微不足道了。

（三）新兴经济体节能环保产业的发展

有资料显示，全球环保产业的市场规模已从 1992 年的 2500 亿美元增至 2013 年的 6000 亿美元，年均增长率 8%，远远超过全球经济增长率。而对新兴经济体来说，由于节能环保产业不仅能够节约能源，减少排放，降低成本，而且能够获得直接的经济收益和回报，节能环保产业会进一步推动新兴经济体经济发展并为其带来巨大商机。

节能环保产业发展的动力体系主要由需求动力、制度动力、技术动力构成。仅就需求动力而言，它包括国民经济发展的需求、国际竞争的需求、市场的需求三个主要因素。而在国民经济发展需求中，主要依据一国所处的工业化阶段来衡量经济发展水平。若以人均 GDP 为依据来划分工业化阶段，则人均 GDP 低于 300 美元为工业化前阶段，人均 GDP 在 300—2000 美元的为工业化第一阶段，人均 GDP 在 2000—4750 美元为工业化第二阶段，而高于 4750 美元的为工业化后阶段。国民经济发展的需求与环保产业形成和发展间的关系如表 2—12 所示。

表 2—12 国民经济发展的需求与环保产业形成和发展的关系

工业化阶段	划分标准（人均 GDP，美元）	主导产业	环保产业
工业化前阶段	低于 300	第一产业	无
工业化第一阶段	300—2000	第二产业	尚未形成独立的环保产业
工业化第二阶段	2000—4750	第三产业	出现专业化、独立的环保产业
工业化后阶段	高于 4750	高新技术产业	环保产业成熟

环保产业是保证国民经济可持续发展的物质技术基础，因而新兴经济体大力发展节能环保产业以保持经济的可持续增长。如巴西是新兴经济体中汽车生产和出口大国，也是全球销售最旺的汽车市场之一。因此，巴西特别重视发展环保汽车产业。2009年8月，巴西国家环境委员会公布了2013年、2014年分阶段实施机动车尾气排放的新标准，以达到欧美现行机动车排放实施标准。新标准规定，自2013年起，巴西国内市场销售的柴油车排放减少33%；自2014年起，国内市场销售的汽油车和乙醇燃料车排放平均减少33%。而在新能源汽车开发领域，巴西生物燃料汽车技术在全球占有绝对优势，具有较强的竞争力。巴西政府认为，发展本国电动汽车是能源技术选择的重要路径，政府支持电动汽车和氢能源汽车的研发。

虽然节能环保产业市场广阔、需求巨大，但新兴经济体的节能环保产业总体上仍处于产业发展的初期阶段，尚待进一步大力推进和不断发展。以南非为例，煤矿业和制造业是南非工业的两大支柱产业，由于石油资源匮乏而煤炭存储量较大，南非大量使用燃煤发电从而造成了环境污染与碳排放量的增加。表2—13反映了南非和中国等主要新兴经济体的二氧化碳排放情况。

表2—13 主要新兴经济体2004—2010年二氧化碳排放量

（千克/2005年PPP美元GDP）

年份 国家	2004	2005	2006	2007	2008	2009	2010
墨西哥	0.32	0.33	0.32	0.32	0.32	0.32	0.30
巴西	0.22	0.22	0.21	0.21	0.21	0.20	0.21
土耳其	0.31	0.30	0.31	0.33	0.32	0.33	0.33

（续表）

年份 国家	2004	2005	2006	2007	2008	2009	2010
南非	1.11	0.98	0.99	0.98	0.99	1.09	0.97
印尼	0.51	0.48	0.46	0.47	0.49	0.52	0.47
印度	0.59	0.56	0.55	0.53	0.58	0.58	0.54
中国	1.10	1.08	1.06	0.98	0.93	0.93	0.91
俄罗斯	1.00	0.95	0.91	0.84	0.82	0.81	0.86
韩国	0.46	0.42	0.41	0.41	0.41	0.41	0.43

数据来源：世界银行数据库（2013）。

由表2—13可见，南非和中国的二氧化碳排放量在表中的九个主要新兴经济体中为历年最高。这一方面说明了像南非和中国这样的主要新兴经济体发展节能环保产业迫在眉睫；另一方面也表明新兴经济体发展节能环保产业尚有巨大的空间。事实上，节能环保产业作为"朝阳产业"，已引起新兴经济体的广泛高度关注。例如，中国继《"十二五"节能环保产业发展规划》之后，国务院又于2013年出台了《关于加快发展节能环保产业的意见》。其中，最大的亮点在于提出将节能环保产业作为支柱产业来发展。到2015年，节能环保产业总产值要达到4.5万亿元，年均增速保持在15%以上，节能环保产业产值占国内生产总值的比重为2%左右。《关于加快发展节能环保产业的意见》提出，要围绕市场应用广、节能减排潜力大、需求拉动效应明显的重点领域，加快相关技术装备的研发、推广和产业化，带动节能环保产业发展水平全面提升。一是加快节能技术装备升级换代，推动重点领域节能增效。包括：推广高效锅炉，发展一批高效锅炉制造基地；加快新能源汽车技术攻关和示范推广，加快实施节能与新能源汽车技术创新工程等。二是提升环保技术装备水平，治理突出环境问题。包括：示范推广大气治理技术装备，加快大气治理重点技术装备的产业化发展和推广应用；大力发展汽车尾气净化技术装备，实施产业化示范工程；开发新型水处理技术装备，推动形成一批水处理技术装备产业化基地；推动垃圾处理技术装备成套化，大力推广垃圾处理先进技术和装备等。三是发展资源循环利用技术装备，提高资源产出率。包括：提升再制造技术装备水平和再制造产业创新能力，推广产品再制造技术；重点支持建立10—15个国家级再制造产业聚集区和一批重大示范项目等。四是创新发展模式，壮大节能环保服务业。包括：发展节能服务产业；扩大环保服务产业，在城镇污水处理、生活垃圾处理、烟气脱硫脱硝、工业污染治理等重点领域，鼓励发展包括系统设计、设备成套、工程施工、调试运行、维护管理的环保服务总承包和环境治理特许经营模式。通过实施以上措施，使节能环保产业成为扩内需、稳增长、调结构、打造中国经济升级版的重要着力点。

（四）新兴经济体先进制造业的发展

由传统制造业向先进制造业转变，成为全球制造业发展的显著特点。一般而言，先进制造业是拥有先进制造技术的行业。先进制造业与传统制造业的主要区别，在于其所具有的产业先进性、技术先进性和管理先进性等特征。虽然先进制造业在不同时期会表现出不同的特点，但都会代表一个时期主流制造业的发展方向。例如，在信息化时代，先进制造业是指不断吸收和应用电子信息技术和现代管理技术等领域的高新技术成果和先进制造技术，从而实现信息化、自动化、智能化、柔性化和绿色化生产的制造业。在新一轮科技革命日新月异、制造业发展模式深刻变革的形势下，大力发展先进制造业成为新兴经济体的必然选择。多数新兴经济体通过政府主导和政策扶持来大力推动先进制造业发展，积极抢占先进制造业的巨大市场。特别是巴西、印度、俄罗斯、南非等曾以制造业为主的新兴经济体正在积极发展先进制造业，向新技术和产品的开发、设计及应用研究领域拓展。

印度虽将发展服务业作为产业发展的重点，但也重视先进制造业的发展。印度颁布了"国家制造业政策"，而且在"十一五"、"十二五"规划中均将制造业列为印度经济发展的重点，提出将电子和汽车等产业作为先进制造业发展的重点行业。尤其是印度卫星的研发和应用技术已达到或接近国际先进水平，其运载火箭技术也不断取得突破性进展。目前，印度已拥有"卫星运载火箭3(SLV-3)"、"加大推力运载火箭(ASLV)"、"极地卫星运载火箭(PSLV)"和"地球同步卫星运载火箭(GSLV)"四种类型的国产运载火箭。

俄罗斯提出要摆脱长期以来形成的产业结构不合理状况，在保持经济规模的同时摒弃原材料导向型经济发展模式，实现经济现代化，同时提高加工制造业的最终产品的增长速度和贡献率，特别要使高新技术产业的贡献率增大，传统产业的贡献率下降。由传统工业向先进制造业转变，是俄罗斯产业结构调整升级的重要任务和目标。早在2002年，俄罗斯就将信息通信技术与电子、航天与航空技术、新材料与化学工艺、新型运输技术、新型武器及军用和特种技术、制造技术与工艺、生命系统技术、生态与自然资源利用以及节能技术九大领域确定为科技优先发展方向。2005年以来，俄加大了扶持加工工业和高科技发展的力度，明确提出发展通信、航天、飞机制造等俄传统强势领域，推动飞机制造、汽车、造船等领域的公司和企业合并重组，以增强竞争力。目前俄军用飞机制造业在世界军事航空领域处于遥遥领先地位。在船舶制造领域，俄罗斯政府批准了《2009—2016年发展民用船舶制造业联邦专项计划》，将发展先进造船业作为政府扶持的优先方向，特别是生产具有高科技含量的专业海上平台和辅助船只，用于开发拥有丰富资源的大陆架。俄提出力争使造船制造达到世界领先水平。而为发展先进机床制造业，俄计划2011—2016年对机床工业投入10亿美元，其中，7.5亿美元用于新产品开发，每年开发新产品50—60种；2.5亿美元用于技术改造，以提高俄罗斯机床工业的制造能力。

　　由于中国坚定推进产业结构调整与转型升级战略，使主要制造业领域高技术制造业规模不断扩大；装备制造业实力显著提升；高耗能行业增速减缓，节能减排取得成效；淘汰落后产能，产品结构优化升级。特别是新一轮科技革命为中国装备制造技术的赶超带来机遇，如3D打印技术、工业机器人技术等作为新兴和先进技术，正推动中国装备制造工业快速发展。中国制造业在全球制造业中的影响力不断提升，早在2010年中国制造业产出占世界的比重就高达19.8%，超过美国成为全球制造业第一大国。2013年中国先进制造业规模以上企业全年累计主营业务收入达到33.1万亿元，同比增长12.3%。为大力发展先进制造业，推进中国制造业由大到强、由制造大国向制造强国的战略转变，中国政府提出，要建立和完善产业技术创新体系；着力强化制造基础；全面推进产品质量品牌建设；积极推行绿色制造；大力推进中国装备"走出去"战略。同时，要高度重视高端装备制造业发展，加快推进重点行业结构调整方向，力争在高档数控机床、电力装备、工业机器人及智能装备、航空装备、船舶和海洋工程装备、先进轨道交通装备、节能与新能源汽车等若干关键领域实现重大突破。先进制造技术是制造业和战略性新兴产业的基础技术，要十分重视发展高技术含量的制造技术、数字化智能化制造技术、极端条件下制造技术及清洁与可持续发展制造技术。[①]

在能够反映先进制造业发展水平的高科技制成品出口方面，2005—2012年，韩国、中国、墨西哥和巴西在九个主要新兴经济体中处于前列，高科技产品出口占制成品出口的比重较高。其中，韩国和中国历年均在25%以上，韩国最高达32.48%（2005年），中国最高达30.84%（2005年），详见表2—14。

表2—14 主要新兴经济体2004—2012年高科技出口占制成品出口百分比

年份 国家	2005	2006	2007	2008	2009	2010	2011	2012
韩国	32.48	32.15	30.54	27.60	28.73	29.47	25.72	26.17
印尼	16.55	13.47	11.00	10.90	12.87	9.78	8.33	7.30
土耳其	1.47	1.85	1.89	1.62	1.74	1.93	1.84	1.83
印度	5.80	6.07	6.40	6.78	9.09	7.18	6.87	6.63
巴西	12.84	12.08	11.87	11.65	13.20	11.21	9.72	10.49
墨西哥	19.64	18.98	17.18	15.73	18.18	16.94	16.51	16.33
中国	30.84	30.51	26.66	25.57	27.53	27.51	25.81	26.27
俄罗斯	8.44	7.78	6.88	6.47	9.23	9.07	7.97	8.38
南非	6.66	6.46	5.58	5.12	5.35	4.28	5.11	5.53

数据来源：世界银行数据库（2013）。

（五）新兴经济体新一代信息技术产业的发展

随着世界经济的缓慢复苏和全球战略性新兴产业的快速发展，新一

[①] 《补足短板 统筹推进先进制造业发展》，中国工业新闻网，http://www.cinn.cn/xw/chanj/317614.shtml。

代信息技术产业在各国经济增长中的作用进一步凸显。有资料显示，2011年"金砖国家"信息技术产业的增速明显，拉美及亚太地区的主要新兴经济纷纷采取相对稳定的宏观经济政策，把握全球电子信息制造业产业转移的机遇，使其新一代信息技术产业的增速明显快于发达国家，从而推动了全球新一代信息技术产业的发展。从产值增速看，在2011年全球电子产品产值前十名的国家和地区中，巴西增速位列第一，达12.06%；韩国和中国台湾地区增速分列第二、第三名，分别为9.57%和9.04%；墨西哥和马来西亚增速分别为8.64%和7.08%，排在第四和第五位；中国大陆电子产品产值虽仍居全球第一，但增速仅为6.72%，位列第六。而从市场增速看，2011年电子产品市场规模印度增速高达10.76%，位居全球第一；巴西增速为9.48%，位列第二；中国增速为9.18%，位居第三；墨西哥和韩国分别增长4.68%和4.17%，分列第四名和第五名。[1]

在中国的"十二五"规划中，新一代信息技术被确定为重点推进的七大战略性新兴产业之一。新一代信息技术包括六个方面：下一代通信网络、物联网、三网融合、新型平板显示、高性能集成电路和以云计算为代表的高端软件。其一，在下一代通信网络领域，无线网络发展到2013年已达15亿美元，未来几年IP需求量将达到345亿美元。其二，在物联网领域，"十二五"期间中国初步形成从传感器、芯片、软件、终端、整机、网络到业务应用的完整产业链，培育一批具有较强国际竞争力的物联网产业领军企业。到2015年，中国物联网整体市场规模将达到7500亿元，其市场前景将远远超过计算机、互联

---

[1] 《2011—2012年中国新一代信息技术产业发展研究年度报告》，http://wenku.baidu.com。

网、移动通信等单个市场。其三，在高性能集成电路领域，集成电路市场规模到 2015 年达到 1.2 万亿元。而且从发展趋势看，今后几年高性能集成电路的增速将保持在 9% 左右。未来物联网、云计算、新能源、半导体照明、医疗电子和安防电子等新兴领域的发展，也将进一步推动作为新一代信息技术的高性能集成电路技术的发展。其四，在云计算领域，中国将云计算纳入专项扶持计划，以促进云计算、SaaS 模式快速发展。云计算市场规模从 2009 年的 167.31 亿元增至 2013 年的 1174.12 亿元，2015 年将达到 3700 亿元，至 2016 年前年均复合增长率将在 36% 以上。①

韩国的新兴信息技术产业发展较快，主要有发光半导体、平板显示、移动通信等。其中 LED 的国际市场占有率高达 23% 并处于全球第二的领先地位。韩国政府还出台了《IT 韩国未来战略》，决定在 5 年内投资 189.3 万亿韩元发展信息核心战略产业，主要包括：下一代存储器研发；推广无线宽带、交互式网络电视、立体电视应用，提高自主技术开发的无线宽带、网络电视和 3D 电视的商业化水平；构建超高速宽带网络，建设"G 速互联网"等。墨西哥的新兴信息技术产业也得到了快速发展。根据世界经济论坛 2013 年对全球 144 个国家信息技术指数的排名，墨西哥从 2012 年的第 76 位上升到 2013 年的第 63 位。表 2—15 所列新兴经济体的信息和通信技术产品出口占产品出口总额的比重，能够从一个侧面反映中国、韩国、墨西哥新兴信息技术产业相较于其他新兴经济体的快速发展情况。

---

① 《2013 年新一代信息技术行业发展》，http://www.03964.com/read/08dfa105fe4aecf774f0105e.html。

表 2—15 主要新兴经济体 2004—2012 年信息和通信技术产品出口占产品出口总额的百分比

年份 国家	2004	2005	2006	2007	2008	2009	2010	2011	2012
韩国	33.31	30.00	26.48	25.49	21.41	21.87	21.40	17.99	17.16
印尼	9.12	8.11	6.09	5.28	4.76	5.94	4.98	3.86	4.06
土耳其	4.65	4.39	3.72	2.69	1.82	1.99	1.84	1.66	1.74
印度	1.43	1.11	1.11	1.07	0.97	3.45	2.00	2.18	1.98
巴西	2.08	3.12	2.88	1.66	1.59	1.52	1.01	0.70	0.55
墨西哥	19.68	17.99	18.77	17.71	19.53	21.66	20.17	16.98	16.85
中国	29.96	30.72	30.72	29.34	27.71	29.65	29.12	26.76	27.06
俄罗斯	0.25	0.18	0.26	0.22	0.17	0.28	0.22	0.24	0.31
南非	1.43	1.25	1.42	1.32	1.09	1.26	0.97	0.82	1.05

数据来源：世界银行数据库（2013）。

印度致力于应用性科技的发展并大量承接国际 IT 服务业外包，从而使 IT 业有了长足的进步和发展。印度服务业的快速发展应主要归因于信息技术。早在 20 世纪 80 年代中后期，印度政府就对信息产业的发展给予高度重视，出台了扶持信息产业的政策，推动了这一产业的迅猛发展。2004—2005 年印度信息技术产业的增长率超过 33%，其产值高达 285 亿美元。印度软件与信息服务行业的产值 2008—2009 年已经达到 600 亿美元，其软件与信息产品出口到全球 105 个国家和地区。为进一步发展新一代信息技术产业，印度政府出台了包括国家广域宽带网络发展计划、建立信息技术投资园区、电子元件和电子材料发展计划在内的多项措施。仅实施国家广域宽带网络计划一项，印度准备投入 333.4 亿卢比为全国

29 个州铺设宽带网络。① 此外,虽然印度集成电路产业发展较晚,总体规模仅占全球的 1%,但由于印度政府非常重视 IT 硬件制造业的发展,出台了鼓励产业发展的政策措施,其集成电路产业的发展潜力也很大。

综上所述,"新兴 11 国"战略性新兴产业的发展由于各国国情不同尤其是经济发展水平的不同而各不相同,甚至存在较大的差异。但在产业发展的不同阶段,根据自身的发展条件选择适合本国发展的战略性新兴产业,则是"新兴 11 国"产业结构调整和产业发展的共同选择。中国在这方面堪称典范。中国于 2012 年出台了《"十二五"国家战略性新兴产业发展规划》,明确确定了节能环保产业、新一代信息技术产业、生物产业、高端装备制造产业、新能源产业、新材料产业和新能源汽车产业等战略性新兴产业的重点发展方向和主要任务。规定,战略性新兴产业规模年均增长率保持在 20% 以上。到 2015 年,战略性新兴产业增加值占 GDP 的比重达到 8% 左右,对产业结构升级、节能减排、提高人民健康水平等的带动作用明显提高。而到 2020 年,力争使战略性新兴产业成为国民经济和社会发展的重要推动力量,其增加值占 GDP 的比重达到 15%,部分产业和关键技术要跻身国际先进水平,特别是节能环保、新一代信息技术、生物、高端装备制造产业应成为国民经济的支柱产业,而新能源、新材料、新能源汽车产业成为国民经济先导产业。韩国、巴西、印度、墨西哥等新兴经济体的实践也表明,每个国家都应当根据自身的发展条件,大力发展具有相对比较优势的新兴产业,尤其要着重发展那些潜力巨大且能够带动整个产业结构调整与发展的战略性新兴产业。

---

① 《各国出台新政应对危机 大力发展信息技术产业》,中国信息产业网,http://www.cnii.com.cn/20080623/ca613327.htm。

第六节 本章小结

（一）由于经济全球化背景下的投资自由化和生产全球化的快速发展，特别是以跨国公司为主导、以现代信息技术和高新技术发展为基础的国际产业转移和产业分工，不仅促使全球产业结构进行前所未有的深度调整，也使得包括发达国家在内的各国的产业分工格局和经济发展模式都在发生改变。在这一进程中，国际产业转移和国际产业分工呈现出以下主要特点：一是国际产业转移规模不断扩大。二是国际产业转移呈现高度化和多元化趋势。三是国际产业转移和产业分工主体多元化、方式多样化。而由国际产业转移和国际产业分工推动的全球产业结构调整则表现为如下发展态势。第一，全球三次产业的构成发生变动，总的趋势是由原来一、二、三产业的排序向三、二、一产业的"高服务化"产业逐步转变。第二，全球产业结构呈现"软化"趋势：一方面，形成了产业结构高度化和高新技术产业化趋势；另一方面，包括金融、信息、咨询服务等在内的知识型服务业逐渐成为主导产业；再一方面，高新技术尤其是信息技术在传统产业中的广泛应用，为传统产业提供了新的发展空间。第三，服务业本身也在向高附加值、知识密集方向加快发展。第四，新一代信息技术成为产业结构调整的驱动力。第五，先进制造业推动第二产业内部结构加快升级。

在上述背景下，无论是以欧盟、美国和日本为代表的发达国家，还是以新兴经济体为代表的发展中国家，都抓住新形势下国际产业转移和国际产业分工带来的新契机，以新兴产业改造传统产业、以新兴产业的发展加快推进产业结构调整和产业发展模式的转换。

（二）主要由发达国家构成的欧盟以及美国和日本等发达国家既是

新兴产业在全球的推动者，也是新兴产业发展的直接受益者。而新兴产业则成为全球传统产业结构调整与升级的重要推动力。从以上所述不难看出，欧盟、美国和日本注重用新兴产业改造和升级传统产业。传统产业是新兴产业发展的基础，而新兴产业则推动传统产业转型与优化升级，使其不断拓展新的发展空间。欧盟、美国和日本的实践表明，对传统产业的技术创新能够使传统产业转变成为新兴产业和现代产业；而对传统产业的体制变革和创新，则为传统产业结构的调整升级提供了坚实的制度基础和体制机制保证。这两者相辅相成，缺一不可。

另一方面，无论是欧盟的以"再工业化"应对"去工业化"的新战略定位，还是美国的"再工业化"、日本的"技术立国"战略和法国的"重振工业"计划，其核心都是以发展新兴产业为基础，通过加快发展高新技术产业来推动产业结构调整和经济振兴。在发展新兴产业的具体政策措施上，欧盟、美国和日本都积极规划、扶持并大力推进新能源产业、新兴信息产业和先进制造业等新兴产业的发展。如欧盟2008年通过了战略能源技术计划，此后，又先后推出了欧盟"2020能源战略"和欧盟"2050能源路线图"，确定了欧盟新能源产业的发展和结构调整目标。美国也先后出台了相关政策法规，为新兴产业发展创造良好环境和条件，特别是提出通过发展新能源产业实现美国产业结构的战略转型。日本于2008年出台了《低碳社会行动计划》，提出了重点发展太阳能和核能等低碳能源的具体政策和扶持措施。而根据日本政府确定的"产业结构蓝图"，日本将重点发展新能源和机器人、航天航空等尖端技术。

（三）新兴经济体是推动世界经济增长与发展的重要新兴力量，特别是"新兴11国"（E11）作为新兴经济体的典型代表，对世界经济发展产生着越来越大的影响。随着全球产业结构调整的深化，这些新兴经济体也进入了产业结构调整的快速发展期。其中，发展战略性新兴产业成为新兴经济体加快产业结构调整、转变经济发展方式的必经之路和必然选择。因为其一，战略性新兴产业的发展具有长远性，其对经济社会发展的贡献是长期的、可持续的；其二，战略性新兴产业的发展具有动态性和对新的科技革命及经济发展阶段的不断适应性；其三，战略性新兴产业具有明确的战略取向性，即科技创新、就业创造、绿色增长、企业家精神，从而能够充分体现产业结构调整的"四种效应"，即增长效应、就业效应、环境效应和分配效应。

从发展趋势看，新兴经济体战略性新兴产业将会朝着绿色环保化、技术融合化、产业高端化、区域集聚化、发展国际化的方向发展。在先进制造业中，由发达国家和新兴经济体共同推进的绿色制造和智能制造两种生产方式，将为制造业生产及全球产业链重组带来革命性的变化。而在节能环保、新能源、新材料、新一代信息技术等产业领域，也会出现主要新兴经济体间的群体创新突破及共同合作发展的新局面。例如，中国与俄罗斯在电子和信息通信技术、节能技术、生物技术等领域的合作；中国与印度在电子信息、纳米技术与材料、生物制药等领域的合作；中国与巴西在清洁能源、节能环保、新材料等产业领域的合作；中国与南非在信息通信技术、生物技术等领域的合作，都取得了丰硕成果，而且未来良好的创新合作前景也特别令人期待。

为使战略性新兴产业持续快速发展，新兴经济体须采取相应的政策措施和推进策略。一要根据不同新兴产业的特点，采取不同的培育和发展模式：对于那些技术基础牢固的产业，要坚持创新；对于尚未掌握核心技术且发展速度较快的产业，应当通过引进带动科技创新；对于重大前沿性领域，在维持原始创新的同时，要加强投入并掌握知识产权，以此来实现跨越式发展。二要为战略性新兴产业的发展营造信息网络环境。信息通信技术是传统产业升级与新兴产业发展的动力，应通过信息化来带动工业化、提升城市化、加快国际化，为战略性新兴产业发展奠定坚实基础。三要大力发展"低碳经济"，强化"低碳技术"研发。不仅要建立适应低碳经济的保障体系，还要建立低碳技术创新体系。在加快发展低碳产业的同时要加强绿色技术的研发，为"低碳经济"的发展奠定稳固基础。

第三章 经济全球化背景下转轨国家产业发展和产业结构调整

如前所述,经济全球化进程中投资自由化和生产全球化的迅猛发展,不仅促进了国际资本在全球的大规模快速流动,而且推动了跨国公司向全球的迅速扩张,使其成为生产全球化的"推进器",不断向发展中国家和转轨国家推进产业转移。在跨国公司的主导下,全球国际分工格局正发生重大变化,成熟的制造业在全球转移已经基本完成。跨国公司在产业转移中转出产业的层次呈现出逐渐由低到高递次展开的特点,因而发展中国家特别是经济转轨国家处于制造业低端的基本格局也随之逐步发生变化。其中的一些国家正在通过技术升级和利用信息技术向产业链的两端转移。与此同时,发达国家为解决"产业空洞化"问题也在实行"再工业化",新兴经济体的同质化竞争压力不断加大。这就是转轨国家在产业转型升级关键阶段所处的国际经济大环境。

第一节 经济全球化对转轨国家产业发展和结构调整的推动作用

经济全球化进程对转轨国家产业发展和产业结构调整的影响和推动作用是十分明显的。在这一进程中,投资自由化和生产全球化的发展极大地推动了全球产业结构调整和产业发展。发达国家的跨国公司向国外既转移制造业，也转移服务业。近些年全球新增外商直接投资的 2/3 用于服务业，新建跨国公司中 2/3 是服务业跨国公司。生产全球化的另一个明显特点，是跨国公司的投资和产业转移更多地转向包括中国、俄罗斯在内的经济转轨国家和新兴市场国家。而且，跨国并购成为转轨国家吸引外资实行股权多元化的一种方式，成为调整和提升产业结构的一种手段。总体而言，生产全球化为转轨国家参与全球生产体系和全球竞争从而推动本国产业结构调整和经济发展提供了可能。转轨国家普遍存在产业结构不合理、技术和设备落后的问题，需要通过并购或重组等方式来实现产业的重新整合，消除企业之间在低水平上的过度竞争，并提高国民经济的整体竞争力。而参与发达国家跨国公司主导的全球生产网络，为转轨国家的产业调整和产业升级提供了现实的可能性。能够促进产业结构调整与低效企业的整合，实现资源的合理配置。[①]

一、生产全球化影响转轨国家产业发展和产业结构调整

由于生产全球化进一步深化和国际分工不断向广度和深度发展，作为生产全球化主要推动者的跨国公司，为了利用全球资源并实现利润最大化、提高自身在全球范围内的竞争力，纷纷向国外特别是向经济转轨国家和其他新兴市场国家推进产业转移。而且，跨国公司的产业转移已经从制造业扩展到包括金融保险等服务业在内的广泛业态领域。生产全球化进程中国际分工的深化细化和在此背景下跨国公司的全球产业转移，对转轨国家的产业发展和产业结构调整产生着越来越大的影响。

---

① 参见郭连成主编：《经济全球化与转轨国家经济发展及其互动效应》，经济科学出版社 2007 年版，第 116—117 页。

作为经济转轨大国,随着工业化进程的加快和对外开放程度的不断提高,中国在生产全球化进程中快速融入国际产业分工体系,并成为承接国际产业转移的大国。事实证明,国际产业转移对中国产业发展、技术进步和产业结构调整确实产生了重要影响。例如,在20世纪90年代,中国承接了两次大的国际产业转移并从中受益:一次是90年代中期以前的传统劳动密集型轻纺产业对珠三角地区的转移;另一次90年代中期以来的以IT产业为主导的大规模对华产业转移。承接这两次国际产业大转移,不仅促进了相关产业的发展和结构调整,而且造就了今天中国消费品和IT终端产品出口大国的地位。因此,中国传统产业尤其是制造业可以借助国际产业转移带来的先进技术,加快升级改造进程,提高技术水平并增加产品附加值,最终达到与高技术含量的新型工业化接轨的目标。即使是一些新兴产业,如新型装备制造业、信息产业、物流业等,也可借助生产全球化的快速发展,通过直接引进国际先进科学技术或自主开发创新,实现产业的跨越式发展。另一方面,生产全球化进程中国际分工的细化,也使得产业调整升级的形式并不是都表现为产业的整体升级和完整的产品价值链升级,也表现为使某一产业的某个具体环节、生产流程和工序进一步专业化和精细化。因此,中国在推进产业结构调整升级过程中,一方面要追求产业结构和完整产业链的整体升级,特别是注重引进能弥补国内产业链缺失环节的资本和技术,重点引进全球产业链条中的核心环节;另一方面,还要努力实现产业链或价值链中某一重要和高端环节的升级。

总之,产业结构调整和转型升级是今后一个时期转轨国家提高开放水平和与全球产业发展接轨所面临的重大挑战和艰巨任务。全球实体经济的回归和新兴产业的快速发展,为转轨国家产业结构调整和转型升级提供了难得的发展机遇。中国以制造业为主体的实体经济，既有完整的配套体系，又在许多领域拥有世界一流的基础设施，而生产全球化进程中的产业转移进一步促进了中国制造业生产能力的提高，带动了产业结构升级，加快了技术进步的步伐。这在一定程度上提高了中国制造业的整体技术水平，也促进了出口竞争力的提升和出口结构的升级优化，并构成了未来中国参与全球分工和全球竞争的比较优势。至于战略性新兴产业，中国与发达国家之间的差距并不大。因而在生产全球化进程中应借助国际产业转移新趋势与高技术的扩散及产业化，提高产业的高技术化程度，为加速新型工业化发展奠定基础。另一方面，随着国际产业转移的加快及转轨国家市场开放程度的加深，会有越来越多的跨国公司进入这些国家的市场，并会更多地通过跨国并购等方式加紧对这些国家的生产体系进行分割与整合。与此同时，跨国公司的进入和扩张无疑有助于推动转轨国家产业结构的调整和升级。

二、跨国公司全球扩张推动转轨国家产业发展和产业结构调整

由跨国公司主导的投资自由化和生产全球化的快速发展，进一步推进了跨国公司的全球扩张，从而又促进了转轨国家的产业结构调整和产业发展。有资料显示，2012年跨国公司的国际生产继续稳步扩张，国际直接投资存量增长了9%，达到23万亿美元。跨国公司的外国子公司创造的销售额达26万亿美元(其中7.5万亿为出口额)，较2011年增长了7.4%。[①] 尤为引人注目的是，20世纪90年代后，伴随着全球FDI的增速加快和规模不断扩大以及国际产业转移和国际分工日益深化，跨国并购

---

① 《〈2013年世界投资报告〉发布》，http://news.163.com/13/0627/09/92C8H81J00014JB6.html。

以前所未有的速度发展，并购数额陡增，甚至成为国际直接投资的主要形式。这对转轨国家的产业发展和产业结构调整产生了较大的影响。

（一）外资进入对产业发展和结构调整的影响

自 20 世纪 90 年代以来，经济转轨国家更广泛地融入全球生产和产业分工体系，不断吸纳大量外国直接投资和国际产业转移。应当说，跨国公司的外资进入对经济转轨国家的产业发展和产业结构调整产生了重要的影响。

作为经济转轨大国，中国是世界上外资流入最多的国家，2000 年中国 FDI 流入为 407 亿美元，2007 年 FDI 流入高达 835 亿美元。据联合国贸发会议《2012 年世界投资报告》的数据，2012 年，中国仍是外资流入量最大的国家之一，吸收外资保持在 1210 亿美元的高水平，在全球仅次于美国排名第二。而且，从中期看，中国依然是跨国公司首选的投资目的地。在跨国公司看好的前五大投资东道国中，中国排名第一，美国紧随其后。[1] FDI 大量进入中国不仅弥补了资金缺口，更重要的是为加快产业结构调整升级提供了契机，拓展了新的产业发展空间，进而使中国通过"引进来"方式参与全球范围内的要素优化配置，以低成本、低风险顺利实现产业结构的优化升级。从今后的发展趋势看，中国利用 FDI 和承接国际产业转移的前景依然看好。而且，跨国公司向中国的产业转移，将会进入以技术密集型和资本密集型产业为主，技术、资本和劳动密集型产业并存的发展阶段。同时，跨国公司向中国产业转移的速度还将进一步加快，周期进一步缩短。这无疑会促进中国产业结构的优化升级。另一方面，还必须看到，外资进入也促进并加快了中国企业"走出去"的步伐。海外投资的迅速增加，成为中国利用和整合全球的要素和资源，

---

[1] 《〈2013 年世界投资报告〉发布》，http://news.163.com/13/0627/09/92C8H1J00014JB6.html。

推动产业结构调整和升级,特别是补强产业结构中"短板"的重要手段。截至2007年年底,中国对外投资存量已经达到1179亿美元。这一时期,中国正是通过海外投资的方式,在许多领域迅速实现了产业升级。例如,数控机床行业通过在海外与发达国家技术领先企业的合资合作或者并购,研发能力明显增强,产业的国际竞争力也快速提升。另据2013年9月商务部、国家统计局、国家外汇管理局联合发布的《2012年度中国对外直接投资统计公报》提供的数据,2012年中国对外直接投资流量逆势上扬,在全球外国直接投资较上年下降17%的背景下,中国对外直接投资却创下了流量878亿美元的历史新高,同比增长17.6%,首次成为世界第三大对外投资国,仅次于美国和日本。截至2012年年底,中国对外直接投资累计净额(存量)达5319.4亿美元,位居全球第13位;中国有1.6万家企业和境内投资者在国(境)外设立对外直接投资企业近2.2万家。这些企业分布在全球179个国家和地区,全球覆盖率达到76.8%。[①]

至于另一个转轨大国俄罗斯,2000—2007年,随着俄罗斯经济的快速增长,跨国公司对俄直接投资额逐年增加。俄在世界直接投资排行榜中的位次也逐年上升,2003年列世界第17位,2006年提升到第6位。受2008年国际金融危机的影响,跨国公司对俄罗斯的直接投资额开始下降。虽然国际金融危机后俄吸引外资逐年回升,但仍未恢复至危机前水平。据俄联邦统计局统计数据,2009—2011年俄吸引外资总额分别为819亿美元、1147亿美元和1906亿美元。其中,2010年和2011年较上年分别增长了40.1%和66.2%。2012年外国对俄投资总额为1546亿美元,同比减少18.9%。其中,直接投资186.7亿美元,占投资总额的12.1%,同比

---

① 《2012年我国对外直接投资存量破5千亿美元》,中商情报网,http://www.askci.com/news/201309/09/091421147272.shtml。

增长了 1.4%；证券投资 18.2 亿美元，占投资总额的 1.2%，同比增长 1.3 倍；其他类投资 1340.9 亿美元，占投资总额的 86.7%，同比下降 21.8%。[①] 但这一时期跨国公司对俄直接投资领域发生了许多变化，投资不再主要集中于能源领域，而是向其他产业和行业拓展，在一定程度上促进了俄产业结构的调整。整体而言，外资流入促进了俄罗斯经济发展。

（二）跨国公司全球跨国并购对产业发展和结构调整的推动作用

有资料显示，大型跨国公司的全球跨国并购总额从 1987 年的 745 亿美元猛增到 1995 年的 1866 亿美元后，接下来几年一直以惊人的速度快速增长：1966 年为 2270 亿美元、1997 年为 3048.5 亿美元、1998 年为 5316.5 亿美元、1999 年为 7664 亿美元，到 2000 年达到了 11438 亿美元的最高值，占到了当年全球国际直接投资总流入量的 76.7%。[②] 此后，跨国并购经历了 2001—2003 年连续 3 年的低潮期，直到 2005 年才迎来了又一跨国并购高峰。据联合国贸发会议 (UNCTAD)《2006 年世界投资报告》的统计数据，2005 年全球跨国并购总额为 7160 亿美元，比 2004 年增长了 88%。[③] 但到 2008 年，受国际金融危机的影响，跨国并购总额下降，2009 年全球跨国并购仍延续 2008 年的跌势，并购总额同比下降了 40% 以上。但自 2010 年以来，全球跨国并购迅速回升，据并购市场资讯发布的数据，2010 年、2012 年和 2013 年，全球并购交易总额分别达到了 20896 亿美元、22888 亿美元和 22151 亿美元。[④]

跨国公司的跨国并购无疑会改变转轨国家产业的现有面貌。当国内

---

① 《俄罗斯吸引外资情况及政策》，中华人民共和国商务部网站，http://www.mofcom.gov.cn/article/i/dxfw/jlyd/201304/20130400102200.shtml。
② 《2002 年世界投资报告》，中国财政经济出版社 2003 年版，第 99 页。
③ 刘菁华：《全球跨国企业并购现状及特点》，《国际资料信息》2007 年第 12 期。
④ 《2013 年全球大额并购交易陷入停滞》，中华人民共和国商务部网站，http://www.mofcom.gov.cn/article/i/jyjl/j/201401/20140100458534.shtml。

企业被外资并购时，可能引起国内并购的连锁反应，从而会深刻地改变该产业的竞争态势；反之，如果转轨国家的企业并购国外企业，则有助于转轨国家企业开拓国外市场，提高其竞争力，这反过来又会影响国内产业的竞争态势。而且，由于跨国并购可能会使转轨国家产业的集中度提高，进而可能形成寡头垄断的产业格局，也将对产业绩效产生巨大影响。① 有资料显示，2013年，中国企业参与海外并购多达200宗，并购总金额达515亿美元。随着越来越多的中国公司把目光投向海外成熟市场，加之政府的支持和引导，今后中国国有企业和民营企业的海外并购活动还会继续活跃。②

在转轨国家中，虽然波兰、捷克和匈牙利的并购起步最早，发展迅速，但俄罗斯的跨国并购发展最快。有资料显示，俄罗斯和中东欧转轨国家的并购发展趋势同全球以及欧洲是基本一致的，2000年达到高峰，当年并购交易额为168亿美元；2001年转为下降，只有86亿美元；2002年再降至75亿美元。并购最活跃的部门是制造业、金融业和食品饮料业，这也是同世界并购的行业分布相一致的。此后，直到2006年，跨国公司在俄罗斯跨国并购数量和金额是上升的，但受国际金融危机的影响，2009年跨国公司对俄并购数量大幅下降。从外资并购来源地分布看，据有关资料，2005—2010年，西方发达国家对俄罗斯进行的并购交易数量占比最大，超过70%，是俄企业的最大并购方。从行业分布看，银行、保险业是外资并购交易宗数最多的行业，约占1/4；其次是采掘业，占10.4%；再次是食品及烟草加工、个人及企业服务、通信、批发、计算机

---

① 杨蕙馨、吴炜：《经济全球化条件下的产业结构转型及对策》，《经济学动态》2010年第6期。
② 《中国企业海外并购活跃 2013年并购总额达515亿美元》，中国经济网，http://finance.ce.cn/rolling/201401/24/t20140124_2195633.shtml。

及网络服务等行业，占5%—10%；纺织、农业、建筑、医药等行业中跨国并购数量最少，占比不足1%。①应当说，自2000年以来，跨国公司的跨国并购在俄罗斯已经具备了一定的规模。而且，跨国并购不再像以往那样主要集中于俄能源产业，而是更多地集中在金融服务业和其他产业与行业。这对俄罗斯的产业结构调整发挥了一定的促进作用。

三、新一轮科技革命带动转轨国家产业发展和产业结构调整

经济全球化进程中的新一轮科技革命和产业变革正在孕育兴起，新技术替代旧技术、智能型技术替代劳动密集型技术的趋势日益明显。各国抢占科技制高点的竞争愈演愈烈，全球正在进入空前的创新密集和产业振兴的新时代。主要发达国家纷纷提出了参与新一轮科技革命和产业变革的新举措，如美国于2009年年底出台了"重塑美国制造业框架"的政府文件，提出主要通过信息技术和智能技术的融合来弥补制造业竞争力不足的问题。还提出要在新能源、基础科学、干细胞研究、节能环保和航天等领域取得突破；欧盟宣布到2013年前投资1050亿欧元发展绿色经济，还出台了"2020年可持续与包容性的智能发展战略"；英国提出在高新科技和生物制药等方面加强产业竞争优势；日本则重点开发能源和环境技术，并出台了"日本2020新增长战略"。这几大主要经济体对新兴技术的选择有日益趋同的趋势，各国普遍将新能源、生物技术、信息技术和节能环保技术作为本国或本地区当前和今后一个时期的发展重点。这说明，这些高新技术到了实现产业化突破的临界点，为带动全球范围内的产业结构调整提供了新的发展机遇。有学者还特别强调，信息网络产业是世界经济复苏的重要驱动力。全球互联网正在向下一代升

---

① 《俄罗斯外资并购特征、法律体系和产业政策》，中俄资讯网，www.chinaru.info。

级，传感网和物联网方兴未艾。所谓"智慧地球"，简单说来就是物联网与互联网的结合，是传感网在基础设施和服务领域的广泛应用。在这些领域突破关键技术并使之产业化，不仅能够助力后危机时代发达国家的产业振兴，进而形成新的经济增长点，还能够促进全球新一轮产业转移，并带动新的国际分工。[1]

在新一轮科技革命带动全球产业结构大调整的趋势下，转轨国家抓住机遇，通过发挥自身的比较优势，集中力量在一些重点领域实现突破并以此带动产业结构的调整和升级。例如，俄罗斯在新一轮科技革命中以大力开发纳米和核能技术为突破口，同时发挥信息技术对其他产业和新兴技术的促进作用，实现产业结构的调整升级。中国作为最大的转轨国家和全球第二大经济体，为了融入新一轮科技革命的浪潮，并在这次工业和科技革命中抢得先机，在《"十二五"国家战略性新兴产业发展规划》中适时提出了发展新一代信息技术产业、高端装备制造产业、新能源汽车产业等七大战略性新兴产业，确定了重点发展方向和主要任务。主要目的是显著提升我国的自主创新能力和可持续发展能力；谋求在新一轮全球性产业结构调整和科技革命中占据一席之地。[2]

第二节 中国的产业发展与产业结构调整

自 1979 年改革开放和经济转轨以来，中国不仅在推动经济增长方面取得了重大成绩，而且产业结构也发生了很大变化。但随着经济全球进

---

[1] 裴长洪：《后危机时代经济全球化趋势及其新特点、新态势》，中国权威经济论文库，http://thesis.cei.gov.cn/modules/ShowDoc.aspx?DocGUID=fefc4f979a894b4e9697d0c9bdf8072f.
[2] 参见《新一轮技术革命对中国挑战大于机遇——访国务院发展研究中心产业经济研究部部长冯飞》，《经济参考报》，2012 年 6 月 25 日。

程中全球产业结构的不断调整和国内外经济环境的巨大改变，原有的经济发展方式已经难以适应变化了的经济形势和环境，产业结构也须进行相应的调整。尤其是 2008 年国际金融危机后，国内外经济形势的发展变化使产业结构调整更加紧迫、更具现实意义。总体而言，改革开放和经济转轨以来中国产业发展和产业结构调整大体经历了两个重要的发展阶段。第一阶段是以 1978 年 12 月党的十一届三中全会召开为起点，主要时间段是自 1981 年开始实施"六五"计划（1981—1985 年）直到"十一五"规划（2006—2010 年）结束。第二阶段是自 2011 年起至今，即实施"十二五"规划（2011—2015 年）并着手制定"十三五"规划（2016—2020 年）。其中，以 2012 年 11 月党的十八大召开和 2015 年 10 月十八届五中全会召开为重要的转折点。

一、第一阶段的产业发展与产业结构调整状况

1978 年 12 月召开的党的十一届三中全会，开启了中国改革开放的新历程。根据全会确定的基本方针，自 1979 年起国家开始对国民经济实行全面调整，使得 1979—1981 年重工业产值的增长速度下降，分别为 7.7%、1.46% 和 -4.7%，而轻工业产值的增速则分别为 9.6%、18.4% 和 14.1%。到 1981 年年底，轻工业产值在工业总产值中所占比重达到 51.5%，超过了重工业。1981 年开始实施国民经济"六五"计划，强调发展以能源、交通为战略重点的产业，着力调整农业内部产业结构，积极发展第三产业。到 1985 年，农、轻、重之间的比例为 34.3∶30.7∶35.0，而一、二、三产业占 GDP 的比重为 28.4%、43.1% 和 28.5%。到 1998 年，三次产业之比为 18.4∶48.7∶32.9，第一产业占比明显下降，第二和第三产业占比则较大幅度上升。

"十一五"规划提出了产业发展和产业结构调整的新思路新举措,强调必须加快转变经济增长方式。推进国民经济和社会信息化,切实走新型工业化道路。立足优化产业结构推动发展,把调整经济结构作为主线,促使经济增长由主要依靠工业带动和数量扩张带动向三次产业协同带动和结构优化升级带动转变。一是要发展现代农业,推进农业结构战略性调整,优化农业产业结构,转变农业增长方式,巩固和加强农业基础地位。二是要推进工业结构优化升级,走新型工业化道路,加快发展电子信息制造业、生物产业、航空航天产业、新材料产业等高技术产业;振兴装备制造业;优化发展能源工业;调整原材料工业结构和布局;提升轻纺工业水平;积极推进信息化。三是要加快发展服务业,拓展生产性服务业,丰富消费性服务业。"十一五"规划期间产业发展和产业结构调整取得了一定的成效。即使是在国际金融危机严重冲击和"保增长"压力加大的情况下,产业结构调整的步伐也不曾停止过。正因如此,三次产业结构也更趋合理。图3—1显示,根据2011年中国统计年鉴提供的数据,农业产值在总产值中的比重逐步下降,到2010年仅占10%,而非农产值的比重则逐步增长。第二产业在国内生产总值中所占的比重最大,其次是第三产业。1993—2010年,第二产业占GDP的比重一直保持在45%以上,"十一五"规划期间由48%下降到46.8%。而"十一五"规划期间第三产业占GDP的比重呈逐步增长的趋势,由40%上升到43%。另有统计数据显示,1979—2012年,中国第三产业增加值年均实际增长10.8%,高出同期GDP增速1个百分点。[①]

---

① 王希、刘铮、郭信峰:《中国产业结构调整取得历史性变化》,中国产业经济信息网,http://www.cinic.org.cn/site951/cjtt/2014-01-22/716336.shtml。

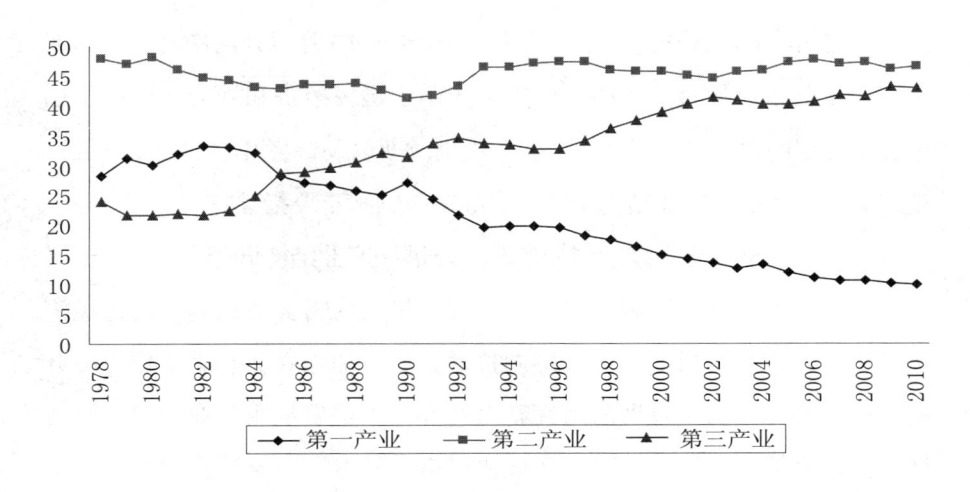

图 3—1 中国国内生产总值的产业构成（%）

资料来源：《中国统计年鉴 2011》光盘版，中国统计出版社 2011 年版。

在"六五"计划至"十一五"规划这一阶段，中国的产业结构调整虽然取得了较大的成效，但产业结构失衡问题并没有得到根本解决，产业结构不合理的深层次矛盾依然存在。主要是农业基础较为薄弱，对经济增长的拉动作用持续下降；工业虽然在 GDP 中所占的比重最大，但依然大而不强；服务业的发展也有待大力提升。

二、第二阶段的产业发展与产业结构调整新态势

第二阶段（2011—2015 年"十二五"规划时期）与第一阶段在产业发展和产业结构调整的指导思想和目标措施上均有所不同。而且，在"十二五"规划期间，国务院下发了《关于印发工业转型升级规划（2011—2015 年）的通知》（国发〔2011〕47 号）和《关于加快发展生产性服务业促进产业结构调整升级的指导意见》（国发〔2014〕26 号）。不仅如

此，2012年11月召开的中共十八大和2015年10月召开的中共十八届五中全会及其审议通过的《中共中央关于制定国民经济和社会发展第十三个五年规划的建议》，对"十二五"规划时期以及行将开始的"十三五"规划的产业发展和产业结构调整具有战略引领和重要指导意义。

(一)"十二五"规划时期的产业发展和产业结构调整

"十二五"规划明确提出，要"构建扩大内需长效机制，促进经济增长向依靠消费、投资、出口协调拉动转变。加强农业基础地位，提升制造业核心竞争力，发展战略性新兴产业，加快发展服务业，促进经济增长向依靠第一、第二、第三产业协同带动转变"。要达到"经济结构战略性调整取得重大进展，居民消费率上升，服务业比重和城镇化水平提高，城乡区域发展的协调性增强"的目标。总之，要坚持把经济结构战略性调整作为加快转变经济发展方式的主攻方向。推动结构调整取得重大进展。使农业基础进一步巩固，工业结构继续优化，战略性新兴产业发展取得突破，服务业增加值占国内生产总值比重提高4个百分点。

"十二五"规划力推产业结构调整，将"转型升级，提高产业核心竞争力；营造环境，推动服务业大发展"作为产业结构调整的明确方向。其具体目标和措施，一是改造提升制造业。重点是优化结构，淘汰落后产能，发展先进装备制造业，调整优化原材料工业，改造提升消费品工业，促进制造业由大变强。二是培育发展战略性新兴产业。明确确定了发展能够切实提高产业核心竞争力和经济效益的新一代信息技术、节能环保、新能源、生物、高端装备制造、新材料、新能源汽车等七大战略性新兴产业。三是加强现代能源产业和综合运输体系建设。推动能源生产和利用方式变革，构建安全、稳定、经济、清洁的现代能源产业体系。四是全面提高信息化水平。推动信息化和工业化深度融合，加快经济社会各领域信息化。发展和提升软件产业。积极发展电子商务。五是与"十一五"规划相比,"十二五"规划更加注重加快服务业的发展,把推动服务业大发展作为产业结构优化升级的战略重点,大力发展生产性服务业和生活性服务业,拓展服务业新领域,发展新业态,培育新热点,特别是推动特大城市形成以服务经济为主的产业结构。

"十二五"时期,随着新兴产业战略地位的提高和发展环境的改善,新兴产业的发展进一步提速,其占工业的比重明显上升。特别是由于低碳化成为世界经济继工业化、信息化之后新的发展方向,因而在产业结构调整中与低碳经济相关的新能源产业和环保产业得到快速发展。而且,在中央和地方的产业促进政策的推动下,"十二五"期间科研人才、资金、技术等要素向新兴产业部门转移的速度加快。

"十二五"期间,为配合"十二五"规划的实施,国务院下发了对产业结构调整具有重要意义的两个文件。

1. 国务院《关于印发工业转型升级规划(2011—2015年)的通知》

国务院《关于印发工业转型升级规划(2011—2015年)的通知》(国发〔2011〕47号)提出,要按照走中国特色新型工业化道路的要求,促进传统产业与战略性新兴产业、先进制造业与面向工业生产的相关服务业、民用工业和军事工业协调发展,为加快构建结构优化、技术先进、清洁安全、附加值高、吸纳就业能力强的现代产业体系夯实基础。一是要发展先进装备制造业,加快机床、汽车、船舶、发电设备等装备产品的升级换代,积极培育发展智能制造、新能源汽车、海洋工程装备、轨道交通装备、民用航空航天等高端装备制造业,促进装备制造业由大变强。二是调整优化原材料工业。要立足国内市场需求,严格控制总量,加快淘汰落后产能,推进节能减排,优化产业布局,提高产业集中度,培育发展新材料产业,加快传统基础产业升级换代,推动原材料工业发展迈上新台阶。三是改造提升消费品工业,促进产业有序转移,塑造消费品工业竞争新优势。四是增强电子信息产业核心竞争力。坚持创新引领、融合发展,攻克核心关键技术,夯实产业发展基础,引导产业向价值链高端延伸,着力提升产业核心竞争力。五是提高国防科技工业现代化水平。[①]

2. 国务院《关于加快发展生产性服务业促进产业结构调整升级的指导意见》

国务院《关于加快发展生产性服务业促进产业结构调整升级的指导意见》(国发〔2014〕26号)指出,加快发展生产性服务业要进一步科学规划布局、放宽市场准入、完善行业标准、创造环境条件,加快生产性服务业创新发展,实现服务业与农业、工业等在更高水平上有机融合,推动我国产业结构优化调整,促进经济提质增效升级。要以产业转型升级需求为导向,引导企业进一步打破"大而全"、"小而全"的格局,分离和外包非核心业务,向价值链高端延伸,促进我国产业逐步由生产制造型向生产服务型转变:一是鼓励企业向产业价值链高端发展;二是推进农业生产和工业制造现代化;三是加快生产制造与信息技术服务融合。《指导意见》明确提出,现阶段我国生产性服务业重点发展研发设计、第三方物流、融资租赁、信息技术服务、节能环保服务、检验检测认证、电子商务、商务咨询、服务外包、售后服务、人力资源服务和品牌建设。在推进生产性服务业加快发展的同时,要围绕人民群众的迫切需要,继续大力发展生活性服务业,做到生产性服务业与生活性服务业并重、现代服务业与传统服

---

① 《国务院关于印发工业转型升级规划(2011—2015年)的通知》(国发〔2011〕47号),中华人民共和国中央人民政府网站,http://www.gov.cn/gongbao/content/2012/content_2062145.htm。

业并举,切实把服务业打造成经济社会可持续发展的新引擎。①

总的来看,"十二五"规划时期产业结构调整取得了较为明显的进展。据国家统计局的数据显示,2013 年中国 GDP 为 568845 亿元,按可比价格计算,比上年增长 7.7%。其中,第二产业增加值为 249684 亿元,增长 7.8%;第三产业增加值为 262204 亿元,增长 8.3%。以制造业为代表的第二产业增速总体持续放缓,而第三产业增速加快,到 2013 年第三产业增加值占 GDP 的比重提高到 46.1%,首次超过了第二产业。② 而从整个"十二五"时期的情况看,产业结构出现了一些转折性的可喜变化,第三产业增加值占国内生产总值比重超过第二产业,从 44.2% 上升到 48.1%,比 2010 年提高 3.9 个百分点;第二产业由 46.2% 下降到 42.7%;第三产业就业占比从 34.6% 上升到 40.6%。③ 国务院总理李克强在 2015 年政府工作报告中回顾 2014 年工作时也指出,2014 年产业结构得到大力调整。政府着力培育新的增长点,促进服务业加快发展,支持发展移动互联网、集成电路、高端装备制造、新能源汽车等战略性新兴产业,互联网金融异军突起,电子商务、物流快递等新业态快速成长,众多"创客"脱颖而出,文化创意产业蓬勃发展。同时,继续化解过剩产能,钢铁、水泥等 15 个重点行业淘汰落后产能年度任务如期完成。④

---

① 国务院印发《关于加快发展生产性服务业促进产业结构调整升级的指导意见》,新华网,http://news.xinhuanet.com/politics/2014-08/06/c_1111957465.htm。
② 王希、刘铮、郭信峰:《中国产业结构调整取得历史性变化》,中国产业经济信息网,http://www.cinic.org.cn/site951/cjtt/2014-01-22/716336.shtml。
③ 林兆木:《"十二五"时期我国发展取得重大成就》,《光明日报》,2015 年 11 月 16 日。
④ 国务院总理李克强 2015 年 3 月 5 日在第十二届全国人民代表大会第三次会议上所作的《政府工作报告》(全文),中央政府门户网站,http://www.gov.cn/guowuyuan/2015-03/16/content_2835101.htm。

（二）中共十八大报告将推进经济结构战略性调整作为加快转变经济发展方式的主攻方向

党的十八大报告根据我国经济发展中结构失衡问题依然比较突出的现实和转变经济发展方式的基本要求，明确提出，推进经济结构战略性调整是加快转变经济发展方式的主攻方向。要以改善需求结构、优化产业结构、促进区域协调发展、推进城镇化为重点，着力解决制约经济持续健康发展的重大结构性问题。要推动战略性新兴产业、先进制造业健康发展，加快传统产业转型升级，推动服务业特别是现代服务业发展壮大，合理布局建设基础设施和基础产业。建设下一代信息基础设施，发展现代信息技术产业体系，健全信息安全保障体系，推进信息网络技术广泛运用。提高大中型企业核心竞争力，支持小微企业特别是科技型小微企业发展。[5]

党的十八大报告明确提出的实施创新驱动发展战略，与经济结构调整和加快经济发展方式转变密切相关。十八大报告强调，实施创新驱动发展战略，必须将科技创新摆在国家发展全局的核心位置。要坚持走中国特色自主创新道路，以全球视野谋划和推动创新，提高原始创新、集成创新和引进消化吸收再创新能力，更加注重协同创新。深化科技体制改革，推动科技和经济紧密结合，加快建设国家创新体系，着力构建以企业为主体、市场为导向、产学研相结合的技术创新体系。[6]科技创新与产业发展应相互结合，要大力培育和发展战略性新兴产业，围绕战略性新兴产业需求部署创新链，突破技术瓶颈，掌握核心关键技术。要运用高新技术加快改造提升传统产业，在重点产业领域建设技术创新平台，加快科技成果转化应用，

---

[5] 胡锦涛：《坚定不移沿着中国特色社会主义道路前进　为全面建成小康社会而奋斗——在中国共产党第十八次全国代表大会上的报告》，新华网，http://www.xj.xinhuanet.com/2012-11/19/c_113722546.htm。

[6] 同上。

提升传统产业创新发展能力。总之，实施创新驱动发展战略，加快传统产业改造和产业技术创新，既有利于提升产业竞争力，又能全面提升我国经济增长的质量和效益，有力推动经济发展方式转变。

（三）经济发展新常态下的产业发展与产业结构调整新态势

1. 经济发展新常态及其特点

习近平总书记在2014年5月首次提出中国经济发展进入新常态。这是由国际金融危机的影响，特别是中国经济发展的阶段性特点决定的。在2014年11月亚太经合组织工商领导人峰会上，国家主席习近平在题为《谋求持久发展 共筑亚太梦想》的主旨演讲中，进一步阐释了经济发展新常态。他指出，当前中国经济呈现出新常态，将给中国带来新的发展机遇。中国将坚定不移把改革事业推向深入。中国发展将给亚太和世界带来巨大机会和利益。他强调，中国经济呈现出新常态，有几个主要特点。一是从高速增长转为中高速增长。二是经济结构不断优化升级，第三产业、消费需求逐步成为主体，城乡区域差距逐步缩小，居民收入占比上升，发展成果惠及更广大民众。三是从要素驱动、投资驱动转向创新驱动。从新常态下中国经济结构优化升级看，2014年前3个季度，中国最终消费对经济增长的贡献率为48.5%，超过投资；服务业增加值占比46.7%，继续超过第二产业；高新技术产业和装备制造业增速分别为12.3%和11.1%，明显高于工业平均增速；单位国内生产总值能耗下降4.6%。这些数据显示，中国经济结构正在发生深刻变化，质量更好，结构更优。[1]

2. 十八届五中全会关于"十三五"规划的建议

十八届五中全会2015年10月29日审议通过了《中共中央关于制

---

[1] 《习近平阐述中国经济新常态新机遇》，新华网，http://news.xinhuanet.com/fortune/2014-11/10/c_127195397.htm。

定国民经济和社会发展第十三个五年规划的建议》(以下简称《建议》)。《建议》中指出,"十二五"时期我国发展取得重大成就。我国妥善应对国际金融危机持续影响等一系列重大风险挑战,适应经济发展新常态,不断创新宏观调控方式,推动形成经济结构优化、发展动力转换、发展方式转变加快的良好态势。我国经济总量稳居世界第二位,13亿多人口的人均国内生产总值增至7800美元左右。第三产业增加值占国内生产总值比重超过第二产业,基础设施水平全面跃升,农业连续增产,常住人口城镇化率达到55%,一批重大科技成果达到世界先进水平。《建议》提出,实现"十三五"时期发展目标,破解发展难题,厚植发展优势,必须牢固树立创新、协调、绿色、开放、共享的发展理念。关于产业发展和产业调整,《建议》提出,要拓展产业发展空间。支持节能环保、生物技术、信息技术、智能制造、高端装备、新能源等新兴产业发展,支持传统产业优化升级。要构建产业新体系,加快建设制造强国,实施《中国制造2025》。引导制造业朝着分工细化、协作紧密方向发展,促进信息技术向市场、设计、生产等环节渗透,推动生产方式向柔性、智能、精细转变;支持战略性新兴产业发展,发挥产业政策导向和促进竞争功能,更好发挥国家产业投资引导基金作用,培育一批战略性产业;实施智能制造工程,构建新型制造体系,促进新一代信息通信技术、高档数控机床和机器人、航空航天装备、海洋工程装备及高技术船舶、先进轨道交通装备、节能与新能源汽车、电力装备、农机装备、新材料、生物医药及高性能医疗器械等产业发展壮大;开展加快发展现代服务业行动,放宽市场准入,促进服务业优质高效发展。推动生产性服务业向专业化和价值链高端延伸、生活性服务业向精细和高品质转变，推动制造业由生产型向生产服务型转变。大力发展旅游业。[1]

习近平总书记在《关于〈中共中央关于制定国民经济和社会发展第十三个五年规划的建议〉的说明》中指出，"十三五"规划作为我国经济发展进入新常态后的第一个五年规划，必须适应新常态、把握新常态、引领新常态。新常态下，我国经济发展表现出速度变化、结构优化、动力转换三大特点，增长速度要从高速转向中高速，发展方式要从规模速度型转向质量效率型，经济结构调整要从增量扩能为主转向调整存量、做优增量并举，发展动力要从主要依靠资源和低成本劳动力等要素投入转向创新驱动。这些变化不依人的意志为转移，是我国经济发展阶段性特征的必然要求。制定"十三五"时期经济社会发展建议，必须充分考虑这些趋势和要求，按照适应新常态、把握新常态、引领新常态的总要求进行战略谋划。建议稿提出创新、协调、绿色、开放、共享的发展理念，在理论和实践上有新的突破，对破解发展难题、增强发展动力、厚植发展优势具有重大指导意义。这五大发展理念是"十三五"乃至更长时期我国发展思路、发展方向、发展着力点的集中体现，也是改革开放30多年来我国发展经验的集中体现，反映出我们党对我国发展规律的新认识。[2]

3. 经济发展新常态下的产业发展与产业结构调整新趋势

国务院总理李克强在2015年政府工作报告中阐述2015年工作总体部署时提出，要主动适应和引领经济发展新常态，坚持稳中求进工作总基调，保持经济运行在合理区间，着力提高经济发展质量和效益，把转方式调结构放到更加重要位置。要推动产业结构迈向中高端。要实施"中国制

---

[1] 《中共中央关于制定国民经济和社会发展第十三个五年规划的建议》，人民网·中国共产党新闻网，http://cpc.people.com.cn/n/2015/1103/c399243-27772351.html?_t=1447680555122。

[2] 《习近平：关于〈中共中央关于制定国民经济和社会发展第十三个五年规划的建议〉的说明》，新华网，http://news.xinhuanet.com/fortune/2015-11/03/c_1117029621_2.htm。

造 2025"，坚持创新驱动、智能转型、强化基础、绿色发展，加快从制造大国转向制造强国。采取财政贴息、加速折旧等措施，推动传统产业技术改造。坚持有保有压，化解过剩产能，支持企业兼并重组，在市场竞争中优胜劣汰。促进工业化和信息化深度融合，开发利用网络化、数字化、智能化等技术，着力在一些关键领域抢占先机、取得突破。李克强在政府工作报告中指出，新兴产业和新兴业态是竞争高地。要实施高端装备、信息网络、集成电路、新能源、新材料、生物医药、航空发动机、燃气轮机等重大项目，把一批新兴产业培育成主导产业。制定"互联网＋"行动计划，推动移动互联网、云计算、大数据、物联网等与现代制造业结合，促进电子商务、工业互联网和互联网金融健康发展，引导互联网企业拓展国际市场。国家已设立 400 亿元新兴产业创业投资引导基金，要整合筹措更多资金，为产业创新加油助力。要深化服务业改革开放，落实财税、土地、价格等支持政策以及带薪休假等制度，大力发展旅游、健康、养老、创意设计等生活和生产服务业。深化流通体制改革，加强大型农产品批发、仓储和冷链等现代物流设施建设，努力大幅降低流通成本。[①] 这些目标和任务，既是 2015 年，也是今后一个时期产业发展和产业结构调整要达到和完成的。

根据中共十八届五中全会审议通过的《中共中央关于制定国民经济和社会发展第十三个五年规划的建议》和习近平《关于〈中共中央关于制定国民经济和社会发展第十三个五年规划的建议〉的说明》，结合李克强总理的政府工作报告，可以看到中国经济进入新常态后未来一个时期产业发展和产业结构调整的如下新趋势。

[①] 国务院总理李克强 2015 年 3 月 5 日在第十二届全国人民代表大会第三次会议上所作的《政府工作报告》（全文），中央政府门户网站，http://www.gov.cn/guowuyuan/2015-03/16/content_2835101.htm。

（1）继续巩固农业基础地位

习近平总书记指出，当前和今后一个时期，产业结构调整的主攻方向是巩固农业基础地位，大力调整制造业，加快发展服务业。可见，加快农业农村发展，巩固农业基础地位，仍然是今后一个时期产业结构调整的主攻方向之一。习近平总书记强调，要把解决好"三农"问题作为全党工作重中之重，坚持工业反哺农业、城市支持农村和多予少取放活方针，不断加大强农惠农富农政策力度，充分保护和调动农民生产经营积极性，加快发展现代农业。

今后继续巩固农业基础地位，一是坚持和完善农村基本经营制度，坚持家庭经营基础性地位，加快构建以农户家庭经营为基础、合作与联合为纽带、社会化服务为支撑的立体式复合型现代农业经营体系。因为只有加快构建新型农业经营体系，才能改变当前我国农业小规模分散经营的状况，探索在家庭承包经营基础上提高农业效率的有效形式，提升农业经营主体的收益水平；只有加快构建新型农业经营体系，才能大力培育发展新型农业经营主体，逐步形成以家庭承包经营为基础，专业大户、家庭农场、农民合作社、农业产业化龙头企业为骨干，其他组织形式为补充的农业经营体系。鼓励发展集体经营、合作经营、企业经营等多样化经营主体；只有加快构建新型农业经营体系，才能对传统农业经营方式进行创新，通过土地经营权托管、推进土地规范有序流转等方式发展多种形式的农业适度规模经营。

二是加快传统农业向现代农业转变，加快农业现代化建设步伐。党的十八届五中全会通过的《中共中央关于制定国民经济和社会发展第十三个五年规划的建议》对大力推进农业现代化提出了明确要求。这是我国经济发展进入新常态后，对农业现代化提出的新的更高要求。需要在稳定农业生产，拓展农业农村投资发展空间，为稳增长增添新动力的基础上，加快传统农业向现代农业转变，大力推进农业现代化，"着力构建现代农业产业体系、生产体系、经营体系，提高农业质量效益和竞争力"，从而加快我国由农业大国转变为农业强国的步伐。《建议》中将创新作为发展现代农业和推进农业现代化的动力，既包括创新农业经营方式，"加快转变农业发展方式，发展多种形式适度规模经营，发挥其在现代农业建设中的引领作用"；也包括创新农村产权制度，这是农业现代化的重要保障；还包括农业科技创新，农业科技创新是农业现代化的内在要求，应着力突破一批共性关键技术，健全现代农业科技创新推广体系，发展现代种业尤其是生物育种，促进农机装备产业大发展，提高农业机械化水平，推进农业标准化和信息化，在生态环保等领域取得重大突破。推进农业现代化要因地制宜、从实际出发，大胆探索、积极实践，形成全国多路径、多形式、多层次推进农业现代化的新格局，"走产出高效、产品安全、资源节约、环境友好的农业现代化道路"。[①]

三是加快推进农业转方式、调结构。新时期，适应经济发展新常态，需要进一步推进农业"转方式、调结构"，形成现代化的农业生产结构和农业产业体系，加快发展农业产业化，促进一二三产业融合互动，提高农业发展的质量和效益。这是巩固农业基础地位，推动现代农业持续发展的着力点。所谓转方式，就是加快转变农业发展方式。其核心是建设资源节约型、环境友好型农业；重点是推动农业发展由数量增长为主真正转到数量质量效益并重上来，由依靠资源和物质投入真正转到依靠科技进步和提高劳动者素质上来；途径是通过强化农业科技创新驱动作用，推行农业标准化清洁生产和农业资源循环利用，提高农业资源利用

---

① 汪洋：《用发展新理念大力推进农业现代化》，《人民日报》，2015 年 11 月 16 日。

率，实现农业永续发展。所谓调结构，就是调整包括种养结构、产品结构、区域结构等在内的农业结构。其重点是根据市场需求变化和资源禀赋特点，在稳定粮食生产的基础上，科学确定主要农产品自给水平，合理安排农业产业发展优先序和区域布局。启动实施油料、糖料、天然橡胶生产能力建设规划。加快发展草牧业，支持青贮玉米和苜蓿等饲草料种植，开展粮改饲和种养结合模式试点，促进粮食、经济作物、饲草料三元种植结构协调发展。立足各地资源优势，大力培育特色农业。推进农业综合开发布局调整。① 调结构的核心是坚持"消费导向"，发挥比较优势，实现数量质量效益并重，提高农业综合竞争力。

推进我国农业"转方式、调结构"，需要把握好以下几个方面。一要更加注重提高粮食产能，挖掘粮食生产新潜力。二要更加注重农产品质量安全，确保"舌尖上的安全"。三要更加注重技术创新和经营方式创新，促进农业增效和农民增收。要把农业产业化和农产品加工、流通、农业经营性服务紧密结合，实现融合，打造农业全产业链。四要更加注重农业资源环境保护，实现农业可持续发展。五要更加注重适应市场需求和资源条件，优化调整产业结构。现代农业必须是适应市场变化、满足市场需求的产业，必须是立足资源禀赋、充分发挥比较优势的产业。②

总之，继续巩固农业基础地位，要主动适应经济发展新常态，推动新型工业化、信息化、城镇化和农业现代化同步发展，努力在提高粮食生产能力上挖掘新潜力，在优化农业结构上开辟新途径，在转变农业发展方式上寻求新突破，在促进农民增收上获得新成效，在建设新农村上

---

① 中共中央、国务院《关于加大改革创新力度 加快农业现代化建设的若干意见》，中央政府门户网站，http://www.gov.cn/zhengce/2015-02/01/content_2813034.htm。
② 《适应新常态推进农业农村经济健康发展——农业部部长韩长赋答记者问》，《学习时报》，2015年1月5日。

迈出新步伐，为经济社会持续健康发展提供有力支撑。①

（2）实施创新驱动发展战略，大力推动战略性新兴产业发展

战略性新兴产业是以重大技术突破和重大发展需求为基础，对经济社会全局和长远发展具有重大引领带动作用，知识技术密集、物质资源消耗少、成长潜力大、综合效益好的产业。在2012年出台的《"十二五"国家战略性新兴产业发展规划》中，就明确提出了重点发展节能环保产业、新一代信息技术产业、生物产业、高端装备制造产业、新能源产业、新材料产业和新能源汽车产业等七大战略性新兴产业的规划和目标。提出战略性新兴产业增加值占GDP的比重到2015年要达到8%，而到2020年应达到15%。通过发展战略性新兴产业，使节能环保、新一代信息技术、生物、高端装备制造产业成为国民经济的四个支柱产业；使新能源、新材料、新能源汽车产业成为国民经济先导产业，从而使战略性新兴产业成为国民经济和社会发展的重要推动力量。国家发展改革委于2013年3月公布的《战略性新兴产业重点产品和服务指导目录》涉及上述七个战略性新兴产业及其24个重点发展方向下的125个子方向，共3100余项细分的产品和服务。除上述七大战略性新兴产业外，2013年7月习近平总书记提出要通过技术创新加大海洋产业资源开发和利用，培育壮大海洋战略性新兴产业，努力使海洋产业成为国民经济的支柱产业。

"十二五"规划期间，我国战略性新兴产业保持了快速增长，其对经济的支撑作用日益凸显。2014年，战略性新兴产业领域27个重点行业企业主营业务收入达17万亿元，实现利润近1.3万亿元，同比分别增长13.7%和16.6%，比工业同期增速高6.7和13.3个百分点。2014年，环保、电子信息、

---

① 中共中央、国务院《关于加大改革创新力度 加快农业现代化建设的若干意见》，中央政府门户网站，http://www.gov.cn/zhengce/2015-02/01/content_2813034.htm。

新能源、轨道交通四个领域总投资额超过3万亿元。电子商务交易额超过12万亿元，同比增长25%。智能手机、云计算、电子商务、基因检测等新技术、新应用带动信息和健康消费快速发展；北斗终端从百万量级向千万量级迈进；新能源汽车产销量达到8万辆，同比增长近4倍，居全球第二。[①]

战略性新兴产业是全球经济科技竞争的战略制高点，决定着国家竞争力水平和未来经济发展趋势。党的十八大以来，尤其是十八届五中全会审议通过的《中共中央关于制定国民经济和社会发展第十三个五年规划的建议》，对中国经济进入新常态后，从要素驱动、投资驱动转向创新驱动，实施创新驱动发展战略，大力培育和发展战略性新兴产业做出全面部署，明确了发展方向、重点任务和重大举措，必将对推动产业结构升级和发展方式转变产生重要而深远的影响。突出创新驱动发展，突出以质取胜，培育壮大战略性新兴产业，既是调整优化产业结构的战略举措，也是培育新的经济增长点、塑造产业竞争新优势的必然选择。今后一是要进一步促进节能环保、新一代信息技术、生物、高端装备制造、新能源、新材料、新能源汽车等代表着技术突破和市场需求重点发展方向的战略性新兴产业。二是顺应战略性新兴产业智能化、服务化、低碳化、融合化和个性化发展的新趋势，围绕战略性新兴产业需求部署创新链，突破技术瓶颈，掌握核心关键技术。有机构预测，到2025年，仅移动互联网、物联网、云计算、先进机器人与新一代基因组等12项重大技术突破，每年就将产生14万亿—33万亿美元的直接经济价值。而国内智能终端和可穿戴设备、云计算和大数据、移动互联网服务、电子商务、个性化精准医疗与健康服务、通用航空6个新兴产业领域预计2020年市场规

---

① 林念修：《战略性新兴产业发展特征与工作思路》，http://www.360doc.com/content/15/0714/06/16788185_484767474.shtml。

模可望超过 35 万亿元。①这些领域未来的新进展和新突破，是新一代信息技术与制造业尤其是高端装备制造业深度融合，以及生物工程、新能源、新材料等领域取得新突破所引发的影响深远的产业变革和产业形态。三是注重发展空天海洋、信息网络、生命科学、核技术等关系人类未来发展、拓展发展空间的核心领域，坚持前瞻布局，在这些领域培育一批战略性产业；四是统筹科技研发、产业化、标准制定和应用示范，营造良好的制度环境，完善基础设施和配套能力，促进战略性新兴产业发展壮大，全面提升战略性新兴产业对产业升级的支撑引领作用。②

总之，面对经济全球化背景下国际产业竞争格局的深刻调整，特别是信息技术与各领域技术深度融合所引发的影响深远的产业变革，我国迫切需要加快产业转型升级，大力培育和发展战略性新兴产业。通过构建产业新体系塑造竞争新优势，积极拓展发展空间，努力推动产业体系向创新能力强、质量效益好、结构布局合理、可持续发展能力和国际竞争力明显增强的方向发展。

（3）发展先进制造业，加快建设制造强国

目前，经济全球化背景下的国际产业分工格局正在重塑，发达国家推动"再工业化"和"制造业回归"，发展中国家竞相加快推进工业化进程，中国产业发展面临高端回流和中低端分流的"双向挤压"局面。在此趋势下，《中共中央关于制定国民经济和社会发展第十三个五年规划的建议》明确提出，坚持建设制造强国，实施《中国制造 2025》。《中国制造 2025》是在经济发展进入新常态，制造业发展面临新挑战和新机遇，

---

① 林念修：《大势所趋，发展战略性新兴产业时不我待》，中国战略性新兴产业网，http://www.chinasei.com.cn/a/shenduyuedu/2015/0715/1537.html。
② 马凯：《壮大战略性新兴产业》，《人民日报》，2015 年 11 月 10 日。

调整结构、转型升级、提质增效刻不容缓的形势下，实施制造强国战略第一个十年的行动纲领。正如《中国制造 2025》所指出的，形成经济增长新动力，塑造国际竞争新优势，重点在制造业，难点在制造业，出路也在制造业。要更多依靠中国装备、依托中国品牌，实现中国制造向中国创造的转变，中国速度向中国质量的转变，中国产品向中国品牌的转变，完成中国制造由大变强的战略任务。要实现这一目标，一是以加快新一代信息技术与制造业深度融合为主线，以推进智能制造为主攻方向，以满足经济社会发展和国防建设对重大技术装备的需求为目标，强化工业基础能力，提高综合集成水平。二是着力发展智能装备和智能产品，引导制造业朝着分工细化、协作紧密方向发展，促进信息技术向市场、设计、生产等环节渗透，推动生产方式向柔性、智能、精细转变，全面提升企业研发、生产、管理和服务的智能化水平。三是以绿色化为方向，加强节能环保技术、工艺、装备推广应用，全面推行清洁生产，发展循环经济，提高资源利用效率，强化产品全生命周期绿色管理，构建绿色制造体系。四是适应制造业和生产性服务业融合发展的趋势，引导制造企业延伸服务链条、增加服务环节，推动制造业由生产型向生产服务型转变。五是深入实施工业强基工程，构建新型制造体系，提高核心基础零部件的产品性能和关键基础材料的制造水平，有效破解制约产业发展的瓶颈。

作为实现制造强国战略第一个十年的行动纲领，《中国制造 2025》确定，力争用十年时间，使中国迈入世界制造强国行列。到 2020 年，基本实现工业化，制造业大国地位进一步巩固，制造业信息化水平大幅提升。掌握一批重点领域关键核心技术，优势领域竞争力进一步增强，产品质量有较大提高。制造业数字化、网络化、智能化取得明显进展。重点行业单位工业增加值能耗、物耗及污染物排放明显下降。到 2025 年，制造业创新能力显著增强，工业化和信息化融合迈上新台阶。形成一批具有较强国际竞争力的跨国公司和产业集群，在全球产业分工和价值链中的地位明显提升。[①]表3—1反映了国家确定的2020年和2025年制造业的主要指标。

表3—1 2020年和2025年制造业主要指标

类别	指标	2013年	2015年	2020年	2025年
创新能力	规模以上制造业研发经费内部支出占主营业务收入比重（%）	0.88	0.95	1.26	1.68
	规模以上制造业每亿元主营业务收入有效发明专利数（件）	0.36	0.44	0.70	1.10
质量效益	制造业质量竞争力指数	83.1	83.5	84.5	85.5
	制造业增加值率提高	—	—	比2015年提高2个百分点	比2015年提高4个百分点
	制造业全员劳动生产率增速（%）	—	—	7.5左右（"十三五"期间年均增速）	6.5左右（"十四五"期间年均增速）
两化融合	宽带普及率（%）	37	50	70	82
	数字化研发设计工具普及率（%）	52	58	72	84
	关键工序数控化率（%）	27	33	50	64
绿色发展	规模以上单位工业增加值能耗下降幅度	—	—	比2015年下降18%	比2015年下降34%
	单位工业增加值二氧化碳排放量下降幅度	—	—	比2015年下降22%	比2015年下降40%
	单位工业增加值用水量下降幅度	—	—	比2015年下降23%	比2015年下降41%
	工业固体废物综合利用率（%）	62	65	73	79

资料来源：《国务院关于印发〈中国制造2025〉的通知》（国发〔2015〕28号），中国政府网，http://www.gov.cn/zhengce/content/2015-05/19/content_9784.htm。

---

① 《国务院关于印发〈中国制造2025〉的通知》（国发〔2015〕28号），中国政府网，http://www.gov.cn/zhengce/content/2015-05/19/content_9784.htm。

根据《中国制造2025》确定的实现制造强国的战略任务和具体目标，今后十年要瞄准新一代信息技术、高端装备、新材料、生物医药等战略重点，大力推动以下优势和战略产业的快速发展甚至是突破发展。①

①新一代信息技术产业。一是集成电路及专用装备。突破关系国家信息与网络安全及电子整机产业发展的核心通用芯片，提升国产芯片的应用适配能力。掌握高密度封装及三维（3D）微组装技术，提升封装产业和测试的自主发展能力。形成关键制造装备供货能力。二是信息通信设备。掌握新型计算、高速互联、先进存储、体系化安全保障等核心技术，全面突破第五代移动通信（5G）技术、核心路由交换技术、超高速大容量智能光传输技术、"未来网络"核心技术和体系架构，积极推动量子计算、神经网络等发展。研发高端服务器、大容量存储、新型路由交换、新型智能终端、新一代基站、网络安全等设备，推动核心信息通信设备体系化发展与规模化应用。三是操作系统及工业软件。开发安全领域操作系统等工业基础软件。突破智能设计与仿真及其工具、制造物联与服务、工业大数据处理等高端工业软件核心技术，开发自主可控的高端工业平台软件和重点领域应用软件。

②高档数控机床和机器人。一是高档数控机床。开发一批精密、高速、高效、柔性数控机床与基础制造装备及集成制造系统。加快高档数控机床、增材制造等前沿技术和装备的研发。开发高档数控系统、伺服电机、轴承、光栅等主要功能部件及关键应用软件，加快实现产业化。二是机器人。围绕汽车、机械、电子、危险品制造、国防军工、化工、轻工等工业机器人、特种机器人，以及医疗健康、家庭服务、教育娱乐等服务机器人

---

① 《国务院关于印发〈中国制造2025〉的通知》（国发〔2015〕28号），中国政府网，http://www.gov.cn/zhengce/content/2015-05/19/content_9784.htm。

应用需求，积极研发新产品，促进机器人标准化、模块化发展，扩大市场应用。

③航空航天装备。一是航空装备。加快大型飞机研制，适时启动宽体客机研制，鼓励国际合作研制重型直升机。推进干支线飞机、直升机、无人机和通用飞机产业化。建立发动机自主发展工业体系。开发先进机载设备及系统，形成自主完整的航空产业链。二是航天装备。发展新一代运载火箭、重型运载器，提升进入空间能力。发展新型卫星等空间平台与有效载荷、空天地宽带互联网系统，形成长期持续稳定的卫星遥感、通信、导航等空间信息服务能力。推动载人航天、月球探测工程，适度发展深空探测。推进航天技术转化与空间技术应用。

④海洋工程装备及高技术船舶。大力发展深海探测、资源开发利用、海上作业保障装备及其关键系统和专用设备。推动深海空间站、大型浮式结构物的开发和工程化。形成海洋工程装备综合试验、检测与鉴定能力，提高海洋开发利用水平。突破豪华邮轮设计建造技术，全面提升液化天然气船等高技术船舶国际竞争力，掌握重点配套设备集成化、智能化、模块化设计制造核心技术。

⑤先进轨道交通装备。加快新材料、新技术和新工艺的应用，重点突破体系化安全保障、节能环保、数字化智能化网络化技术，研制先进可靠适用的产品和轻量化、模块化、谱系化产品。研发新一代绿色智能、高速重载轨道交通装备系统，建立世界领先的现代轨道交通产业体系。

⑥节能与新能源汽车。继续支持电动汽车、燃料电池汽车发展，掌握汽车低碳化、信息化、智能化核心技术，提升动力电池、驱动电机、高效内燃机、先进变速器、轻量化材料、智能控制等核心技术的工程化和产业化能力，形成从关键零部件到整车的完整工业体系和创新体系，

推动自主品牌节能与新能源汽车同国际先进水平接轨。

⑦电力装备。推动大型高效超净排放煤电机组产业化和示范应用，进一步提高超大容量水电机组、核电机组、重型燃气轮机制造水平。推进新能源和可再生能源装备、先进储能装置、智能电网用输变电及用户端设备发展。突破大功率电力电子器件、高温超导材料等关键元器件和材料的制造及应用技术，形成产业化能力。

⑧农机装备。重点发展先进农机装备，加快发展大型拖拉机及其复式作业机具、大型高效联合收割机等高端农业装备及关键核心零部件。

⑨新材料。以特种金属功能材料、高性能结构材料、功能性高分子材料、特种无机非金属材料和先进复合材料为发展重点，加快研发先进熔炼、凝固成型、气相沉积、型材加工、高效合成等新材料制备关键技术和装备，突破产业化制备瓶颈。高度关注颠覆性新材料对传统材料的影响，做好超导材料、纳米材料、石墨烯、生物基材料等战略前沿材料提前布局和研制。加快基础材料升级换代。

⑩生物医药及高性能医疗器械。发展针对重大疾病的化学药、中药、生物技术药物新产品；提高医疗器械的创新能力和产业化水平，重点发展影像设备、医用机器人等高性能诊疗设备，全降解血管支架等高值医用耗材，可穿戴、远程诊疗等移动医疗产品。实现生物3D打印、诱导多能干细胞等新技术的突破和应用。

《中国制造2025》确定的以上十大产业代表着制造业的发展方向，将是未来一段时间中国产业发展的主要目标和重中之重。到2020年，十大产业中的许多领域能够实现自主研制及应用。到2025年，自主知识产权高端装备市场占有率会大幅提升，核心技术对外依存度明显下降，重要领域装备达到国际领先水平。事实上，"蛟龙"入海、"嫦娥"奔月、高铁"出境"和国产大飞机 C919 下线等，都说明中国先进制造业腾飞的基础已经奠定，高端装备制造业得以快速发展，制造强国战略逐步得到贯彻落实。

（4）继续加快传统产业转型升级

"十二五"规划期间，为积极稳妥化解钢铁、水泥、电解铝、平板玻璃、船舶等行业产能严重过剩矛盾，指导其他产能过剩行业的化解工作，国务院于 2013 年 10 月下发了《关于化解产能严重过剩矛盾的指导意见》。根据行业特点，分别提出了钢铁、水泥、电解铝、平板玻璃、船舶等行业分业施策意见，并确定了化解产能严重过剩矛盾的八项主要任务：一是严禁建设新增产能项目，分类妥善处理在建违规项目。二是全面清理整顿已建成的违规产能，加强规范和准入管理。三是坚决淘汰落后产能，引导产能有序退出。四是推进企业兼并重组，优化产业空间布局。五是努力开拓国内有效需求，着力改善需求结构。六是巩固扩大国际市场，拓展对外投资合作。七是突破核心关键技术，加强企业管理创新，增强企业创新驱动发展动力。八是创新政府管理，营造公平环境，完善市场机制，建立长效机制。[①] 此后，2014 年 5 月国务院办公厅印发的《2014—2015 年节能减排低碳发展行动方案》提出，大力推进产业结构调整，一要积极化解产能严重过剩矛盾；二要加快发展低能耗低排放产业；三要调整优化能源消费结构。实行煤炭消费目标责任管理，严控煤炭消费总量，降低煤炭消费比重。这些和其他措施，2014—2015 年使单位 GDP 能耗、化学需氧量、二氧化硫、氨氮、氮氧化物排放量分别逐年下降 3.9%、2%、2%、2%、5% 以上，单位 GDP 二氧化碳排放量两年分别下降 4%、3.5% 以上。

"十三五"规划期间，运用高新技术加快改造提升传统产业，在重

---

① 《国务院发布意见确定化解产能过剩矛盾 8 项任务》，《人民日报》，2013 年 10 月 16 日。

点产业领域建设技术创新平台，加快科技成果转化应用，提升传统产业创新发展能力，化解产能过剩矛盾，是主动适应和引领经济发展新常态，加快产业结构调整和升级的主要方向之一。虽然受要素成本上升、资源环境约束和市场空间收窄等因素的影响，一些传统产业的发展遇到较大困难，且传统产业产能过剩，大幅超出需求，因而继续沿着原有路径发展已难以为继，但这并不意味着传统产业就不再重要，就不需要改造和提升。传统产业是新兴产业发展的基础，只有运用新技术不断加快技术改造步伐，加大过剩产能淘汰力度，才能焕发传统产业的生机和活力。一要把改造提升传统产业与发展新兴产业更好地结合起来，重点围绕工业化和信息化融合、节能降耗、质量提升、安全生产等领域，推广应用新技术、新工艺、新装备、新材料，提高企业生产技术水平和效益。二要支持企业间战略合作和跨行业、跨区域兼并重组，提高规模化、集约化经营水平，培育一批核心竞争力强的企业集团。三要统筹考虑经济发展、结构升级、社会稳定等多重因素，更加注重运用市场机制和经济手段化解过剩产能，完善企业退出机制。总的来说，加快传统产业组织创新、制度创新、管理创新，创造与战略性新兴产业协调发展的环境，使传统产业转型升级与战略性新兴产业发展两者相融合，或创新驱动传统产业向战略性新兴产业升级，是今后一个时期的发展方向。

（5）加快发展服务业

如前所述，国务院《关于加快发展生产性服务业 促进产业结构调整升级的指导意见》（国发〔2014〕26号）提出了我国生产性服务业重点发展研发设计、第三方物流、融资租赁、信息技术服务、节能环保服务、检验检测认证、电子商务、商务咨询、服务外包、售后服务、人力资源服务和品牌建设的主要任务和目标。在推进生产性服务业加快发展的同时要继续大力发展生活性服务业,一要拓展新领域,不断丰富健康、家庭、养老等服务产品供给;二要发展新业态,不断提高网络购物、远程教育、旅游等服务层次水平;三要培育新热点,不断扩大文化创意、数字家庭、信息消费等消费市场规模。国务院办公厅《关于加快发展生活性服务业促进消费结构升级的指导意见》(国办发〔2015〕85号)指出,从总体看,我国生活性服务业发展仍然相对滞后,有效供给不足、质量水平不高、消费环境有待改善等问题突出,迫切需要加快发展。加快发展生活性服务业,是推动经济增长动力转换的重要途径,实现经济提质增效升级的重要举措,保障和改善民生的重要手段。今后一个时期,要重点发展贴近服务人民群众生活、需求潜力大、带动作用强的生活性服务领域,推动生活消费方式由生存型、传统型、物质型向发展型、现代型、服务型转变,促进和带动其他生活性服务业领域发展。这些生活性服务领域包括:居民和家庭服务、健康服务、养老服务、旅游服务、体育服务、文化服务、法律服务、批发零售服务、住宿餐饮服务和教育培训服务等十大领域。在推动上述重点领域加快发展的同时,还要加强对生活性服务业其他领域的引导和支持,推动生活性服务业在融合中发展、在发展中规范,增加服务供给,丰富服务种类,提高发展水平。

今后一个时期,加快发展服务业,推动服务业特别是现代服务业不断发展壮大,在具体目标和政策措施上要真正做到生产性服务业与生活性服务业并重、现代服务业与传统服务业并举,切实把服务业打造成经济社会可持续发展的新引擎。要按照《中共中央关于制定国民经济和社会发展第十三个五年规划的建议》要求,加快发展现代服务业,放宽市场准入,促进服务业优质高效发展。推动生产性服务业向专业化和价值链高端延伸、生活性服务业向精细和高品质转变。实现这一目标,不仅要有序扩大服务业对外开放，更要为现代服务业发展拓展政策空间，尽快消除不利于医疗、教育、养老、设计、物流等领域优质发展的制度性障碍，推动各类市场主体参与服务供给。

第三节 俄罗斯创新发展战略与产业发展和产业结构调整

由经济全球化推动的投资自由化和生产全球化，促进了全球产业结构的不断调整和国际产业分工的深化。在这一趋势下，发展创新型经济，以加快产业发展和产业结构的调整与优化，从而有利于融入全球生产体系和国际产业分工体系，成为俄罗斯经济发展战略的重要目标。而创新发展战略则是俄经济发展战略的核心和长期经济发展规划的重点。

一、创新发展战略为产业发展和产业结构调整奠定了基础[*]

近些年，俄罗斯十分重视发展创新型经济，一直在努力改变长期以来形成的依赖能源和原材料出口的经济结构。《2020年前俄罗斯联邦创新发展战略》明确指出，只有构建强大的创新型经济，才能够实现国家长期发展的宏伟目标。该发展战略还提出，到2020年创新产业占国内生产总值的比重要超过油气行业，为俄产业发展和产业结构调整做出了新的规划。截至目前，俄罗斯通过关于创新产业的联邦级和地区级法律文件已有170多个。

（一）创新发展战略提出并不断完善的动因
1. 适应创新型经济下产业发展的需要

---

[*] 本部分使用了本书作者之一郭连成与刁秀华副研究员合作研究成果的部分内容。

俄罗斯要获得长期稳定的经济增长和发展，必须转向创新型经济发展模式。对此，普京2012年1月30日在俄《导报》上发表文章说，俄罗斯经济必须摆脱对原材料出口的过度依赖，俄罗斯应发展高效和低能耗的创新型经济，以实现经济多元化。他指出，俄罗斯国内生产总值的1/4是靠石油天然气等原材料产品的出口，与此同时却大量进口消费品、技术及高附加值产品。俄罗斯需要依靠现代化技术发展富有竞争力的产业。俄罗斯在2020年前远景战略中也明确提出，要走创新发展实现经济现代化之路。这是因为，俄罗斯的工业体系自转轨以来一直比较落后，机械设备严重老化，无法满足经济现代化的要求。除了食品加工业进行了设备更新外，俄罗斯工业体系中其他大部分设备均处于被淘汰的状况。这些设备不仅难以生产具有竞争力的产品，更不能依靠它们来发展创新型经济。为了提高工业、基础设施及服务领域的竞争力，只能靠科技实现创新发展，使工业劳动生产率达到或超过世界先进水平，要优先发展诸如制药业、复合材料、化学工业、非金属材料、航空工业、信息技术和纳米技术等具有竞争力的产业，使工业生产实现高度的自动化。因此，俄罗斯要想提高产业国际竞争力，实现经济现代化的既定目标，就必须实行技术创新，必须实施创新发展战略，特别是要大力发展新兴产业。

2. 推动产业结构调整的需要

长期以来，俄罗斯产业结构调整的步伐缓慢，始终未能摆脱经济对资源特别是能源产业的依赖，经济增长在很大程度上是靠能源产业尤其是石油的大量出口来推动的。巨大的能源资源优势已经使俄罗斯经济形成了一种发展模式的"路径依赖"。因而改变资源依赖型经济增长模式的难度很大，产业结构调整困难重重。普京在2012年12月发表的总统年度国情咨文中指出，俄罗斯所依赖的原料增长模式的潜力已经耗尽。

为了更好地适应经济发展的需要，俄罗斯要不断理顺国家的经济发展思路，不断完善国家的发展战略，更加重视国家的创新发展问题，力争通过创新发展之路来解决经济中的结构性问题，实现经济增长方式及发展模式的变革。因此，加快技术创新步伐，调整产业结构，摆脱资源依赖型经济发展模式和经济增长对资源出口的过分依赖，成为创新发展战略制定和实施的重要目标之一。今后俄产业结构调整的重点是提高以加工部门为主的最终产品部门增长速度和贡献率，特别要使高新技术产业的贡献率增大，传统产业的贡献率下降。要促使投资向加工工业部门转移。

3. 迎接新一轮科技革命挑战的需要

科学技术是推动经济发展的主导力量。各国经济社会的发展，其核心均与科技创新有着密切的联系。特别是在当今市场国际化、生产全球化和科技高速化发展的时代，科技创新对经济发展的推动作用尤为明显。有资料表明，当今世界经济增长的90%是靠新知识、新技术的推广和应用来实现的。根据一些学者的研究，在保持当前经济技术发展速度的情况下，第六次科技革命的开始时间为2010—2020年，而最终将于2040年在美国出现。当前，第五次科技革命的技术在美国生产力中所占的比重为60%，第四次科技革命所占比重为20%，第六次科技革命的占比约为5%。① 而在俄罗斯，第五次科技革命的技术在生产力中所占比重尚未超过10%，一半以上的技术还处于第四次科技革命的水平，且有1/3仍属于第三次科技革命的技术。② 可见，俄罗斯拥有的科技水平远未形成现实的竞争优势。为了缩小与西方发达国家之间的经济技术差距，俄罗斯在

---

① Шестой технологический уклад: *Наука и жизнь*, 2010 г., No.4, с.3.
② В.А.Мальгин: России необходима структурная перестройка инновационной системы, *Актуальные проблемы экономики и права*, 2012 г., No.3, с.11.

关注经济发展速度的同时，更加重视经济发展质量，强化创新型经济发展，注重调整产业结构，不断加速技术进步，力争抓住第六次科技革命带来的机遇，以实现质量型的经济增长。

（二）创新发展战略的目标与任务

2002年3月，俄总统普京签署命令正式批准了《2010年前俄罗斯联邦科技发展基本政策》，确定了国家科技发展政策的方针、目标、任务、实施途径，以及促进科研和科技创新活动的一系列措施。提出建立完善的国家创新体系是国家创新政策的最重要方向，要在加速国家经济向创新发展过渡的同时，大力发掘国家经济和科技潜力，建立高效、灵活和适宜的新经济体系。紧接着，俄罗斯又于4月出台了《2002—2005年俄罗斯联邦国家创新政策构想》，明确将提高产业技术水平和竞争力、确保创新产品进入国内外市场作为国家创新政策的主要目标，并规定了为达到此目标政府所应做的具体工作。同年10月，俄政府批准了《俄罗斯联邦社会经济发展中期纲要》，把加快发展"新经济"、"提高产品的高科技含量"和"提升俄罗斯经济的国际竞争力"作为建设经济强国的一项重大战略任务。

2003年，普京在国家杜马发表了经济必须实现多元化发展的讲话后，俄罗斯政府立即成立了工业政策委员会，开始积极探讨发展高新技术产业的政策措施。2005年8月，俄罗斯政府批准了《2010年前俄罗斯联邦创新发展体系基本政策方向》，这既是指导俄罗斯国家创新体系建设的基本文件，也是俄国家创新体系建设的中期规划。2006年，俄政府批准了《2015年前俄罗斯联邦科技与创新发展战略》。2008年11月，俄政府又批准了《2020年前俄罗斯经济社会长期发展构想》。该发展构想提出，2012年前俄罗斯要为经济转型创造条件，而2012—2020年要开始发展创新型经济。

2010年12月，在《2020年前俄罗斯社会经济长期发展构想》的基础上，俄罗斯经济发展部研究制定了《2020年前俄罗斯联邦创新发展战略》。此后，俄经济发展部一直对该战略进行修订，并会同俄罗斯财政部、区域发展部、教育与科学部等部门协调立场。2011年12月，《2020年前俄罗斯联邦创新发展战略》新版本正式出台，对2020年前俄罗斯创新发展战略的目标、任务、实施阶段等方面作了较为明确的规划，强调只有建立强大的创新型经济，俄罗斯国家长期发展的宏伟目标才能得以实现。《2020年前俄罗斯联邦创新发展战略》提出，到2020年高技术产品在GDP中所占比重应从当前的10.9%增加到17%—20%，即提高一倍左右；创新产品在工业产值中所占比重应提高5—6倍；创新企业的数量从当前的9.4%增加到40%—50%，提高4—5倍；到2020年，包括核能、航空和航天器材在内的高技术产品和知识型服务所占比重要提高到5%—10%，在国际上位列第5—7。该战略的实施分为两个阶段：第一阶段为2011—2013年，主要任务是从整体上提高商业和经济对创新的敏感度；第二阶段为2014—2020年，计划对工业进行大规模的技术改造和现代化改造。从2014年起拟进行大规模的军备重装，构建有工作能力的国家创新体系，提供财政激励，吸引科学家、企业家和专业人士等进入创新领域，并拟对公共部门实行现代化改造，应用现代技术建立"电子政府"。同时，新版本还补充了"预算战略"、"能源战略"、"运输战略"等内容，以实现"全系统创新"。

为了监察创新战略的成果，按照《2020年前俄罗斯联邦创新发展战略》的规定，俄罗斯于2012年6月成立了经济现代化和创新发展委员会。该委员会定期向总统经济现代化和技术发展委员会报告工作，并向国家杜马作年度报告。同年 10 月 24 日，该委员会召开了首次会议。在此次会议上，俄总统普京强调了经济现代化对于俄罗斯的重要性，认为它是促进俄经济发展、提升俄经济在全球竞争中的地位，以及为俄罗斯人民自我发展创造良好条件的重要途径。俄罗斯经济现代化和创新发展委员会今后的工作主要包括两个方面：一是继续完善科研体系，为经济现代化、创新活动及创新技术商业化创造综合的发展环境；二是为生物、纳米技术、新材料、未来医疗、节能技术、信息化、航空、核技术、煤炭及其他资源的有效开采与加工等具体产业领域制定发展计划。①

（三）创新发展战略的保障措施

1. 改善政策环境，加大政策支持力度

为了激发企业的创新精神和提高创新能力，俄政府不断改进税收条件和服务环境，为中小型创新企业制定强制保险的附加优惠条件，为其利用资本收益扩大税收优惠，重点为企业工程技术业务和 IT 业务提供税收减免和强制保险等优惠。俄政府提出要对国内所有创新领域及其资金来源、组织机构进行结构改造，逐渐把宏观金融调控方向转向国家有针对性支持的创新活动上，为科研组织在资金、税收、信贷、风险保障等各个环节提供全面的政策优惠。如在斯科尔科沃创新中心，投资者可享受到如下优惠政策：在税收方面，自在该创新区注册登记起，10 年内年收入不到 10 亿卢布及累计利润未达 3 亿卢布的企业，可免利润税、财产税和土地税，可减免增值税和企业为员工交纳的社保费率等；在关税方面，创新中心内的企业可以免税进口用于建筑和装修以及专家工作所需的商品。

---

① Заседание Совета по модернизации экономики и инновационному развитию, http://президент.рф.24 октября 2012 года.

2. 加大对创新领域的投资力度

俄罗斯不断完善投资环境和竞争环境，对重点科技领域的发展给予支持，不断为创新项目吸引从原始资本到投资组合及战略投资等的各种投资资本。根据俄经济发展部《2030年前俄罗斯联邦长期社会经济发展预测》的数据，2011—2020年，俄罗斯对高技术公司创新发展计划的投入将达3.8万亿卢布。[1] 在《2020年前俄罗斯联邦创新发展战略》中提出，未来10年激励和扶持创新的措施，包括进一步加大国家在创新发展中的参与及投资力度，建立有效的物质和精神刺激因素，以激励那些专业技能较强的专业人才、更具主动性的企业经营人员、更善于创造的青年进入经济领域，或进入能够保障创新发展的教育和科技领域。根据该战略，到2020年俄罗斯国内研发支出应占GDP的2.5%—3%（2010年为1.3%），其中国家财政拨款不低于45%；从事技术创新的企业占全部企业的比重应达到40%—50%。[2] 此后，普京在《我们需要新经济》一文中明确提出"私营企业应该将其总收入的3%—5%投向研发领域"[3]。

3. 加快创新载体和基础设施建设

一个时期以来，俄罗斯不断加快创新载体和基础设施建设，如在莫斯科郊区建立斯科尔科沃创新中心（即"俄罗斯硅谷"），建立新西伯利亚科技园、莫斯科国立大学科技园以及日古力谷科技园等。据俄罗斯政府预计，在斯科尔科沃创新中心工作和生活的人将达到2.5万—3万人，

---

[1] Минэкономразвития России: прогноз долгосрочного социально-экономического развития российской федерации на период до 2030 года, Март, 2013, http://www.economy.gov.ru/2013-03-25.

[2] Стратегия инновационного развития Российской Федерации на период до 2020 года,http://minsvyaz.ru/ru/doc/?id_4=685.

[3] Путин.В.В.: Нам нужна новая экономика, *Ведомости*, 30 января 2012 г.

这些人将主要研发新的太空和通信产品、核技术、生物科技、创新型医疗设备、信息技术、清洁能源和新型 LED 灯等节能产品。而信息技术、航天技术、生物技术、核能和节能是斯科尔科沃创新中心的 5 大优先研发方向。此外，俄罗斯还推动建立和发展科技领域的小企业及知识产权和科技服务交易所，建立强大的、全方位的现代化研究开发中心，不断优化技术创新环境，建立和完善信息保障体系，为参与创新的企业和私人提供一系列实用的服务信息。同时，还引入和建立诸如天使投资基金、风险投资基金等特殊形式的投资公司。

4. 加强科技与创新人才的培养和引进

为建设创新型国家，推进创新发展战略，俄罗斯制定了教育—科学—生产一体化发展大纲。尤其是把增强高校国际竞争力作为国家政策，提出必须在 2020 年前拥有数所世界级水平的高校，以培养高水平的科技创新人才。另一方面，为了在世界技术市场角逐中形成新的竞争优势，俄罗斯加快创新人才引进的步伐，不断创造条件吸引顶尖科学家、工程师、设计师、程序员、经理和金融家，还通过设立特殊津贴来为大学吸引国际权威的科学家。而为了吸引国外高水平科技人才进入斯科尔科沃创新中心，俄罗斯还对劳动法进行了修改，简化并逐渐取消外国专家的工作配额、移民登记与劳动许可制度，为进驻中心的企业提供便利。

（四）创新发展战略实施的效应

1. 成效

第一，总体而言，虽然俄罗斯创新发展战略的实施进展较为缓慢，国家创新体系的运行效率并不高，企业从事技术创新的研发能力也有待提高，但国家创新发展战略的制定及逐步实施，使得俄罗斯建立并不断完善创新发展的制度体系和创新机制；创新环境也得到优化，制定了新的风险投资法律，为创新企业、风险企业和高科技项目的风险投资提供了制度和法律保障。

第二，创新发展战略推动了产业发展。早在俄罗斯出台的《2010年前和未来俄罗斯科技发展基本政策》中，就将信息通信技术与电子、航天与航空技术、新材料与化学工艺、新型运输技术、新型武器及军用和特种技术、制造技术与工艺、生命系统技术、生态与自然资源利用以及节能技术等九大领域确定为产业和科技优先发展方向。后来，俄政府又明确提出将现代能源、通信、航天、飞机制造和知识服务出口等传统强势领域确定为优先方向，加大了扶持加工工业和高科技发展的力度，力图在调整产业结构的同时推动创新型经济发展。在2006年俄政府推出的《2015年前俄罗斯联邦科技与创新发展战略》中，提出要建立高效的国家创新体系，在技术创新的基础上实现经济现代化。此后，《2020年前俄罗斯联邦创新发展战略》对创新发展战略的具体目标任务和促进创新型经济发展都做了全面规划。普京总统和俄政府着力推动创新发展战略，支持和扩大经济领域科技创新，并具体制定了发展创新与新兴产业的"路线图"，包括发展复合材料、稀土金属、生物技术和基因工程、IT技术、新城市规划、工业设计及建设工程等。通过这些及其他措施，实现俄政府在《创新俄罗斯—2020》纲领性文件中提出的，到2020年创新产业占国内生产总值的比重要超过油气行业的目标。

第三，促进了创新项目投资。在制度环境不断完善的同时，俄罗斯还对优先发展的具体创新项目给予支持，将"工业政策"定为"优先发展处于科技进步领域领先地位的部门"，利用科技创新政策对工业结构进行引导和调整。鼓励银行系统、金融市场、保险机构等发挥更重要的功能，使企业能够建立起良好的创新积极性，从而促进国家经济的发展。

目前，俄罗斯已拨款 90 亿卢布用于发展创新基础设施的建设，主要包括建立技术转化中心和企业孵化器，以及为小风险投资企业进行管理培训等。俄政府对大学从事企业委托的研发项目给予资助，近 3 年资助总额为 190 亿卢布，未来这种支持仍将继续。俄罗斯对外经济银行已为 47 项创新发展的项目进行投资，这占该银行全部投资项目的 1/3，该银行对创新项目的投资总额将达 7580 亿卢布。俄罗斯纳米科技集团拥有 120 个创新项目，预算投资总额为 5150 亿卢布。[1] 这些举措确保了俄罗斯整个创新领域投资链条的连续性。俄罗斯通过对创新活动及创新计划的扶持，保证了国家创新能力的持续提升。在俄罗斯《2012 年政府报告》中，俄总理梅德韦杰夫指出，2012 年俄罗斯有 31 项研发成果达到国际水平，2012 年俄罗斯向各类研发机构投入的资金为 5000 亿卢布，俄创新投入已进入欧洲前五名。斯科尔科沃创新中心已经入驻 850 家企业。[2] 自该创新中心开始运作以来，英国、法国、美国、德国、韩国及意大利等国家的知名企业均表现出了浓厚的兴趣。目前该中心一些重要的合作伙伴大都是从事全球创新活动的国际知名大企业，如英特尔、国际商用机器公司、诺基亚、微软、波音、西门子、思科、通用、飞利浦和强生等。

2. 存在的问题

第一，资金短缺是俄罗斯实施创新发展战略的主要制约因素。尽管俄出台相关政策对创新活动加以资金支持，但总体而言，对创新活动支持的力度并不是很大，这与俄主导的创新支持模式有一定关系：一是对创新活动的金融支持以直接投资为主，而这种投资的受益者多为大型企

---

[1] Отчёт Правительства о результатах деятельности за 2012 год, 17 апреля 2013, http://government.ru/news/1411.

[2] 同上。

业，中小企业很难获得这种资助；二是俄罗斯用于科研的经费支出较少，仅占其 GDP 的 1.24%，无论是占 GDP 比重还是在经费绝对值方面都与西方发达国家存在着较大的差距（美国占 GDP 的 2.64%、日本为 3.04%、瑞典为 3.8%）[1]；三是作为中小企业创新资金主要来源的风险投资业尚处于起步阶段，风投公司和天使基金的数量只有发达国家的 1/10 左右。这些因素不利于俄罗斯创新活动的发展。

第二，企业在技术创新中的主导作用尚未发挥出来。其主要原因，一是俄工业企业固定资本更新缓慢、设备更新率低，工业设施严重老化，工业结构调整与优化基本停留在理论层面。而为了改进生产，许多企业大力购买国外的技术，这又导致许多经济部门成为新技术的净进口者。如在机器制造业中，技术进口几乎超过技术出口的 3 倍。全俄有一半的企业实际上完全没有进行研发。[2] 二是企业缺乏创新积极性。许多大型企业对创新项目及一些具有竞争力的行业投资积极性不高。三是俄罗斯国内对创新产品的需求不足，这在一定程度影响了企业的创新发展。

第三，俄罗斯在科研成果保护方面缺乏相应的机制。目前，俄罗斯的基础法律并没有提供统一的方式来解决知识产权审核问题，科研机构和企业对知识产权审核的重视程度还不够。尽管为了扩大高科技产业在国内生产总值中的比重，俄罗斯通过立法、预算和技术推广等多种手段鼓励国有和私人投资者发明具备竞争优势的新技术，但成效并不显著。此外，俄罗斯还面临着加快保护知识产权立法，构建更加完善的知识产权审核和保护体系等任务。特别是要进一步完善创新领域的立法工作，

---

[1] 刁秀华、郭连成：《俄罗斯创新发展战略及其实施效应》，《财经问题研究》2015 年第 7 期，第 96 页。
[2] В.А.Мальгин.России необходима структурная перестройка инновационной системы, Актуальные проблемы экономики и права, 2012 г.,No.3, c.12.

对新技术和商业秘密等提供足够的法律保护。

第四，与转轨之初相比，俄罗斯的产业结构尚未发生实质性的变化，产业结构仍以石油和天然气产品出口为主，最严重的问题是缺少知识和技术密集型产业，这成为影响创新经济发展的关键所在。目前俄罗斯石油天然气等原材料产品的出口占 GDP 的 1/4 以上，俄联邦约 50% 的预算收入来自石油和天然气的出口收入，如果国际能源市场和金融市场出现波动，就会对预算收入产生巨大的影响与冲击。与此同时，俄罗斯还大量进口消费品、技术含量及附加值高的产品。俄罗斯这种不合理的经济结构必然会对创新发展产生不利影响，因而由资源型向创新型经济转变是俄经济和产业发展的必然选择。

二、俄罗斯创新发展战略下产业发展和产业结构调整分析

从发展阶段看，可以将俄罗斯产业发展和产业结构调整大致划分为创新发展战略提出前和提出后两个阶段。这两个阶段虽各有不同，但有一点是共同的，就是从效果上看，产业发展和产业结构调整都没能真正改变资源依赖型经济模式。

（一）资源依赖型经济模式下俄罗斯产业结构调整的两难选择

所谓资源依赖型经济模式，是指俄罗斯主要依靠自然资源特别是石油的大量出口来实现经济的增长。就是说，经济增长始终与原料部门的发展和有利的国际市场行情密切相关，"原料出口不是作为经济的一部分，而是取代了经济"[①]。这种以"燃料和原材料片面发展"为主要特征的产业结构，也造成商品出口结构不合理，使俄出口到国外的产品主要是能源、原材料和半成品，成品出口的比重很小。矿物原料和燃料以及黑色和有色金属在俄罗斯向非独联体国家的出口中所占的比重曾一度在 70% 以上，

---

① Э.Чепасова:Структурная перестройка и качество роста ,*Экономист* ,2005г., No.3, с.47.

而机器和运输设备及化工产品的比重则在 20% 以下。正如俄罗斯科学院经济研究所在一份报告中所指出的："当今俄罗斯的经济增长几乎完全决定于原料和燃料商品的出口动态。"[1] 因此，"落后的结构是俄罗斯经济的特点。在这一结构中占优势的是原料部门和开采部门。我们是靠扩大石油、天然气、黑色和有色金属及木材的出口活着"[2]。应当说，俄罗斯的这种状况至今仍未发生实质性的或重大的改变。

虽然普京在第一任期就提出要调整产业结构，减少经济对能源产业的依赖，但一直收效甚微。因而他在总统第二任期卸任前不得不承认，俄罗斯"还是未能摆脱惰性的能源型发展模式"。可见，在普京第一和第二任期内，俄罗斯产业结构调整的步伐依然缓慢，俄始终未能摆脱经济对资源特别是能源产业的依赖，经济增长在很大程度上是靠能源产业尤其是石油的大量出口来推动的。巨大的能源资源优势已经使俄罗斯经济形成了一种发展模式的"路径依赖"。在这种情况下，解决经济对能源产业的过分依赖问题，改变资源依赖型经济增长模式的难度很大，产业结构调整困难重重。实际上，俄罗斯产业结构调整面临着"实际需要、速度偏好和瓶颈制约"三个方面的约束和三者关系的处理问题。所谓"实际需要"，指的是实现经济增长，增加财政收入，改善人民生活，提高国家综合实力，都需要俄罗斯倚重良好国际市场行情下能源和原材料部门的增长与出口。因此，这种现实利益使得俄罗斯难于进行产业结构的调整。所谓"速度偏好"，是指普京特别注重经济增长速度，一直把追求经济高速增长作为强国战略特别是经济发展战略的重点。而调整现有的产业结构，摆脱经济增长对能

---

[1] Ю.Сизов: Актуалъные проблемы развития российского фондового рынка, *Вопросы экономики*, 2003г.,No.7, с.28.

[2] *Экономика и жизнъ*, 2002г., No.19.

源和原材料出口的"路径依赖",改变资源依赖型经济增长模式,势必要使俄经济减速。所谓"瓶颈制约",是指俄罗斯产业结构调整面临巨大的资金缺口,财政投入严重不足。这在以能源和原材料大量出口换取经济增长的情况下尚且如此,如若改变现有的产业结构,实质性减少能源和原材料出口收入,产业结构调整的资金短缺显然会进一步加剧。因而俄罗斯不仅面临着产业结构调整的两难选择,而且走进了产业结构调整的"怪圈"。

第三任期内,普京在2012年12月发表的总统年度国情咨文中强调,俄罗斯所依赖的原料增长模式的潜力已经耗尽。普京将调整产业结构,摆脱资源依赖型经济发展模式和经济增长对资源出口的过分依赖,作为其第三任期的重要目标之一。然而,在现实情况下,俄罗斯实际上依然要面临着是"保经济增长"还是"促结构转型"的两难选择。两者的侧重点不同:如果侧重于"保经济增长",那么,"资源依赖型模式"仍将延续,产业结构调整会遥遥无期;如果侧重于"促结构转型",改变现有的"资源依赖型模式",那么,经济增长就难以维持,其结果也会使结构调整无法顺利实施。因此,考虑到保持经济增长的重要性和发展能源等原材料部门对俄罗斯的极大诱惑力与现实需要,普京不可能在"保经济增长"还是"促结构转型"中做出二者必择其一的选择,而是会采取既"保经济增长"又"促结构转型"的折中方案。主要的政策措施,一是通过提高采掘部门的税负等措施,限制资源开采和出口需求。同时,缩减石油天然气部门的比重,由2012年的20%降至2030年的16%。燃料能源商品的比重由2012年的67.1%降至2030年的46.9%。[1] 在此基础

---

[1] Минэкономразвития России: прогноз долгосрочного социально‐экономического развития российской федерации на период до 2030 года, Март, 2013, http://www.economy.gov.ru/2013-03-25。

上，利用现有优势发展现代能源产业，提高能源和资源加工能力和水平，提高能源出口产品的附加值；二是实现经济多元化和经济结构多样化。力求使高新技术产业和知识经济在国内生产总值中的比重不低于17%—20%。依靠现代化技术发展富有竞争力的行业，特别是优先发展制药业、复合材料、化学工业、非金属材料、航空工业、信息技术和纳米技术。今后俄工业结构调整的重点是提高以加工部门为主的最终产品部门增长速度和贡献率，特别要使高新技术产业的贡献率增大，传统产业的贡献率下降。要促使投资向加工工业部门转移。

（二）创新型经济和创新发展战略下俄罗斯产业发展和产业结构调整思路

在"梅普组合"时期，俄罗斯先后推出了《2020年前俄罗斯联邦长期社会经济发展构想》和"经济现代化"方案，作为今后一个时期俄经济发展的总体战略。《2020年前俄罗斯联邦长期社会经济发展构想》是俄政府制定的长期发展战略，提出俄罗斯要从能源出口型经济过渡到"社会创新型经济发展模式"，实行创新发展战略，发展创新型经济。而"经济现代化"则是后金融危机时期重振俄罗斯经济的发展战略。2009年11月，梅德韦杰夫在总统国情咨文中提出了"全面现代化"的理念。"全面现代化"特别是其中的"经济现代化"是在"普京计划"和《2020年前俄罗斯联邦长期社会经济发展构想》的基础上，根据后危机时期俄罗斯面临的新形势和新发展目标提出来的。梅德韦杰夫曾多次对经济现代化的迫切性和经济现代化的内涵进行充分阐述，提出了实现经济现代化的方向和主要举措。当时确定的"经济现代化"的五个优先方向为节能、核技术、信息技术、空间技术和医疗器械及医药。还规定要从八个方面加快俄罗斯经济的现代化转型。"经济现代化"的措施主要是改善投资环境，对创新企业提供融资扶持；对创新企业和高新技术项目给予税收优惠；加大财政对基础科学、应用科学、高等教育和落实创新项目的投入；筹资8000亿卢布，用于支持涵盖五大优先方向的38个项目。此外，梅德韦杰夫对俄罗斯经济发展模式转型的障碍和深层次问题也有充分认识，认为国家对经济资源的垄断、国有经济的低效率和经济缺乏竞争力是制约经济发展的根源。总的来说，"梅普组合"时期无论是《2020年前俄罗斯联邦长期社会经济发展构想》还是"经济现代化"，最终目标都是力图使俄罗斯摆脱资源依赖型经济发展模式，转向以高新技术、人力资本为基础的创新型经济发展模式，加快经济增长，完成赶超任务，实现强国富民的经济发展战略目标。然而，正如俄罗斯经济发展部所指出的那样，"在2009—2011年，经济结构虽有所改变，但这一时期并未发生实质和根本性的结构变动。"[①]

普京早在第二任期内就提出要建设和发展创新型经济。而在他第三任期内的2012年总统国情咨文中又进一步指出，未来几年对于俄罗斯是一个关键转折点。要建设一个富强的俄罗斯，技术创新是关键。为保证国家经济的持续增长，必须依靠新技术，必须在技术层面取得进展和突破。他认为，俄罗斯应从资源依赖型经济转向创新型经济发展。因为俄罗斯需要一种创新型经济，以便使国家能在工业发展和基础设施建设方面具有较强的竞争力，在高科技发展领域中具有优势。俄罗斯应该在国际劳动分工中占有重要的地位，不仅成为国际市场原材料和能源的供应者，而且能在某些领域拥有引领新技术发展的优势。可见，在普京总统为期6

---

① Минэкономразвития России: прогноз долгосрочного социально－экономического развития российской федерации на период до 2030 года, Март, 2013, http://www.economy.gov.ru/2013-03-25.

年的第三任期内，实施创新发展战略，加快技术创新，摆脱能源依赖，成为俄罗斯经济发展战略和经济政策的主要目标。

在具体措施上，普京和俄政府着重在以下几个方面推动创新型经济发展：一是加大对创新型经济的投入力度。根据俄经济发展部《2030年前俄罗斯联邦长期社会经济发展预测》的数据，2011—2020年，俄罗斯对高技术公司创新发展计划的投入将达3.8万亿卢布。[①] 到2020年，俄实现技术创新企业的比重应从目前的10.5%提高到25%；二是支持并扩大经济领域科技创新，重点振兴的行业包括：核能、航空、造船、仪器仪表、电子行业等；三是具体制定了包括复合材料、稀土金属、生物技术和基因工程、IT技术等在内的创新与新兴产业发展的"路线图"，并为新经济高技术领域的发展创造良好条件和投资环境；四是重视军事工业现代化建设，并在国防科技领域建立专项基金，包括吸收私人资本参与前沿领域的研发；五是重视包括教育、科技与卫生在内的各领域的均衡发展。政府优先支持发展地区高校和科研机构，重点支持地区企业的研发。通过上述措施，要实现俄政府确定的到2020年使创新产业占GDP的比重超过石油天然气行业的总体目标。

（三）俄罗斯产业结构调整与产业发展的具体分析

1. 三次产业构成的调整与变动

自20世纪90年代以来，由于经济全球化进程中全球产业结构的不断调整，全球三次产业变动的总趋势逐步由原来一、二、三产业的排序向三、二、一产业的"高服务化"阶段转变。俄罗斯的产业结构调整

---

① Минэкономразвития России: прогноз долгосрочного социально‐экономического развития российской федерации на период до 2030 года, Март, 2013, http://www.economy.gov.ru/2013-03-25.

也顺应了这一趋势。自20世纪90年代初向市场经济转轨以来，俄开始进行大规模的产业结构调整，不仅对三次产业的比例关系进行了初步调整，而且也改变了工业内部的结构状况。虽然由于种种因素的限制，俄罗斯产业结构调整并没有取得预期的效果，但总的来看，产业结构还是发生了一些积极变化。产业结构中农业和工业所占比重大幅下降，而服务业的比重不断上升，并最终成为占比最大的产业。有资料显示，1991年，俄罗斯第三产业在国内生产总值中的比重仅为35.9%，1992年猛增到52.7%，此后略有回落，1996年为48.5%。而在此期间第一产业的比重不断下降，由1991年的13.4%降至1996年的6.8%。与此同时，第二产业在国内生产总值中所占的比重也有所下降，从1991年的45.8%下降到1996年的35.5%。[1] 可见，在经济转轨初期，俄罗斯就出现了第一产业和第二产业下降而第三产业比重上升的情况。当然，这种产业结构应被看作是伴随着转轨初期的经济衰退而出现的一种自发性的调整。自2000年普京执政后，俄罗斯三次产业产出占GDP的比重发生了较为明显的变化：第一产业下降，第二产业先升后降，第三产业基本呈上升的趋势。从第一产业占GDP的比重看，2000年为6.4%，2001年上升到6.8%，此后一直呈下降的趋势，2005年降为5.5%，到2013年降为4%；第二产业占GDP的比重，从2000年的38.6%上升到2004年的41.8%，此后开始下降，从2005年的40.8%降至2013年的35.7%；第三产业占GDP的比重，2000—2004年小幅下滑，从2000年的55%降至2004年的51.9%，但从2005年开始逐步上升，从这一年的53.7%上升到2013年的60.3%，详见表3—2。

---

[1] 许新主编：《重塑超级大国——俄罗斯经济改革和发展道路》，江苏人民出版社2004年版，第279页。

表 3-2 2000—2013 年俄罗斯三次产业产出结构（%）

年份	第一产业	第二产业	第三产业
2000	6.4	38.6	55.0
2001	6.8	38.9	54.3
2002	6.8	38.4	54.8
2003	6.7	39.2	54.1
2004	6.3	41.8	51.9
2005	5.5	40.8	53.7
2006	5.2	39.7	55.1
2007	4.7	40.0	55.3
2008	4.7	39.1	56.2
2009	4.7	37.0	58.3
2010	3.9	37.1	59.0
2011	4.2	37.0	58.8
2012	3.9	36.1	60.0
2013	4.0	35.7	60.3

资料来源：根据《俄罗斯统计年鉴 2013》数据计算得出，2013 年数据来源于俄文网站 http://newsruss.ru/doc/index.php/Структура ВВП России，转引自习秀华主持的 2012 年度教育部人文社会科学研究一般项目研究报告：《转轨国家经济结构调整与优化研究——以俄罗斯产业结构为研究视角兼及中国》。

表 3—2 反映了俄罗斯三次产业的变动趋势，从中可以看到俄罗斯产业结构的逐步优化和向高级化方向发展的趋势。俄产业结构的这种变化也使三次产业中的就业结构随之发生了同样的变化，详见表 3—3。

表3—3 俄罗斯三次产业就业人口结构（%）

年份	第一产业	第二产业	第三产业
1991	13.5	41.9	44.6
1992	14.3	40.6	45.1
1993	14.6	39.5	45.9
1994	15.4	37.0	47.6
1995	15.1	35.2	49.7
1996	14.4	33.7	51.9
1997	13.7	31.7	54.6
1998	14.1	30.1	55.8
1999	13.7	30.3	56.0
2000	13.4	30.4	56.2
2001	12.7	30.5	56.8
2002	12.2	29.8	58.0
2003	11.4	29.6	59.0
2004	11.4	29.3	59.3
2005	11.3	29.1	59.6
2006	10.8	29.0	60.2
2007	10.4	28.8	60.8
2008	10.0	28.6	61.4
2009	10.0	27.5	62.5
2010	10.0	27.7	62.3
2011	9.9	27.7	62.4

资料来源：根据俄罗斯联邦统计局数据计算得出，转引自刁秀华主持的2012年度教育部人文社会科学研究一般项目研究报告：《转轨国家经济结构调整与优化研究——以俄罗斯产业结构为研究视角兼及中国》。

由表 3—3 可知，随着产业结构的逐步优化，俄罗斯的就业结构也发生了积极变化，出现了劳动力由第一产业和第二产业逐渐向第三产业转移的趋势。在第一产业就业人数的比重从 1991 年的 13.5% 降到 2011 年的 9.9%，在第二产业就业人数的比重从 1991 年的 41.9% 降到 2011 年的 27.7%，而在第三产业就业人数的比重则从 1991 年的 44.6% 上升到 2011 年的 62.4%。

以上数据表明，俄罗斯的产业结构调整顺应了全球产业结构调整向第三、第二、第一产业"高服务化"转变的发展趋势，产业结构正逐步走向高级化。而且，由于俄罗斯已于 2011 年 12 月正式加入世界贸易组织，这为俄罗斯融入经济全球化和全球产业结构调整进程、促使产业结构进一步向"高服务化"转变带来了新的契机。俄罗斯"入世"后必将带来服务业的快速发展，从而为俄产业结构继续向"高服务化"和高级化转变奠定坚实的基础。

2. 高新技术产业发展推动产业结构"软化"

不可否认，俄罗斯作为世界科技大国，其高新技术产业的发展既是以信息技术革命为中心的全球新技术革命推动的结果，也顺应了全球产业结构的高科技化和"软化"趋势。20 世纪 80 年代以来，西方工业发达国家就在进一步推动产业结构的高级化进程，促使产业结构的重心向高技术化、信息化和服务化的方向发展。而到 2020 年，全球高新技术产业的发展将会达到一个新的水平：全球普及信息通信网络；具有预制功能的复合材料得到广泛使用；纳米技术和光电子技术将取代微电子技术，开始形成全球纳米技术市场，并作为信息技术发展新的"内核"；广泛使用生物技术；具有经济性的替代能源技术（热核聚变、中子反应堆、氢燃料等）得到广泛应用；煤炭清洁利用技术得到普及；环保技术获得突破性发展。①

面对全球高新技术产业的快速发展，俄罗斯自然不甘落后，而是紧紧抓住发展机遇，应对新的挑战。在普京任总统的两个任期内，俄罗斯于2007年出台了《纳米产业发展战略》、《2008—2010年纳米基础设施发展国家专项计划》和《2015年前国家纳米工业发展计划》，意在重点发展纳米技术。在新能源领域，2009年俄罗斯制定了《2030年前能源战略》，预计到2030年俄联邦单位GDP能耗将比2005年降低一半以上，利用非常规能源发电将不少于800亿—1000亿千瓦时。

在"梅普组合"期间，俄罗斯将着力发展创新型经济作为推动产业结构高科技化和"软化"的重要措施。俄罗斯现代化和经济技术发展委员会在2009年6月确定了俄今后发展创新型经济的五个重点领域：新型能源技术、核技术、空间和通信技术、医疗技术和信息技术。2009年10月，俄罗斯总统梅德韦杰夫在莫斯科召开的第二届国际纳米技术论坛上表示，俄罗斯将采取多种措施，大力发展纳米技术，促使纳米产业成为俄经济的主导产业之一。他表示，在2015年前，俄政府计划投入3180亿卢布用于扶持纳米产业，这一投资堪称世界纳米技术领域的国家投资项目之最。届时俄纳米产业的年产值将达到9000亿卢布。目前俄罗斯已批准了2015年前纳米产业发展计划并成立了俄罗斯纳米技术集团。

为实现产业结构的优化和升级，俄罗斯积极支持高新技术产业的发展，先后制定了《俄罗斯航天业2012年前优先发展计划》和《2020年前国家核能发展计划》等，并积极与西方发达国家开展科技合作，参与国际大型科技合作项目，积累了雄厚的科研实力。有资料显示，在当今世

---

① Что ожидает человечество от развития науки и техники в XXI веке,http://revolution.allbest.ru/.

界 102 项尖端科学技术中，俄罗斯有 52 项保持着世界领先的地位，27 项具有世界一流的水平；在当今世界决定发达国家实力的 100 项突破性技术中，俄罗斯有 20 项居于世界领先地位，有 25 项接近世界水平；在当今世界决定发达国家实力的 50 项重大技术中，俄罗斯有 12—17 项可以与西方国家一决雌雄。[1]

信息技术是新兴产业发展的基础和决定性因素之一。俄罗斯一直重视发展信息和通信技术，政府将发展信息技术作为发展创新型经济的五大方向之一。据有关资料，自经济转轨以来，俄罗斯的信息通信技术产业保持了高速增长，其产值 2008 年达到 1.8 万亿卢布，占 GDP 的比重达 5.8%。虽然 2009 年和 2010 年受国际金融危机的影响发展速度减缓，但 2011 年俄信息和通信技术产业总规模同比增长了 8.6%，突破 2 万亿卢布。[2] 俄政府信息技术委员会于 2010 年批准了俄罗斯通信部制定的关于实施建设"2011—2020 信息社会"的长期方案。该方案的目标是改变俄罗斯信息产业发展的落后状况、提高国民生活水平、改善商业环境、建立安全的信息社会、发展 IT 市场。按该方案，俄罗斯计划在未来 10 年内，每年对该项目投资 100 亿卢布，投资总额将达 1000 亿卢布。投资资金主要用于发展俄罗斯的医疗信息化、数字电视、通信基础设施建设及其他领域的信息化建设。另据俄罗斯信息通信部预测，到 2020 年，整个通信服务市场规模将比 2006 年增长 13 倍，信息技术产品和服务出口将比 2006 年增长 3 倍多，远远高于同期国民经济的增速。而在 2015 年，俄罗斯要实现信息通信产品和技术服务的净出口，跨入世界 20 强行列。信息技术部

---

[1] 王子刚：《俄罗斯科技水平现状分析》，《黑龙江科技信息》2011 年第 11 期，第 43 页。
[2] 《俄罗斯 2011 年 ICT 产业发展综述》，中国经济网，2012 年 1 月 11 日。

门占 GDP 的比重也会在 8% 以上。① 世界银行认为，俄罗斯的信息和通信技术产业在"金砖五国"中最具发展前景，因为俄拥有大量的高新技术和人才资源。

以上情况足以说明，俄罗斯顺应全球产业结构调整高科技化的趋势，以高新技术产业发展推动产业结构调整和"软化"，的确取得了一定的成效，而且，这种成效在今后一个时期还会进一步显现。普京总统指出，到 2020 年，俄罗斯高新技术产业在国内生产总值中的比重应占到 50%，高技术产品的出口额也将增加 1 倍。

3. 服务业快速发展助推产业"高服务化"

发达国家自 20 世纪 60 年代开始便陆续进入服务经济时代。到 1990 年，全球服务业产值占全球 GDP 的比重就突破了 60%，2004 年进一步升至 68%。2004 年美国、法国、英国服务业比重已分别达到 77%、73% 和 70%，由此带动了全球产业结构向服务业为主的方向转变。与此同时，发展中国家也紧跟全球产业结构调整的时代潮流，普遍进入服务业快速发展和比重迅速提升的时期，服务业产值占 GDP 的比重从 1990 年的 45% 提高到 2004 年的 52%。其中一些国家也已实现或接近实现向服务经济的转型。特别是进入 21 世纪以来，发达国家服务经济的产业结构得以进一步确立，OECD 的 30 个成员国中，服务业产值占 GDP 的比重均在 70% 以上。服务业就业人数占总就业人数的比重也达到了 69%。服务业成为推动发达国家经济发展的主要产业，其发展水平成为衡量现代社会经济发达程度的重要标志。俄罗斯的服务业就是在这一背景下迅速发展起来的。世界银行数据显示，2009 年发达国家如美国、日本、英国、德国、法国的服务业增加值占 GDP 比重分别为 77%、71%、78%、73% 和 79%，而俄

---

① IDC: оценка перспектив российского ИТ, http://www.cio-world.ru/it-expert/518330/.

罗斯的这一比重为62%。①另有资料显示,随着产业结构的不断调整升级,俄罗斯2010年服务贸易额达到1194亿美元,服务业产值为7551亿美元,占GDP的比重为59.28%,服务业从业人口占总就业人口的比重也超过了60%,服务业成为俄罗斯第一大产业。②图3—2也反映了俄罗斯以及"金砖五国"其他国家第三产业占GDP比重情况。

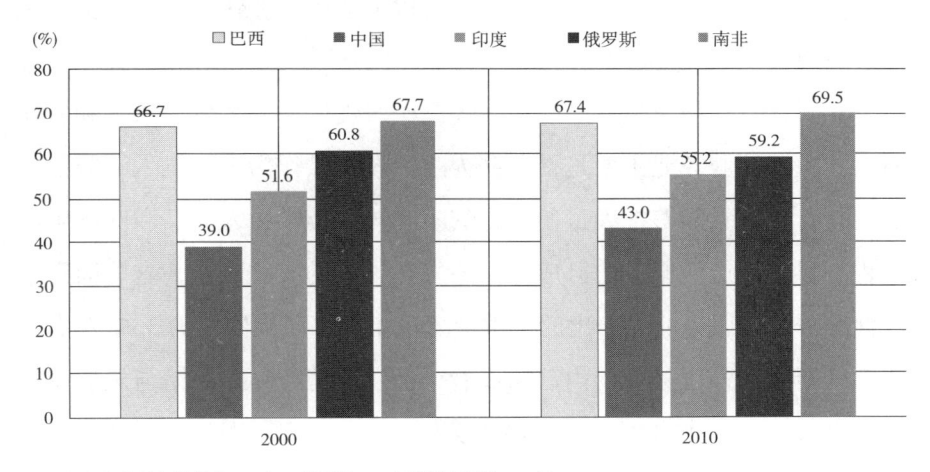

国家	2000	2010
巴西	66.7	67.4
中国	39.0	43.0
印度	51.6	55.2
俄罗斯	60.8	59.2
南非	67.7	69.5

注:(1)印度最新数据为2009年,俄罗斯2000年数据实际为2002年。
(2)印度为财政年度数据。

图3—2 金砖五国第三产业占GDP比重(2000,2010)

资料来源:http://www.stats.gov.cn/tjsj/qtsj/index.htm。

俄罗斯"入世"后,服务业得到进一步发展。根据俄罗斯"入世"的条约文本,俄在服务贸易领域签署了30项服务准入的双边协定,就世界贸易组织规定的服务贸易155个分部门中的116个做出市场准入承诺。

---

① 国家统计局服务业统计司:《"十一五"中国服务业发展报告》,中国信息报网络版,2011年11月3日。
② 联合国网站在线数据库,http://data.un.org/。

此外，俄罗斯将陆续开放包括电信业、保险、银行、交通和物流产业在内的 11 个行业。在电信行业，俄将在 4 年后取消电信领域外资股比限制；在保险行业，要在 9 年后允许外资保险公司建立分支机构；在金融业，俄将允许外国银行建立分支机构，对个别银行外资占比不设限制，但俄联邦整体银行体系中外资比例不得超过 50%；在零售商业，允许外国独资企业进入批发、零售和专营领域。可以说，服务业快速发展会推动俄产业结构进一步"高服务化"。

在这一过程中，俄罗斯须大力提高生产性服务业的发展水平和发展质量。生产性服务业主要是指那些为生产者提供作为中间投入的服务的部门与行业，它能够把大量的人力资本和知识资本引入商品和服务生产过程。目前生产性服务业已成为主要发达国家的支柱产业，这些国家生产性服务业占服务业总产出的比重都超过 40%，而俄罗斯为 35% 左右。从俄罗斯生产性服务业的内部构成看，批发零售贸易、餐馆与旅店业所占比重最大，为 46.37%，大大高于美国（17.21%）、英国（15.74%）、日本（21.35%），也高于中国（37.7%）；其次是交通和通信业，占比 30.88%，远高于美国（14.99%）、英国（21.65%）和日本（17.52%）。俄罗斯这两项之和占到整个生产性服务业的 77.25%，而美国、英国、日本则均未超过 40%。但另一方面，美国、英国、日本在作为生产性服务业最重要组成部分的金融、保险、房地产业和商务服务业这两大行业所占比重很高，三国分别为 59.93%、50.53% 和 53.03%，而俄罗斯仅为 16.61%（以上数据详见表 3—4）。这些数据说明，俄罗斯生产性服务业中以劳动密集型为主的批发零售贸易、餐馆、旅店业和交通行业的发展较快，而金融、保险、商务服务等资本密集型和知识密集型的现代生产性服务业的发展缓慢，相较于发达国家差距明显。从中可以看出俄罗斯生产性服务业的发展质量并不高。但从总的情况看，俄罗斯第三产业产值由 2005 年的 10.5 万亿卢布增加到 2010 年的 23.6 万亿卢布，再到 2011 年的 27 万亿卢布。俄第三产业占 GDP 的比重从 1990 年的 35% 提高到目前的 60% 以上，已基本接近发达国家的水平。俄罗斯这种产业结构调整与发达国家产业结构调整的特征是趋于一致的。

表 3—4　生产性服务业内部结构的国际比较　（%）

	美国	英国	日本	俄罗斯	中国
批发零售贸易、餐馆与旅店业	17.21	15.74	21.35	46.37	37.70
交通和通信	14.99	21.65	17.52	30.88	27.13
金融、保险与房地产	26.99	18.29	19.82	6.73	15.50
商务服务业	32.94	32.24	33.21	9.88	17.82
社会及个人服务业	7.87	12.07	6.09	6.14	1.70
家庭部门及境外社会团体服务业	0.00	0.00	2.02	0.00	0.13

数据来源：根据经合组织投入产出数据库计算整理，转引自郭晓琼：《俄罗斯生产性服务业发展研究》，《俄罗斯中亚东欧研究》2010 年第 3 期，第 44 页。

4. 产业结构"软化"趋势下第二产业内部结构升级的困境

由于以信息技术革命为中心的新技术革命的有力推动，全球产业结构日益高科技化和"软化"。在这一进程中，经过改造升级后的发达国家传统工业向先进制造业转变，工业中的高新技术产业特别是先进制造业得到快速发展，从而极大地推动了发达国家第二产业内部结构的调整和升级。这虽然也是一个全球性的发展趋势，但不同国家的进展情况各不相同。俄罗斯由传统工业向先进制造业转变、调整第二产业内部结构的步伐缓慢，特别是长期以来始终未能摆脱经济对资源特别是能源产业的依赖，经济增长在很大程度上是靠能源产业尤其是石油的大量出口来推动。有资料显示，2011年俄罗斯石油开采量为5.11亿吨，其中的3.75亿吨可以用来出口；天然气开采量为6705.44亿立方米，比2010年增长3.1%。俄能源部估计，2020年之前俄石油开采量将稳定在每年5.05亿—5.1亿吨。俄能源部长什马特科坦言，"俄罗斯将强化在全球能源市场供应的领先地位"。[①]可见，巨大的能源资源优势已经使俄罗斯经济形成了一种发展模式的"路径依赖"。因而解决经济对能源产业的过分依赖问题有相当的难度。这也是长期以来俄罗斯产业结构调整中第二产业内部结构调整和升级始终未能取得实质性进展的重要原因。当然，这并不是否认俄第二产业内部结构调整的收效，即俄罗斯能源和原材料部门的增长速度和对GDP的影响力正在逐渐下降，而加工部门的最终产品的增长速度和贡献率则在逐步上升。在加工工业部门中，高新技术产业的贡献率在增大，传统产业的贡献率在下降。这些都反映出俄资源依赖型的经济结构正在逐步改善。

为了摆脱长期以来形成的第二产业内部结构调整和升级的困境，时任总统的梅德韦杰夫提出，今后俄罗斯必须在保持经济规模的同时摒弃原材料导向型经济发展模式，实现经济现代化。今后俄工业结构调整的重点是降低能源和原材料部门的增长速度和对GDP的贡献率，提高以加工部门为主的最终产品部门增长速度和贡献率，特别要使高新技术产业的贡献率增大，传统产业的贡献率下降。普京也提出俄罗斯经济必须摆脱对原材料出口的过度依赖，通过发展创新型经济并依靠现代化技术来优先发展制药业、复合材料、化学工业、非金属材料、航空工业、信息

---

① 《俄罗斯中亚东欧经贸动态》，《俄罗斯中亚东欧市场》2012年第3期，第59页。

技术和纳米技术。① 由此可见，无论是"梅普组合"还是今后的"普梅组合"，都将调整第二产业的内部结构、改造能源和原材料导向型的传统产业、由传统工业向先进制造业转变，作为产业结构调整升级的重要任务和目标。当然，从另一角度看，俄罗斯发展能源原材料产业和加工制造业等具有比较优势或竞争优势的产业，这本身也无可厚非，因为这是俄根据本国的比较优势和国际产业分工所做出的选择。但重要的是要优化工业内部的结构，用高新技术来装备和改造传统工业，使传统工业结构的短期适应性调整与长期战略性调整有机结合起来，这才是俄罗斯今后面临的长期而艰巨的任务。

第四节　本章小结

（一）在经济全球化进程中全球产业结构深刻调整的背景下，随着经济转轨的不断深化和转轨经济的发展，中国和俄罗斯的产业结构都得以不同程度的调整和升级。虽然中俄两国所面临的经济环境因素存在较大差异，但两国在产业结构调整方面有着许多共同的诉求。中国经过多年的经济转轨与发展，不仅经济快速增长，而且产业结构也发生了很大变化。然而，要使产业结构适应变化了的经济形势和经济发展方式的转变，仍然任重而道远。俄罗斯产业结构调整的任务比中国更为艰巨，因为俄几十年来并没有从根本上改变资源依赖型的产业结构和经济增长模式。正因为如此，国际市场原材料价格特别是石油价格的涨落，一直在很大程度上决定着俄的经济增长和经济发展。2008年的国际金融危机，更使俄罗斯的经济和产业结构问题暴露无遗。因此，像中国和俄罗斯这样的

---

① 参见《俄罗斯中亚东欧经贸动态》，《俄罗斯中亚东欧市场》2012年第4期，第55页。

经济转轨大国，始终面临着调整产业结构、促进产业发展、转变经济发展方式的艰巨任务。

（二）自改革开放和经济转轨以来，在全球产业结构调整加快的趋势下，中国产业发展和产业结构调整大体经历了两个重要的发展阶段。第一阶段是1981年开始实施"六五"计划直到"十一五"规划结束。第二阶段是2011年实施"十二五"规划至今。这两个重要阶段各有不同的发展特点。

在第一阶段，尤其是自"八五"计划至"十一五"规划，中国产业发展和产业结构调整的特点，一是注重巩固和加强农业的基础地位，推进农业结构战略性调整，全面发展和繁荣农村经济。二是不断加强基础设施和基础工业建设，加快工业改组改造和结构优化升级，不断促进产业结构合理化，并逐步走向现代化。"十一五"规划更是明确提出加快转变经济增长方式，推进工业结构优化升级，走新型工业化道路，加快发展高新技术产业，振兴装备制造业，优化发展能源工业，积极推进信息化等。三是大力发展服务业。"八五"计划明确提出要重视第三产业的发展，尤其是重点发展为生产和生活服务的行业。第三产业的发展速度要快于第一、第二产业。提出到2000年，第三产业在国民生产总值中的比重要由1/4左右提高到1/3左右。"十五"计划也提出，对经济结构进行战略性调整，必须加快发展服务业，扩大总量，优化结构，拓宽服务领域，提高服务水平。要发展现代服务业，改组改造传统服务业，明显提高服务业增加值占国内生产总值的比重和从业人员占全社会从业人员的比重。"十一五"规划则明确提出加快发展包括生产性服务业和消费性服务业在内的现代服务业。总之，在产业发展和产业结构调整的第一阶段，特别是自"八五"计划起，中国不仅更加注重产业结构调整，而且着力向三次产业协同发展、三次产业协同带动经济增长和结构优化升级转变,从而为"十二五"规划的实施奠定了稳固的基础。

第二阶段即2011—2015年的"十二五"规划时期,是中国明确提出加快转变经济发展方式,大力优化产业结构,深化产业结构战略性调整的重要时期。在这一时期,加强农业基础地位,提升制造业核心竞争力,发展战略性新兴产业,加快发展服务业,促进经济增长向依靠第一、第二、第三产业协同带动转变,成为产业结构调整的基本目标。主要措施是:改造并提升制造业,促进制造业由大变强;培育发展战略性新兴产业,明确确定新一代信息技术、节能环保、新能源、生物、高端装备制造、新材料、新能源汽车七大战略性新兴产业及其发展方向和具体领域;加强现代能源产业和综合运输体系建设,构建安全、稳定、经济、清洁的现代能源产业体系;全面提高信息化水平,推动信息化和工业化深度融合;加快发展生产性服务业和生活性服务业。正如习近平总书记所指出的,实现尊重经济规律、有质量、有效益、可持续的发展,根本途径是加快转变经济发展方式,关键是深化产业结构战略性调整。产业结构调整是一项长期战略任务,总的方向是,改造提升传统制造业,培育发展战略性新兴产业,加快发展服务业,加强新能源和可再生能源、综合运输体系、城乡公共基础设施建设,构建现代产业发展新体系。[①]

根据《中共中央关于制定国民经济和社会发展第十三个五年规划的建议》提出的产业发展和产业结构调整的主要目标,"十三五"规划时期要在支持传统产业优化升级和加快建设制造强国的同时,大力发展节能环保、生物技术、信息技术、智能制造、高端装备、新能源等新兴产业,

---

① 《习近平总书记系列重要讲话读本》,人民网,http://theory.people.com.cn/n/2014/0707/c40531-25245668.html。

构建产业新体系；继续扶持和发展战略性新兴产业，并不断培育一批战略性产业；实施智能制造工程，构建新型制造体系；加快发展现代服务业，推动生产性服务业和生活性服务业向更高水平发展。简言之，在"十三五"规划时期，主动适应和引领经济发展新常态，把转方式调结构放到更加重要位置，以新兴产业推动产业转型，推进产业结构由中低端水平向中高端水平迈进，实施"中国制造2025"，加快由制造大国向制造强国的转变，将是产业发展和产业结构调整的主攻方向。

（三）关于俄罗斯产业发展和产业结构调整问题，首先，本章将俄罗斯的产业发展和产业结构调整置于经济全球化和全球产业结构调整的大趋势和背景下加以分析。因为经济全球化时代世界各国之间产业发展的关联度增强，资源配置的全球化使一国的产业结构变动与全球产业结构调整的相关性更为紧密，俄罗斯这个对外开放度很高的转轨国家也概莫能外。以上的分析表明，俄产业结构调整是适应全球产业结构调整的基本趋势、与这一趋势大体相吻合相一致的。而从国内因素看，俄罗斯也已经具备了以高新技术产业和服务业发展来推动产业结构"软化"和"高服务化"的基本条件。

至于俄罗斯产业结构中所表现出的另一面，即第二产业内部结构调整和升级进展缓慢，从而导致"原材料导向型"或称"资源依赖型"经济发展模式问题，应从两个方面加以分析。一方面，这种产业结构是俄根据本国国情和自身比较优势所做出的选择；另一方面，从参与国际竞争看，这是俄立足于比较优势来参与国际产业分工、利用国际市场的有利行情拉动经济增长所做出的选择。其结果，使俄罗斯成为了全球原材料和能源的主要供给者。这从发挥比较优势参与国际产业分工的角度看也无可厚非。然而，综观转轨以来俄罗斯的经济发展战略，能源发展战略始终是俄的核心发展战略。无论是叶利钦时期还是普京时期，均把能源发展作为国家经济发展的最重要目标，因而使得俄罗斯其他产业的发展不同程度地受到削弱，致使经济结构畸形，很多新兴产业的发展缺少政策扶持，经济增长缺少新的推动点。因此，从优化产业结构的中长期目标看，摆脱经济对资源特别是能源产业的依赖，扭转俄罗斯作为全球原材料和能源主要供给者的形象，加速调整产业结构尤其是第二产业内部结构调整和升级，实现经济多元化，推动创新型经济发展，依然是摆在俄罗斯面前的艰巨任务。俄罗斯经济发展部在谈到实现全面现代化、达到世界先进水平的创新型经济在"质"和"量"上应发生的六项根本性改变时，也将经济结构多样化摆在首位，特别是"知识经济"部门和高新技术产业部门在国民经济中应发挥主导作用。其中，高新技术产业和知识型经济在国内生产总值中的比重不低于17%—20%。[1]这应被看作是俄罗斯进一步调整产业结构、大力发展高新技术产业的目标定位。

其次，本章对俄罗斯发展创新型经济和实施创新发展战略从而推动产业发展和产业结构调整问题进行了深入分析。俄罗斯对国家创新体系进行重构并不断完善，积极应用新技术，改变本国的经济发展模式，使产业结构由资源依赖型向有利于加工和服务部门的方向转变，特别是向有利于高新技术产业发展的方向变化。尽管俄罗斯为此实施了种种举措，但实际成效尚有待观察。无论如何，俄罗斯推行创新发展战略还是取得了一定的进展。俄政府通过各种政策使国家的创新资源得以恢复并持续发展，也使国家创新系统的绩效不断提高。今后，俄罗斯实施创新发展战略，仍会将推动产业发展和产业结构调整作为重要目标。

---

[1] Минэкономразвития России: Концепция долгосрочного социально-экономического развития Российской Федерации ,Москва, Июль, 2007 г.

综上所述，中国和俄罗斯这两个经济转轨大国的产业结构虽经不同阶段和不同程度的调整与升级，仍始终面临着产业结构调整和转变经济增长与发展方式的艰巨任务。从长期看，扩大内需，依靠消费、投资、出口来协调拉动经济增长，在巩固和加强农业基础地位的同时，大力发展战略性新兴产业并提升制造业的核心竞争力，加快发展服务业，是中国产业结构调整与升级的中心任务。而俄罗斯产业结构的调整首先要解决经济对能源产业的过分依赖问题，通过大力发展信息产业和创新型经济来改变"原材料导向型"经济增长模式，实现经济多元化和经济现代化。总之，无论是中国还是俄罗斯，要保持经济的持续平稳增长，必须使产业结构的短期适应性调整与长期战略性调整有机结合。最重要的是立足本国国情，对传统产业进行改造，大力发展高附加值、高效益和高技术含量的新兴产业，在实现传统产业结构升级的同时，实现优势产业结构自身的升级，使中俄两国的经济和产业结构更加合理并不断优化。

第四章 经济全球化背景下转轨国家的产业安全

产业发展与产业安全密切相关。产业发展是产业安全的基础,而产业安全反过来促进产业发展,因此,两者相辅相成、缺一不可。特别是在经济全球化迅猛发展的时代,转轨国家迫切需要产业发展,更要保障产业安全。因为经济全球化是一把"双刃剑",它既为转轨国家的产业发展带来了前所未有的机遇,同时又对转轨国家的产业安全构成严峻挑战,使产业的比较优势受到削弱。特别是许多转轨国家资源密集型或劳动密集型的产业与贸易结构,使其在国际经济竞争中处于更为不利的地位。而且,绝大多数转轨国家正处于工业化加速发展时期,国民经济命脉根系于产业安全。因此,产业安全问题对这些转轨国家至关重要。本章以两个最大的转轨国家中国和俄罗斯为主要分析视角,深入分析研究经济全球化背景下转轨国家面临的产业安全问题。

第一节 产业安全相关理论

一、产业安全的理论起源

自现代经济学诞生以来,经济学家们就对国家产业安全给以极大的关注。18世纪英国经济学家亚当·斯密在其著作《国民财富的性质和原因的研究》中,就对国家产业安全进行了分析。在国防工业领域,斯密放弃了其一贯坚持的自由放任、自由竞争、公平贸易的观点,他认为,政府必须运用政权力量对这类产业进行保护和扶持。对于其他制造业,虽然当时英国工业品在世界市场上极具竞争力,但斯密也注意到,如果国内制造业不具备国际竞争力,就会受到大量外国进口工业品对英国国内产业的冲击以及由此带来的国家经济安全问题。这可能直接导致大量失业和生活资料的丧失,甚至可能会发生严重的社会混乱。因此,斯密认为英国政府必须"小心翼翼地恢复自由贸易",必须慎重地实施自由贸易政策。此外,斯密对当时英国产业和贸易的过分不均衡发展及其可能引起的政治经济后果十分担心,认为这会导致国家经济不安全。特别是某些关系国计民生的重要产业,如果过分依赖少数国外市场,就会给国民经济的发展和国家经济安全带来不利影响。

继亚当·斯密之后,以美国首任财政部长亚·汉密尔顿和德国经济学家弗里德里希·李斯特为代表的著名学者,提出了"幼稚产业保护论",从而使产业安全理论趋于成熟。1791年,汉密尔顿在向美国国会提交的《制造业报告》中指出,美国的幼稚产业经不起外来竞争,因此,美国政府必须加强国家干预,实施关税保护政策,为本国幼稚产业特别是制造业的发展创造条件。该报告认为,美国只有两条路可走:一是实行关税保护,独立自主地发展自己的工业特别是制造业。他还阐述了保护和发展制造业的必要性和有利条件,提出了以加强国家干预为主要内容的一系列措施;二是实行自由贸易政策,继续充当英、法、荷等国的原料产地和工业品销售市场。[①] 汉密尔顿认为,世界上没有一个完全实行自由贸易的国

---

① 〔美〕G.C.菲特、J.E.里斯:《美国经济史》,辽宁人民出版社1981年版,第196页。

家，因而美国也不能将其作为国策。他还主张用征收关税的办法奖励工业，必要时对农业加以保护。汉密尔顿的保护关税理论不仅对丰富和完善产业保护理论做出了重要贡献，而且成为美国对外经济贸易政策的重要组成部分，对当时美国工业的发展起到了积极作用。

李斯特对国家经济安全以及政府对产业发展的支持和保护问题也给以特别的关注。1841年，他在《政治经济学的国民体系》中系统地提出了以关税保护为核心的幼稚产业保护理论。他认为，符合"以促进和保护国内工业力量为目的"[1]的幼稚产业必须给予保护，即使牺牲短期利益来获得国家产业长远发展也在所不惜。他通过对英美等发达国家近代经济发展历史的考察得出结论：一个国家不能在工业尚未充分发达前，就采取自由贸易的方针，如果盲目执行自由贸易的政策，就会使国家的工业衰弱甚至消亡，并最终导致这一国家国际政治经济地位的衰落。李斯特认为，对幼稚产业实行保护的手段就是采取高关税或禁止进口的政策。他提出："对某些工业品可以实行禁止输入，或规定的税率实际上等于全部，或至少部分地禁止输入。"同时，"凡是在专门技术与机器制造方面还没有获得高度发展的国家，对于一切复杂机器的输入应当允许免税，或只征收极轻的进口税"[2]。而且，他一方面主张在产业发展初期，对产业的保护程度要低，以利于引进先进的机械设备和原材料，引进先进的产品加以仿制；在产业发展的中期，应采取高保护措施来避免竞争；而在产业发展的后期，则应采取低保护措施以利于产品参与竞争。另一方面，他还主张对不同的产品也应采取不同的保护程度：国内不能生产的奢侈品可采取低保护措施，以满足国内需求；国内能生产且又有大量

---

[1] 〔德〕弗里德里希·李斯特：《政治经济学的国民体系》，商务印书馆1981年版，第261页。
[2] 同上书，第265页。

需求的产品应采取高保护措施。

约翰·穆勒也赞同李斯特的幼稚产业保护理论,认为这是贸易保护论可以成立的唯一理由。他在《政治经济学原理》一书中提出,政府必须对从国外引进的新产业实施短暂保护,待新产业发展成熟后则应取消保护,而新产业的发展则应有助于社会技术进步和提升国家产业的竞争力。也就是说,他认为正当的保护应当只限于从外国引进产业的学习过程,过了这个期限就应当取消保护;引进的产业应完全适合该国的国情并在生产上有各种便利的条件;而且,由于个人不愿意承担对引进产业学习和掌握期间的损失和风险,所以要靠关税保护之类的国家手段来促其实现。[1]

应当指出,在一个相当长的时期内,国际学术界对产业安全问题的研究主要是在国际贸易理论特别是贸易保护理论框架下进行的。这些理论从不同的角度对国际贸易和产业安全与发展问题进行了分析论证。

二、产业安全基本理论

第二次世界大战以后,世界政治经济格局发生了重大变化。发达国家在实行短暂的贸易自由化之后,迎来了新贸易保护主义以及基于规模经济和不完全竞争的战略性贸易保护政策,其实质都是通过经济、法律、行政等手段改善本国产业在国际竞争中的地位,维护国家产业安全。与此同时,广大发展中国家普遍奉行"发展主义"思想,并出现了针对发达国家的贸易保护主义倾向,以提高民族产业自我生存发展的能力。因此,产业安全问题越来越受到世界各国的普遍重视,与此同时,对产业安全问题的研究也日益深化。

---

[1] 任烈:《贸易保护理论与政策》,立信会计出版社1997年版,第59页。

（一）产业安全的内涵

虽然我国理论界对产业安全问题的研究不断深入，但目前尚未就产业安全的内涵和基本概念形成一致的观点，以下列举几种较具代表性的观点。

1. 着眼于民族产业和产业权益的产业安全观

有学者认为，研究产业安全不能脱离开国民这个主体，产业安全的准确提法应为国民产业安全。国民产业安全指一国的国民产业在国际产业竞争中达到这样一种状态：该国国民在得到既有的或潜在的由对外开放带来的产业权益总量所让渡的产业权益份额最小，或在让渡一定国民产业权益份额的条件下其由对外开放引致的国民产业权益最大。也就是在国际竞争中达成国民产业权益总量和其在国内份额的最佳组合。[1] 这种观点认为，虽然西方发达国家和跨国公司推动的经济全球化趋势不可逆转，国际产业转移和国际分工格局的变化带来各国产业利益的重新分配，但是产业发展和产业安全的国民属性不会改变。跨国产业活动中的经济个体在他国取得的任何产业权益，都可能侵害它国权益主体的利益，造成产业安全威胁。因此，产业安全问题的核心是要使以国民为主体的产业权益在国际竞争中得到保护并且不受损害。

2. 着眼于控制权和控制力的产业安全观

有人认为，产业安全是指一国对某一产业的创始、调整和发展，如果拥有相应的自主权或称控制权，即可认定该产业在该国是安全的。所谓创始的自主权或控制权，是指国家自主发展起来某产业，国家对这一产业的出现或形成拥有相应的权利；所谓调整的自主权或控制权，是指为适应本国社会经济发展的需要，为适应经济全球化、国际贸易和国际

---

[1] 赵世洪：《国民产业安全概念初探》，《经济改革与发展》1998年第3期。

技术及其结构变化而对产业做出相应调整的能力与由此拥有的权利;所谓发展的自主权或控制权,是指一国能在某产业的未来发展中,使本国的这一产业能够领先于别国,并由此取得该产业在国际竞争中的优势地位,从而意味着该国拥有对该产业的竞争制高权即产业发展权。[①] 也有人认为,产业安全是指在国际经济交往与竞争中,本国资本对关系国计民生的国内重要经济部门的控制,本国各个层次的经济利益主体在经济活动中的经济利益分配的充分以及政府产业政策在国民经济各行业中贯彻的彻底。简言之,产业安全是指一国对国内重要产业的控制能力及该产业抵御外部威胁的能力,主要体现为产业的国际竞争力。[②]

上述学者都强调,在市场开放条件下,国家产业发展必须主要依靠本国的资本、技术和品牌,只有始终保持本国政府和资本对国内产业的控制权,才能赢得经济独立发展的话语权。如果出现跨国公司对本国主导或战略产业的控制,则会危害整个国家产业的自主、健康发展。

3. 着眼于与外资有关的产业安全观

有学者认为,国家产业安全问题最主要是由于外商直接投资产生的,指的是外商利用其资本、技术、管理、营销等方面的优势,通过合资、直接收购等方式控制国内企业,甚至控制某些重要产业,由此而对国家经济安全构成威胁。[③] 持这种观点的学者认为,产业安全问题主要是由于经济开放过程中大量吸引和利用外资所引发的,一旦本国产业被跨国公司控制,国家的产业安全和经济安全就会受到严重威胁。事实上,外资对中国和俄罗斯等转轨国家的一些产业不仅形成了控制,而且这种局面

---

① 于新东:《产业保护和产业安全的理论分析》,《上海经济研究》1999 年第 11 期,第 33—37 页。
② 杨公朴等:《中国汽车产业安全性研究》,《财经研究》2000 年第 1 期,第 22—27 页。
③ 张碧琼:《国际资本扩张与经济安全》,《中国经贸导刊》2003 年第 6 期。

还在进一步发展，对这些国家的产业安全和经济安全构成威胁和严峻挑战。

4. 着眼于能力的产业安全观

有人认为，产业安全是本国产业具有的生存和发展能力。宏观层面的产业安全是指政府具有适当规制产业的能力，国内相关制度安排能够引致合理的市场结构及市场行为，产业结构合理，国内产业具有活力。中观层面的产业安全是指在开放竞争中本国的重要产业具有竞争力，绝大多数产业能够生存并持续发展。微观层面的产业安全是指本国国民所控制的企业达到生存规模，具有持续发展的能力及较大的产业影响力，在开放竞争中具有一定优势。[①] 持这种观点的学者强调，在经济全球化背景下，一国产业对来自国内外不利因素具有足够的抵御和抗衡能力，能够保持各产业部门的均衡协调发展。认为国家产业安全主要体现为产业的国际竞争力。

综合上述各种观点，可以认为，产业安全是主权国家通过产业政策（同时配合其他经济、法律和行政等手段）的有效引导与保护、产业组织创新、产业合理布局和产业结构升级，逐步提升国家产业生存和发展能力的动态过程，以使产业的生存和发展不受威胁，使本国产业具有较强的国际竞争力，并能够排除和抵御外来因素的影响与冲击，保障本国产业权益在日益激烈的国际经济竞争中免受侵害。

（二）产业安全的分类

对产业安全可以从不同角度加以分类：从内容上可以将产业安全分为产业生存安全和产业发展安全；根据产业安全的发展态势，可以将其分为静态产业安全和动态产业安全；依据市场条件，可以将产业安全分

[①] 景玉琴：《产业安全概念探析》，《当代经济研究》2004 年第 3 期，第 29—31 页。

为封闭市场条件下的产业安全和开放市场条件下的产业安全。如果从产业经济学的产业组织理论、产业结构理论、产业布局理论和产业政策的理论框架来分析产业安全问题，还可以将产业安全分为产业组织安全、产业结构安全、产业布局安全和产业政策安全。

在经济全球化和开放经济条件下，产业组织安全是指一国的产业组织有利于加快推动该国产业结构的合理发展，以实现资源优化配置，不断提升产业的国际竞争力，并有效抵御外部经济的侵袭；产业结构安全是指一国各产业部门处于相互适应和协调发展的状态，特别是支柱产业和战略性产业具有较强的国际竞争力，产业结构的升级不依赖于外国产业的转移而是通过自身不断升级来抵御外部因素的影响和冲击；产业布局安全是指在一国范围内通过降低交易费用，促进知识、制度和技术的创新与扩散，实现产业合理布局和产品的更新换代来形成生产成本、产品差异化、区域营销等方面的竞争优势，以优化产业结构和提高产业竞争力，并能够抵御外部经济的冲击；产业政策安全是指一国能够根据本国产业发展的实际情况和经济全球化进程中国际经济形势的变化，做出独立、及时和正确的产业决策，从而保证本国产业健康、稳定和可持续发展。[①]

三、产业安全若干重要理论

（一）产业保护理论

产业保护理论作为产业安全理论的重要组成部分，主要研究产业保护对象、产业保护手段、产业保护程度和产业保护效果问题。一般而言，产业保护是一国政府为发展某一产业而实行的保护措施和支持政策，是政府对产业发展的规制和干预行为。但在经济全球化背景下，由于投资自由化、

---

① 李孟刚：《产业安全理论研究》，经济科学出版社 2010 年版，第 115—116 页。

生产国际化、金融全球化、贸易自由化的迅猛发展和与之相伴随的国际市场竞争的加剧，一国的产业发展和产业安全面临着越来越严峻的挑战。与此同时，传统产业保护理论以规避竞争来保护产业发展的主张受到质疑，因为规避竞争的可能性越来越小，而日益激烈的国际竞争成为经济全球化的一个重要特征。因此，应当赋予产业保护以新的理论内涵。

有学者认为，在开放市场条件下，产业保护首先不应该是排斥竞争的保护，而应该是以引入竞争为基础的产业动态保护。[①] 认为产业保护的目的是保护和提高产业的竞争力，使被保护产业不断增强参与国际竞争的能力；产业保护的手段和措施应将国际贸易政策和产业政策（如产业扶持政策、产业调整政策、产业组织政策、产业技术政策、综合性产业政策等）有机地结合起来，并加以综合和灵活运用；产业保护的对象应是重要的支柱产业和幼稚产业，或是在全球产业链中占有重要地位的产业和低碳节能的产业。换言之，所保护产业的成长对整个国民经济的发展特别是对一国产业竞争力的提升能够产生关键性的影响；产业保护的难点是对产业开放度和保护度的把握，为产业发展提供开放的成长环境和适度的保护措施。如果产业保护力度小，就达不到保护的根本目的；而如果保护力度过强，出现过度保护，会使受保护的产业发展或成长缓慢，既不利于产业的技术进步，也不利于形成规模经济。

（二）产业损害理论

作为产业安全理论的组成部分之一，产业损害理论是以研究倾销和反倾销为主要内容的一种产业安全理论，该理论既要研究外来产品倾销对进口国相关产业所造成的损害和冲击，也要研究进口国为补偿和平衡倾销造成的产业损害而实施的反倾销措施。对产业损害问题，WTO的《反

[①] 李秀香：《幼稚产业开放式保护问题研究》，中国财政经济出版社2004年版，第192页。

倾销守则》做了如下界定：进口商品给进口国生产相同或类似产品的产业造成实质损害、实质性损害威胁或实质性阻碍了该类产业建立，可视为产业损害。确定产业损害应遵循的原则是：要以肯定的证据为基础；要客观审查倾销进口数量及其对产品国内市场价格的影响，以及对相同产品国内生产商产生冲击的后果。

倾销是造成进口国产业损害的重要原因。有学者指出，倾销商品在进口国的廉价销售，会直接冲击甚至挤垮进口国生产与倾销商品相似或直接竞争的产品生产企业，并对相关产业造成直接损害，从而构成产业不安全。不仅如此，倾销也会对与倾销商品无直接竞争关系的产业造成间接损害，生产类似倾销产品产业及关联产业同样会有不同程度的损害。产业损害的程度取决于倾销商品的倾销幅度和倾销数量。[1] 因此，进口国通常对给本国产业造成损害的倾销行为采取反倾销措施，主要是征收反倾销税以抵消产业损害的后果。一般来说，进口国确定反倾销的前提条件有三个：一是倾销行为的存在；二是损害的构成，即对国内产业产生重大损害或对国内新产业产生重大威胁；三是倾销与损害之间存在着因果关系。

综上所述，"产业损害理论是以倾销、反倾销为研究对象，以产业损害成因、产业损害调查、产业损害幅度测算和产业损害维护为研究内容，通过产业损害调查确认倾销的存在和幅度，以产业损害幅度测算为基础，通过反倾销税的征收，平衡倾销对国内产业造成的损害，从而维护产业安全的理论"[2]。

（三）产业竞争力理论

有学者认为，产业竞争力是"在国际间自由贸易条件下（或在排除

---

[1] 李孟刚：《产业安全理论研究》，经济科学出版社 2010 年版，第 270 页。
[2] 同上书，第 271 页。

了贸易壁垒因素的假设条件下），一国特定产业以其相对于他国的更高生产力，向国际市场提供符合消费者（包括生产性消费者）或购买者需求的更多产品，并持续地获得盈利的能力"[1]。还有类似的观点进一步认为，所谓产业竞争力或产业国际竞争力，是指一国或某一地区的某个特定产业相对于他国或地区的同一产业在生产效率、满足市场需求、持续获利等方面所体现的竞争能力。产业竞争力实质上是一个比较的概念，一方面，产业竞争力比较的内容是产业竞争优势，而产业竞争优势最终体现于产品、企业及产业的市场实现能力。因此，产业竞争力的实质是产业的比较生产力。所谓比较生产力，是指企业或产业能够以比其他竞争对手更有效的方式持续生产出消费者愿意接受的产品，并由此获得满意的经济收益的综合能力。另一方面，产业竞争力比较的范围是国家或地区，产业竞争力是一个区域的概念。因此，产业竞争力分析应突出影响区域经济发展的各种因素，包括产业集聚、产业转移、区位优势等。[2]

此外，产业竞争力理论还应研究以下三种关系：一是产业竞争力与国家竞争力的关系。有观点认为，产业竞争力决定着国家竞争力，同时，国家又通过"环境的塑造"来影响产业竞争力。二是产业竞争力与企业竞争力的关系。虽然产业内企业竞争力的增强是该产业竞争力提升的基础，但产业竞争力并非是企业竞争力的简单相加。从企业的单个竞争力转化为产业的综合竞争力，是一个复杂的"力的合成"过程。如果一国在一个产业范围内各企业之间的竞争是无序的，缺乏协调与合作，就难以真正形成"力的合成"，因而不利于该产业竞争力的提升；反之，则有利于产业竞争力的提升。三是产业竞争力与产品竞争力的关系。产品

---

[1] 金碚：《中国工业国际竞争力——理论、方法与实证研究》，经济管理出版社1997年版。
[2] 参见MBA智库百科，http://wiki.mbalib.com。

是产业竞争的载体,任何产业竞争几乎都要通过产品竞争表现出来。因此,可以说产品竞争力是产业竞争力和企业竞争力的基础,产业竞争力和企业竞争力是产品竞争力的综合体现。这种相互逻辑关系可以用下述形式表示:产品竞争力←→企业竞争力←→产业竞争力←→国家竞争力。

在经济全球化进程中,由于投资自由化和生产国际化的快速发展,国际竞争日趋激烈。在这种情势下,不仅作为市场竞争主体的企业不得不直接或间接参与国际竞争,而且一国的任何一种产业都不可能处在一个稳定的国内竞争市场环境,也要面对竞争激烈的国际市场。从这个意义上说,一国的产业国际竞争力既是决定产业发展和产业国际竞争的重要因素,也与产业安全密切相关。正如有学者所指出的,虽然一国可以对产业加以保护,但产业保护的手段是有限的,由于国际竞争的不断加剧,没有竞争力的产业即使受到保护,也不可能得到长远的发展。[①]因而产业竞争力是产业安全的核心,提升产业国际竞争力是维护产业安全的根本。因此,一方面,要将产业竞争力的提高上升到维护国家经济和产业安全的高度,并作为国家制定产业政策的基本出发点;另一方面,必须对关系到国家经济安全的重要产业加以扶持和保护,提高其竞争力,以保证国家的经济和产业安全。

(四)产业控制理论

产业控制理论是从产业控制力的角度探讨产业安全的理论。所谓产业控制力,一般是指一国控制本国产业的能力和程度。在开放经济条件下,由于外资的大量进入,使外资对东道国的产业控制力不断增强,从而会削弱东道国对本国产业的控制力。因此,从这个角度说,"产业控制力是指外资对东道国产业的控制能力,以及对东道国产业控制力的削弱能

---

① 高虎城:《产业安全来自国际竞争力》,《中国经济周刊》2004年8月30日。

力和由此影响产业安全的程度。产业控制力的实质是外资产业控制力和东道国产业控制力这两种力量的对决博弈能力。当外资对产业的控制力大于东道国对产业的控制力时，可以认为该国的产业安全出现了问题。"[1]因而，从基于产业控制力的这种产业安全观出发，产业安全就是指一国在对外开放和参与国际竞争的条件下，具有保持民族产业持续生存和发展的能力，并始终保持着本国资本对本国产业的控制力。[2]

由于产业控制理论是从产业控制力的角度分析产业安全问题，因而该理论关注的焦点，一是外国直接投资通过股权、技术、品牌、经营权、决策权的控制，冲击东道国市场，对东道国产业产生不利影响，甚至控制其某些重要产业，从而对国家经济主权构成威胁的问题；二是东道国为提升产业控制力和保证产业安全所应采取的措施。一国的产业控制力包含两个方面的含义：一方面是本国资本对国内产业的控制力和对市场的占有程度；另一方面是本国政府对国内产业的影响力和产业政策效应。产业控制力的高低也主要受国际资本进入的影响，大量外资企业的进入会侵蚀本国资本的产业控制力。因此，东道国往往都会制定相应的外资政策，对外资加强引导和管理，以抑制外资企业和跨国公司的负面影响，维护和提高本国对重要产业的控制力。[3]

第二节 经济全球化对转轨国家产业安全的影响

在本书第一章中，对经济全球化与转轨国家经济安全的相关性问题

---

[1] 李孟刚：《产业安全理论研究》，经济科学出版社2010年版，第298页。
[2] 张立：《维护我国产业安全的制度变迁模式初探》，《天府新论》2002年第4期。
[3] MBA智库百科，http://wiki.mbalib.com。

已有详细论述，从不同角度分析了经济全球化对转轨国家经济安全的深刻影响。本节则在此基础上，进一步深入分析经济全球化对转轨国家产业安全的影响。

一、贸易自由化与转轨国家产业安全

由于贸易自由化的飞速发展和积极融入贸易自由化进程，使转轨国家的对外贸易得到长足发展，但各个国家的受益程度和发展程度各有不同。直到目前，中国虽进入世界贸易大国行列，但还不是贸易强国。长期以来，加工贸易在中国对外贸易结构中占有较大比重，而工业制成品则在对外贸易出口中占有重要地位。特别是由于中国大力发展出口导向型的劳动密集型产业，致使出口贸易结构失衡。而俄罗斯经济增长在很大程度上依赖于对外贸易，外贸对GDP的贡献率超过其他任何一个经济领域。可以说，外贸已成为俄罗斯经济发展的重要推动力。尤其是当国际市场石油价格高企时，俄罗斯"石油美元"和外汇收入都会大幅增加。然而，俄罗斯对外贸易中一直存在着出口产品结构单一、进出口国别过于集中、外贸依存度较高等一系列的问题。这些问题的存在使俄罗斯经济特别容易受到全球经济周期波动和国际市场能源、原材料价格波动的负面影响。

总体而言，贸易自由化对中国和俄罗斯产业安全的负面影响主要表现在以下方面。

（一）提高了产业对外依赖度，增加了产业安全风险

自改革开放以来，中国的对外贸易依存度曾不断上升，从1985年的23.1%上升到2009年的65.17%，而2013年降至46%。虽然国际金融危机对中国的外贸造成了较大的影响和冲击，但中国的对外贸易依存度仍然较高。由于中国是纺织、建材、钢铁、煤炭、水泥等诸多领域的生

产大国，且这些产品主要用于出口，因而较高的贸易依存度直接威胁到中国各个产业的安全。以能源为例，1993年，中国首次成为石油净进口国，当年的原油对外依存度仅为6%，此后这一比例一路攀升，到2006年已突破45%，其后每年均以2个百分点左右的速度上升，2007年达到47%，2008年为49%，到2009年已突破50%这一警戒线。[1]而到2014年，中国原油对外依存度达到了59.6%。目前，中国已成为石油进口大国。2010年，中国石油进口量大幅增长，原油净进口量首次突破2亿吨。[2]另据海关总署发布的数据，2014年我国进口原油已达3.1亿吨，同比增长9.5%。按国际通常标准，当一国石油进口超过5000万吨时，国际市场的行情变化会影响该国的国民经济运行。而当进口量超过1亿吨以上时，就要考虑以外交、经济、军事措施保证石油供应安全的问题。[3]因此，中国对进口能源的依赖程度不断提高，直接威胁到能源产业安全，可以说，石油仍是决定中国能源安全的"最紧迫的问题所在"。

经济转轨以来，俄罗斯对外贸易一直发展较快。特别是从2000年起，俄对外贸易规模不断扩大，极大地拉动了经济增长。有资料显示，2000—2002年三年间，依靠国际石油价格和其他能源价格的上涨因素，俄罗斯的GDP约增长了5%，约占这三年GDP总增幅的1/4。这一时期如果俄产"Urals"品牌的石油价格每桶上涨一美元，就会使GDP的增长速度平均提高0.17—0.21个百分点。此后，随着国际能源市场的变化，俄罗斯经济增长依赖能源出口的状况非但一直没有改变，反而愈演愈烈。

---

[1] 《2009年中国原油对外依存度超50% 专家称警钟已经敲响》，中国贸易救济信息网，http://www.cacs.gov.cn/cacs/newcommon/details.aspx?articleld=65136。
[2] 李新民：《我国2010年原油净进口量突破2亿吨》，中国网络电视台网，http://news.cntv.cn/20110124/101713.shtml。
[3] 曹秋菊：《对外经济下的中国产业安全》，经济科学出版社2007年版，第102—103页。

到 2006 年，能源出口占俄全部出口的比重已高达 67.8%，2008 年又上升到 73%，到 2011 年和 2012 年分别为 65.6% 和 69.8%。石油在能源出口产品中占据主导地位。国际金融危机前，由于国际市场的油价一路上涨，使俄罗斯获得了上亿美元的巨额收入，因而经济得到快速增长和发展。然而，受国际金融危机的冲击，俄产原油价格在 2008 年夏季冲破每桶 140 美元之后便一路下行，当年 12 月跌破 35 美元，俄罗斯经济也因此而陷入低谷。与此同时，能源工业再次承受严重打击，生产下降，投资锐减。到 2012 年，在俄罗斯向非独联体国家的出口商品结构中，能源产品所占比重依然高达 73%（2011 年为 72.7%）。就连普京总统也承认，俄罗斯产业结构与包括中国在内的其他经济转轨国家是有差异的。总体而言，贸易自由化条件下俄罗斯以能源及原材料为主的生产和出口结构，使其能源工业和原材料工业畸形发展，对产业安全构成威胁。回顾起来，无论是 1997 年的亚洲金融危机，还是 2008 年的国际金融危机，均对俄罗斯经济造成了严重冲击，产生了卢布贬值、出口下降、国内经济不景气、失业率上升等不利影响。而为了摆脱危机所造成的影响，俄罗斯借卢布贬值之际大规模出口原材料和能源，这又加重了俄罗斯对外贸的依赖性。俄罗斯今后的发展在很大程度上仍将依赖于能源和原材料出口。因此，这种经济发展模式直接威胁到俄罗斯原材料产业安全、能源安全、工业安全等相关领域的产业安全，甚至会威胁到国家安全。

（二）影响到产业发展和产业结构调整

贸易自由化的发展对中国各个产业的影响程度不同。纺织、轻工、建材、有色金属等行业是中国的传统出口优势行业，中国不仅是产量大国，也是出口大国。但由于这些产品大多属于劳动密集型产业，产品的科技含量较低，因而很少有产品定价的话语权，致使中国的传统出口优势产业受到发达国家市场需求的较大影响。而随着中国人口红利的逐渐消失，印度、越南等发展中国家的劳动力成本优势不断凸显，这种情况使中国的传统出口优势行业面临着日益激烈的竞争。第一，就中国的制造业而言，其竞争优势在不断上升，并且制造业产品逐渐成为主要的出口产品之一。虽如此，当前中国的制造业与发达国家相比还存在着一定的差距，主要是关键技术自给率较低，技术对外依赖度较高。国际金融危机过后，发达国家又重新关注制造业的发展，特别是节能环保、新一代通信技术、新能源、新能源汽车等领域的装备制造成为重点发展领域。可见，中国制造业也将面临更大的产业竞争与产业安全威胁。第二，中国的农业、汽车等行业的发展仍需要政府实行保护性政策。但在贸易自由化背景下，中国的市场对外开放不断扩大，大豆、棉花、植物油、食糖、汽车等大量的外国产品进入中国市场，给中国的农产品市场和汽车市场等造成了一定的冲击。中国的大豆进口量2010年为5480万吨，2013年达到6337.52万吨，而到2014年更是达到了7139.9万吨。中国已成为全球主要的大豆和植物油进口国。这种情况直接冲击了中国的农产品行业，造成了农业不安全问题。此外，尽管中国已成为全球最大的汽车生产国和汽车新品市场，但中国大都是汽车零部件的生产和汽车整装，对汽车的核心零部件缺乏自主知识产权。上海通用、上海大众、一汽大众、北京现代、东风日产等市场销售较大的汽车厂商均是合资企业，因而导致中国的汽车产业出现了大而不强的局面。

俄罗斯以能源和原材料为主的出口结构，使经济很容易受到世界市场行情变化的影响，并对其产生依赖性。例如，1998年由于世界石油价格降到10年以来破纪录的最低点，每桶仅为10美元，不仅给俄罗斯的出口收入造成极大损失，使国家财政的税收收入锐减，而且也给能源工业造成了沉重打击，导致能源特别是石油工业的衰退。在当代科学技术特别是高新技术迅猛发展的条件下，大量出口能源和原材料等自然资源会使俄罗斯陷于长期落后状态，并加剧结构性衰退。因此，俄罗斯历届政府都强调要改变这种不合理的产业结构和出口结构，降低对外部市场的依赖程度，大力发展制造业特别是机电制造业，用产业多元化取代产业单一化，以保证产业安全。而且，为促进原材料产品加工业的发展，俄罗斯已经逐渐上调了皮革、木材等原材料的出口关税，以降低对资源出口的依赖，力争获得更多的产品附加值。此外，俄罗斯还逐步提高了纺织品、农产品等产品的进口关税，并对国内产品和进口产品实行不同的消费税率，对汽车等幼稚产业实行了认证证书制度和欧洲技术标准，鼓励国内相关产业的发展。但从实际效果看，俄政府产业结构调整的努力仍收效不明显。

（三）恶化贸易环境，威胁到产业安全

虽然经济全球化和贸易自由化是当今世界经济发展的主流，但贸易保护主义不仅依然存在，而且有时甚至还相当严重。中国产品出口经常会遇到花样翻新的新老贸易保护主义的限制。由于贸易保护范围不断扩大，相关行业和地区的发展受到制约，出口结构调整也难度加大。在新形势下，受贸易保护主义的挤压，中国面临的贸易摩擦范围从货物贸易向服务贸易和知识产权扩展，从家电、纺织服装等转向新兴的钢铁、汽车、通信设备、化工等产业。有资料显示，2009年3月30日，美国宣布对中国出口美国的铜版纸产品征收临时反补贴税，涉案金额22亿美元；同年4月，美国又对中国油井管产品进行反倾销、反补贴合并调查，涉案金额高达32亿美元；特别是9月对中国轮胎发起的特保措施，对从中国进口的所有小轿车和轻型卡车轮胎实施为期三年的惩罚性关税。截至2012年4月，美国实施的对华贸易救济措施涉案产品达114项。

众所周知，美国、日本等发达国家始终不承认中国的市场经济地位。为了保护国内市场，发达国家常常将中国的产品价格与"替代国"的价格作比较，对中国提出反倾销诉讼。中国商务部产业损害调查局发布的《2010全球贸易摩擦研究报告》指出，中国出口商品已连续15年成为世贸组织各成员的反倾销调查重点。2009年，世界各国和地区对中国出口产品启动的贸易救济调查创历史之最，高达127起。[①] 反倾销和反补贴起诉的直接影响，就是使中国的相关行业面临不景气和失业增加等局面，并最终使经济受到冲击。特别是国际金融危机后，随着全球低碳经济时代的到来，发达国家对中国出口产品的技术标准和环保要求越来越高，大多数产品都面临着技术贸易壁垒的潜在威胁。2009年，中国有34.3%的出口企业受到国外技术性贸易措施不同程度的影响，全年出口贸易直接损失574.32亿美元，比2008年增加了68.9亿美元。排在前5位的对中国出口企业影响较大的国家和地区分别是美国、欧盟、俄罗斯、日本和澳大利亚。中国受国外技术性贸易措施影响的前5大行业分别是：机电仪器、玩具家具、木材纸张非金属、农产品和化矿金属。[②] 另有资料显示，2014年共有22个国家和地区对中国出口产品发起贸易救济调查97起，其中反倾销61起、反补贴14起、保障措施22起，涉案金额104.9亿美元。此外，中国产品还遭受美国337调查12起，欧盟发起的反规避调查和反吸收调查各1起。高科技产品成为摩擦的新热点，中国输出光伏产品、风力发电机组、手机等高科技产品相继遭到贸易救济调查。例如，美国、加拿大、澳大利亚都对中国光伏产品发起"双反"调查。这些贸易救济

---

① 《全球对华贸易救济新立案数上升　反补贴为新增长点》，中国新闻网，http://www.chinanews.com/cj/2010/12-17/2730542.shtml。
② 《海外技术贸易壁垒高　我国去年损失574.32亿美元》，搜狐网，http://news.sohu.com/20100622/n272976607.shtml。

调查影响产业的范围很广，五金矿产、化工、机电、轻工、医药保健、食品土畜类产品遭受调查案件分别为 38 起、23 起、17 起、13 起、3 起、2 起和 1 起。其中，涉及钢铁和钢铁类产品案件最多，为 27 起，涉案金额达到 23.2 亿美元。[①] 可见，当前中国无论是高科技产业还是劳动密集型产业的出口环境都在恶化，因而调整产业结构和发展高新技术产业特别是战略性新兴产业依然是当务之急。

二、金融全球化与转轨国家产业安全

金融全球化的发展将转轨国家纳入全球金融市场中，在密切转轨国家与其他国家之间经济关系、推进金融自由化的同时，也加快了金融风险的传播。特别是 2008 年的国际金融危机严重冲击了转轨国家的金融业和金融市场，使俄罗斯和中东欧国家这些实行金融自由化、市场化、股份化、商业化程度较高的转轨国家的金融体系普遍受到重创，导致银行系统亏损甚至倒闭、股市大跌、货币贬值、外债增加。关于国际金融危机给俄罗斯带来的巨大金融风险和金融安全挑战，将在第四章第六节中专门阐述。下面以中国和中东欧国家为视角，分析金融全球化和金融自由化对转轨国家造成的金融风险和金融安全问题。

（一）对中国金融业和金融安全的冲击

金融全球化既给中国带来了空前的发展机遇，同时也带来了严峻的挑战和风险。自改革开放以来，特别是随着经济转轨的逐步深入，中国以越来越快的速度融入金融全球化和金融自由化进程。加入世界贸易组织后，中国金融市场的开放步伐进一步加快。尤其是在国际金融市场日

---

① 《去年对华贸易救济调查 97 起 涉案金额 104.9 亿美元》，中国经济网，http://intl.ce.cn/specials/zxxx/201501/30/t20150130_4478248.shtml。

趋动荡的形势下，兑现"入世"承诺会使中国较为脆弱的金融体系面临更为严峻的考验。因此，面对势不可挡的金融全球化和金融自由化浪潮，如何抵御金融危机并有效防范金融风险，积极维护国家的金融安全，是摆在作为金融全球化和金融自由化积极参与者的中国的一项艰巨任务。我们认为，金融全球化和金融自由化对中国金融业和金融安全的影响与冲击主要表现在以下四个方面。

1. 国际资本流动对金融安全的冲击

在金融全球化和金融自由化进程中，发达国家和大多数发展中国家均取消了对资本流动的限制，使巨额的短期资本得以脱离生产和贸易领域而在全球范围内自由流动，对国际金融市场造成了极大的冲击。由于中国等发展中国家的金融体系发展严重滞后，政府和金融机构防范、化解金融风险的能力较弱，对巨额短期投机资本缺乏有效的监督机制，致使大量投机性很强的套利基金流入股市、汇市等短期资本市场，导致泡沫经济。而一旦这些资金被抽走，就可能引起金融危机或引发金融动荡。在金融自由化的浪潮下，由于资本跨国界流动加速了虚拟经济的发展，因而使实体经济和虚拟经济相脱离的程度越来越大。20世纪90年代以来发生的两次金融危机，便是国际资本流动风险的具体体现，这大大增加了国际资本流动的不确定性和不稳定性。虽然中国对资本流动实行了账户管制，能够较好地避免资本流动的冲击，但自从中国加入WTO以后，逐渐开放资本账户的压力越来越大，资本账户开放已成为一种必然的发展趋势。中国经济连续多年的高速增长吸引了大量的国际资本流入，特别是在国际金融危机后，随着中国经济的率先复苏和人民币的不断升值，大量的国际"热钱"涌入中国，人民币升值的预期越来越高，形成了一种"热钱涌入—人民币升值—热钱继续涌入—人民币升值预期上升"的恶性循环状况，这会直接导致国际储备的增加和流动性过剩等后果，且容易助长通货膨胀，还会提高下游企业的生产成本。据统计，2010年共有355亿投机性资金也就是所谓的"热钱"涌入中国，创出历史新高。① 与此同时，中国楼市和股市也受到了"热钱"的追捧，助长了楼市和股市的泡沫。当股市和楼市升值到一定的水平后，"热钱"便会撤出，容易导致股市和楼市的大幅波动，从而会对中国的实体经济产生巨大的破坏作用。

2. 外资金融机构进入对金融安全的冲击

在金融全球化背景下，外资金融机构会对中国的金融业造成一定的冲击。随着金融全球化的发展，中国的金融市场也逐渐对外开放，大量的外资金融机构进军中国市场，改变了中国金融市场"一股独大"的格局。由于外资金融机构执行国际惯例，擅长国际业务，大都拥有全球营业网络和丰富的国际业务经验，在中国开展业务具有一定的优势，因而成为中国本土金融机构的强有力的竞争者。特别是在金融创新泛滥的情况下，外资金融机构大多是金融工具的创新者，拥有掌握全球金融市场的信息优势，因而利用金融工具的杠杆效应便可实现以小博大的目的。

中国加入WTO后，对外资金融机构和外资的种种限制已在五年内逐步取消，外资金融机构在中国享受国民待遇，因而国内金融机构和外资金融机构的竞争异常激烈，对中国金融机构的竞争力构成严峻挑战。目前中国大部分金融机构尤其是国有商业银行金融产品种类较为单一，市场开发力度不够，经营管理效率较低。特别是缺乏金融创新能力，因而很难规避金融风险尤其是金融创新带来的风险。2008年，美国金融危机迅速波及中国，对中国的银行业和实体经济产生了严重冲击，以欧美等发达国家为主

---

① 《2010年355亿美元"热钱"涌入中国 创出历史新高》，中国经济网，http://intl.ce.cn/specials/zxxx/201102/17/t20110217_22224730.shtml。

要出口对象的中国外贸曾一度出现了出口大幅下降、企业怠工、员工下岗等不景气现象。而在华外资金融机构大多是跨国公司，可以在国际市场上筹集到所需的资金规模，这就削弱了中国的货币政策效果，同时也使得货币政策对产业发展的宏观指导作用大大减弱，甚至是反其道而行之。此外，随着金融全球化的进一步发展，允许外资金融机构进入中国金融市场并开展人民币业务，这样的结果会使外资金融机构与国内金融机构争夺人才、客户和资金，甚至还可能造成新兴金融市场被外资垄断或操纵的局面。另一方面，虽然目前混业经营已成世界性趋势，但中国的金融业仍基本实行银行业、保险业、证券业分业经营的模式。这样一来，外资金融机构以"全能银行"的形式进入中国后，其全面的服务和组合经营更具低成本优势，中国的金融机构会面临不公平的市场竞争。

此外，外资金融机构的进入还对中国的金融监管提出了挑战。目前，中国实行的是"一行三会"的分业监管模式，存在着大量的重复监管和监管漏洞，这就难以适应在华外国金融机构混业经营的状况，难以确保中国金融产业的安全。一些外资金融机构正是利用中国的金融监管漏洞进行违规操作，使一些非法资金进入中国，扰乱了中国的金融市场。总的来看，中国目前的金融监管法规体系不健全，手段落后，水平不高，尤其是对外资金融机构和中资银行海外分支机构的监管十分薄弱。因而随着金融业务国际化程度的加深和越来越多外资金融机构的进入，中国的金融监管面临着更大的挑战。

3. 增大金融市场风险

金融自由化不仅使国际金融市场的规模日益扩大，而且也促使国际资本特别是金融市场上实力雄厚的投资基金纷纷进入中国市场，进行大规模投机并牟取暴利，直接对中国的外汇储备、金融资产价格等造成严重冲击。由于中国的市场发育不够成熟，金融体系不健全、金融监管制度存在缺陷，因而在金融市场上处于弱势地位，抵抗外部冲击的能力较弱。因此，大规模投机性的国际资本进入中国市场后，就会引起金融市场的动荡，产生经济和金融运行的风险。这种风险很有可能引发较为严重的金融危机甚至全面的经济危机。

4. 金融机构面临多种压力

虽然中国金融形势总体平稳健康，但在金融发展中也暴露出一些问题和隐患，特别是在金融自由化进程中面对强大的竞争对手，中国金融机构的竞争压力巨大。近些年，国际金融市场上大金融机构的并购越来越多，一些实力强大、业务全面的"金融航母"不断出现。而中国的国有银行虽然分支机构众多，但在资本充足率、服务质量、创新能力、技术条件等方面远远落后于发达国家实力雄厚的大银行。而且金融机构不良资产居高不下，股票、证券市场运行不规范，投融资体制不健全，金融犯罪日益严重等问题，都为中国的金融安全埋下了隐患。在此种情况下，中国的金融机构难以承受强大的外资金融机构的影响和冲击。

（二）对中东欧国家金融业的冲击与影响

中东欧转轨国家金融业受国际金融危机的影响和冲击也是巨大的。这些转轨国家对国外资本依赖程度普遍较高，这种外向型的依赖特征在金融领域表现得尤为突出。由于在金融自由化进程中不断加大金融领域的开放力度，特别是过早开放资本项目，放松利率管制和金融监管，使得中东欧转轨国家金融体系面临越来越大的风险。尤其是随着国际金融危机的蔓延和扩散，西方投资者纷纷从中东欧转轨国家抽逃资金。外资的突然撤离使中东欧转轨国家的信贷和资本市场遭受巨大冲击，造成金融系统的震荡。这些国家相继出现资金紧缩、股市急剧缩水、融资难度增加、货币大幅贬值等问题。以银行业为例，中东欧国家在经济转轨中实行金融自由化和市场开放政策，吸引外国银行大举进军中东欧市场，参与国有商业银行的私有化。将国有银行出售给外国战略投资者成为国有银行改造的主要方式。到 2000 年，大多数中东欧国家的商业银行已为外资所控制。而到 2008 年，除斯洛文尼亚外，中东欧国家银行部门的外资比重均在 55%—98%，其中，爱沙尼亚、捷克、斯洛伐克、波黑和克罗地亚银行部门外资的比重高达 90% 以上 (详见表 4—1)。这种情况"在加大外资对中东欧国家经济影响的同时，也使中东欧国家经济面临更高的传导性金融风险。"[1] 而国际金融危机则使这些国家的银行业受到更为直接的冲击。

表 4—1　2008 年外国银行在部分中东欧国家银行部门中所占比重　(%)

国家	外国银行在银行部门所占份额	国家	外国银行在银行部门所占份额
爱沙尼亚	98	塞尔维亚	75
捷克	97	匈牙利	68
斯洛伐克	96	波兰	67
波黑	91	拉脱维亚	56
克罗地亚	90	罗马尼亚	55
立陶宛	88	斯洛文尼亚	29
保加利亚	75		

资料来源：European Central Bank，"Financial Supervision Authorities of Particular Countries"，转引自孔田平：《试论国际金融危机对中东欧国家的影响》，《俄罗斯东欧中亚研究》2009 年第 4 期，第 30 页。

---

[1] 徐坡岭、张鲁平：《国际金融危机冲击下中东欧国家经济走势分析》，《俄罗斯研究》2009 年第 3 期，第 60 页。

此外，2008年大部分中东欧国家负债率均超过了20%的国际警戒线，特别是匈牙利、拉脱维亚、爱沙尼亚和斯洛文尼亚等国的负债率均在100%及以上，分别为127.1%、125.3%、107.1%和100.0%。[①]可见，在金融全球化的背景下，任何一个局部市场的危机都有可能波及其他国家的金融市场，从而演变成为全球性的金融危机，而对转轨国家金融市场的波及效应则更为明显。

三、投资自由化与转轨国家产业安全

投资自由化的发展为资本流动扫除了障碍，转轨国家逐渐成为国际资本流动的重要市场。事实上，投资自由化的发展既为转轨国家引进外资和资金提供了良好的条件，加快了这些国家国内市场的对外开放进程；也对转轨国家的民族工业造成了较大的冲击，导致这些国家大量的经济资源流失，因而对转轨国家的产业安全造成了负面影响。

（一）投资自由化对中国产业安全的影响

投资自由化的发展为中国提供了大量的资金和技术支持，加速了中国工业化进程和产业结构调整升级。中国实行改革开放政策，不仅与国外的企业、金融机构和政府部门进行卓有成效的全方位合作，而且还积极利用外资、引进国外的先进技术设备和管理经验，所有这些极大地促进了中国经济的发展。尤其是投资自由化对国有企业经营机制的转换意义重大，一方面，由于外资企业是按市场经济规律运行的真正的市场主体，其管理经验有较强的示范作用；另一方面，外资企业参与中国的市场竞争后，能够对国有企业形成一种竞争压力，促进其进行机制转换；再则，实行对外开放后，随着国内外经济技术交流的不断扩大，在获得国外大量信息的同时，也将中国展示给了世界，这有利于促进国内国际两个市场、

---
① 《东欧国家外债风险上升》，《中国信息报》，2009年5月8日。

两种资源的交换和互补,使中国与世界经济发展更加紧密地联系起来。[①]但与此同时,投资自由化的发展也对中国的产业安全造成了一定冲击。

1. 外国直接投资加剧了中国产业结构的失衡状况

制造业和房地产业是外商在中国进行直接投资的两大主要领域。在制造业领域,外国直接投资主要集中在产品的加工环节;在房地产业领域,外国直接投资期待通过中国的高房价获得巨额利润,地产施工环节基本上是由中国企业完成的。由于外商在华直接投资主要集中在第二产业中的劳动力密集型领域,因而有利于提高第二产业的国际竞争力,促进第二产业的发展壮大。相对而言,外商在中国的第一和第三产业中的直接投资比重相对较小。这不仅不利于这两大产业引进先进的管理理念和技术,而且会使其缺乏强有力的市场竞争力。从这个角度看,外国直接投资在一定程度上加剧了中国的产业结构不合理状况。中国 GDP 中三大产业的构成 2010 年为 10.1∶46.8∶43.1[②],2012 年为 10.1∶45.3∶44.6,到 2013 年才为 9.4∶43.7∶46.9。[③] 而美国早在 1997 年三大产业之间的比重就为 1.7∶22.5∶75.8。由此可见,目前中国的产业结构依旧存在着第一、第二产业所占比重较高,而第三产业比重偏低的结构不协调不合理状况。因此,为实现由经济大国向经济强国的转变,产业结构的调整与优化已成为中国经济进一步发展的重要任务。

2. 外国直接投资加大了中国区域经济发展的不平衡

改革开放以来,中国实施了东部沿海率先发展的战略,因而东部沿

---

① 夏兴园、王瑛:《国际投资自由化对我国产业安全的影响》,《中南财经大学学报》2001年第 2 期,第 38 页。
② 《国家统计局关于 2010 年年度国内生产总值(GDP)初步核实的公告》,中华人民共和国国家统计局网,http://www.stats.gov.cn/tjdt/zygg/sjxdtzgg/t20110907_402752625.htm。
③ 《国家统计局核算司:2013 年 GDP 修订后基本不影响 2014 年 GDP 增速》,人民网,http://finance.people.com.cn/n/2014/1219/c1004-26239808.html。

海经济带成为外国直接投资的聚集地。东部沿海经济带的发展为基础设施建设、人才培养、技术研发提供了较好的物质基础。以此为基础,沿海经济带对外商的吸引力不断提高,外国直接投资聚集效应也不断放大。相比之下,中国内陆地区特别是西部地区的经济发展速度较慢,加之人才和资金的大量流失,丧失了经济发展的原始动力,因而导致东西部区域经济发展的差距不断扩大,直接威胁到中国国民经济的发展。有资料显示,中国2009年外商投资额最多的前三名省市分别是:江苏、广东和上海,外商投资额分别为4444亿美元、3939亿美元和3084亿美元,地区生产总值分别为34457.3亿元、39482.56亿元、15046.45亿元。而外商投资额较少的省份如西藏、贵州、宁夏、青海等,外商投资额分别只有6亿美元、36亿美元、25亿美元和28亿美元,而地区生产总值分别为441.36亿元、3912.68亿元、1353.31亿元和1081.27亿元。[①] 可见,东部沿海省份和内陆经济欠发达地区的外商投资规模差距相当大,受其影响的地区生产总值差距也很大。

3. 外国直接投资对中国民族工业的冲击

改革开放以来,中国逐渐降低了外资进入的门槛,扩大了外资在中国的投资领域,中国逐渐发展成为外国直接投资的乐土。一个时期以来,凭借着先进的技术、雄厚的资金及大量的优秀人才等优势,跨国公司加大了对中国民族企业并购和兼并的速度。而随着跨国公司在华投资规模的迅速扩大,外资成为中国部分行业的重要股东,甚至已成为中国许多行业的大股东之一,成为某些行业、技术和市场的垄断者。这种情况不仅对中国的民族企业造成了重大冲击,甚至会直接威胁到中国的产业安全。关于外国直接投资对中国民族工业的冲击和具体影响,将在本章第四节中加以深入分析。

---

① 中华人民共和国国家统计局编:《中国统计年鉴2010》,中华人民共和国国家统计局网,http://www.stats.gov.cn/tjsj/ndsj/2010/indexch.htm。

（二）投资自由化对俄罗斯产业安全的影响

在投资自由化条件下，国际直接投资不仅迅速发展而且对一国的产业具有非凡的渗透力和影响力。资本以追求利润最大化为目标，天生既具有建设性也具有破坏性，常被人们比喻为"天使和魔鬼的两张脸"。正因如此，外国资本对俄罗斯产业的影响也表现为两个方面，一是有利的影响，一是不利的影响。从有利的影响看，外资不但缓解了俄罗斯经济建设资金的不足问题，缓和了资本供求矛盾，而且在管理、技术、市场开拓等方面，都大大推动了俄罗斯与国际市场的接轨，使俄的国际化程度不断提高。而且，外资企业从组织生产到市场开拓和产品销售等环节的具体做法，也在一定程度上对俄企业发挥了示范效应。从不利影响看，外资大量进入俄罗斯加剧了企业间的竞争，因而不可避免地对俄国内企业形成冲击，甚至导致企业倒闭、破产。自经济转轨以来，虽然俄罗斯每年所引进的资本数量呈现不断增长的态势，但由于转轨初期实行的开放政策及国内市场环境的扭曲，其应有的积极效应未能充分显现，甚至还造成了较为严重的后果。

1. 投资自由化助推了产业结构的畸形发展

自 1992 年以来，虽然俄罗斯一直注重吸引外资，但外资主要投资于俄罗斯的采矿业和服务业领域。如前所述，俄第二产业占 GDP 的比重仅从 2000 年的 38.6% 降至 2013 年的 35.7%，其中，2004 年还曾上升到 41.8%，2005 年和 2007 年也分别达 40.8% 和 40%。可见，俄罗斯第二产业占 GDP 比重较高的状况并没有发生实质性的变化，而外国直接投资却成为俄产业结构内部失衡的重要推升因素。在第二产业领域，外国直接投资主要集中分布在能源开采行业，较少涉及与高新技术相关的制造业，因而加重了俄罗斯重工业更重、轻工业更轻的局面。有资料显示，2000—2005 年，俄罗斯吸收外国直接投资所占比例最高的行业是采矿业，约占吸引外资总额的80%；而在采矿业当中，大部分外资又集中在燃料能源矿藏的开采领域，该领域外资占整个采矿业外国投资总额的91%，占采矿业外国直接投资额的98%。[1] 另据相关资料，近些年俄罗斯吸引外资仍主要集中于第二产业中的加工业和采矿业。截至2012年年底，加工业利用的外资占俄吸收外资总额的31.6%，其中直接投资占39%，主要用于石油产品和冶金加工；而采矿业同类指标分别为17.1%和31%，主要用于燃料能源开采。[2] 在第三产业领域，外国直接投资主要集中在金融服务、贸易服务、批发零售、房产租赁等方面，较少涉及教育、医疗、科学、文化等产业外向性较强、与国民福利息息相关的领域。此外，由于外国直接投资的技术优势、人才优势等都尚未充分发挥出来，因而不仅难以带动俄罗斯的产业结构升级，反而加剧了俄产业结构的畸形化发展。这种畸形的产业结构导致出现了畸形的就业结构和贸易结构，难以保护俄罗斯国内那些涉及新兴产业发展的幼稚产业的安全。国际金融危机过后，低碳经济受到世界各国的普遍关注，这不仅对俄罗斯常规能源产业的发展提出了挑战，还为欧美等低碳经济发达国家进军俄罗斯市场提供了机遇。

2. 投资自由化加剧了区域经济发展的不平衡

在投资自由化条件下，一国吸引外资的水平和能力主要取决于该国的经济发展水平、市场开放程度和投资环境等因素；而国内各地区吸引外资规模的大小则主要取决于投资吸引力的高低。俄罗斯也是如此。表4—2反映了俄罗斯部分地区的投资吸引力情况。

---

[1] 宋艳梅：《俄罗斯吸引外国直接投资的政策研究》，《国际贸易问题》2008年第8期，第57页。
[2] 宋艳梅：《俄罗斯加入世贸组织对改善外资环境的影响》，《东北亚论坛》2014年第4期。

表 4—2　俄罗斯部分地区投资吸引力排行榜

| 分组 | 排名 | 占全国比重（%） | 潜力 分项排名 |||||||| 风险 ||
			劳动力	消费	生产	金融	制度	创新	基础设施	自然资源	旅游	排名	分值
最高潜力—最低风险 (1A)												
莫斯科市	1	15.318	1	1	1	1	1	1	1	82	1	10	0.194
莫斯科州	2	6.075	2	2	2	2	3	2	3	49	3	9	0.188
圣彼得堡市	3	5.465	3	3	3	3	2	3	2	83	4	4	0.171
克拉斯诺达尔边疆区	4	2.680	4	5	7	5	4	20	5	27	2	5	0.171
鞑靼斯坦共和国	6	2.517	5	6	6	6	5	5	20	40	6	7	0.183
高潜力—中等风险 (1B)												
斯维尔德洛夫斯克州	5	2.627	8	4	5	4	7	7	49	13	5	18	0.232
中等潜力—最低风险 (2A)												
罗斯托夫州	11	1.925	7	8	10	13	6	15	23	33	16	8	0.185
别尔哥罗德州	18	1.424	28	27	22	22	25	32	13	4	37	2	0.163
中等潜力—中等风险 (2B)												
克拉斯诺亚尔斯克边疆区	7	2.402	14	13	15	10	13	13	73	1	9	46	0.281
下诺夫哥罗德州	8	1.972	11	10	12	11	9	4	32	56	11	35	0.256
萨马拉州	9	1.932	6	9	11	9	10	11	17	47	15	16	0.226
巴什科尔托斯坦共和国	10	1.931	10	7	8	8	12	21	48	22	7	19	0.236
车里雅宾斯克州	12	1.840	9	11	13	14	11	9	29	29	10	39	0.264
彼尔姆边疆区	13	1.797	22	14	9	12	14	17	63	6	12	57	0.305
汉特—曼西斯克自治区	14	1.700	23	19	4	7	42	49	72	8	56	20	0.238
克麦罗沃州	15	1.600	18	16	14	15	21	36	53	5	30	56	0.303
新西伯利亚州	16	1.579	12	15	20	18	8	6	46	39	33	25	0.246
伊尔库茨克州	17	1.476	20	22	18	16	22	14	75	7	14	29	0.247

资料来源："EXPERT RA"发布的 2013 年度俄罗斯区域投资吸引力评级，转引自揭昊：《俄罗斯区域投资潜力分析》，《欧亚经济》2014 年第 3 期。

如表 4—2 所示，依据"EXPERT RA"发布的 2013 年度俄罗斯区域投资吸引力评级，俄罗斯西部发达地区的投资吸引力和吸引投资占全国的比重高于中部和东部地区。对俄罗斯的外国直接投资一般集中分布在基础设施较好、人才聚集、经济相对发达的西部地区。以 2006 年上半年俄罗斯主要联邦区外资占全国外资总额的比重为例：中央联邦区占 50.9%，西北联邦区占 11.4%，乌拉尔联邦区占 10.4%，远东联邦区占 18.3%，而西伯利亚联邦区仅占 3.4%。[①] 表 4—3 反映了 2008—2011 年俄罗斯吸引外资的地区分布情况。

表 4—3　俄罗斯外国投资地区分布情况表（单位：百万美元；%）

年份	2008 年 总额	2008 年 比重	2009 年 总额	2009 年 比重	2010 年 总额	2010 年 比重	2011 年 总额	2011 年 比重
俄罗斯联邦	103 769	100	81 927	100	114 746	100	190 643	100
中央联邦区	55 393	53.4	49 436	60.3	76 700	66.9	136 253	71.4
西北联邦区	14 488	13.9	9 149	11.2	9 324	8.1	10 332	5.4
南方联邦区	2 430	2.4	1 645	2.1	2 314	2.0	3 609	1.9
北高加索联邦区	778	0.7	119	0.1	73	0.1	648	0.3
伏尔加沿岸联邦区	7 712	7.4	5 280	6.4	7 929	6.9	6 966	3.7
乌拉尔联邦区	6 555	6.3	5 590	6.8	7 531	6.5	18 038	9.5
东部地区	16 413	15.9	10 708	13.1	10 875	9.5	14 797	7.8
西伯利亚联邦区	7 742	7.5	2 733	3.3	3 565	3.1	4 891	2.6
远东联邦区	8 671	8.4	7 975	9.8	7 310	6.4	9 906	5.2

资料来源：根据俄罗斯联邦统计局网站（http://www.gks.ru/）相关数据计算整理，转引自郭力：《俄罗斯东部地区经济发展中的区位因素分析》，《俄罗斯东欧中亚研究》2013 年第 4 期。

① 宋艳梅：《俄罗斯吸引外国直接投资的政策研究》，《国际贸易问题》2008 年第 8 期，第 58 页。

从表 4—3 可见，2008—2011 年除中央联邦区外，俄罗斯东部地区吸引外资总额一直处于其他联邦区前列，但从全俄看，东部地区利用外资仅占全俄的 10% 左右。[1] 外国直接投资的这种聚集分布，不仅加剧了东部地区资金的匮乏，而且也加剧了俄罗斯人才、资本、技术等生产要素的区域分布不均衡状况，不利于区域经济的协调发展，甚至严重限制了地区经济的正常发展。而从投资结构看，东部地区采矿业尤其是燃料能源开采业吸引的外资占比最高。有资料显示，2011 年俄远东联邦区吸引外资 99 亿美元，在全俄 8 个联邦区中排名第四，人均吸引外资 1576 美元，仅次于中央联邦区排名第二。99 亿美元中，采掘业吸引外资达 93 亿美元，占联邦区引资总额的 94%。[2] 显然，这种引资结构不利于改善远东联邦区的产业结构，也不能促进区域经济的平衡发展。由于俄罗斯东西部地区经济发展的不协调，致使东部地区陷入贫困陷阱或者被边缘化的境地，因而当地丰富的自然资源只能被低效率开采。这不仅难以促进当地经济的持续发展，还直接威胁到俄罗斯东部地区的经济安全和国家利益。虽然为实现区域经济的协调发展，俄罗斯正在实施东部大开发战略，但效果并不明显。

综上所述，在经济全球化和经济转轨进程中，投资自由化的发展为中俄两国吸引外资创造了条件，有助于中俄两国对投资需求的满足。近些年，随着经济全球化的发展，投资自由化的进程大大加快，转轨国家吸收国际直接投资的增长速度也不断加快，转轨国家尤其是中国已成为全球直接投资商最为青睐的国家之一。而中俄等转轨国家的投资政策，

---

[1] 郭力:《俄罗斯东部地区经济发展中的区位因素分析》,《俄罗斯东欧中亚研究》2013 年第 4 期。
[2] 《俄远东联邦区人均吸引外资额全俄排名第二》，中华人民共和国商务部网站，http://www.mofcom.gov.cn/aarticle/i/jyjl/m/201206/20120608177033.html。

也都在向自由化的方向发展。对于东道国来说，国际直接投资能够带来技术、管理经验和所需的资金，但最直接的作用就是能够弥补转轨国家在转轨进程中的资金不足。此外，由于国际直接投资推动了各种形式的区域内贸易发展，这也加快了中俄两国参与区域经济一体化的进程。

但同时还应看到，资本流入可谓是一把"双刃剑"，需要辩证分析其积极意义和不良影响。国际资本只有作为生产性投资，才有可能促进东道国经济的长期增长，而仅仅作为"热钱"的国际资本，其对经济的影响则是负面的。这一点从国际金融危机对俄罗斯经济所造成的影响中已得到了充分的证实。因此，在转轨国家监管条件尚不完备的情况下，不能过分强调吸引外资的作用，更不能为了引资而不顾一切地完全敞开国门，让国外的"热钱"放任自流地进出。为此，中俄转轨大国要采取具体有力的防范化解措施，有效保护本国的市场和产业安全。

四、生产全球化与转轨国家产业安全

（一）生产全球化对中国产业安全的影响

自实行改革开放以来，中国逐渐融入生产全球化进程中，不仅与发达国家之间开展垂直分工，还同发展中国家开展水平分工，在国际分工中扮演重要角色。2009年，中国成为世界上最大的出口国和第二大进口国，是欧盟、美国和日本三大经济体的最大进口来源地。在国民经济行业分类的45个二级行业中，有20个行业的国际市场占有率位居世界第一。总体上看，中国的制造业和电力、燃气行业在国际市场上的竞争力比较强。而在制造业中，家具制造业、文教体育用品制造业、纺织业、通信设备、计算机及其他电子设备制造业和金属制品业脱颖而出，成为中国最具国际竞争力的行业。融入生产全球化进程虽然给中国带来了巨大的经济利益，但同时也使中国的产业安全面临严峻挑战。

1. 跨国公司跨国并购和国际化生产带来的产业安全问题

跨国公司是推动生产全球化的重要力量。由于日益重视拓展海外市场，跨国公司国际化生产呈总体上升趋势。根据联合国贸发会议（UNCTAD）的年度调查，2011年全球100家最大跨国公司的海外销售收入和雇员人数的增速都明显高于其母公司的业绩增长。从衡量国际化水平的跨国指数看，全球非金融类企业中，前100强的跨国指数不断提升，从1993年的47.2%上升至2011年的62.3%。从产业安全的角度看，跨国公司国际化生产和跨国并购对中国的产业安全造成较大的影响和冲击。

（1）影响到产业主导权

跨国公司通过兼并或收购中国某一行业的龙头企业，逐渐获取资本或股权的绝对控股权甚至是所有权。主要手段是在并购之后利用其资金、技术和管理上的优势，增资扩股，逐渐排挤中方企业。而且，在吞并行业的"排头兵"之后，跨国公司接着会采取"大鱼吃小鱼"的战术，兼并或收购国内同行业的中、小型企业，以此达到获取规模经济和垄断超额利润的目的。因此，某一行业或产业的主导权可能会面临被跨国公司垄断和控制的危险，从而加大了中国产业对外资的依赖程度，阻碍民族工业发展。

（2）影响产业结构及其区域布局

一方面，跨国公司的垄断并购和国际化生产会侵害产业结构的关联性，进而影响国民经济各部门的协调和平衡发展。一般来说，由于跨国公司垄断并购东道国产业链中的上、中、下游的任一产业，会使原有的完整产业链受到冲击甚至断裂，对国家产业安全和经济安全构成威胁。另一方面，跨国垄断并购和生产会扰乱中国产业结构的区域布局。因为跨国公司在选择投资和生产地点时，往往会选择基础设施好、劳动力充沛、市场潜力大的发达地区，从而使产业的地域分布呈现出明显的空间聚集态势，主要集中在长三角、珠三角和环渤海经济带，仅有6.5%左右的跨国并购资金投入中西部地区。这会进一步加剧中国区域经济发展的不平衡。

（3）控制市场，取得行业垄断地位

跨国公司控股并购的一大负面效应在于控制中国市场，取得行业垄断地位。随着生产全球化和外资进入速度的加快，中国局部领域和某些行业已经形成了外资相对或绝对垄断的趋势。如按销售收入计算，2013年外资在通信设备计算机及其他电子设备制造业、仪器仪表及文化办公用机械制造业、文教体育用品制造业、家具制造业、皮革毛皮羽毛（绒）及其制品业等5个行业中所占比重均已接近50%。外资在某些领域形成垄断局面后，不仅制定垄断价格和瓜分市场策略，破坏市场秩序，损害消费者利益，而且压制民族企业技术进步，制约国内幼稚产业发展，可能引致产业安全风险。[①] 另据国家有关部门统计，目前美国微软已占有中国电脑操作系统95%的市场份额，瑞典利乐公司也占有中国软包装产品市场的95%。可见，跨国公司已开始控制中国某些骨干产业和战略性产业尤其是新兴产业，而且有的已占有一定的优势甚至是绝对优势。

（4）控制关键技术，占据产业发展制高点

跨国并购对产业安全的影响，还表现在控制中国的产业核心技术方面。跨国公司主要通过两种方式控制被并购企业的技术研发能力。一是获得被并购企业的关键技术，如锦西化机在被西门子并购中，西门子轻

[①] 何维达：《跨国并购对中国产业安全的五大影响》，中国企业网，http://www.qiye.gov.cn/news/20141202_87890.html。

易拿走了该厂的透平机械核心技术。二是限制被并购企业的研发活动，外资控股并购中国企业后，大都取消企业原有的研发机构，减少研发费用，限制研发活动。以 2013 年为例，中国内资企业平均研发费用占主营业务收入的 1.35%，中外合资经营企业为 2.5%。无论是获取被并购企业的核心技术，还是限制其研发活动，都可能使中国企业丧失自主研发能力，可能使中国被锁定在国际产业分工格局的不利位置，影响产业的国际竞争力，引致产业安全风险。①

（5）导致自主品牌丧失

品牌作为企业的无形资产，对于提高企业的核心竞争力具有重大意义。而跨国垄断并购和生产可能导致产业自主品牌的丧失。通过合并或收购，行业内一些品牌往往会被"软消化"掉。柯达并购中国感光材料行业可谓开创了外资在中国全行业并购整合的先河。其他典型案例如德国 FAG 并购西北轴承、英国伯顿收购大连第二电机厂、西门子控股锦西化机、印度米塔尔收购华菱管线、韩国 SKN 增资控股北方铜业、法国通用水务公司收购上海自来水浦东公司，以及凯雷并购徐工、摩根士丹利并购海螺水泥等。西北轴承被并购后，变成了德方的独资公司，让出经营了多年的 NXZ 牌铁路货车轴承的品牌和产品，失去了占中国铁路货车轴承 25% 的市场，失掉了原来企业主导产品铁路轴承的一切。

2. 生产全球化导致大量资源输出

在生产全球化进程中，中国主要承接的是产业链的中下游环节，主要从事产品的加工制造，并逐渐在全球经济中树立了"中国制造"的形象。但在这一进程中，中国也付出了较大的代价，如造成大量资源的输出、

---

① 何维达：《跨国并购对中国产业安全的五大影响》，中国企业网，http://www.qiye.gov.cn/news/20141202_87890.html。

环境遭到破坏、许多一线劳动者长期处于恶劣的工作环境等。2008 年国际金融危机爆发后，虽然中国提出了转变经济发展方式和扩大内需等发展战略，但加工制造业产品生产和出口势头不减。值得一提的是，被称为工业味精的稀土资源是一种稀缺资源，是高端材料的"维生素"。中国素有稀土王国之称，稀土储量约占全世界的 30%，而贸易量却占全球的 90% 以上，过去 10 多年中国一直是稀土出口的世界老大。但由于中国没有稀土价格的定价权，大量的稀土资源都以原材料的形式通过各种途径被输往国外，而中国仅仅获得了微薄的原材料收入。相比之下，发达国家研发了稀土氢材料的电池、稀土材料的高价陶瓷、稀土催化剂等技术，并广泛应用于飞机、电机、新能源汽车、超导体和精确制导武器等高新技术领域。日本是世界上利用稀土实现附加值较高的国家，用于高新技术领域的稀土占到其消费总量的 90% 以上；而中国的稀土仍主要应用在传统领域，用于高新技术领域的还不到 50%。[1] 特别是在稀土新材料领域，中国几乎没有自主知识产权。虽然日本对中国的稀土进口存在着依赖性，但却凭借着技术上的优势赚取了丰厚的经济利益。据商务部的数据显示，由于大量开采，中国稀土储量在 1996—2009 年减少了 37%，只剩下 2700 万吨。按现有开采生产速度，中国的中、重类稀土储备仅能维持 15—20 年，未来甚至可能需要进口。[2] 如果中国的稀土资源枯竭，不仅会面临着资源进口的压力，还将面临许多高端的产业安全问题。由此可见，今后中国要发展先进的稀土加工技术，充分利用和维护自己的宝贵资源，以维护产业安全。此外，中国在钢、钨、钼、锡、锑、锗等战略性资源方面均

---

[1] 王菊芳：《日本强压中国贱卖稀土 要求中国继续竭泽而渔》，新华网，http://news.xinhuanet.com/mil/2010-09/03/content_14122675_1.htm。
[2] 《稀土之痛：原料低价出口 成品进口涨价千倍》，人民网，http://mnc.people.com.cn/GB/13223794.html。

存在着同样的问题。

3. 生产全球化降低了中国的产业分工优势

在生产全球化浪潮中，中国不仅输出了大量的资源，还难以摆脱处于产业链低端的困境。为了追求 GDP 增长，中国各个省份均积极发展加工制造业，因而出现了产业重复建设和分布不科学等状况，部分行业甚至沦为了"代工产业"。相比之下，发达国家凭借技术上的优势便可获得巨大的利润，为技术研发提供更多的资金支持，以致呈现出"技术优势—垄断利润—技术研发—技术继续垄断—垄断利润良性循环"这样一种趋势。而中国则有可能出现"技术劣势—加工制造—资源大量输出—微薄利润—技术难以升级—加工制造"这样一种恶性循环状况。这将会进一步加大中国改变产业低端状况和提升国际产业分工优势的难度。

（二）生产全球化对俄罗斯产业安全的影响

俄罗斯在国际上的能源附庸地位与其雄厚的科技实力极不相符，使得俄罗斯在全球产业分工中一直难以明确定位。目前，俄罗斯在生产全球化的格局中主要处于产业链的中下游，现有的科技优势尚未转化为国际分工的优势。加之俄罗斯政府鼓励外国直接投资的领域大多是传统产业，如石油、天然气、煤炭、木材加工和汽车制造等行业，尤其是根据 2011 年重新修订的《俄罗斯联邦外国投资法》，俄降低了外资进入门槛，并简化外资进入食品、医疗、银行及地下资源使用等行业的手续，使得俄罗斯产业安全面临越来越多的挑战。

在众多的产业安全问题中，跨国公司直接投资和国际化生产带来的产业安全问题最为突出。如上所述，从生产全球化进程中跨国公司对俄罗斯直接投资的地域看，大多数投资集中在少数经济发达地区，以俄罗斯西部欧洲部分为主，从而加剧了俄东西部地区间产业发展的不平衡，不利于维护产业安全；而从对俄直接投资的领域看，跨国公司在第二产业中主要投向了制造业和矿产开采业（详见表4—4）。跨国公司热衷于对俄罗斯矿产开采业的投资，使俄罗斯进一步扮演了全球资源生产和供给者的角色。虽然大量资源尤其是能源的开采和输出为俄罗斯换取了滚滚的美元收入，但同时也使其面临严峻的资源和产业安全问题（因此，俄罗斯不得不对外资并购俄战略矿藏地开发项目实行更为严格的限制，不允许外国投资者控股其战略矿藏地开发项目，包括：储量在7000万吨以上的油田和超过500亿立方米的气田，储量超过50吨的金矿和超过50万吨的铜矿，以及位于大陆架上的所有矿区。所涵盖的战略矿藏地共有42个，其中气田26个、油田10个、金矿1个、铜矿5个）。另一方面，能源外汇收入的轻松获得还降低了俄罗斯的研发投入和科技成果转化的速度，遏制了科学技术的进步。俄罗斯容易陷入"原材料和能源出口—研发投入不足—新兴产业水平较低—原材料和能源出口"这样的恶性循环当中。这不仅对俄罗斯的传统产业构成了挑战，不利于产业结构的优化与调整，而且对新兴产业的产业安全也会形成威胁。

表4—4 2011年俄罗斯外商投资结构（%）

外商投资	100.0
第一产业	0.6
农林和狩猎业	0.6
渔业和水产养殖业	0.0
第二产业	53.9
矿产开采业	16.3
制造业	31.7
电力、天然气和水的生产及供应	2.0

（续表）

建筑业	3.9
第三产业	45.5
批发零售贸易；汽车、摩托车和个人日用品和物品维修	17.1
酒店和餐饮	0.2
交通和通信	9.0
金融业	7.2
房地产、租赁和商务活动	11.0
公共管理和国防、社会保障	0.5
教育	0.0
医疗和社会服务	0.1
其他社会、社区和私人服务	0.4

资料来源：根据俄罗斯联邦统计局数据整理得出，转引自刁秀华主持的2012年度教育部人文社会科学研究一般项目研究报告：《转轨国家经济结构调整与优化研究——以俄罗斯产业结构为研究视角兼及中国》。

此外，生产全球化的发展还加剧了俄罗斯的人才流失。俄罗斯位于全球产业链的较低端，且研发投入较少，科研设施陈旧，人才待遇较差，因而造成了大量的人才流失。生产全球化进程中跨国公司的进入也是俄罗斯人才流失的重要原因，跨国公司成为俄罗斯民族企业人力资源的强有力竞争者。

第三节　粮食安全[*]

"粮食安全"这一概念，是为应对第二次世界大战后最严重的粮食

---

[*] 本节使用了本书作者之一郭连成与刁秀华副研究员的合作研究成果。

危机,联合国粮农组织于 1974 年 11 月在罗马召开的第一次世界粮食首脑会议并通过《世界粮食安全国际约定》时首次提出的。当时对粮食安全的定义为:保证任何人在任何时候都能得到为了生存和健康所需要的足够食物。要求各国政府采取措施,保证世界谷物年末最低安全系数,即当年年末谷物库存量至少相当于次年谷物消费量的 17%—18%。一个国家谷物库存安全系数低于 17% 则为谷物不安全,低于 14% 则为进入紧急状态。后来,在 1996 年 11 月于罗马召开的第二次世界粮食首脑会议上,联合国粮农组织又将粮食安全定义为:只有当所有人在任何时候都能够在物质上和经济上获得足够、安全和富有营养的粮食来满足其积极和健康生活的膳食需要及食物喜好时,才可谓实现了粮食安全。[①] 除了国际公认的粮食安全和安全线指标,我国粮食安全还有一个重要指标,就是粮食自给率必须保持在 95% 以上,这是粮食安全的红线。

粮食既是关系国计民生和国家经济安全的重要战略物资,也是人民群众最基本的生活资料。在经济全球化背景下,一方面,受国际农产品市场波动、国际农业竞争方式改变、外资对涉农企业的控制等因素的影响;另一方面,由于国内农业投入不足和农业基础设施建设落后,以及受自然灾害的严重影响等,包括中国和俄罗斯在内的几乎所有经济转轨国家都不同程度地面临着粮食安全问题。

一、中国的粮食安全问题

自改革开放以来,中国农业实现了稳产高产,解决了人民群众的温饱问题。在短短的几十年时间里,中国经历了从粮食短缺到供给充足的发展过程,在保障粮食和食品安全方面取得了举世瞩目的成绩。目前,

---

[①] 焦建:《中国粮食安全报告》,《财经》2013 年 12 月 9 日。

中国人均粮食占有量达到 450 公斤，高于世界平均水平（另有资料显示，2012 年世界人均粮食拥有量为 321.7 公斤，2013 年中国人均粮食拥有量达到 463 公斤，是世界平均水平的 1.44 倍）；已建立起庞大的粮食收储、加工、分销体系，城乡居民的粮食可获得性明显增强；农产品和食品质量水平逐步提高。中国粮食和食品安全状况的改善，既为中国应对改革发展的各种风险挑战、保持经济社会平稳运行奠定了坚实基础，也为全世界缓解贫困和饥饿、实现联合国千年发展目标做出了突出贡献。[1]但受制于国内外多种因素，特别是由于中国人口众多，耕地有限并在减少，加上生态环境恶化等因素的影响，中国粮食安全一直存在诸多隐患，面临严峻的挑战。

（一）粮食缺口不容忽视

中国自 2004 年到 2015 年实现了粮食"十二连增"。2013 年粮食总产量达到 60194 万吨，比 2012 年增长 2.1%；2014 年粮食总产量 60709.9 万吨，比 2013 年增加 516 万吨，增长 0.9%。但产量不断递增的背后，是需求的更快增加。中国实际已连续多年处于产不足需状态。虽然 2008 年中国粮食首次出现产大于需，但到 2010 年，又重新进入产不足需状态，当年缺口为 352.3 万吨。以后年份也大致如此。有资料显示，2012 年中国进口的大豆数量相当于粮食产量的 16.6%，相当于中国粮食消费有 14% 左右需要通过进口解决。粮食自给率不足 86%，已低于 95% 的粮食供给自给率目标。据国务院发展研究中心预测，到 2020 年，按 14.3 亿人口、人均消费 409—414 公斤计算，中国粮食总需求量将达到 58487 万—

---

[1] 李伟：《加快转变农业发展方式，为保障粮食和食品安全注入新动力——在第三届中国粮食与食品安全战略峰会上的致辞》，中国经济新闻网，http://www.cet.com.cn/wzsy/gysd/1689197.shtml。

59202万吨。以中国的粮食生产能力计算，届时国内粮食（不含大豆）的供给缺口将在4000万—5000万吨。① 人口总量不断增加、城乡居民生活水平提高使得饮食结构改变导致的饲料粮需求明显增加、城镇化水平持续提高所直接带动的消费增长，是粮食需求量增大的直接原因。

（二）耕地数量持续减少，迫近耕地红线

耕地数量持续减少，意味着粮食安全的基础受到威胁。而确保耕地红线不破，是对粮食安全的基本保障，也就是说，保持必要的耕地面积是保证粮食生产与供给的基础。根据2013年年底公布的第二次全国土地调查结果，中国耕地最新数据为20.3亿亩，人均耕地已经从1996年的1.59亩降至2009年的1.52亩，不足世界平均水平3.38亩的一半。在20.3亿亩耕地中，还有需退耕还林、还草和休养生息的约1.49亿亩，受不同程度污染不宜耕种的约0.5亿亩，以及一定数量无法正常耕种的"漏斗地"。照此计算，维护18亿亩耕地红线不破，任务艰巨，不能有丝毫的松懈。况且中国耕地总体质量不高，加之城镇用地增加较快，优质耕地减少较多，后备耕地资源严重不足。② 另据全国人大农业与农村委员会的资料，目前中国耕地面积约为18亿亩，比1997年的19.49亿亩减少1.49亿亩，人均耕地面积由10多年前的1.58亩减少到1.28亩，不到世界平均水平的40%，可见保护耕地的压力不断增大。保护耕地的主要挑战来源于城市和小城镇的快速膨胀和农村建设用地的扩张。此外，土地利用粗放浪费、违法违规用地十分普遍。③

---

① 《中国粮食安全报告》，《财经》2013年12月9日。
② 张启良：《"十连增"后我国粮食安全面面观》，国家统计局网，http://www.stats.gov.cn/tjzs/tjsj/tjcb/dysj/201407/t20140710_579579.html。
③ 何维达：《我国粮食安全面临的挑战及对策》，《南方农业》2014年第35期。

(三)生态环境恶化和污染严重

农业生态环境恶化、污染严重,以资源环境遭受破坏为代价换取粮食增产,对中国粮食安全构成威胁。一方面,水土流失、土地退化、荒漠化、水体和大气污染、森林和草地生态功能退化等农业生态系统恶化威胁粮食安全。据估计,中国遭受水土流失(水蚀和风蚀)的耕地面积超过4540万公顷,约占耕地总面积的50%。有1/3至一半的耕地缺磷,1/4至1/3的耕地缺钾,缺乏微量元素的土壤也在增加。另一方面,水资源过度开发和消耗问题突出,化肥和农药过量使用,如中国施用化肥的强度是世界平均水平的2.7倍,过度施用导致土壤酸化,造成的污染成本超过了增产收益;中国单位面积农药使用量是世界平均水平的2.5倍,由此带来的环境成本和经济代价越来越突出。尤其是农业化学污染和重金属污染加剧了对粮食安全的担忧,工业污染物的大量排放也影响粮食安全。废水、废气和固体废物这"三废"造成的工业污染,既是导致农业生态环境恶化也是农业粮食减产的重要原因。如果粮食生产继续透支资源环境,农业赖以生存和发展的基础被破坏,今后粮食产量的可持续增长就必然面临巨大的风险。

(四)国际粮食市场对国内市场的冲击

在贸易自由化和生产国际化背景下,国内外粮食市场的联系愈加紧密,国际粮食市场的波动对中国的粮食安全构成直接影响。一方面,近些年国际粮食市场行情波动较大,2008年国际金融危机爆发后国际市场粮食价格大跌,但2011年国际粮食价格又逼近2008年"粮食危机"前的高位,引发全球市场的普遍担忧,也使中国担心粮食安全问题。而且,全球粮食产量增幅近几年也一直低于消费量的增长,尤其是作为粮食安全重要指标的玉米的库存消费比不断下降,到2010/2011年度已降至6.8%,

远低于联合国粮农组织提出的 17%—18% 的安全线。同时，国际粮食市场风险在增大。2012 年全球 100 多个国家遭遇不同程度的旱灾，美国、欧盟、俄罗斯、印度、阿根廷等主要产粮国均出现不同程度减产，致使全球粮食库存下降。在这种情况下，2013 年中国的稻谷、小麦、玉米三大主粮已连续 2 年出现净进口。因而防范国际粮食市场波动及风险对中国粮食安全的影响十分必要。另一方面，目前粮食市场最突出的矛盾是国内粮食价格变化趋势与国际市场严重背离，国内外粮食价格倒挂问题日益突出。2013 年以来，大宗农产品国内市场价格普遍高于进口价格，很多用粮企业转向国际市场进口更便宜的农产品或替代品。国内生产的高成本粮食由国家托市收购，导致粮食产量、进口量、库存量"三量齐增"，库存积压严重，财政负担加重。①

（五）外资进入影响粮食安全

由于外资大量进入粮食市场特别是外资并购，使中国对粮食的控制力减弱，尤其是大豆的进口依存度扩大。国际金融危机后，国际农业资本对中国大豆和食用油市场的争夺日趋激烈。以丰益国际、嘉吉、邦基、ADM 和路易达孚为代表的跨国企业，利用资金优势，通过资本运作垄断市场，以达到操控价格、牟取巨额利润之目的。跨国巨头曾利用期货将大豆价格抬高到每吨 4300 元的历史高位，诱使国内榨油企业集中采购了约 300 万吨的美国大豆，然后又将价格压到每吨 3100 元，致使中国油脂企业半数破产。而跨国粮商则趁机通过并购、参股、合资等形式，控制了中国近 60% 的油脂企业。可以说，外资企业已经对中国的大豆产业造

---

① 李伟：《加快转变农业发展方式，为保障粮食和食品安全注入新动力——在第三届中国粮食与食品安全战略峰会上的致辞》，中国经济新闻网，http://www.cet.com.cn/wzsy/gysd/1689197.shtml。

成损害。①

  针对粮食安全存在的以上隐患和面临的挑战，2013年12月召开的中央经济工作会议明确将切实保障国家粮食安全放在2014年经济工作六项主要任务的首位，提出必须实施以我为主、立足国内、确保产能、适度进口、科技支撑的国家粮食安全战略。在当年12月召开的中央农村工作会议上，再次明确强调要确保我国粮食安全，提出"中国人的饭碗任何时候都要牢牢端在自己手上"，"我们的饭碗应该主要装中国粮"；只有立足粮食基本自给，才能掌握粮食安全主动权。要进一步明确粮食安全的工作重点，合理配置资源，集中力量首先把最基本最重要的保住，确保谷物基本自给、口粮绝对安全。明确提出耕地红线要严防死守，18亿亩耕地红线仍然必须坚守，同时现有耕地面积必须保持基本稳定。2015年12月召开的中央农村工作会议继续强调，要坚持把保障国家粮食安全作为首要任务，并再次重申要确保谷物基本自给、口粮绝对安全。

  2014年1月下发的中央"一号文件"，提出要抓紧构建新形势下的国家粮食安全战略，进一步明确中央和地方的粮食安全责任与分工，以确保粮食安全。2015年2月下发的2015年"一号文件"《关于加大改革创新力度，加快农业现代化建设的若干意见》，也针对增强粮食生产能力提出了许多细化要求，包括：永久基本农田划定；高标准农田建设；耕地质量保护与提升；建立粮食生产功能区，将口粮生产能力落实到田块地头、保障措施落实到具体项目；创新投融资机制，加大资金投入等。这些措施的目的是保证农业健康发展，确保粮食安全。《国民经济和社会发展第十二个五年规划纲要》提出，坚持走中国特色农业现代化道路，把保障国家粮食安全作为首要目标，加快转变农业发展方式，提高农业

---

① 何维达：《我国粮食安全面临的挑战及对策》，《南方农业》2014年第35期。

综合生产能力、抗风险能力和市场竞争能力。要增强粮食安全保障能力，稳定粮食播种面积、优化品种结构、提高单产和品质，广泛开展高产创建活动，粮食综合生产能力达到 5.4 亿吨以上。实施全国新增千亿斤粮食生产能力规划，加大粮食主产区投入和利益补偿，将粮食生产核心区和非主产区产粮大县建设成为高产稳产商品粮生产基地。严格保护耕地，加快农村土地整理复垦。加强以农田水利设施为基础的田间工程建设，改造中低产田，大规模建设旱涝保收高标准农田。加强粮食物流、储备和应急保障能力建设。《中共中央关于制定国民经济和社会发展第十三个五年规划的建议》提出，坚持最严格的耕地保护制度，坚守耕地红线，实施藏粮于地、藏粮于技战略，提高粮食产能，确保谷物基本自给、口粮绝对安全。全面划定永久基本农田，大规模推进农田水利、土地整治、中低产田改造和高标准农田建设，加强粮食等大宗农产品主产区建设，探索建立粮食生产功能区和重要农产品生产保护区。

二、俄罗斯的粮食安全问题

俄罗斯将"粮食安全"定义为：国家有能力在不受到国内外风险威胁的情况下，依靠相应的资源、潜力和保障措施，满足居民对符合通行标准的粮食数量、质量和品种的需求。[①] 对于粮食安全，也有资料提到，按照国际通行标准，只有在下述情况下才能认为俄罗斯粮食和食品安全是有保障的，即如果停止从国外进口粮食和食品，依靠国内农业原料和食品的消费占比达到以下标准：马铃薯占 95%、粮食占 90%、奶和奶制品占 90%、肉和肉制品占 85%、糖和植物油占 80%，即认为不会出现粮

[①] Проблемы продовольственной безопасности в России, http://knowledge.allbest.ru/economy.html.

食和食品危机。① 就是主张以国际通行标准来衡量俄罗斯的粮食安全。达到这些标准，粮食安全就有保障；否则，就存在粮食安全问题或隐患。俄罗斯专家认为，从粮食安全的角度出发，从国外进口食品的品种不能超过总需求的 20%，进口粮食的总量不能超过 30%。而有些年份俄罗斯的粮食和食品进口都超过了这个标准，因此总体而言，俄罗斯依然面临着粮食和食品安全问题。

（一）粮食安全状况

可以从不同角度按不同标准来分析俄罗斯的粮食安全问题。有学者认为："粮食安全一般仅侧重于数量能够满足与否，这一点与食品数量安全有较大关联度。食品数量安全在很大程度上受到粮食安全的影响和制约。……俄罗斯把粮食安全与食品安全紧密地联系在一起，认为食品安全是粮食安全的核心。"因而着重从食品数量安全、食品质量安全和食品可持续安全三个方面来分析俄罗斯的粮食和食品安全问题。② 实际上，还可以从粮食自给率、粮食产量和人均占有量、粮食和食品自给总水平来分析俄粮食和食品安全问题。

1. 粮食自给率

有资料显示，在 20 世纪 90 年代初，俄罗斯的粮食自给率曾从 1990 年的 89.9% 降至 1992 年的 74%。之后开始提高并自 2001 年起超过了 100%。另据有关资料，自 2010 年以来，俄罗斯粮食自给率除歉收的 2012 年为 108.3% 外，其余年份都超过了 120%，其中，2011 年达到了 135.9%。2014 和 2015 年俄粮食产量超过了一亿吨，取得了历史性的突破，

---

① Глотов О.А.: Продовольственная безопасность Российской Федерации: риски и угрозы, основные направления государственно-экономической политики, *Известия Тульского государственного университета. Экономические и юридические науки*, Выпуск No. 1-2 / 2011.
② 姜振军：《俄罗斯食品安全形势及其保障措施分析》，《俄罗斯东欧中亚研究》2013 年第 5 期。

粮食自给率会高于 2011 年的水平。因此，以粮食自给率为衡量标准，可以认为俄罗斯的粮食安全是基本上有保障的。表 4—5 反映了 1990—2013 年俄罗斯粮食和食品自给率的变化。

表 4—5　俄罗斯主要粮食和食品自给率（%）

年份	安全线指标和粮食、食品自给程度			
	谷物（>95%）	马铃薯（>95%）	奶和奶制品（>90%）	肉和肉制品（>85%）
1990	89.9	105.4	88.2	88.2
1995	99.8	104.0	86.8	73.4
2000	95.9	101.2	88.6	69.1
2005	117.5	102.0	82.3	62.0
2010	122.4	101.0	80.6	72.4
2013	128.9	104.6	77.7	78.4

资料来源：Н. Шагайда, В. Узун: Продовольственная безопасность:проблемы оценки, *Вопросы экономики*, 2015г., No. 5, С. 67.

2. 粮食产量和人均占有量

从人均粮食占有量来看，有数据显示，在 1990—2010 年，俄罗斯人均粮食占有量有 10 年在 600—800 公斤，另有 10 年在 400—600 公斤，只有 2 年是在 400 公斤以下。[1] 这些数字表明，在多数年份，俄罗斯人均粮食占有量高于世界粮食安全标准（人均 400 公斤），表明俄罗斯粮食能够自给自足，粮食安全有保障。此后，2011 年俄罗斯农业又获丰收，粮食产量达 9420 万吨，较上一年大幅增长 54.6%。2012 年俄粮食歉收，总产量为 7040 万吨，与上年的 9420 万吨相比减少了 25.3%。2013 年粮

---

[1]　Российские реформы в цифрах и фактах, http://kaivg.narod.ru.

食产量又回升到 9100 万吨。2014 年俄粮食产量自 2008 年以来首次超过一亿吨，达到 1.052 亿吨。2015 年农业又将取得好收成，产量也将超过一亿吨，截至 10 月 6 日已经收获粮食 9850 万吨。2014 年 7 月到 2015 年 7 月俄出口粮食 3050 万吨。①总体而言，2011 年至今，俄罗斯继续保持了粮食基本自给有余的势头。2014 年和 2015 年这两年的人均粮食占有量均超过 700 公斤，大大超过世界的平均水平。基于此，俄总理梅德韦杰夫 2014 年 11 月 24 日在俄罗斯经济现代化和创新发展总统委员会主席团会议上表示，俄罗斯在满足国内粮食需求方面没有问题。考虑到俄罗斯拥有的丰富水资源、耕地资源等，俄完全可以成为世界粮食生产大国。他指出，2014 年粮食产量达到一亿多吨，远远超出了保证俄罗斯粮食安全所需要的数量。因此，如果以粮食总产量和人均占有量为衡量标准，俄罗斯也具备了粮食安全的基本条件。

3. 粮食和食品自给总水平

粮食和食品自给总水平是衡量俄罗斯粮食和食品安全的综合性标准。根据表4—5，按照粮食和食品自给安全线指标和通行标准，1990—2013 年，俄罗斯除谷物外，马铃薯也完全达到并超过了自给自足水平。但奶和奶制品的自给率自 1990 年以来至今均未达到 90% 的水平，2013 年甚至降到 77.7%，大大低于 90% 这一食品安全线标准。肉和肉制品除 1990 年超过了 85% 的食品安全最低线而达到 88.2% 外，其余年份均在 85% 的安全线标准下，最低年份的 2005 年仅为 62%，最高年份的 2013 年也只有 78.4%。据资料显示，糖的自给率 2007—2011 年一直低于安全线标准（80%），分别为 52.7%、57.6%、64.4%、58.0% 和 61.7%，只是在 2012

---

① 《俄罗斯今年粮食丰收产量将过亿吨》，环球网，http://world.huanqiu.com/hot/2015-10/7697768.html。

年和 2013 年才达到了 87.8% 和 82.3%。而植物油自给率自 2007 年以来一直在 80% 这一安全线标准以上，2007—2013 年分别为 91.8%、84.0%、109.5%、93.8%、101.7%、132.4% 和 132.6%。[①] 因此，总的来说俄罗斯的食品安全形势仍不容乐观。而如果从粮食和食品自给总水平综合看，如表 4—6 所示，1997—2013 年俄罗斯粮食和食品自给总水平均低于 90%，而且除 1999 年的最低水平 79% 和 2012 年的最高水平 89% 外，近十多年来俄粮食和食品自给总水平一直在 86%—88% 小幅波动。另据有关资料，虽然粮食产量基本有保障，但是近些年俄罗斯本国生产的食品仅能满足国内需求的约 50%，进口食品已占其总需求的 30%—50%。[②] 综上所述，总体而言，俄罗斯依然存在着粮食和食品安全问题。

表 4—6　俄罗斯粮食和食品自给总水平

年份	食品和农产品出口/进口（百万美元）出口	食品和农产品出口/进口（百万美元）进口	进出口余额 百万美元	进出口余额 美元年均汇率	进出口余额 亿卢布	居民食品支出（亿卢布）	粮食和食品自给总水平（%）
1997	1600	13278	11678	5.8	675	4099	84
1998	1462	10820	9358	9.7	907	5284	83
1999	976	8073	7097	24.6	1747	8278	79
2000	1623	7384	5761	28.1	1620	11211	86
2001	1887	9205	7318	29.2	2136	14958	86
2002	2801	10380	7579	31.4	2378	17810	87
2003	3411	12043	8632	30.7	2649	20266	87
2004	3292	13854	10562	28.8	3042	23039	87

---

① Н. Шагайда, В. Узун: Продовольственная безопасность: проблемы оценки, *Вопросы экономики*, 2015г., No. 5, С. 68.
② 王殿华、拉娜：《俄罗斯粮食安全与政策评析》，《俄罗斯东欧中亚研究》2013 年第 3 期。

(续表)

年份	食品和农产品出口/进口（百万美元）		进出口余额			居民食品支出（亿卢布）	粮食和食品自给总水平（%）
	出口	进口	百万美元	美元年均汇率	亿卢布		
2005	4492	17430	12938	28.2	3654	27639	87
2006	5514	21640	16126	27.2	4382	30583	86
2007	9090	27626	18536	25.6	4740	35240	87
2008	9278	35189	25911	24.9	6443	46497	86
2009	9967	30015	20048	31.8	6370	51188	88
2010	8755	36398	27643	30.4	8396	58005	86
2011	13330	42535	29205	29.4	8587	64295	87
2012	16663	40384	23721	31.0	7365	68669	89
2013	16228	43165	26937	31.8	8571	73919	88

资料来源：Н. Шагайда, В. Узун: Продовольственная безопасность:проблемы оценки, *Вопросы экономики*, 2015г., No. 5, С. 69.

（二）影响粮食安全的主要因素

影响俄罗斯粮食和食品安全的因素是多方面的，既有客观因素，也有人为因素；既有国内因素，也有国际因素。

1. 不利的气候条件造成农业受灾粮食减产

特殊的地理位置使俄罗斯大部分地区时常受恶劣的气候条件影响，致使农业歉收和粮食减产。早在1998年，由于受旱灾的大面积侵袭，俄谷物总产量比1997年减少了4000多万吨。2009年旱灾致使俄15个联邦主体的谷物总产量减少了约1300万吨。2010年俄罗斯遭遇罕见高温干旱天气，受灾耕地面积达到1330万公顷，粮食产量降至约6000万吨。为稳定国内粮食市场，自2010年8月俄政府禁止粮食出口直至2011年7月1日。

2011年冬季的天气条件对俄农业生产也带来了不利影响,严寒天气影响了秋播作物的产量,而此后持续出现的旱情再度对俄粮食收成造成严重影响。2012年全俄有16个联邦主体遭受旱灾,受旱耕地面积为440万公顷,占总播种面积的5%—6%。除干旱外,严冬、火灾以及南部粮食产区的洪灾也对粮食生产造成了较大影响。据统计,2012年的一系列异常天气给俄罗斯农业造成了330亿卢布(约合10.5亿美元)的经济损失。

自然灾害造成的农业受灾和粮食减产,直接威胁到俄罗斯的粮食安全,也由于歉收导致食品价格上涨,出现食品安全问题。面对粮食和食品安全的挑战,俄罗斯不得不采取一些必要措施,如2012年7月俄总理梅德韦杰夫责成农业部制定防止食品和粮价暴涨的一揽子措施,包括:对粮价进行干预,设置粮食最高售价;对农业生产者实行资金补贴;延长用于采购农业设备的贷款期限等。

2. 农田退化或闲置荒芜

农田是保证粮食安全的基础性条件。但近几十年来,俄罗斯一直面临着两大难题:一是农田退化严重。中强酸性的农田超过了3600万公顷,酸性土壤的面积增加了3210万公顷,其中包括耕地2150万公顷。约占俄罗斯国土面积7%的黑钙土,其中的40%适于农耕,在这片"黑土地"上耕种的农作物产量约占俄农作物年总产量的2/3。但由于过度耕种、土壤改良缓慢等土地保护不力因素的影响,俄罗斯黑钙土逐渐呈现出灰化酸性土的特征,其中约60%的黑钙土已明显退化。农田大面积的严重退化,俄农产品每年减产3700万吨以上(折算成谷物)。二是由于一些地区自然条件恶劣、农村人口持续减少、土地退化等因素,俄罗斯大量的农田闲置荒芜。据俄罗斯农业部的数据,荒芜农田面积数量近1000万公顷(有资料认为约有1800万公顷),主要分布在乌拉尔和西伯利亚地区。《纽约时报》认为,"俄拥有全球最大规模的闲置耕地"。

3. 农业物质技术基础薄弱

俄罗斯农业面临的最突出问题是农业生产装备和农业技术落后。长期以来,由于俄罗斯对农业的投资严重不足,加之吸引外资乏力(截至2013年年底,俄农业部门累计外资余额仅为27.5亿美元,其中,2013年吸引外资6.1亿美元),造成农业物质技术基础越来越薄弱,农业机械化水平也在降低。据俄罗斯农业科学院的统计,由于物流、仓储、运输体系发展滞后以及技术和设备不足等原因,每年造成的谷物损失达到1500万—2000万吨、肉100万吨、牛奶700万吨。[①] 俄罗斯国家粮食生产者联合会也认为,俄农业企业面临灾难性的物资技术保障形势。主要表现之一是收割和播种技术设备不足,农场无法在最佳时间完成播种和收割工作,如每年为完成全部谷物收割任务,需要增加28万台拖拉机和9万台收割机。由于技术基础薄弱,俄罗斯农工综合体每年损失的粮食高达2000万吨。

俄罗斯每年对新农业机械和设备的需求量约合30多亿美元,而国内的农业设备制造只能满足实际需求的35%—60%。尽管市场需求巨大,但资金匮乏限制了农业机械设备的制造和进口。为此,俄农业部计划增加对农业部门农机供应,帮助农业设备更新,以加强农业物质技术基础。此外,还建议将农业机械补贴从15%增加到25%。

4. 谷物大量出口

俄罗斯是谷物出口大国,已成为全球第三大小麦出口国。有资料显示,近几年俄罗斯谷物出口数量庞大。2011年7月1日俄取消谷物出口禁令,

---

[①] 李建民:《中俄农业合作新论》,中华网,http://hlj.china.com/food/meishihui/11156100/20150508/19654287_all.html。

恢复谷物出口，使当年谷物出口量就超过了1500万吨。[①]2014年俄罗斯谷物丰产，谷物出口达2530万吨；2015年俄谷物出口量达到3070.5万吨。[②]

过去十年间，俄罗斯曾不止一次实施过限制谷物出口的措施。2004年曾对谷物出口征收关税；在2007年和2008年的全球食品危机期间对小麦的出口征收过保护性关税；2010年因为干旱造成产量大降而迫使俄政府直接禁止谷物出口。特别是自2015年年初，俄开始强化对谷物出口的非正式限制，还曾决定从2015年2月1日起实施谷物出口关税等一系列限制谷物出口的措施。俄罗斯之所以实行限制谷物出口的政策，主要目的是防止国内粮食市场的供应短缺。同时，俄希望出口限制措施能够给国内粮价降温，遏制食品通货膨胀。俄罗斯总理梅德韦杰夫在2014年曾表示，当年俄罗斯粮食产量大幅增加，粮食的出口量也显著提升。但国家必须保有一定量的储备以确保国内粮食安全。

5. 西方经济制裁对食品安全的影响

2014年7月，由于乌克兰危机而导致以美国和欧盟为首的西方对俄罗斯实施为期一年的制裁。与此同时，俄罗斯也对西方的制裁采取了报复性措施，宣布禁止进口来自欧美的多种食品及农产品。俄政府宣布在未来一年内，禁止从欧盟、美国、加拿大、澳大利亚和挪威进口一系列食品，包括牛肉、猪肉、水果、蔬菜和乳制品等。2015年6月，欧盟又宣布延长对俄经济制裁6个月至2016年1月31日，俄罗斯也宣布延长对西方国家食品禁运6个月作为对欧盟决定的反击。

在俄罗斯禁止从欧盟进口食品后，土耳其一度成为俄所需农产品的

---

① 《2011年俄罗斯谷物出口量超过1500万吨》，《农产品市场周刊》2012年第2期。
② 《2015年俄罗斯谷物出口量增加》，中国粮油信息网，http://www.chinagrain.cn/liangyou/2016/3/1/20163110224556357.shtml。

重要供应国。然而，由于2015年11月24日土耳其在土叙边境附近击落一架俄罗斯战机，俄罗斯与土耳其关系急剧恶化。俄罗斯总理梅德韦杰夫12月1日签署政府令对土耳其实施制裁，其中包括自2016年1月1日起禁止从土耳其进口一系列蔬菜、水果、家禽和盐类商品。2015年12月21日梅德韦杰夫又签署命令，决定自2016年1月1日起对从乌克兰进口商品征收关税，并禁止进口乌克兰食品。俄罗斯已经禁止从欧盟和土耳其进口农产品，此次再禁止从乌克兰进口食品，会导致俄国内食品供应进一步紧张。

据俄罗斯关税总局统计，2013年俄罗斯进口食品额为430亿美元，占进口总额的13.4%。根据经济发展部的数据，以零售价格计算，进口食品的比例为25%—30%。不同食品进口的占比也不相同，奶酪的比例超过50%，酒类占35%，牛肉占60%，禽类为35%，植物油为16%，罐头为19%。[③]而欧盟官方数据显示，进口食品占俄消费食品总量的35%，其中从欧盟国家进口占到10%。因此，无论从俄罗斯的数据还是从欧盟的数据看，禁止进口欧盟和西方国家的食品会给俄罗斯的食品供应造成较大影响。一些美欧官员、专家和媒体甚至认定，俄罗斯会是这场"食品战"的最大输家。在这种情况下，俄罗斯必须采取措施进一步提高本国农产品产量，加快实现农产品进口替代，以实现粮食和食品安全。

（三）保障粮食安全的政策措施

俄罗斯把粮食安全作为国家经济安全的重要组成部分，将其提升到维护国家地位和主权的高度，视为国家的首要任务之一。在俄罗斯独立后的经济转轨初期，经济滑坡和不利的气候条件，致使农业减产和农业

[③] 崔珩：《俄罗斯会面临饥饿的冬天吗？》，中国网，http://opinion.china.com.cn/opinion12_109012.html。

总产值下降、居民食品消费量减少,加之受粮食市场不健全等因素的影响,俄罗斯面临着粮食安全问题。但近些年来,俄罗斯政府越来越重视粮食安全问题。早在 2009 年 5 月通过的《俄罗斯联邦 2020 年前国家安全战略》,其中就有对粮食安全的明确规定:要对主要食品实行进口替代;防止土地资源枯竭,防止农业用地和耕地减少;防止国家谷物市场被外国公司占领;防止不受监督地推广来自转基因植物(利用转基因微生物和类似的转基因微生物)的食品,以保障食品安全。[①]

此后,为补充和细化国家安全战略中关于粮食安全的内容,2010 年 2 月 1 日时任俄罗斯总统的梅德韦杰夫签署命令,批准通过了《俄罗斯联邦粮食安全准则》。其主旨是为居民提供可靠的食品保障,特别是保障偏远地区的粮食供应和最贫困人口的饮食;发展本国农业和渔业,降低国内农业和渔业对外国技术和设备的依赖;对影响粮食市场稳定的内部及外部威胁做出快速反应,并有效参与国际粮食安全合作等。该准则提出,为确保俄粮食安全,必须稳定国内生产,并保证必要的储备;要求对粮食安全提供及时预报,查明和预防可能影响粮食安全的内部及外部威胁,并及时消除其不良后果。根据当时的规划,为保证粮食安全,在今后几年内俄罗斯中央财政每年用于扶持农业发展的资金将达到 1600 亿—1700 亿卢布。而到 2015 年,俄罗斯政府和地方政府分别拨款 1900 亿卢布(约合 31.79 亿美元)和 660 亿卢布(约合 11.04 亿美元)用于完成国家农业领域发展计划。

于 2013 年 1 月 1 日生效的《俄罗斯联邦 2013—2020 年农业发展和农产品、原料、食品市场调控国家纲要》(第 717 号政府令)提出的目标是:

---

① 《俄罗斯联邦 2020 年前国家安全战略》,http://www.cetin.net.cn/cetin2/servlet/cetin/action/HtmlDocumentAction?baseid=1&docno=385648。

确保国家粮食安全，主要措施是刺激农产品和食品生产的增长，实行进口替代政策，通过限制农产品的进口来提升本国农产品的生产能力，保证俄罗斯的食品自给率达到《俄罗斯联邦粮食安全准则》提出的标准；形成完善的农产品市场，推进其市场化进程；激励农业创新，通过农工综合体的创新发展提高俄罗斯农产品在国内和国际市场上的竞争力；实现农业综合体的金融稳定；确保农业耕地的有效使用，土地的复垦开发应当用于农业；确保农村地区的可持续发展。通过以上措施，要使满足消费的粮食和食品的自给率至少达到以下标准：谷物和土豆95%、肉和肉制品85%、渔产品80%、奶和奶制品达到90%。另有资料显示，按该规划纲要，到2020年，俄罗斯粮食自给程度将再度提高：粮食自给率为99.7%，甜菜和糖为93.2%，植物油为87.7%，土豆为98.7%，肉类为91.5%，奶类为90.2%。农业的盈利将为农村带来每年3.1%的固定资产增长率。农业从业人员的工资水平将达到全国平均水平的55%。另外，俄罗斯还计划扩大种植面积，将土地复垦开发、保持和提升土壤肥力以及农村可持续发展分别列为专题加以指导，以保证俄罗斯粮食长期自给自足。[①]

三、简要结论与评述

第一，根据联合国世界粮食计划署和英国著名风险分析公司 Maplecroft 公布的"2010年和2011年粮食安全风险指数"，中国和俄罗斯均属"中度风险"国家。因此，中俄两国对粮食安全问题不能掉以轻心。中国面临粮食安全风险主要是由于人口众多，容易出现粮食缺口；耕地有限且数量持续减少，迫近耕地红线；生态环境恶化和污染严重；国际粮食市场波动对国内市场形成冲击；外资大量进入粮食市场特别是外资

---

① 徐振伟、王旭隆：《俄罗斯农业生产与粮食安全评析》，《欧亚经济》2015年第4期，第55页。

并购,使中国对粮食的控制力减弱,影响粮食安全。总之,随着中国人口增加、城镇化推进,粮食需求量刚性增长,到2020年使粮食增长赶上消费增加的速度,压力的确很大。而且,人多地少水缺的国情也制约着粮食生产潜力的挖掘。

对俄罗斯而言,粮食安全受到威胁,主要是不利的气候条件特别是自然灾害造成农业受灾粮食减产;农田退化或闲置荒芜削弱了保证粮食安全的基础性条件;农业物质技术基础薄弱尤其是农业生产装备和农业技术落后成为俄罗斯农业和保证粮食生产面临的突出问题;谷物出口数量庞大,影响到国内谷物供应,使俄罗斯曾不止一次地实施过限制谷物出口的措施;西方经济制裁对俄食品安全构成较大影响和威胁。虽然由于中俄国情不同,两国面临的粮食安全风险和问题也各不相同,但应对粮食安全的挑战对两国则是共同的。

第二,当前和今后一个时期,中俄两国防范粮食安全风险、保障粮食安全应侧重于解决食品安全问题。中国粮食产量已实现连续12年增长,出现了粮食高产量、高库存、高进口"三高"并存的局面,库存大幅增加,市场价格下跌,因而消化粮食库存势在必行。而从俄罗斯的情况看,如果以粮食自给率、粮食总产量和人均占有量为衡量标准,俄也具备了粮食安全的基本条件,就是说,其粮食安全是基本上有保障的。因此,中俄两国在这种能够保障粮食(谷物)安全的前提下,首要的是须解决食品安全问题。

对中国而言,由于生活水平和生活质量的不断提高,人民群众对深加工农产品的需求越来越大,而特色化、多样化和精致化的农产品尚不能满足消费者的需求。因此,发展农产品精深加工,延伸农业产业链条,既是保障食品安全的需要,也是在实现去库存的同时保障农民合理收益的需要,更是实行农业供给侧改革的一个重要方向。与中国不同,俄罗斯保障食品安全首先要通过加快农业发展，使食品自给率达到规定的标准，即肉和肉制品达到 85%、渔产品达到 80%、奶和奶制品达到 90%、糖的自给率达到 80%；同时，缩减食品进口，减少进口食品占消费食品总量的过高比重，从而改变食品自给率偏低状况，以保障食品安全。在此基础上，可借鉴中国的做法，逐步发展农产品精深加工。

第三，中俄两国各自采取不同措施防范粮食安全风险、保障粮食安全，应在以下两个方面相互借鉴对方经验和做法：一是将粮食安全作为国家安全法的重要组成部分。俄罗斯在 2009 年 5 月通过的《俄罗斯联邦 2020 年前国家安全战略》中，就对粮食安全作了明确规定。中国经 2015 年 7 月 1 日第十二届全国人民代表大会常务委员会第十五次会议通过的国家安全法，也将粮食安全列入其中，第二十二条规定："国家健全粮食安全保障体系，保护和提高粮食综合生产能力，完善粮食储备制度、流通体系和市场调控机制，健全粮食安全预警制度，保障粮食供给和质量安全。"

二是注重政府对粮食市场的适度干预和调控。自 2004 年全面放开粮食市场，实行粮食流通体制市场化改革以来，中国政府不断完善粮食价格和市场调控机制，通过实施最低收购价、临时收储、政策性收储粮食拍卖等市场干预政策，掌握了市场上的大部分粮源，粮食市场供应主要依赖政府拍卖政策性粮食库存，形成了政府调控政策主导粮食市场基本走向的格局。自 2008 年起，政府连续多年提高小麦和稻谷的最低收购价格。而俄罗斯也认为，构建新型粮食供给和调控体系对粮食安全有重要意义。粮食市场失灵要求国家对粮食和食品销售过程加以适度干预，以提高粮食安全度。仅从近几年的情况看，为平抑国内粮价，俄罗斯政府曾于 2012 年 10 月 23 日正式启动粮食价格干预措施。2013 年 2 月，为了稳定国内粮价并为春耕做准备，俄政府也曾动用国家粮食储备干预粮食市场，使国内粮食价格从 2013 年 3 月以来一路走低，后来农业部减小了粮价干预力度。2015 年 3 月，俄罗斯政府再度对粮食市场实行干预。有资料显示，在干预过程中，政府 3 月 17 日共采购粮食 23220 吨，合计 2.333 亿卢布；18 日采购 22550 吨，合计 2.195 亿卢布。截至 2015 年 3 月 18 日，俄动用干预基金共采购 3 级小麦 87885 吨、4 级小麦 63180 吨、饲料小麦 69930 吨、粮食黑麦 93285 吨、饲料大麦 113650 吨。在整个粮食采购干预时期，共购进粮食 427930 吨，合计 29.23 亿卢布。[①] 实践表明，俄罗斯政府对粮食市场的干预和调控是有效的。

最后应当指出，中国始终把粮食安全作为国家安全的头等大事来抓，并提出了新时期国家粮食安全的新战略，形成了一系列具有重要意义的粮食安全理论创新（如"底线论"、"红线论"等）和实践创新，不断探索具有中国特色的粮食安全之路。国家粮食安全战略明确提出粮食安全的优先次序首先是谷物和口粮，这是中国合理配置资源和集中力量保重点的战略抉择。面对今后更加复杂多变的国际粮食格局，中国提出要将"藏粮于地"（保护耕地，实行最严格的耕地保护制度和最严格的节约用地制度）、"藏粮于技"（为粮食生产插上科技的翅膀，坚持走依靠科技、提高单产的内涵式道路）、"藏粮于民"（农户储粮，发挥农户的粮食安全稳定器作用），作为确保今后粮食安全的三个支柱。

第四节 民族工业安全

随着经济全球化的发展，跨国公司主导的国际产业资本转移和国际

[①] 《俄罗斯的国家粮食采购量增加了 5 倍》，中俄经贸合作网，http://www.crc.mofcom.gov.cn/article/jingmaozixun/201503/99478_1.html。

分工体系发生了深刻变化。特别是高新技术产业的发展不仅催生了一批新兴产业，也使传统产业得以转型升级。但另一方面，贸易自由化和生产国际化也通过国际贸易和国际投资渠道对转轨国家的产业安全尤其是民族工业安全产生重大影响。转轨国家民族工业的比较优势受到削弱，产业安全受到威胁。许多转轨国家的资源密集型或劳动密集型工业和贸易结构，使其在国际经济竞争中处于更为不利的地位。而且，绝大多数转轨国家正处于工业化加速发展时期，国民经济命脉很大程度上根系于民族工业安全。本节以中国和俄罗斯为研究对象，着重分析转轨国家的民族工业安全问题。

一、中国的民族工业安全——基于产业外资控制的分析

自改革开放以来，中国吸引外资取得了巨大成功。2014年，在全球外商直接投资规模同比下降8%的情况下，中国外商直接投资继续保持稳定增长，达到1280亿美元。中国首超美国，成为全球最大的外商直接投资目的地，即成为全球吸引外资第一大国。与此同时，跨国公司对中国民族企业并购和兼并的速度也在加快。有资料显示，2002—2008年，跨国公司在华并购案值由80亿美元上升到460亿美元，增长了33%，交易数量在此期间也不断攀升，到2008年已达944起。① 另据有关资料，2014年，中国并购市场共发生交易3546宗，与2013年相比增长44.28%；交易金额达到9874亿元人民币，与2013年相比增长48.44%。② 随着在华并购和兼并以及投资规模的迅速扩大，跨国公司成为中国部分行业的重要股东甚至垄断了一些行业和企业。根据全

---

① 《跨国公司在华并购案交易额五年增长33%》，新浪网，http://finance.sina.com.cn/roll/20110123/16549297228.shtml。
② 《2014年中国并购市场报告》，经济网，http://www.ceweekly.cn/2015/0209/103894.shtml。

球并购研究中心《中国产业地图》提供的数据,除电力,军工等一些国家重要行业以外,外资在中国水泥行业、钢铁行业、汽车行业、橡胶行业、机械制造行业(普通机械、专用设备、电气设备及器材、电子及通信设备、仪器仪表及文化、办公用机械制造业)、石化行业(石油加工及炼焦业、化学原料及化学制品、化学纤维制造业)、玻璃行业、酿酒行业、医药行业(医药制造业)、电子及通信设备制造业、供水供气行业(电力、煤气及水的生产和供应业)、日用化妆品行业、食品加工业、造纸行业、纺织行业、家具制造业、文教体育用品制造业、塑料制造业、工艺品及其制造业等行业中,都占有较高股权和市场控制权。中国的28个主要产业中,外资在21个产业中拥有多数资产控制权。外资还涉足中国的一些高端技术领域,成为部分高端技术的垄断者,跨国公司凭借着技术专利的优势便可获得高额的利润回报。例如,2014年在中国市场排在前10位的计算机品牌中有5位是外资品牌(见表4—7)。外资已成为了中国许多行业的大股东之一,成为一些行业、技术和市场的垄断者。跨国公司的进入在某种程度上提高了中国本土企业对外资企业技术的依赖性,从而削弱了中国企业的技术创新能力。这不仅对中国的民族企业造成了重大冲击,甚至会直接威胁到中国的产业安全。

表4—7 2014年中国市场十大PC机品牌

排名	品牌	归属国(地区)及公司	排名	品牌	归属国(地区)及公司
1	联想	中国联想集团	6	宏基	台湾宏基公司
2	戴尔	美国戴尔公司	7	神舟	中国神舟电脑股份有限公司
3	惠普	美国惠普公司	8	清华同方	中国同方股份有限公司
4	华硕	台湾华硕集团	9	thinkcentre	中国联想集团有限公司
5	苹果	美国苹果公司	10	海尔	中国海尔集团

资料来源:中国品牌网。

总体而言，由于经济全球化条件下发达国家大型跨国公司的不断扩张，转轨国家在经济事务中的权力相对减弱。特别是由于生产和投资越来越具全球性，转轨国家实际上已经很难完全控制本国的生产，难以自主决定民族工业的生存与发展。这既与国家主权观念相悖，也给这些国家的民族工业和产业安全带来直接的威胁。中国也面临着同样的问题与挑战。

在融入投资自由化和生产国际化进程中，随着改革开放力度的不断加大，中国实行更加积极的鼓励外资进入的政策，这在很大程度上促进了产业发展和经济增长。但与此同时，外商独资企业和外资控股企业发展迅速，有资料显示，外商独资企业实际使用外资占外商对华直接投资的比重已相当大，2010年达到了76.6%。而同期合资经营企业占21.3%，合作经营企业仅占1.5%，外商投资股份制企业占比更低，只有0.6%。[①] 因而这些外商独资企业和外资控股企业可能对中国的产业安全构成较大威胁，尤其是对中国的产业控制力和竞争力产生较大的冲击和威胁，从而引发产业安全问题。

从产业控制力尤其是从产业外资控制的角度分析产业安全很有必要，因为对重要产业和战略性产业的控制是一国产业安全的重要方面。可以从股权控制、市场控制、技术控制和品牌控制来分析中国民族工业的产业外资控制状况。关于股权控制，一般认为，从保证产业安全出发，外资股权控制率应限定在30%以内，对于一些战略性产业或核心产业，这一比率应该更低，有的甚至应该为零，亦即禁止这些产业有外资进入。而对于一些次要的行业，则可适当放宽这一比率。关于市场控制，外商投资企业与内资企业在国内市场占有率上是一种零和竞争关系，外企市

---

① 李孟刚主编：《中国产业外资控制报告》，社会科学文献出版社2012年版，第82页。

场占有率的提高必然意味着内企市场占有率的下降。关于技术控制，外资进入一些行业，往往会控制这些行业的一些重要技术，从而抑制了本国进一步的自主创新能力。因而技术控制成为生产国际化条件下衡量一国产业控制力的重要指标之一。关于品牌控制，品牌既是民族工业的一种象征，同时也是一种重要的无形资产。外资进入特别是外资并购国内企业后，将企业的品牌进行控制或者搁置代替，用国际品牌占领东道国市场。这对东道国而言即是一种无形资产的损失，也构成了外资对产业安全的直接威胁。

（一）外资的股权控制与民族工业安全

反映外资股权控制情况的指标是外资股权控制率。外资股权控制率是从股权的角度反映外资对国内产业控制的程度。对外资的股权控制，由于统计口径不同和资料来源不同，统计结果差异较大。但总的来看，自改革开放和中国大量吸引外资以来，外资对中国的股权控制率呈现出越来越高的趋势。从表4—8可见，自1993年以来，外资控股率一直保持在60%以上并呈逐年上升趋势，2006年超过了78%。另有资料显示，直到2011年，外资股权控制率缓慢上升，其间，在2008年出现小幅下滑。总体而言，外资对外商投资企业股权达到了相对控制的标准。当然，也不乏许多重要的行业被外资完全控制。据《中国科技统计年鉴2012》提供的数据，中国已对外开放的所有产业中排名前5位的品牌，几乎全部被外资控股和技术垄断。其中，最为人们所熟知的如，工程机械行业的龙头企业徐工集团被美国凯雷公司收购，国内最大的轮胎制造企业海大轮胎集团被法国米其林收购，德国博世持有国内柴油燃油喷射系统最大厂商无锡威孚67%的股权，国内唯一的大型联合收割机厂佳木斯联合收割机厂和中国最大的电机生产制造商大连电机等，也纷纷被跨国公司控股并购。①

表 4—8 中国的外资股权控制率

年份	外方注册资本（亿美元）	全部外资企业年底注册总资本（亿美元）	外资股权控制率（%）
1993	1502	2456	61.14
1994	1963	3123	62.87
1995	2569	3991	64.36
1996	2898	4415	65.64
1997	3030	4598	65.89
1998	3137	4673	67.13
1999	3167	4635	68.32
2000	3372	4840	69.68
2001	3597	5058	71.11
2002	4020	5521	72.81
2003	4658	6226	74.81
2004	5580	7285	76.60
2005	6319	8120	77.82
2006	7406	9465	78.25

资料来源：袁海霞：《从产业安全看我国的FDI》，《当代经济管理》2008年第4期。

如果从行业看，各行业外资企业的外资股权比例也很高。表4—9显示，2006年各行业外资企业的外资股权控制率，最高为信息、计算机及软件业，达92%，最低的电力煤气及水生产供应业也达59%，而制造业则高达79%。这意味着中国大部分中外合资企业已被外资所控制。外商通过

---

① 朱建民：《我国制造业竞争力的控制力现状与对策》，《经济纵横》2014年第3期，第42—43页。

跨国并购或独资化的方式,加快对中国制造业产业所有权的绝对控制。跨国公司在华制造业投资的股权份额越来越大,外资已占制造业注册资本总额的80%以上。从具体行业看,自2006年以来近些年纺织、机械制造、电子通信设备和交通运输设备制造等产业外资控股权均在50%以上。[①]

表4—9　　　　2006年中国各行业外资企业的外资股权控制率

行业	企业数（户）	投资总额（亿美元）	注册资本（亿美元）	外方股权	外资股权控制（%）
总计	274863	17075.65	9465	7406	78
农、林、牧、渔业	5821	257.1	127	106	83
采矿业	970	81	52	35	67
制造业	187458	10412	5924	4681	79
电力煤气及水生产供应业	1980	866	332	195	59
建筑业	3876	308	171	118	69
交通运输、仓储及邮政业	4743	572	306	184	60
信息、计算机及软件业	7045	349	207	191	92
批发和零售业	15786	378	223	181	81
住宿和餐饮业	6194	282	153	112	73
金融业	182	59	50	30	60
房地产业	14438	2271	1134	920	81
租赁和商业服务业	12070	396	265	225	85
科研、技术服务和勘探业	6954	322	188	158	84

资料来源：转引自王东杰：《外资并购与我国产业安全研究》，山东大学博士学位论文，2009。

[①] 邓丽娜、任志新：《外商直接投资对我国制造业产业安全的影响》，《对外经贸实务》2014年第8期，第79页。

而从整个工业领域的情况看，外资对中国工业的股权控制度1999—2007年由21.8%上升到27.5%，达到最大值。之后呈现下降趋势，2008—2010年在26%和27%之间小幅波动（见表4—10）。虽然近些年外资对中国工业的股权控制相对稳定，但控制度逼近30%的界线，引起人们对民族工业安全的担忧。一般情况下，跨国公司并购中国企业往往会采用股权收购或并购等方式，也会通过增资扩股等手段迫使中方企业放弃多数股权或稀释中方股权比例，以达到控制中方企业、占领中国市场甚至控制整个行业的目的。事实上，中国民族工业的不少重要行业已被外资所控制，例如，机械行业外资股权控制率为35.2%，总体控制度在40%以上；电梯行业中最大的5家企业均为外商控股，占全国总产量的80%以上。

表4—10　　1999—2010年工业外资股权控制总体情况

年份	外资工业企业所有者权益（亿元）	工业企业所有者权益（亿元）	外资股权控制度（%）
1999	9730.41	44618.80	21.8
2000	11054.36	49406.88	22.4
2001	12794.29	55424.40	23.1
2002	14359.94	60242.01	23.8
2003	17473.30	69129.56	25.3
2004	21065.04	79732.25	26.4
2005	27770.72	102882.02	27.0
2006	33663.65	123402.54	27.3
2007	41198.76	149876.15	27.5
2008	49307.20	182353.38	27.0
2009	54251.47	206688.83	26.3
2010	66258.92	251160.35	26.4

资料来源：李孟刚主编：《中国产业外资控制报告（2011—2012）》，社会科学文献出版社2012年版，第82页。

应当指出,从 2010 年以来的情况看,外资对中国整个工业的股权控制度的变化趋势与外资对制造业的股权控制度的变化趋势较为相近,因此,从另一角度看,制造业的外资股权控制度是影响工业外资股权控制度的重要因素。

(二)外资的市场控制与民族工业安全

在特定的时期,转轨国家的市场容量是刚性的,内资企业和外资企业在分割转轨国家国内市场方面是一种零和竞争关系。外资企业在转轨国家国内市场的份额扩大,就意味着内资企业的份额会相应减少。随着外资的大量进入以及由于外资企业在技术、管理等方面的优势,内资企业的市场份额一定会随之缩小,从而大大削弱了本国相关产业的市场控制力。从这个意义上说,外资的市场占有率提升和市场控制力的加强,势必会对转轨国家的产业安全造成一定的冲击和威胁。如表 4—11 所示,1996—2004 年,外资在中国的总体市场占有率一直呈上升的趋势,由 1996 年的 18.66% 上升到 2004 年的 32.73%。2005—2007 年虽有小幅下降,也都在 31% 以上。自 2008 年外资在中国的总体市场占有率降到 30% 以下,2011 年降至 25.69%。

表 4—11　1996—2011 年外资在中国的总体市场占有率

年份	外资工业企业销售收入(亿元)	全国工业企业销售收入(亿元)	外资市场占有率(%)
1996	10815.20	57969.98	18.66
1997	13019.55	63451.48	20.52
1998	15604.60	64148.86	24.33
1999	17966.55	69851.73	25.72
2000	22545.74	84151.75	26.79

（续表）

年份	外资工业企业销售收入（亿元）	全国工业企业销售收入（亿元）	外资市场占有率（%）
2001	26022.08	93733.34	27.76
2002	31189.27	109485.77	28.49
2003	43607.63	143171.53	30.46
2004	65105.85	198908.87	32.73
2005	78564.46	248544.00	31.61
2006	98936.12	313592.45	31.55
2007	125497.96	399717.06	31.40
2008	146613.62	500020.07	29.32
2009	150263.06	542522.63	27.70
2010	188729.41	697744	27.05
2011	216305.00	841830.24	25.69

资料来源：据各年《中国统计年鉴》整理得出，转引自王勇、卢柯羽：《外商直接投资与我国产业安全：基于产业控制的视角》，《经济研究参考》2014年第50期，第22页。

而在工业领域，外资所占有的市场份额也不断增大，中国的工业市场被外资控制的范围越来越大。据有关资料，工业外资市场占有率和外资市场控制度1993年仅为8.64%，到1997年就达到20.52%。表4—12显示，工业外资市场占有率和外资市场控制度1999年达到25.7%；2003—2007年均在30%以上，分别为30.5%、30.8%、31.6%、31.6%和31.4%；自2008年以来，总体上工业外资市场控制度低于30%，2008—2010年分别为29.3%、27.7%和27.0%。

表 4—12　　　　1999—2010 年工业外资市场控制总体情况

年份	外资工业企业销售收入（亿元）	工业企业销售收入（亿元）	外资市场控制度（%）
1999	17966.55	69851.73	25.7
2000	22545.74	84151.75	26.8
2001	26022.08	93733.34	27.8
2002	31189.27	109485.77	28.5
2003	43607.63	143171.53	30.5
2004	57831.51	187814.77	30.8
2005	78564.46	248544.00	31.6
2006	98936.12	313592.45	31.6
2007	125497.96	399717.07	31.4
2008	146613.62	500020.09	29.3
2009	150263.06	542522.00	27.7
2010	188729.41	697744.00	27.0

资料来源：李孟刚主编：《中国产业外资控制报告（2011—2012）》，社会科学文献出版社 2012 年版，第 79 页。

虽然总体而言工业外资市场控制度低于 30%，但作为影响工业外资市场控制度重要因素的制造业的外资市场控制率依然较高。有资料显示，外资对中国制造业市场控制度曾多年维持在 30% 以上，2005—2007 年超过了 35%，尽管自 2008 年有所下降，但 2008—2010 年仍高达 30%，2012 年降至不足 30%。但正如表 4—13 所示，2012 年外资对制造业的市场控制度排名前七位的行业，其外资市场控制率都超过甚至大大超过 30%。而且，外资对制造业中不同行业的市场控制程度也是不同的，这通过表 4—13 也能够得到一定反映。而表 4—14 则反映了 2011 年制造业 11 个行业的外资市场控制情况。2011年的外资市场控制程度，纺织工业最低，为20.5%，通信设备、计算机及其他电子设备制造业最高，为75.69%。其他行业的外资市场控制率也超过或至少接近30%。另据中国产业洞察网的不完全统计，作为改革开放后发展最迅速、最早对外放开的行业之一，中国日化行业超过70%的市场份额已被国外品牌占据，销售份额则超过90%。本土日化企业中，销售额过亿元的寥寥无几，大部分都维持在千万元级的销售规模，与外资巨鳄相比，毫无竞争力可言。[①] 在外资市场占有与控制率方面，国际上一般把30%视为警戒线。超过这一标准或外资企业拥有较高的市场控制率和占有率，都会直接威胁到中国制造业相关产业的安全。

表4—13　2012年外资对制造业的市场控制率排名前七位的行业

行业	规模以上工业企业主营业务收入（亿元）	外资工业企业主营业务收入（亿元）	外资市场控制率（%）	排名
计算机、通信和其他电子设备制造业	51992.19	70430.07	73.82101139	1
汽车制造业	23462.06	51235.58	45.79251372	2
皮革、毛皮、羽毛及其制品和制鞋业	4347.65	11268.72	38.58157803	3
文教、工美、体育和娱乐用品制造业	3643.93	10277.38	35.45582629	4
纺织服装、服饰业	5825.69	17285.89	33.70199625	5
食品制造业	4993.71	15834.33	31.53723587	6
仪器仪表制造业	2088.36	6656.48	31.37333846	7

资料来源：2013年中国统计年鉴，转引自邓丽娜、任志新：《外商直接投资对我国制造业产业安全的影响》，《对外经贸实务》2014年第8期，第80页。

---

① 《国内超70%日化市场份额已被国外品牌占据》，中国产业洞察网，http://www.51report.com/qianyanyujing/3049753.html。

表4—14 2011年外资对中国制造业各行业的市场控制程度

行业	我国工业企业销售收入（亿元）	外资工业企业销售收入（亿元）	外资市场控制率（%）
纺织业	32288.52	6618.93	20.50
纺织服装、鞋、帽制造业	13214.41	4683.00	35.44
皮革、毛皮、羽毛（绒）及其制品业	8747.22	3792.08	43.35
家具制造业	4946.76	1462.46	29.56
造纸及纸制品业	11807.01	3345.66	28.34
文教体育用品制造业	3133.81	1611.17	51.41
塑料制品业	15281.75	4483.44	29.34
交通运输设备制造业	63131.95	27917.81	44.22
通信设备、计算机及其他电子设备制造业	63474.89	48042.70	75.69
仪器仪表及文化、办公用机械制造业	7468.83	3481.18	46.61
工艺品及其他制造业	7193.49	2271.77	31.58

资料来源：据2012年《中国统计年鉴》整理所得，转引自王勇、卢柯羽：《外商直接投资与我国产业安全：基于产业控制的视角》，《经济研究参考》2014年第50期，第23页。

（三）外资的技术控制与民族工业安全

总体而言，包括中国和俄罗斯在内的转轨国家，在经济转轨和对外开放进程中积极吸引外资，一个重要的目的是在引入外资的同时引进外国的先进技术和管理经验。而跨国公司则通过对外直接投资内部化实现其技术转移，这种技术转让行为对转轨国家会带来外部经济，即技术溢出。技术溢出效应是跨国公司对转轨国家相关产业或企业的产品开发技术、生产技术、管理技术、营销技术等产生的提升效应。但与此同时，跨国公司也对转轨国家实行"技术锁定"。所谓"技术锁定"，是指具有产品或服务技术垄断优势和内部化优势的跨国公司，对相关产品或服务的战略规划、研究开发、工艺设计、制造流程、品质控制、物资配送、营销网络、包装广告、售后服务等全过程设置一些障碍，致使利用其技术的国家很难获得相应的先进技术，以此保证跨国公司获取技术垄断的最大收益。跨国公司通过技术控制和技术保密，减少技术特别是高新技术的溢出效应。另一方面，跨国公司并购或控股转轨国家企业，往往会削弱甚至取消这些国家原有企业的技术研发机构，迫使合资公司依附于外资母公司研发机构所提供的技术，削弱其产业技术控制力。

就中国而言，自改革开放以来，特别是在改革开放初期，由于与西方国家在科技实力上的差距，中国注重在引进外资的同时大力引进先进技术，政府大规模实施了"以市场换资本，以市场换技术"的技术引进战略，旨在通过大规模的技术引进尽快提升本国产业技术水平和经济实力，促进产业的技术改造并加速产品的升级换代，以缩小与发达国家在经济、科技方面的差距。应当说，中国引进先进技术的战略总体上是成功的。但一方面，由于企业往往容易对引进技术产生依赖或对先进技术的吸收消化能力较低，会对企业的自主创新能力产生不利的影响。这在一定程度上会加重外资对产业的技术控制，从而对产业安全形成一定的威胁。另一方面，由于外资大量并购中国具有自主创新能力的企业，会明显削弱中国产业技术控制力，使某些产业面临技术空心化的危险。

据统计，目前中国纺织业外资技术控制率达到74.39%，化工业外资技术控制率达到75.33%，电信产业外资技术控制率达到78.15%，钢铁产业外资技术控制率达到58.36%，汽车产业外资技术控制率更是达到惊人的95.43%。目前中国已成为全球最大的汽车生产和消费市场。外资汽车企业与中国建立了几十家合资生产企业，构成了汽车生产的主要力量。

由于这些合资企业中核心技术和关键零部件大多为外方控制，中方在生产什么车型、自产什么配件及 OEM 配套方面缺乏话语权，外资的产业技术控制力进一步增强。而且，由于担心汽车核心技术外流，外资热衷于独资和控股建厂。有关核心技术被外资控制，关键技术依靠进口，国内产业链处于低端水平的案例不胜枚举。以外商投资风电产业为例，吉林省外商投资风电企业达 15 家，其中，合资企业 11 家，独资企业 4 家。外资风电设备生产集中于风电产业链低端，主要从事技术和产品附加值较低的筒基制造，而控制风电机组发电波动性和间歇性的核心技术全部由外方把持，依靠进口。① 此外，目前在中国政府采购中，国外核心软硬件产品与国产软硬件产品的比例为 99∶1。外资企业凭借技术上的优势垄断了我国的芯片、服务器及操作系统市场，并形成了极大的安全隐患。②

（四）外资的品牌控制与民族工业安全

在经济全球化和生产国际化背景下，品牌不仅是企业赖以生存的基础，而且是企业参与国际市场竞争的"利器"。而著名的民族品牌既体现着国家形象和民族精神的内涵，也在一定程度上代表着国家的经济社会发展水平。

在中国，跨国公司的收购和并购对中国的本土品牌发展造成巨大冲击，威胁到民族工业安全。一般而言，跨国公司在合资企业中取得控制权后，通过搁置本土品牌、削弱其营销力度等多种方式对中国民族品牌实行打压，致力于发展国外品牌，导致许多民族品牌逐渐被边缘化或被迫退出市场，严重影响了民族工业的成长和发展。特别是在与人们日常

---

① 王锐：《外资并购与产业安全》，《中国金融》2014 年第 11 期。
② 邓丽娜、任志新：《外商直接投资对我国制造业产业安全的影响》，《对外经贸实务》2014 年第 8 期，第 81 页。

生活较为密切的一些行业中,许多外资品牌取代了中国本土品牌,成为占有较高市场份额的主要品牌。

1. 外资的品牌收购与控制

跨国公司对中国民族品牌的收购与控制比比皆是。以下是2003年至2011年跨国公司并购中国民族品牌企业、控制本土品牌的部分实例:2003年,达能收购乐百氏92%的股权;2003年8月,美国吉列集团收购南孚电池;2004年美国AB(Anheuser-Busch)啤酒公司收购哈尔滨啤酒集团有限公司已发行股份99.66%的股权;2005年,卡特彼勒收购山东山工机械有限公司;2006年,世界500强企业比利时英博啤酒集团以约62亿人民币收购了福建雪津;2006年8月,法国SEB收购国内第一品牌苏泊尔;2006年法国欧莱雅收购小护士;2007年4月美国强生收购大宝;2010年12月,科蒂集团收购丁家宜;2011年6月,帝亚吉欧洋酒集团收购水井坊。[①]还有被美国庄臣公司收购的美加净,与德国美洁时公司合资的"活力28",等等。

在日化行业,宝洁和联合利华两大巨头在华实施品牌控制和多品牌战略。宝洁在进入中国以后的十年间,护肤品、洗涤产品每个品类一经投入几乎都能迅速占据较大的市场份额,其洗护发产品综合市场占有率一度突破50%。联合利华也不甘示弱,大有与宝洁一争高下之势。表4—15反映的是中国洗发水市场的十大洗发水品牌排行情况,从该表可以看到,占据前七位的均为外资品牌,而且多为宝洁和联合利华旗下的品牌。不仅日化行业,其他一些行业外资的控制度也较高,如前面表4—7所示,在中国市场排名前10位的计算机品牌中有5位为外资品牌。这些事实无

---

① 胡发富:《外资并购中民族品牌保护若干问题研究》,中国法院网,http://www.chinacourt.org/article/detail/2014/04/id/1282117.shtml。

不说明外资控制中国相关行业和市场的较高程度。

表4—15 2012年中国洗发水市场品牌排行榜

排名	品牌	所属国家	简介
1	海飞丝（Head & Shoulders）	美国	世界最大的日用消费品公司，宝洁旗下著名品牌
2	清扬（CLEAR）	英国	去屑洗发水市场的第一品牌，联合利华旗下知名品牌
3	潘婷（pantene）	美国	宝洁公司旗下秀发护理专家，宝洁（中国）有限公司
4	资生堂（Shiseido）	日本	1872年诞生的日本著名化妆品品牌，株式会社资生堂
5	飘柔（Rejoice）	美国	宝洁旗下品牌
6	力士（LUX）	英国	联合利华旗下的知名品牌，百年历史
7	欧莱雅（L'OREAL）	法国	世界著名的化妆品生产厂商
8	霸王（Bawang）	中国	中国驰名商标，中国中草药洗发液市场的龙头品牌
9	拉芳（lovefun）	中国	广东省著名商标，中国消费者最喜爱的商标，中国驰名商标
10	隆力奇（Longliqi）	中国	中国驰名商标，中国500最具价值品牌

资料来源：据http://www.tenpp.com/000111xfs-RYP_index.htm整理所得，转引自王勇、卢柯羽：《外商直接投资与我国产业安全：基于产业控制的视角》，《经济研究参考》2014年第50期，第24页。

跨国公司对中国本土品牌实行收购和控制，削弱本土品牌在市场上的影响力，其目的是不断提高自有品牌的市场地位，扩大自有品牌在中国的市场份额甚至力图独占市场。跨国公司一是凭借其资本和技术优势，在投资合作时明确要求使用它们自己的品牌,放弃中国的本土品牌。二是有的跨国公司在合资时要求中方将品牌转让给合资企业,然后利用中方的销售渠道推销自己的产品,待外资商标知名度提高后,逐步减少直至停止对中方商标的使用。三是跨国公司凭借其强大的销售网络和广告宣传,排挤和打压国产品牌在消费者心目中的形象和影响力,以争取大众对其品牌的认同,最终达到将中国本土品牌取而代之的目的。①

2. 本土品牌被收购后的衰败

如上所述,整体而言,外资通过收购和并购等方式对中国本土品牌的收购和控制,对本土品牌造成的冲击是巨大的,导致许多民族品牌逐渐被边缘化或被迫退出市场,逐步走向衰败。下面仍以中国日化品牌为例加以分析。

纵观近些年被收购的日化本土品牌,尤其是在早期阶段被外资收购的本土品牌,大都命运多舛,遭遇坎坷,许多本来发展势头良好的品牌被外资收购后迅速衰败下去。比较典型的如法国欧莱雅收购的小护士、美国庄臣公司收购的美加净、与德国美洁时公司合资的"活力28"以及科蒂集团收购的丁家宜等。以丁家宜为例:2010 年,全球五大化妆品公司之一、世界最大香水公司科蒂集团以 4 亿美元收购了丁家宜,宣布控股这一中国本土品牌。收购完成后,丁家宜并入科蒂集团整个运营轨道中,作为独立品牌运营。然而,被收购后的丁家宜 2012 年的销售额下降了 50%,基层销售团队也深度调整,大部分原高管在并购后相继离职。有资料显示,截至 2014 年 3 月 31 日的财务报表,丁家宜所处的科蒂皮肤和身体护理部门 2013 年第三季度减损共 3.169 亿美元。因此,2014 年

---

① 参见何维达等:《FDI 对我国产业安全的影响及其对策》,《生产力研究》2007 年第 24 期,第 105 页。

6月,科蒂不得不宣布停售丁家宜系列护肤产品。丁家宜的创始人庄文阳不忍自己创建的品牌没落,在2015年辗转将该品牌买回并重新运作。但经历了跨国公司收购的震荡和四年的磨难后,丁家宜品牌已元气大伤。[①]不仅丁家宜,被法国欧莱雅收购的小护士也同样境遇不佳,正逐步凋零。虽然目前该品牌仍得以保留,但欧莱雅已停止对其投入,任其自然发展,中国的消费者也只能在一些消费水平较低的小城市看到该品牌。

当然,也不可否认,在日化行业中,被外资收购的中国本土品牌仍不乏一些成功生存和发展的案例。如2008年被强生收购的护肤品牌大宝,就是为数不多的被外资收购后还能持续稳定成长的品牌之一。个中原因,首先是收购后强生给予了大宝全球研发能力的支持,在其原有SOD蜜为核心的基础上,推出了一系列新产品;其次是推动大宝实施强生全球统一的质量与合规体系,确保产品质量与安全的稳定、可靠和一致性;再次是在营销方面使大宝成为强生在中国重点推广的品牌之一;最后,在人才与文化方面,强生非常尊重原有的大宝高层和员工,彼此文化契合的基础较好。因此,据尼尔森的数据显示,在市场表现方面,大宝在中国连续18年以上保持护肤品牌销量第一,大宝SOD蜜100mL和200mL装分列面霜销量第一和第二名,大宝防晒乳(SPF20)是紫外线防护产品销量的第一名,大宝美容洗面奶是面部清洁产品销量第一,大宝SOD蜜面世后累计销售18亿瓶。截至2014年,与收购时相比,大宝的年复合增长率达到了两位数。[②]

不仅是日化,在其他行业,尤其是在轻工、化工、医药、机械、食品与饮料等行业中,跨国公司收购并控制中国本土品牌的事例也不胜枚

---

① 刘琼:《中国日化品牌如何逆袭》,《第一财经日报》,2016年1月12日。
② 同上。

举。而且被外资并购后，中国本土品牌日趋式微甚至衰败，要么是中方品牌被弃用或被束之高阁，例如，扬子冰箱在与西门子合资时约定，封存"扬子"品牌60年；要么是中方品牌虽然存在，但受到"冷遇"或排挤。凡此种种，说明跨国公司对中国的一些行业包括在国民经济中具有举足轻重地位的行业已取得垄断地位或优势地位。这的确对中国民族工业和产业安全构成了极大的威胁和挑战。

二、俄罗斯的民族工业安全

投资自由化和生产国际化的快速发展对俄罗斯产生双重影响和效应：一方面，为俄罗斯吸引外资和民族工业的发展提供了有利条件和良好的外部环境，能够解决由于资金匮乏致使经济发展长期存在的巨大资金缺口和需求压力；另一方面，跨国公司并购和外资的大量涌入也对俄民族工业造成较大的冲击。

（一）吸引外资状况

自经济转轨和实行市场开放以来，俄罗斯一直致力于吸引外国直接投资。为了消除国内改革不稳定因素对外国直接投资的不利影响，为外资提供相对完善的法制环境，保护投资者的合法权益，俄罗斯先后出台了《俄罗斯联邦外国投资法》、《俄罗斯联邦产品分成协议法》等法律法规。此外，为了吸引更多的外资，俄罗斯决定从2011年起取消外商直接投资税，同时出台其他的相应激励措施。随着相关法律法规的不断完善、经济形势的好转和市场化改革的逐步推进，外资逐渐涌入俄罗斯市场且规模不断扩大。表4—16显示，2003—2008年，俄罗斯吸引外资总额快速增长，由2003年的109.58亿美元增至2008年的1037.69亿美元。2009年由于受国际金融危机的影响，吸引外资总额减至819.27亿美元。

表 4—16 俄罗斯吸引外资情况（亿美元）

	2003 年		2005 年		2008 年		2009 年	
	外资金额	所占比例	外资金额	所占比例	外资金额	所占比例	外资金额	所占比例
外资总额	109.58	100%	536.51	100%	1037.69	100%	819.27	100%
直接投资	44.29	40.4%	130.72	24.4%	270.27	26%	159.06	19.4%
证券投资	1.45	1.3%	4.53	0.8%	14.15	1.4%	8.82	1.1%
其他投资	63.84	58.3%	401.26	74.8%	753.27	72.6%	651.39	79.5%

数据来源：俄联邦统计局网（http://www.gks.ru/bgd/regl/b10_12/IssWWW.exe/stg/d02/24-08.htm）。

国际金融危机后，2010—2013 年，俄罗斯吸引外资总体呈上升趋势。由表 4—17 可见，2010—2011 年俄吸引外资总额分别达到了 1147.46 亿美元和 1906.43 亿美元，2010 年和 2011 年较上年大幅增长，增幅分别高达 40.1% 和 66.2%。2012 年俄吸引外国投资总额为 1545.7 亿美元，同比减少 18.9%。2013 年吸引外国投资总额上升到 1701.8 亿美元，同比增长 10.1%。其中，直接投资 261.18 亿美元，同比增长 39.9%。有资料显示，2014 年俄罗斯吸引外国直接投资明显减少，仅为 190 亿美元。西方制裁、乌克兰危机和经济增速预期下降是导致投资下降的主要原因。[①] 而 2015 年俄罗斯吸引外国直接投资的情况更糟，减少的幅度高达 92%，位列经济转轨国家之首；其次是哈萨克斯坦，减少了 66%。整体而言，2015 年经济转轨国家吸引的外国直接投资减少了 54%。[②] 另有资料显示，到 2015 年，

---

① 《2014 年俄吸引外国直接投资额下降 70%》，中华人民共和国驻俄罗斯联邦大使馆经济商务参赞处网，http://ru.mofcom.gov.cn/article/jmxw/201502/20150200888594.shtml。
② Прямые иностранные инвестиции в Россию в 2015 году рухнули на 92%, http://www.interfax.ru/business/490758.

在俄罗斯吸引外资中，投向非银行部门的外国直接投资 2015 年上半年仅为 67 亿美元，较 2014 年上半年减少了 2/3。①

表 4—17　俄罗斯经济吸引外资情况

	单位：亿美元				对上年的百分比（%）			
	外资总额	直接投资	证券投资	其他投资	外资总额	直接投资	证券投资	其他投资
2008	1037.69	270.27	14.15	753.27	85.8	97.2	33.7	84.7
2009	819.27	159.06	8.82	651.39	79.0	58.9	62.3	86.5
2010	1147.46	138.10	10.76	998.60	140.1	86.8	121.9	153.3
2011	1906.43	184.15	8.05	1714.23	166.1	133.3	74.9	171.7
2012	1545.70	186.66	18.16	1340.88	81.1	101.4	1.3 倍	78.2
2013	1701.80	261.18	10.92	1429.70	110.1	139.9	60.1	106.6

资料来源：Е.Илюхина: Иностранные инвестиции, *Экономическое развитие России*, 2014г., No.4, с.28.

（二）引进外资与民族工业安全

无论从中国吸引外资的实践还是从其他经济转轨国家引进外资的实际情况看，外资的引入与转轨国家的民族工业发展和民族工业安全之间都存在着一定的相关性。这对俄罗斯也不例外。

1. 俄罗斯吸引外资的行业分布

在 2008 年前，外资主要投向俄罗斯开采工业部门，其数额年均超过外资总额的 22%。自 2008 年起，俄罗斯加工工业（制造业）成为外资进入最多的行业，居各行业吸引外资之首。加工工业（制造业）吸引外国投资总额，2008 年为 339.14 亿美元，占外国投资总额的 32.7%；2012 年

---

① Власенко Р. Д.: Прямые иностранные инвестиции как фактор роста российской экономики [Текст] / Р. Д. Власенко, А. В. Строганова // *Молодой ученый*, 2015, No.21.1, с. 116-121.

为492亿美元，占31.8%；2013年达到897.9亿美元，占吸引外资总额的52.8%。表4—18显示，2011和2012年，对俄罗斯的外国投资的重点领域依次为工业、金融业和商业；而到2013年，外国投资重点领域的顺序则变为工业、商业和金融业，这三大领域占到2013年俄吸引外资总额的90.5%。但无论怎样变化，这三年外资对俄工业的投资始终居首位，而且占总投资额的比重也逐年快速增长，2011年、2012年和2013年分别为32.1%、44.8%和60.4%。表4—18还反映了俄各主要部门和行业吸引外资情况。

表4—18 2011—2013年俄罗斯经济吸引外资的部门结构

	单位：亿美元			对上年的百分比(%)			占总额的百分比(%)		
	2011	2012	2013	2011	2012	2013	2011	2012	2013
工业	611.45	692.01	1028.49	128.6	113.2	148.6	32.1	44.8	60.4
交通运输	59.43	46.22	47.59	90.4	77.8	103.0	3.1	3.0	2.8
批发与零售商业及交通工具维修等行业	244.56	253.79	310.30	183.4	103.8	122.3	12.8	16.4	18.2
不动产和租赁业、服务业	92.37	100.35	97.17	125.8	108.6	96.8	4.8	6.5	5.7
金融业	868.85	433.95	201.21	229.2	49.9	46.4	45.6	28.1	11.8
其他部门	29.77	19.38	17.04	148.1	65.1	87.9	1.6	1.2	1.0

资料来源：Е.Илюхина:Иностранные инвестиции,Экономическое развитие России, 2014г., No.4, c.29.

有资料显示，2006—2013年，俄罗斯机械制造和化工行业的外国直接投资始终稳定增长，而2013年增长尤为迅速。与2006年相比，2013

年机械制造业的外国直接投资增长了约11倍，达到39.8亿美元；化工行业增加了2.5倍，为17亿美元。由于机械制造业和化工行业外国直接投资的快速增长，俄高技术部门所占的比重由危机前三年（2006—2008年）的平均2%提高到2012—2013年的6%，而初级原料部门所占的比重则从60%降至35%。[1]另据有关资料，在2013年投向工业的外资结构中，加工工业的增长占第一位，与2012年相比增长了82.4%（2012年增长了19.8%），而投向矿藏开采业的外资则下降了37.1%。[2]2013年投向加工工业的外资占到俄罗斯吸引外资总额的18%。外国投资者之所以青睐俄加工工业，除了加工工业发展前景广阔，更主要的是该领域有大量的投资项目。在加工工业中，冶金工业、化工、焦炭行业、石油制品等行业吸引外国直接投资的规模较大，高技术行业吸引的外资不足加工工业吸引外资总额的15%。[3]

在俄罗斯受乌克兰危机和国际油价暴跌双重影响的2014年，俄不仅吸引外国直接投资总额明显减少，当年外资项目仅有178项，而2011年多达396个项目，总投资额为230亿美元；[4]而且2014年吸引外国直接投资的行业分布也发生了变化，跃居第一位的是金融保险业，占比23%，其他依次为商业（占22%）、加工工业（占18%）、矿藏开采业（占11%）。[5]

---

[1] А. Могилат: Прямые иностранные инвестиции в реальный сектор российской экономики: взгляд с микроуровня и прогноз до 2017 года, *Вопросы экономики*, 2015г, No.6, c.28.

[2] Е.Илюхина: Иностранные инвестиции, *Экономическое развитие России*, 2014г, No.4, c.29.

[3] Власенко Р. Д.: Прямые иностранные инвестиции как фактор роста российской экономики [Текст] / Р. Д. Власенко, А. В. Строганова // *Молодой ученый*, 2015, No.21.1, c. 116-121.

[4] Ф.Стеркин, О.Кувшинова Иностранные инвесторы второй год не хотят вкладывать в Россию, http://www.vedomosti.ru/economics/articles/2015/04/28/inostrannie-investori-vtoroi-god-ne-hotyat-vkladivat-v-rossiyu

[5] Центральный банк России, URL: http://www.cbr.ru (Дата обращения 14.10.2015).

2. 外资不同行业分布对民族工业安全的影响

如前所述，在 2008 年国际金融危机前，外资主要投向俄罗斯矿藏（能源）开采业，总投资额年均超过对俄外国直接投资总额的 22%。特别是 2000—2005 年，采矿业曾占到俄吸引外资总额的约 80%，其中，绝大部分外资都集中于燃料能源矿藏开采，占整个采矿业外国直接投资额的 98%。[①]2007 年投向矿藏（能源）开采业的外资曾高达 140 亿美元，2008 年一路下滑至 50 亿美元。不可否认，俄罗斯吸引外资在一定程度上解决了矿藏（能源）开采业的资金短缺问题，促进了该产业的发展。但另一方面，外资的进入实际上加剧了俄罗斯产业结构的畸形发展，使本已不合理的产业结构得以继续维系，增加了产业结构调整的难度和复杂性。其结果，不仅强化了以能源生产和出口为导向的资源依赖型经济，而且助推了"重工业过重、轻工业过轻"的发展模式，从而对俄罗斯民族工业安全构成了一定的威胁。尤其是在低碳经济受到世界各国普遍关注的时代，这也对俄罗斯常规能源产业的健康发展构成了挑战。

国际金融危机后，自 2008 年以来，外国直接投资更多地投向了俄罗斯的加工工业（制造业），使其超过了矿藏（能源）开采业，一跃成为外资进入最多的行业。如前所述，2013 年投向加工工业的外资同比增长了 82.4%，而投向矿藏开采业的外资则下降了 37.1%。毫无疑问，外资的大量进入对解决俄加工工业（制造业）资金匮乏问题从而促进产业发展具有重要意义，但与此同时，也影响到俄罗斯加工工业（制造业）自身的安全。一是对外资产生一定程度的依赖，一旦因形势变化出现投资链断裂，就会影响到本产业的发展。例如，2014 年吸引外国直接投资的大

---

① 宋艳梅：《俄罗斯吸引外国直接投资的政策研究》，《国际贸易问题》2008 年第 8 期，第 57 页。

量减少就使俄罗斯明显感觉到加工工业（制造业）投资不足的压力。二是容易削弱民族工业的竞争力。如俄汽车制造业大量引入外资，使本来就缺乏竞争力的本国汽车更加竞争力不足，甚至有的国产车型被外国车型所取代。三是加工工业中高新技术行业吸引外资不足，而外资大量进入冶金、化工、焦炭、石油制品等对环境产生污染或重污染的行业，不利于俄生态环境的保护。从长远看，那些对环境产生重污染的产业的发展并不可持续，从这一角度看，外资进入这些产业也不利于俄罗斯民族工业安全。

3. 跨国并购对民族工业安全的影响——以烟草制品业为例

俄罗斯是世界第三大卷烟生产国和第二大卷烟消费市场。近年来，俄罗斯每年的卷烟产量在4000亿支左右，消费量在3000亿支左右。俄罗斯烟草制品业的快速发展和由此形成的巨大卷烟生产能力和消费量，在很大程度上是全球大型跨国烟草公司并购俄罗斯卷烟生产企业，在俄投资建厂、打造卷烟品牌、大力开展市场营销的结果。目前跨国烟草公司在俄的市场份额已占到90%以上。

自20世纪90年代以来，全球大型跨国烟草公司开始把扩张的触角伸向俄罗斯，通过并购和收购等方式吞并或淘汰俄本土烟草企业，建立起自己的卷烟生产基地，不仅占领俄罗斯卷烟市场，而且以俄罗斯为基地向其他国家出口卷烟。总部设在纽约的菲莫国际（PMI）是最早进入俄罗斯市场的大型跨国烟草公司。在2014年《财富》世界500强排名中，菲莫国际排名第390名，在全球烟草行业上榜企业中名列第一。菲莫国际早在1993年就取得了俄罗斯克拉斯诺达尔烟草工厂的控制权，开始进行大规模的卷烟生产，现在菲莫国际在俄经营着两家卷烟生产企业，其中之一的菲莫伊诺拉公司2011年的销量为700亿支卷烟。总体来看，菲莫国际在俄罗斯占有 26.1% 的市场份额。[1]

  英国的加莱赫公司也是俄罗斯烟草行业的早期投资者之一，于 2000 年以 2.64 亿英镑的价格收购了莫斯科的列吉格特—杜卡卷烟厂。该卷烟厂是当时俄罗斯最先进的卷烟工厂，每年生产超过 500 亿支卷烟。加莱赫公司收购列吉格特—杜卡卷烟厂后立即投入了 4000 万英镑，大规模增加产量，并采取集中的采购与管理制度，加速扩张业务和拓展市场，生产的卷烟从摩尔曼斯克一直销售到符拉迪沃斯托克，横跨 5000 英里和 7 个时区。但在 2007 年，日本烟草收购了加莱赫公司，并以 37% 的市场份额成为俄罗斯市场最大的卷烟制造商。据有关资料，截至 2013 年 8 月，日本烟草在俄罗斯市场获得了其全球利润的 16%—18%，其他的跨国烟草公司依次为：菲莫国际为 9%、英美烟草为 8%、帝国烟草为 5%。英美烟草是于 1994 年进入俄罗斯的，目前在俄罗斯也经营着两家卷烟生产企业。帝国烟草是 2002 年通过收购德国利是美烟草公司而获得了在俄罗斯市场的立足之地，并于 2008 年通过对阿塔迪斯的收购强化了自己在俄市场的存在。[2]

  由于跨国烟草公司的扩张，自 20 世纪 90 年代起，俄罗斯国内独立卷烟制造企业逐步遭受排挤，其市场份额开始大幅下滑，从 1990 年的 100% 下降到 2001 年的 42% 再降至 2009 年的仅 7%。有资料显示，目前俄罗斯国内独立卷烟制造商的卷烟总产量也仅占约 11% 的市场份额，经营收入所占比例只有 5%，而且生产的产品大都处于中低端价位。另据俄罗斯国家统计局提供的数据，2012 年俄罗斯的卷烟产量超过 4100 亿支，其中，日本烟草生产了 1456 亿支，菲莫国际生产了 991 亿支，英美烟草

---

[1] 一默：《菲莫国际：跨国烟草排头兵》，《东方烟草报》，2014 年 11 月 12 日。
[2] 参见《走进俄罗斯烟草市场》，《东方烟草报》，2014 年 4 月 30 日。

为806亿支，帝国烟草为403亿支。而俄罗斯国内卷烟制造商仅生产了446亿支，其中，最大的独立卷烟制造商顿斯科伊（Donskoy）生产了318亿支。2013年12月，菲莫国际和日本烟草还各斥资7.5亿美元，分别购买了俄罗斯卷烟经销商大都会公司（Megapolis）20%的股份，以强化各自对俄罗斯这一全球第二大卷烟消费市场的控制。①

4. 引进外资下的生产本土化与进口替代

俄罗斯面临着在引进外资的同时如何在更大程度上实行生产本土化和实现进口替代的问题。这一问题的尖锐程度和必要性在普京2014年的总统国情咨文中便可见一斑。他指出：应该从国外购买那些确实是独有的设备和技术。而俄罗斯制造业的许多设备都要从国外购买，这对本国的工业技术进步毫无益处。必须摆脱对外部技术和工业品比如对机床和成套设备、电力设备、极地石油开采设备的绝对依赖。那些本国的资源性企业及基建企业在完成大型石油、能源和交通项目中，必须向本国的生产企业下订单，针对他们的产品调整需求。建议由中央政府建立专门的协调中心。该中心的任务是用俄罗斯订单完成大型项目，发展本国生产和科研基地，实现产品本土化。政府要促进中小企业获得国家订单，要规定国有企业在中小企业当中采购的总额。这将是几百上千亿卢布的订货，将会成为本国企业发展的动力。普京还强调，只有合理的进口代替才是俄罗斯长期的优先发展方向，这不是受外部因素影响的决策。进口替代计划将在俄罗斯建立一个庞大的制造业集群，使其不仅能够在国内市场参与竞争，也可以参与国际市场的竞争。②

---

① 《走进俄罗斯烟草市场》，《东方烟草报》，2014年4月30日。
② 《俄罗斯联邦总统普京2014年俄罗斯国情咨文》，俄罗斯联邦驻华大使馆新闻中心，http://www.russia.org.cn/chn/2735/31301872.html。

引进外资对俄罗斯民族工业本土化的影响是双重的：一方面有利于民族工业的发展，也在一定程度上促进了本土化生产；另一方面，又使民族工业对外资和国外技术产生不同程度的依赖。以制药业生产本土化为例：在目前俄罗斯近千家制药企业中，有约630家国外制药企业和约350家本土药企。尽管制药市场规模以年均20%以上的速度增长，但本土药企生产药品的市场占有率却每年都在下降。目前俄罗斯国产药品市场占有率仅为20%。[①] 为提高药品生产本土化程度，在俄罗斯政府制定的《2020年俄罗斯制药工业发展战略》中，明确提出了俄制药工业至2020年的发展目标，即把国产药品的市场占有率提高到50%。为实现这一目标，除增加俄政府财政拨款外，俄还在圣彼得堡、叶卡捷琳堡等地建立了医药产业集群区和经济技术开发区，吸引国外医药企业投资建厂，进行药品本土化生产。从烟草行业的情况看，自20世纪90年代初俄罗斯全面放开国内烟草市场后，跨国烟草公司迅速占领、瓜分了俄罗斯烟草市场，俄本土烟草企业不断被淘汰出局。如上所述，目前跨国烟草公司在俄罗斯的市场份额已超过了90%。鉴于引进外资下实现本土化的种种困难和问题，为刺激外资企业的本土化生产，俄罗斯即将推出"国产商品"的判定标准，这意味着对生产商提出了最大程度的本土化要求。如果外国公司符合俄罗斯本土化生产的要求，其产品可以被认定为国产，这样的产品可以参加政府采购，遵守这些标准的外国公司能够获得俄罗斯的国家订单和税收优惠。俄罗斯工业部制定的判定标准涵盖了医疗设备、制药、电子和微电子、机床制造、汽车制造、专用机械、光子学和光学技术、电气设备和电力设备八个行业。俄罗斯有分析人士认为，对国产化水平的新要求，确实会刺激外国生产商在俄罗斯进行生产，而且理论上讲也

---

① 《俄罗斯鼓励药物生产本土化》，《中国医药报》，2011年5月27日。

能够吸引更多的外国资本流入。[1]

　　俄分析人士指出,本土化生产有助于俄罗斯实现进口替代。[2]而实现进口替代的目的是保障国家经济和产业安全,在一些关键部门达到技术自主和自力更生,促进外贸平衡,培育能够占领全球市场的民族品牌和企业家。实现进口替代能够在近5—7年内保证工业生产增长10%—15%。[3]据俄罗斯商务咨询网站2015年1月21日报道,俄罗斯经济发展部已经确定了18个进口替代优先领域,并从中挑选和确定若干国家优先支持的领域加以重点扶持,每项拨款20亿卢布。俄罗斯政府副总理德沃尔科维奇2015年6月对外宣布,俄罗斯农工综合体已成为进口替代发展领先的经济部门,其进口替代程度已突破80%,接近90%。他认为,从长远看,俄罗斯积极开展进口替代的产业应该是化工、机床制造、医药和生物技术。此外,国防工业的进口替代也会推动其他工业部门尤其是带动与其相关联的整个产业链的发展。在《2020年前俄罗斯工业发展和提高工业竞争力国家规划》的子规划《发展国内机床制造和工具工业》中,俄政府提出了多项促进国防工业进口替代的措施,包括:在规划实施的第一阶段开展100个新型技术设备项目的研发,在2014—2016年的第二阶段计划完成12个相关领域投资项目,构建世界一流的机床制造工业。[4]

　　当然,实施进口替代战略也要切合实际,符合俄罗斯的国情。正如俄罗斯造船业人士所指出的,虽然造船业的进口替代是必要的,但问题

---

[1] 《刺激外企本土化生产　俄制定"国产"标准》,透视俄罗斯,http://tsrus.cn/jingji/2015/07/13/42905.html。
[2] 陈效卫:《俄罗斯经济呈现向好趋势》,《人民日报》,2015年7月31日。
[3] В. Половинкин и др, Проблемы импортозамещения в отечественной экономике, http://www.unionexpert.ru/index.php/zhurnal-qekspertnyj-soyuzq-osnova/zhurnal-qehkspertnihyj-soyuzq-122014g.
[4] 参见张冬杨:《俄罗斯应对信息化战争的战略部署》,中国经济网,http://intl.ce.cn/specials/zxgjzh/201509/07/t20150907_6417830.shtml。

是目前商用造船业的进口规模占到了项目总价值的近70%，很显然，俄罗斯任何时候都无法将这70%的进口产品全部用本国产品替代，乐观估计最多也只能替代其中的10%—15%。例如，俄罗斯还没有像芬兰那样的在质量和价格方面具有竞争力的船用发动机。[①] 俄总理梅德韦杰夫也曾强调，俄罗斯需要的进口替代并不是机械地以本国产品代替外国产品，而是要用既适应俄罗斯市场又在国际市场上有竞争力的产品实现进口替代。事实上，俄有些行业或产品也难以实行进口替代。如在烟草制品业，由于受自然条件的限制，俄罗斯国内生产的烟叶极少，无法满足卷烟生产的需求。因此，俄卷烟生产所需要的烟叶绝大部分要从国外进口，使俄成为世界最大的烟叶进口国之一。目前巴西、马拉维、土耳其、美国等是俄罗斯的主要烟叶供应国。据测算，俄罗斯每年的烟叶进口量保持在24万吨左右，总价值约10亿美元。

（三）民族工业自身发展中的安全问题

不可否认，俄罗斯的民族工业有许多领域跻身世界先进行列，如航空航天、军工、机械制造、燃料动力工业等；而轻工业、食品、木材加工业等较为落后。但无论是在发展水平较高还是较为落后的工业领域尤其是制造业中，都不同程度地存在安全问题或隐患。下面以俄罗斯轻工业和汽车工业为例加以分析。

1. 轻工业

轻工业是俄罗斯发展较为滞后的行业。有数据显示，2011年俄轻工业总值为2.5万亿卢布，其中，本国轻工商品产值仅为2609亿卢布。俄罗斯总统普京在2013年3月7日召开的轻工业发展问题会议上称，俄罗

---

① Машиностроение: объективнвй взгляд на перспективы импортозамещения, 24 февраля 2015 г., http://www.mashportal.ru/machinery_russia-38053.aspx.

斯轻工业市场规模为2.8万亿卢布（约合920亿美元），其中，国产轻工产品比重约占25%，部分进口产品质量不高。他提出要在轻工领域建立正常、透明、文明的经营环境，国家要加快立法，并采取坚决措施改善目前轻工业的发展状况。①

目前俄罗斯轻工业领域存在的危及自身发展的安全问题主要反映在以下三个方面。

第一，轻工企业技术改造落后，设备更新速度慢。有资料显示，俄罗斯轻工企业的设备更新率仅为年3%—4%（国外这一指标为15%—17%），而且设备更新所需资金基本要靠信贷资金和自有资金来解决。②因此，俄工贸部长曼图洛夫在2013年3月7日召开的轻工业发展问题会议上提出，俄罗斯轻工企业的关键任务是强化技术改造，目前该领域60%的机器设备使用年限超过了15年，已经老化。轻工企业甚至连机器设备都难以满足现代化生产的要求，轻工产品的竞争力较弱。受机器设备老化及电价上涨等因素的影响，俄罗斯轻工企业难以参与全球市场竞争。为摆脱轻工业发展的困境，曼图洛夫建议仿照2010年俄政府通过财政为造船企业提供为期七年补贴的政策措施，将这一政策用于扶持轻工企业。

第二，轻工业对进口原料高度依赖。如纺织行业的棉花100%依靠从国外进口，化纤和纱线本国提供比例不超过46%，大部分聚酯纤维类产品也依靠进口。此外，热塑材料、聚氨酯、天然蚕丝和精细羊毛等原料

---

① 《近期俄罗斯轻工业发展规划》，中国贸易救济信息网，http://www.cacs.gov.cn/cacs/newcommon/details.aspx?articleid=110350。
② Приказ Минпромторга РФ от 24.09.2009 N853, "Об утверждении Стратегии развития легкой промышленности России на период до 2020 года и Плана мероприятий по ее реализации".

缺乏。目前在俄2万亿—3万亿卢布的纺织轻工市场中,本土产品占有率仅为20%—25%,其余市场份额都需依靠进口来维持。

第三,轻工业领域存在大量的违法轻工产品和非法假冒伪劣产品,这导致市场竞争处于不平等状态。不仅由于偷逃增值税和进口关税,使俄财政每年流失3000亿卢布的税收,而且迫使俄生产商降低商品价格以保持自身市场地位。因此,普京明确表示,对俄罗斯轻工业领域最头痛的假冒伪劣产品,必须采取最严厉的措施予以打击,既包括在俄白哈关税同盟境内销毁假冒轻工商品,也包括通过立法销毁没收的非法交易的假冒商品。

国际市场的激烈竞争对俄罗斯轻工业发展形成巨大压力。为振兴轻工业,近些年俄罗斯出台了一系列支持轻工业发展的政策措施。2006年,俄罗斯政府推出了《2006—2008年轻工业发展计划和措施》。从这三年的实施情况看,取得了较好的效果。2009年,俄罗斯政府又批准了《2009—2011年轻工业发展计划和措施》和《2020年前俄罗斯轻工业发展战略》。该战略提出了如下具体任务和目标:提高轻工产品竞争力,提高产品产出,不断将轻工业推向国内外市场;提高轻工业科研水平和生产能力,激活创新性,以提高国家安全水平和地区发展水平;制定系统的技术法规和标准,确保产品质量和环境指标的统一,以提高产品竞争力;培育文明的消费品市场;促进投资;发展轻工业原料基地。俄学者普遍认为,截至目前,该战略的实施效果并不理想。为此,俄计划于2015年重新修订《2020年前俄罗斯轻工业发展战略》,主要是重点打击假冒伪劣和走私轻工产品(这类产品目前已占市场规模的1/3),为企业技术设备更新和新兴投资项目提供贷款补贴,并建议政府提供40亿卢布(约合9756万美元)、5年期以上的政府担保,切实解决俄轻工企业融资难问题,为俄轻工业的现代化发展以及确保轻工业安全创造有利条件。①

2.汽车工业

俄罗斯既是全球汽车生产大国之一，也是全球迅速发展的重要汽车销售市场之一。有资料显示，2010年俄罗斯汽车产量为140.3万辆，2014年增加至188.7万辆（详见表4—19）。2010年俄罗斯汽车销量为210.7万辆，2014年销量增长至254.6万辆。②

表4—19　2010—2014年俄罗斯汽车产量统计（辆）

年份	汽车产量	商用车产量	乘用车产量
2010年	1403244	194882	1208362
2011年	1990155	246058	1744097
2012年	2231737	262948	1968789
2013年	2175311	255675	1919636
2014年	1886646	202969	1683677

资料来源：OICA。

2008年国际金融危机爆发后，虽然俄罗斯汽车市场遭遇了前所未有的困难，但汽车工业依然是俄制造业中发展较快的产业之一。由于高油价及政府的大力扶持，俄2008年整体汽车销量曾超越德国成为欧洲最大的汽车市场。而国际金融危机2009年对俄罗斯汽车产业的影响较大。这一年，俄汽车市场降幅明显，不仅产量下降，而且在新车销售方面也退

---

① 《俄将修订〈2020年前俄罗斯轻工业发展战略〉》，中华人民共和国驻俄罗斯联邦大使馆经商参处，http://ru.mofcom.gov.cn/article/jmxw/201411/20141100785803.shtml。
② 《2015年俄罗斯汽车行业市场运行形势分析》，中国产业信息网，http://www.chyxx.com/industry/201512/373735.html。

居欧洲第五位,汽车产业出现全方位的衰退。因而"2009年是俄汽车工业历史上灾难性的一年"。但从2010年起,俄罗斯汽车产业得以逐步恢复,产量快速增加。从表4—19可见,2010—2012年,俄汽车产量分别为140多万辆、199余万辆和223余万辆。虽然2013年产量有所下降,也达到了217.5万辆。2014年汽车产量降至188.7万辆,这主要是由于乌克兰危机西方对俄罗斯实施经济制裁的结果。

总的来看,影响俄罗斯汽车工业发展和危及其自身发展的安全问题主要有以下四个方面。

第一,国际金融危机后俄罗斯本土汽车工业的产能利用率大幅下降。自1971年起,俄罗斯自己汽车工业的年产量一直超过100万辆,即使是1993—1995年经济转轨初期实行大规模私有化、经济大滑坡和恶性通货膨胀时期也是如此。但国际金融危机使俄罗斯汽车市场陷入近10年来从未有过的困境,2009年俄汽车产量不足70万辆,为40年来的最低。据俄罗斯汽车统计协会的统计调查数据,目前俄汽车工业生产能力可保证年产240万辆小轿车和轻型商用车,但受国际金融危机影响,2009年汽车工业的产能利用率跌破30%的下限。[①] 不仅如此,有些汽车生产企业不得不宣告破产倒闭。创建于1965年的伊热夫斯克汽车公司就成为国际金融危机爆发后第一个倒闭的俄罗斯本土汽车生产企业。而且伏尔加、高尔基、卡马兹、乌里扬诺夫等国产汽车厂也多次临时停产。由于上述原因,俄罗斯汽车存在较大的供需缺口,每年都需要进口大量汽车来满足国内需求。有资料显示,2010年和2011年,俄罗斯进口车市场连续高速增长,销量前25位的进口汽车车型年销量分别达108.7万辆和149.3

---

① 《俄罗斯汽车业惨遭金融风暴洗劫 年产不足70万辆》,《中国青年报》,2009年9月18日。

万辆，同比分别增长49.1%和37.4%。①

第二，汽车制造的成本不断上升，多数车企亏损严重。有数据显示，2014年受卢布贬值和通货膨胀的双重打击，俄汽车制造的成本不断上升，销量急剧下降，迫使俄大幅削减汽车生产。俄罗斯本土汽车企业伏尔加汽车公司遭遇巨大亏损，2014年亏损额达到了254亿卢布（合4.06亿美元）。其主要原因之一是卢布贬值，因为伏尔加汽车公司生产的拉达轿车20%的生产成本要用于进口零部件。而且，汽车销售量的大幅下降也导致许多外国品牌放弃俄罗斯市场，几乎所有的大型国际汽车制造商在俄罗斯都调整了生产量。那些销量较少的俄罗斯汽车生产商正处于危险中。②

第三，长期以来，制约俄罗斯汽车企业发展的主要因素，是其汽车制造技术水平与世界先进水平的较大差距，尤其是缺乏生产新式汽车发动机及部件的先进技术和现代化工厂。产品质量差和竞争力较弱以及对技术发展的投资不足，是俄汽车零部件市场发展的主要障碍。

第四，国际金融危机爆发后，特别是由于卢布大幅贬值、国际油价暴跌以及西方国家因乌克兰问题对俄实行制裁，俄罗斯经济增长严重下滑，汽车工业也遭受沉重打击。俄罗斯在后金融危机时期出台了一系列鼓励和扶持本国不景气的汽车产业发展、保护国内市场的政策措施，包括为国内大的汽车生产厂商提供无息贷款、提高外国汽车进口关税、为购买国产汽车的消费者提供贷款补贴，以及向俄罗斯铁路公司划拨20亿卢布用于把在俄欧洲部分生产的新车运送到远东地区销售。但上述政策措施不仅实际效果有限，有的还造成了负面影响。有分析认为，政府大

---

① 《俄罗斯汽车产业和市场概况》，正点国际 (http://www.qqfx.com.cn) 俄罗斯事业部，2016年1月7日。
② 《俄罗斯汽车产业遭遇寒冬，大量企业减停产》，雨果网，http://www.cifnews.com/Article/13517#comment。

量拨款和提供无息贷款而救助的伏尔加汽车厂，被认为是世界上汽车生产效率最低的车企之一，说明政府的扶持措施并不考虑效率，是治标不治本。另外，提高汽车进口关税、卢布贬值等措施造成了以卢布计价的汽车销售价格上涨，抑制了原本属于中产阶级的汽车消费。受打击最大的是中档车的销售，因为主要是这部分汽车依靠车贷购买。①

此外，俄罗斯政府2010年制定的《2020年前俄罗斯联邦汽车工业发展战略》也指出了汽车产业存在的系统性问题，主要包括：用于汽车产业发展的投资不足；缺少现代化的汽车零部件生产部门；劳动生产率低下；缺乏鼓励研发的特殊政策等。该战略认为俄罗斯汽车工业已面临危机，如果国家不采取有力和果断措施刺激汽车产业的创新发展，俄本国的汽车制造业再过3—5年可能会完全衰落下去。为此，该战略提出要在2010—2020年计划投资5841亿卢布用以扶持本国汽车工业发展。② 俄总统普京2016年年初还要求政府尽快制定出至2025年前的汽车工业发展战略。该发展战略旨在鼓励和扶持本国汽车产业发展，确保产品和技术国产化，确定汽车制造业的科技发展重点，提高国产汽车销量和竞争力，并对汽车生产和销售提供政府补贴。

俄总理梅德韦杰夫2013年4月在出席"汽车工业发展前景"会议的发言中表示，目前俄汽车工业主要是组装外国品牌汽车，在生产轻型车方面，主要与国际汽车制造商合作是必要的，但在货车制造业方面，俄罗斯完全可以依靠自己的技术力量。自2011年以来，俄组装汽车状况已有很大改变，到2016年组装汽车国产化率应当达到60%。他要求把汽车

---

① 参见《俄罗斯汽车市场状况》，中国商品网，http://ccn.mofcom.gov.cn/spbg/show.php?id=10410。
② Стратегия развития автомобильной промышленности Российской Федерации на период до 2020 года, http://www.toyota-club.net/files/reglament/10-05-10_strateg.htm.

制造业纳入俄 2020 年前工业发展和提高竞争力的国家项目规划,并结合"入世"实际,对已有的汽车制造业发展战略进行调整。[①]2016 年 1 月 22 日,梅德韦杰夫又签署了一份关于 2016 年支持汽车工业发展项目的政府令。预计 2016 年俄政府要拨款约 500 亿卢布用以支持俄罗斯汽车工业发展。

三、简要结论

通过以上对中国和俄罗斯民族工业安全问题的分析,可以看到,中俄两国面临的民族工业安全问题既有共同点也有不同点。所谓共同点,是在投资自由化和生产国际化背景下,两国都试图通过大力吸引外资来促进民族工业发展。与此相关,两国也都不可避免地面临着由外资大量进入而导致的民族工业安全问题特别是外资对一些重要产业和战略性产业的控制问题。所谓不同点,是由中俄两国不同的民族工业自身发展状况以及对外资的不同依赖程度而形成的民族工业安全的差异性。本节主要基于产业外资控制的视角,重点从股权控制、市场控制、技术控制和品牌控制四个层面较为详细地分析了中国民族工业的产业外资控制状况以及由此造成的民族工业安全问题。而对于俄罗斯,则从吸引外资的行业分布、外资不同行业分布对民族工业安全的影响、跨国并购对民族工业安全的影响、引进外资下的生产本土化与进口替代四个方面,系统分析了引进外资对俄罗斯民族工业安全的影响与挑战。同时,还以轻工业和汽车工业为例,考察了俄民族工业自身发展中的安全问题。

还须指出,外资大量进入和外资控制对中国、俄罗斯民族工业和产

---

① 《俄需发展自己的民族汽车工业》,中华人民共和国驻俄罗斯联邦大使馆经商参处,http://ru.mofcom.gov.cn/article/jmxw/201304/20130400084479.shtml。

业安全构成的威胁,还表现为削弱了两国的产业竞争力。一方面,跨国公司对中俄两国民族企业的收购或并购,特别是控股并购大型骨干企业或龙头企业,能够获得这些企业的创新能力、商标、专利、无形资产、营销网络等创造性资产,这显然有利于提高外资的竞争力,但会削弱中俄两国的产业竞争力。另一方面,外资大量进入直接导致企业和研发机构的人才流失,因为外资企业能够用优越条件和优厚待遇大量吸引这些专门人才。人才的大量流失不可避免地会削弱中俄两国的技术创新能力和民族工业的竞争力。

第五节 能源安全

在经济全球化背景下,能源安全既是经济领域的经济安全问题,同时又远远超出了经济领域,成为一个涉及国家、地区和世界范围内的政治、军事、外交等多领域、多层次的复杂的多元概念。例如,在能源外交中,能源安全始终是作为重要的外交目标之一。此外,有些国家力图通过控制能源市场、控制石油资源来影响地缘政治格局,这也难免对相关国家的能源安全造成威胁。一般认为,国家能源安全应当包括两个方面:一是能源的经济安全,二是能源的使用安全。所谓能源的经济安全,是以保障能源稳定供给为前提,通过维持能源的供应与需求之间的均衡,来满足国家经济社会发展的正常需求;所谓能源的使用安全,是指能源的消费及使用不应对人类自身的生存与发展环境构成任何威胁,必须高度重视能源的使用造成的环境损害。而且,还要保护各国免遭当前和未来世界能源生产和消费的发展变化可能带来的风险及威胁。

一、中国能源安全问题

中国高度重视能源安全问题。习近平总书记在 2014 年 6 月 13 日主持召开中央财经领导小组第六次会议，研究我国能源安全战略时提出，要建立多元供应体系；还原能源商品属性；全方位加强国际合作，实现开放条件下的能源安全。国务院总理李克强在此前 4 月 18 日主持召开的新一届国家能源委员会首次会议上强调，能源仍是国际政治、金融、安全博弈的焦点。能源供应和安全事关我国现代化建设全局。要立足国内，在开发格局中维护能源安全，掌握主动权。从以上所述，不难看出中国对能源安全问题的高度关注和重视程度。总体看，目前中国面临的能源安全问题主要表现在以下几方面。

（一）原油进口过快增长，对外依存度突破国际公认的警戒线

近些年，中国的能源需求持续增长，对外依存度快速攀升。自 1993 年中国首次成为石油净进口国后，2009 年原油进口依存度首次突破国际公认的 50% 警戒线；2010 年原油进口达 2.39 亿吨，同比增长 17.5%，石油对外依存度同比上升了 3 个百分点；2011 年，中国超过美国成为第一大石油进口国和消费国。据官方公布的数据，2011 年中国原油对外依存度达到了 55.2%；2012 年，中国原油进口 2.7 亿吨，对外依存度升至 56.4%；天然气进口 447 亿立方米，对外依存度为 28.9%；2013 年全年进口原油 2.8 亿吨，原油对外依存度为 57%；2014 年进口原油 3.1 亿吨，原油对外依存度接近 60%，为 59.6%，较 2013 年的 57% 上升 2.6 个百分点。天然气对外依存度上升至 32.2%；2015 年原油净进口量 3.28 亿吨，原油对外依存度首次突破 60%，达到 60.6%。[①] 据专家预测，鉴于原油需求量

[①] 以上数据来自：腾讯财经网，http://finance.qq.com/a/20150114/001901.htm；中国新闻网，http://www.chinanews.com/sh/2015/01-29/7014272.shtml；人民网，http://finance.people.com.cn/n/2013/0205/c153180-20435534.html。

和进口的态势并没有发生根本性改变，中国原油对外依存度还可能继续提升。国际能源署(IEA)甚至预测中国石油对外依存度将在2040年达到80%。原油对外依存度逐年提高，使得国内油品市场受国际市场的影响越来越大，能源不安全因素增加。而且，中国的能源形势随着石油需求总量的迅速增长和对外依存度的不断上升而更加脆弱。尤其是当国际原油价格波动幅度较大时，原油对外依存度过高还会影响国内经济发展。总之，原油对外依存度过高，正在逐步压缩中国能源安全度的已有空间。

（二）原油多元供应体系尚未完全建立

第一，中国原油进口来源的多元化程度有待提升。近些年中国原油进口的60%以上主要来自中东和北非，如沙特、安哥拉、安曼、伊朗、伊拉克、阿联酋、科威特等国，其中某些国家局势动荡，战乱不断。近年来中国每年仅从沙特和伊朗进口的石油约占当年石油进口总量的25%。2013年，中国累计进口原油2.8亿吨，来自中东的原油进口量就占到了进口总量的52%。这一年中国从俄罗斯进口原油仅为2345万吨，2014年为3300万吨。有分析认为，中东冲突仍在继续，动荡因素持续发酵，地区格局深度调整，传统热点高温不退，国际和地区政治博弈，宗教和民族矛盾纠葛，中东地区的地缘政治在未来几年将出现重大变化。叙利亚的冲突不仅在继续，而且影响到了伊拉克。利比亚局势也已经失控，伊朗与美国之间的矛盾依然没有得到完全化解。由于中国多数石油进口来自中东地区，未来中东局势是否稳定将影响中国能源安全。[①]

虽然中国一直在为实现自身能源安全而努力追求能源供应的多元化，而且事实上中国的油气来源正在构成多方位、多渠道的格局，包括海上

---

① 《专家：中国能源安全存在亟待重视和解决的问题》，新华网，http://news.xinhuanet.com/fortune/2014-11/13/c_1113238751.htm。

LNG、中缅管道，还包括土库曼斯坦和俄罗斯的天然气等进口渠道，但中国在努力实现能源供应全球化、多元化的进程中，其所需投入是十分巨大的，同时也承担了更多的国际关系突变与地区冲突频发的风险和挑战。[①]

第二，原油进口通道多元化程度需要提高。虽然中国已经初步形成了东北、西北、西南陆上和海上四大油气通道的总格局，但总体而言陆上原油进口通道的作用还较为有限，主要依靠海上通道。海上原油运输通道有三条：一条是中东航线（波斯湾—霍尔木兹海峡—马六甲海峡—台湾海峡—中国）；另一条是非洲航线（北非—直布罗陀海峡—地中海—马六甲海峡—台湾海峡—中国）；第三条是东南亚航线（马六甲海峡—台湾海峡—中国）。中国进口原油量的80%和38%分别要经过马六甲海峡和霍尔木兹海峡，对其形成了较高的依赖性[②]，也形成了制约中国能源安全的"马六甲困局"(the Malacca Dilemma)。该石油海路运输通道易受其他国家掣肘，对确保能源稳定供给构成严峻挑战。如果这一航路发生问题，就会直接影响中国的石油供应安全。而从陆路运输情况看，中哈原油管道、中缅油气管道、中俄原油管道即使完全建成并满负荷运行，每年也只能最多向中国输送4700万吨原油。实际上，中国原油进口对海上通道的过高依赖并未因陆上通道的形成而下降。据中国国家海关总署统计，2012年中国原油进口来源地区及份额分别为：中东地区49.8%，非洲地区23.9%，欧洲和独联体地区13.1%，西半球10.4%，亚太地区2.9%。从以上数据可知，2012年中国原油进口总量中70%以上来自中东和非洲，要依靠海上原油运输通道。预计在未来较长一段时期内，这种格局仍不

[①] 《专家：中国能源安全存在亟待重视和解决的问题》，新华网，http://news.xinhuanet.com/fortune/2014-11/13/c_1113238751.htm。

[②] 《2014—2030年中国"能源安全战略"》，中国行业研究网，http://www.chinairn.com/news/20140618/104248776.shtml。

会发生实质性变化。①

（三）与天然气供应和需求快速增长相关的安全问题

随着全球经济的迅速发展和对环境保护要求的日益提高，天然气作为一种相对清洁的化石能源，日益受到世界各国的普遍重视。中国也对天然气的需求越来越旺盛，这给天然气工业的发展带来了很大的压力。一方面，虽然中国天然气有一定的发展潜力，储量和产量较为可观，但易于勘探开发的气田大部分已被发现或开采，以后的勘探开发难度会增大，勘探成本也会大幅增加。中国绝大多数天然气产区地质条件复杂，如产层薄、含气丰度低和埋深大、地表条件恶劣，这使得上游成本投入高。而且，集中于西部的天然气产区和集中于东部的消费区相距遥远，管输费用高，占气价比例较大，这使得天然气价格偏高。另一方面，中国天然气消费结构不合理，目前消费结构中天然气化工的份额很高，而用于发电及城市燃气的天然气份额却在较低。由于种种弊端，使中国天然气的供应安全面临着一定的威胁。

除此而外，由于天然气需求快速增长和国内天然气资源的相对短缺，中国不得不从国外大量进口天然气，导致国内天然气市场对国外的依赖度增强，这对天然气的安全稳定供应构成了极大的挑战。中国自2007年以来成为天然气净进口国，天然气对外依存度也呈逐年上升趋势，2009年为5%，2010年达到了11.8%，2011年飙升至24.3%。另有资料显示，2012—2015年，天然气进口量分别为426.45亿、530亿、580亿和624亿立方米，天然气对外依存度分别为28.9%、31.6%、32.2%和32.7%。预

---

① 《论中国海上油气通道安全》，人民网，http://world.people.com.cn/n/2015/0317/c188725-26706851.html。

计 2016 年进口天然气 690 亿立方米，对外依存度也上升至 33.7%。[①] 从以上数字可见，近些年不仅天然气进口量持续增加，而且天然气对外依存度也一直在提升，势头不减。自 2013 年中国已成为全球第三大天然气消费国。因此，随着中国对天然气需求的日益增加以及由此大量进口天然气从而造成天然气对外依存度的不断上升，中国天然气供应安全问题日益显现，需要引起足够的重视。

　　从天然气供应多元化的角度看，世界各国为了避免对单一国家供应的依赖，都在积极构建多元化的天然气进口或出口格局。中国出于天然气供应安全和对气源供应多元化的需求，也在力求天然气供应的多元化，正在构建陆上和海上两种天然气进口通道，但以陆上通道为主。目前，包括中亚、中俄、中缅及沿海地区海上天然气通道这四大主要天然气进口通道初具雏形，标志着中国天然气进口多元化格局已初步形成。陆上进口天然气的西北通道即中国—中亚天然气管道，这是中国第一条引进境外天然气资源的大型管道，西起土库曼斯坦和乌兹别克斯坦边境，穿越乌兹别克斯坦中部和哈萨克斯坦南部地区，在新疆霍尔果斯入境，全长 1833 公里。此外，中俄西线天然气供应协议也正在商谈和谈判中，西线天然气管道每年可提供 300 亿立方天然气。中哈天然气管道每年也向中国提供 100 亿立方米的天然气。陆上进口天然气的西南重要通道—中缅天然气管道，年输送天然气量可达 120 亿立方米。东北通道主要是中俄天然气管道东线的建设，2014 年 5 月 21 日，中俄两国签署了《中俄东线天然气合作项目备忘录》，中石油和俄气公司签署了《中俄东线供气购销合同》。按合同的规定，俄罗斯自 2018 年起通过中俄天然气管道东线

[①] 《2016 年中国天然气对外依存度将升至 34%》，新浪财经网，http://finance.sina.com.cn/roll/2016-02-12/doc-ifxpmpqt1104883.shtml。

向中国供气，输气量逐年增加，最终达到每年 380 亿立方米的规模。四大天然气进口通道的形成，对保障中国能源安全和调整能源消费结构具有重要意义。但另一方面，天然气供应多元化也会带来相关的问题。据有关资料，待天然气陆上进口通道全部达产时，中国每年天然气进口量可达 1200 亿立方米左右。海上液化天然气进口量也在逐年攀升，仅中海油一家，目前已累计与外国公司签订了每年向中国市场供应 1600 万吨液化天然气的长期供应合同，相当于每年向中国引进 220 亿立方米天然气。而且，不论是进口的液化天然气还是管道天然气，其价格都明显高于国内的天然气价格。不仅如此，大规模进口天然气还将造成对天然气输出国一定程度的依赖。一旦其政局、政策发生变动，将对中国进口天然气产生重要影响。因此，中国在进口天然气的同时应提高本国天然气的资源储备和开发利用，注重消费结构优化和节约利用，防止过度、过快、过集中依赖进口天然气，以保障天然气供应安全。[①]

（四）能源结构不合理，煤炭占比过高

中国能源结构的突出特点是"多煤少油少气"，依然是以煤为主。因而中国也是世界上为数不多的以煤炭消费为主的国家之一（目前主要经济体中煤炭在能源消费中占比超过 50% 的，只有中国和印度），成为名副其实的以煤为主的能源消费大国，煤炭在一次能源消费结构中占比超过 2/3。表 4—20 和图 4—1 反映了国际金融危机前煤炭在中国一次能源消费结构中所占比重的情况。

[①] 吴莉：《天然气进口通道多元化格局形成》，《中国能源报》，2010 年 6 月 21 日。

第四章 经济全球化背景下转轨国家的产业安全 329

表4—20 1990年—2008年各一次能源消费占能源消费总量的比重（%）

年份	煤炭	石油	天然气	水电、核电、风电
1990	76.2	16.6	2.1	5.1
1991	76.1	17.1	2.0	4.8
1992	75.7	17.5	1.9	4.9
1993	74.7	18.2	1.9	5.2
1994	75.0	17.4	1.9	5.7
1995	74.6	17.5	1.8	6.1
1996	74.7	18.0	1.8	5.5
1997	71.7	20.4	1.7	6.2
1998	69.6	21.5	2.2	6.7
1999	69.1	22.6	2.1	6.2
2000	67.8	23.2	2.4	6.7
2001	66.7	22.9	2.6	7.9
2002	66.3	23.4	2.6	7.7
2003	68.4	22.2	2.6	6.8
2004	68.0	22.3	2.6	7.1
2005	69.1	21.0	2.8	7.1
2006	69.4	20.4	3.0	7.2
2007	69.5	19.7	3.5	7.3
2008	68.7	18.7	3.8	8.9

资料来源：《中国统计年鉴2009》。

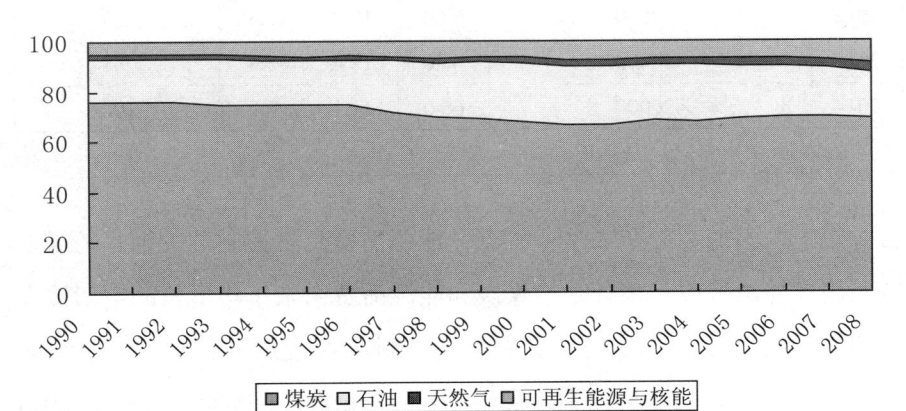

图4—1 中国的能源构成情况（1990—2008）（以百分比计算）

由表 4—20 和图 4—1 可见，在 2009 年前中国能源消费结构一直以化石能源消费为主，煤炭占比由 1990 年的 76.2% 降至 2008 年的 68.7%，虽总体呈下降趋势，但占比始终超过 2/3。天然气和新能源、可再生能源在一次能源结构中的比重上升缓慢。2008 年中国煤炭占一次能源消费总量的比重比世界平均水平（29.2%）高出了近 40 个百分点。同期，这一比重美国、德国、日本均为 25% 左右，俄罗斯为 14.7%，而法国仅仅为 4.7%。在国际金融危机期间的 2009 年，中国煤炭占一次能源消费总量的比重曾上升至 70.4%，而 2010—2014 年则呈总体下降趋势，分别为 68%、68.4%、67.4%、66% 和 66%，详见表 4—21。

表 4—21　2009—2014 年中国能源消耗总量及构成

年份	能源消耗总量（万吨标准煤）	占能源消费总量的比重（%）			
		煤炭	石油	天然气	水电、核电、风电
2009	306647	70.4	17.9	3.9	7.8
2010	324939	68.0	19.0	4.4	8.6
2011	348002	68.4	18.6	5.0	8.0
2012	362000	67.4	19.0	5.3	8.3
2013	417000	66.0	18.4	5.8	9.8
2014	426000	66.0	17.1	6.2	10.7

数据来源：国家统计局。

基于中国能源生产和消费特点，能源消费总量控制的关键是控煤。按照国家能源战略行动计划，煤炭和能源消费未来年均增长的空间被大幅缩减。到 2020 年一次能源消费总量控制在 48 亿吨标准煤左右，煤炭消费总量控制在 42 亿吨左右，煤炭产能和产量的增加空间有限。在 2014 年国家能源局等三部委联合印发的《煤电节能减排升级与改造行动计划

2014—2020年》中,规定到2020年力争使煤炭占一次能源消费总量的比重下降到62%以内。

总体而言,能源结构不合理,特别是煤炭占比过高,成为中国能源安全的最大隐患,也是最大问题之一。煤是高碳排放高污染能源,中国大气污染的80%来自燃煤,煤炭使用排出的污染物导致大气污染和酸雨,造成环境质量恶化。根据国际能源机构的预测,2030年煤仍占中国能源消费总量的60%。因此,无论是从保障能源供给安全,还是从保障生态安全的角度,推进能源供给的多元化和低碳化,减少煤炭占一次能源消费总量的比重,仍是中国能源结构优化的重点目标。

而从煤炭生产端来看,也存在着安全的隐患。2002—2012年通常被称作煤炭行业的"黄金十年"。这一时期中国煤炭产能和产量都实现了大幅增长。但自2012年下半年以来,中国煤炭市场形势急转直下,受经济增速放缓、能源结构调整等因素影响,煤炭需求大幅下降,供给能力持续过剩,供求关系严重失衡。而煤炭产能依然过快扩张和释放,产能过剩愈演愈烈,企业效益普遍下滑,市场竞争秩序混乱,安全生产隐患加大。2015年煤炭产能过剩达到17.48亿吨,煤炭产能过剩问题十分突出。为保证煤炭行业安全,国务院于2016年2月5日下发了《关于煤炭行业化解过剩产能实现脱困发展的意见》,要求牢固树立和贯彻落实创新、协调、绿色、开放、共享的发展理念,着眼于推动煤炭行业供给侧结构性改革,坚持市场倒逼、企业主体,地方组织、中央支持,综合施策、标本兼治,因地制宜、分类处置,将积极稳妥化解过剩产能与结构调整、转型升级相结合,实现煤炭行业扭亏脱困升级和健康发展。①

---

① 《国务院关于煤炭行业化解过剩产能实现脱困发展的意见》(国发〔2016〕7号),中国政府网,http://www.gov.cn/zhengce/content/2016-02/05/content_5039686.htm。

二、俄罗斯能源安全问题

俄罗斯是世界能源大国。俄人口占全球总人口的比重不足 2.5%，但俄的能源储量却占到全球总量的约 30%。俄罗斯原油开采量居于世界领先地位，并占世界原油贸易总量的 12%。俄罗斯超过 4/5 的石油出口到欧洲国家，俄石油在欧洲市场所占比重约为 30%。俄罗斯天然气储量居世界第一位，占世界总储量的 23%；年开采量也为世界第一，从而保证了世界天然气贸易量 25% 的份额。俄罗斯煤炭储量居世界第二位，占世界总储量的 19%；年开采量居世界第五位，占世界开采量的 5% 和世界煤炭贸易总量的 12%。[①] 另据《俄罗斯 2035 年前能源战略》提供的数据，2012—2014 年，俄罗斯石油开采量与沙特阿拉伯分列世界第一或第二。2014 年俄石油产量占世界开采总量的 12.7%，是世界第二大石油出口国。在天然气开采领域，俄罗斯天然气产量 2013 年占世界总产量的 19.6%、2014 年占 16.7%。俄天然气出口稳居世界第一位。俄罗斯煤炭开采量占世界的 4.3%，位居第六，但煤炭出口总量位居世界第三。[②] 足见能源对俄罗斯经济的重要程度和特殊地位，也使俄罗斯极为重视能源安全问题。

（一）俄罗斯能源战略规划中对能源安全问题的阐释

近十多年来，俄罗斯先后出台了三个能源战略：《俄罗斯 2020 年前能源战略》、《俄罗斯 2030 年前能源战略》和《俄罗斯 2035 年前能源战略》。这三个能源战略都涉及能源安全问题，其中，尤以《俄罗斯 2020 年前能源战略》和《俄罗斯 2030 年前能源战略》较为全面地阐明了俄能源安全

[①] Энергетическая стратегия России на период до 2030 года, Распоряжение Правительства РФ от 13 ноября 2009 г. N 1715-р, www.complexdoc.ru.

[②] Энергетическая стратегия России на период до 2035 года, http://ac.gov.ru/files/content/1578/11-02-2014-energostrategy-2035-pdf.pdf.

问题。

1.《俄罗斯 2020 年前能源战略》关注的能源安全问题

俄政府于 2003 年 8 月 28 日批准的《俄罗斯 2020 年前能源战略》强调了为保障俄罗斯能源安全必须解决两个刻不容缓的问题：一是对能源综合体老化设备和落后技术工艺实行现代化改造，先是要实现现有生产能力和设备的技术现代化，接下来是对生产设备进行根本改造并建立新的生产能力；二是改变能源消费结构和生产布局，提高对核能、水电、煤炭以及可再生能源的利用水平。

该战略确定的能源安全政策的目标是：燃料动力综合体能以可靠的质量和可接受的价格满足国内外市场对能源的需求；促使能源消费部门有效利用能源，防止对能源的不合理消费，防止燃料能源结构失衡；能源行业拥有应对内外经济、技术与自然威胁的能力，以及将其引发的损失降至最低的能力。

保障能源安全的主要原则是：在通常情况下，为国民经济和居民生活提供充足的能源供应和可靠保障，而在面临威胁或各种紧急状态下，提供最低限度必需的能源供应；补充和替代枯竭的能源，实现燃料能源使用品种的多元化；能源发展要顾及生态安全的要求；防止能源的不合理使用；为实现国内外市场能源供应的利益均等及能源出口结构合理化创造经济条件。[①]

2.《俄罗斯 2030 年前能源战略》强调的主要能源安全问题

《俄罗斯 2030 年前能源战略》（由俄政府于 2009 年 11 月 13 日批准，并规定每五年更新一次）和《俄罗斯 2035 年前能源战略》也都设定

---

① Энергетическая стратегия России на период до 2020 года, Утверждена распоряжением Правительства Российской Федерации No. 1234-р от 28 августа 2003 года.

了能源安全目标。《俄罗斯2035年前能源战略》是根据俄总统2013年7月6日关于修订《俄罗斯2030年前能源战略》的第1471号总统令制定的，俄政府决定将战略实施期延长至2035年。《俄罗斯2030年前能源战略》指出，能源安全是国家安全的最重要组成部分之一。能源安全是使国家、公民、社会和经济的可靠燃料能源保障不受威胁的状态。该能源战略认为，俄罗斯能源安全领域的主要问题是：燃料动力综合体固定资产磨损严重，在电力和天然气工业几乎达到60%，而在石油加工工业高达80%；燃料动力综合体部门发展的投资水平低，五年间投向燃料动力综合体的投资额仅为2003年8月批准的《俄罗斯2020年前能源战略》规定总额的约60%；俄经济对天然气的单一依赖程度较高，天然气在国内燃料动力资源消费结构中所占比重接近53%；燃料动力综合体的生产能力与世界科技水平也包括生态标准不相适应；东西伯利亚和远东地区的能源基础设施落后、发展缓慢。①

除以上两个能源战略外，《俄罗斯2035年前能源战略》提出，在可预见的未来，亚太地区国家将成为石油和天然气日益增长的市场。这为俄罗斯燃料动力综合体提供了新机遇，但需要巨额资金投入来发展相关的能源运输基础设施。亚太地区迅速增长的市场需求使得有可能到2035年前从俄罗斯的石油天然气出口大幅增加。该战略提出，要通过国家能源政策的以下优先方向来保证能源部门的发展：保证国家和地区能源安全，包括在任何情况下都不能出现燃料能源短缺现象；建立燃料、必要生产能力和成套设备的战略储备；保证能源动力和供热系统的稳定性。②

---

① Энергетическая стратегия России на период до 2030 года, Распоряжение Правительства РФ от 13 ноября 2009 г. N 1715-р, www.complexdoc.ru.
② Энергетическая стратегия России на период до 2035 года, http://ac.gov.ru/files/content/1578/11-02-2014-energostrategy-2035-pdf.pdf.

(二)俄罗斯能源安全与经济安全和经济增长

如上所述,俄罗斯是一个石油、天然气资源蕴藏极为丰富的世界能源大国。在2000—2008年普京的第一和第二任期内,正是由于国际市场油价高企这一主要因素,促使俄罗斯经济以年均7%的速度连续八年保持了稳定增长。可以说,经济增长对能源出口的高度依赖,是俄罗斯经济的一个基本特征。据俄著名经济学家阿甘别吉扬提供的数据,俄罗斯经济增长约40%是依靠国内因素,而60%则是依靠有利的对外经济市场行情即石油、天然气等的出口价格不断上涨实现的;石油和石油产品占全部出口的40%—45%;石油和天然气出口超过出口总额的60%。① 另有专家指出,能源对现代俄罗斯的重要作用难以估量。能源部门贡献了俄罗斯GDP的29%、财政收入的49%和所有外汇收入的64%。② 尽管俄罗斯政府曾多次解释说,俄经济增长并不完全依赖于石油出口,尚有增加投资和扩大内需的贡献,但滚滚的石油收入的确构成了俄经济增长的重要来源。特别是国际石油价格上涨对普京时期俄GDP连续八年保持稳定增长的贡献度极大,这是一个不争的事实。时任俄副总理兼财政部长的库德林指出,由于石油价格从2000年一路上涨到2007年,俄罗斯共获得4750亿美元的石油收益,其中有3400亿美元进入到国家财政体系。

但俄罗斯这种过度依赖能源出口的经济增长模式存在着重大的安全隐患。第一,这是以牺牲环境和枯竭资源为代价而实现的经济增长。俄经济学家指出,"使国家的工业能够利用相对廉价的能源资源,这当然是经济

---

① А.Аганбегян: Социалъно-экономическое развитие России: стратегия роста и возможности инвестиционного обеспечения, *Общество и экономика*, 2008.No.1, с. 28.
② Трубицын Константин Викторович и др., Обеспечение энергетической безопасности Российской Федерации в условиях вступления во Всемирную торговую организацию, Интернет-журнал «НАУКОВЕДЕНИЕ» Выпуск 6, ноябрь – декабрь,2013.

增长的前提。但正如所预测的那样，如果不采取措施，这些资源在可预见的将来就会不足，这种短缺就会严重阻碍国民经济发展"①。虽然俄罗斯能源储量十分丰富,但这些资源一是不可再生资源，二是开采条件越来越差、开采成本越来越高，三是必须在受行情波动影响的世界市场上销售，这三种情况都会威胁到俄罗斯能源安全，并构成俄经济增长的不稳定因素。据俄罗斯科学院院士费多连科提供的资料，俄罗斯的石油储量仅够开采22年，天然气储量也只够开采85年。②因此，他指出，如果对国家的自然资源继续实行掠夺性开采，那么这些资源会很快枯竭。鉴于此，"必须在现在的一代人和后代人之间保持再分配资源的公平平衡，对资源开采规定限额和实行许可证制度"③。否则，无节制的掠夺性开采会使俄罗斯在几十年以后成为自然资源贫乏甚至一些主要资源枯竭的国家。

第二，能源大量出口和国际能源市场行情波动既影响俄罗斯能源安全又危及国家经济安全。正如著名经济学家格拉季耶夫所指出的，俄这种能源生产和出口结构会使"俄罗斯最宝贵的资源处于外国的控制之下，丧失实现当代经济增长所需的基本内部要素，丧失独立自主实现可持续发展的能力"。特别是在高新技术迅猛发展的条件下，专门出口自然资源也会使俄罗斯陷于长期落后状态，并加剧结构性衰退。而且，"这样一种经济结构注定会使一个国家对外国产生深深的依赖，必然要在对外经济交换中接受不平等的条件"④。

---

① Экономический рост в Российской федерации: проблемы и перспективы, *Российский экономический журнал*, No.3,2003г.стр.14.
② Н.Федоренко и др.:К оценке эффективности исползования националъных ресурсов России, *Вопросы экономики*, No.8,2003г. стр.34.
③ 同上。
④ 〔俄〕谢·格拉季耶夫：《俄罗斯改革的悲剧与出路——俄罗斯与新世界秩序》，经济管理出版社2003年版。

众所周知，2008年的国际金融危机使全球经济衰退、国际市场的油价暴跌，布伦特原油价格自2008年7月11日的历史高点146.77美元/桶，跌至2009年2月18日的46.15美元/桶，跌幅近66%。[①] 油价暴跌导致俄罗斯经济出现濒临崩溃、最后OPEC减产才挽回危机的局面。2014年俄罗斯因乌克兰危机而遭受西方的制裁，油价也再度暴跌。从2014年夏天开始，国际油价从每桶108美元的高价一路走低，到2015年12月油价已跌破40美元/桶大关，[②] 俄罗斯经济遭遇2008年国际金融危机以来的又一次重创。虽然俄罗斯经济承受能力较以前增强，但对能源出口的依赖并没有发生改变，因而深受国际市场油价的影响，油价暴跌对俄罗斯经济造成了极大的冲击。2016年国际石油市场依然面临诸多不确定性因素。如果油价持续下跌，俄罗斯经济必定雪上加霜，又面临着一次重大而严峻的考验。

（三）俄罗斯具体能源安全问题

1. 能源设备陈旧老化、机械设备制造能力不足

俄罗斯能源基础设施大部分是苏联时期遗留下来的，这些设施结构老化、设备陈旧，致使事故频发或导致产生事故的风险增加。例如，位于俄西伯利亚地区哈卡斯共和国境内的萨彦—舒申斯克水电站于2009年8月在维修过程中变压器发生爆炸，水电站墙体损毁，机房进水。事故造成60多人死亡，仅重建事故中受损的机房就要耗资12.9亿美元。萨彦—舒申斯克水电站事故暴露了俄罗斯国内基础设施严重老化的残酷现实，为俄重要能源基础设施的安全问题敲响了警钟。普京强调，萨彦—舒申

---

① 《跌幅堪比2008年熊市》，新浪财经网，http://finance.sina.com.cn/stock/t/20141217/142621098009.shtml。
② 阮煜琳：《国际油价暴跌击穿每桶40美元重要关口》，人民网，http://finance.people.com.cn/n/2015/1203/c1004-27883820.html。

斯克水电站爆炸事件表明,俄政府需要努力确保全国水电站安全。① 再如,俄罗斯电力设施严重老化,电力建设资金极度匮乏,部分电力设施已运行 30 年以上,发电设备利用小时数平均达 7100 小时,设备老化依然是制约俄罗斯电力发展的瓶颈。目前,俄罗斯仍有一半以上的发电设备运行超过 30 年,输电网中约 60%—80% 的输电线路处于严重老化状态。根据俄罗斯联邦电网公司的估计,未来 10 年中,输电网改造涉及的金额将达到 1000 亿美元。② 此外,俄罗斯国内石油钻机整体老化,目前使用的 6000—7000 米钻机只有约 200 部的服务年限低于十年,一半以上使用年限超过 20 年,甚至还有服役超过 30 年的老钻机仍在运转,亟待更新。

石油机械设备制造能力不足,是俄罗斯面临的另一现实问题。据俄罗斯工贸部提供的资料,目前俄罗斯石油公司对西方设备的依赖度在 80% 以上,尽管俄罗斯有 200 多家企业生产油气开采设备,但在 2018—2020 年俄依然无法实现以本国产品完全替代进口产品的目标。今后一个时期,俄罗斯计划将钻井数从 4753 口增加到 6261 口,因而总共需要新增陆地钻机 705 台。虽然俄罗斯制定的重型机械制造业发展战略规划提出,要改变目前用外国设备开发本国资源的状况,但这一目标短期内仍难以实现。如果不大量进口国外石油机械设备,俄新一轮的设备需求就不能得到满足。

2. 能源领域投资严重不足

长期以来,对能源工业的投资不足已威胁到俄罗斯的能源安全。这主要表现在两个方面:一是油气勘探投资严重不足。自 2000 年以来的多

---

① 《俄罗斯最大水电站事故突显基础设施老化困局》,《中国青年报》,2009 年 8 月 26 日。
② 《2015 年俄罗斯电力工业总体发展概况分析及市场展望》,中国产业信息网,http://www.chyxx.com/industry/201510/350831.html。

年间，俄罗斯油气工业用于勘探的投资每年仅为10亿—15亿美元，勘探投资不足造成已探明储量的增速在降低，新的已探明的石油储量不足以支撑开采量的长期快速增长。实际上，自1994年起，俄石油新增储量已经开始少于实际开采量。二是对燃料动力综合体的投资长期不足，致使生产设备的磨损严重而得不到补偿和更新。生产设备的磨损程度高导致能源生产的成本上升，因而需要投入巨资更新生产设备并使其现代化。俄能源部长曼图罗夫在2015年3月25日召开的能源—燃料综合体进口替代部门间工作组首次会议上称，到2020年，俄油气机械设备制造行业应吸引本国和外国公司投资50亿美元。期待外国油气设备生产公司在俄本地化生产，俄也将扩大采购国产设备。[1] 俄总统普京2015年10月在其主持召开的能源企业战略发展和生态安全委员会会议上也指出，俄经济中40%的固定资产投资进入能源领域。目前主要任务是能源领域必须保持投资正增长，重新审视新出台的能源税收政策对能源企业投资方案的影响，提高能源设备的本地化生产和国家采购。[2]

3. 石油开采条件恶化，易采油区超采严重

据俄罗斯自然资源部的一份报告，在已探明的石油资源中有50%的石油已经开采完，今后如果不通过引进资金和技术等途径加快石油勘探和开采速度，已探明的石油储量按照目前的开采速度到2040年就会消耗殆尽。但问题是俄罗斯新探明储量不仅多集中在中小油田，而且多为难采区段，难采石油储量已超过总探明储量的50%。难采油田的开采特点是单井产量低，且开采难度大，开采成本高。要采出地下残留石油以及

---

[1] 《2020年前俄油气机械制造业计划引资50亿美元》，中国驻俄罗斯联邦大使馆经商参处，http://ru.mofcom.gov.cn/article/jmxw/201503/20150300924079.shtml。

[2] 《普京指示俄能源企业不能中断油气投资方案》，人民网，http://world.people.com.cn/n/2015/1103/c157278-27770754.html。

开采新的含油层还需要大量投资。由于石油开采条件越来越差，开采成本越来越高，俄罗斯只有在世界市场石油价格水平很高时才能开采和加工这些难于开采的石油储量。另一方面，俄罗斯易采油区则超采严重。石油公司在国际油价高涨时期，加紧对易采油田肆意开采，这种超采现象造成石油资源的严重浪费。针对上述及其他危及能源安全的隐患，《俄罗斯2030年前能源战略》提出了分两步走的措施：在第一阶段，应在传统的能源开采区积极进行地质勘探，并为在偏远地区开发原料基地创造一切必要条件；在第二阶段，要在东西伯利亚和远东地区，以及在大陆架等区域积极勘探开发石油和天然气矿物原料基地。[1]

4. 危及能源安全的其他问题

一是经济的能耗过高，能源使用效率低下。俄罗斯经济的能耗量大大超过美国、日本和欧盟发达国家。因此，降低经济的单位能耗量是减少俄罗斯能源安全威胁的一项重要任务。这一问题不解决，能耗过高导致能源不足可能会成为俄经济稳定增长的实际障碍，能源部门也不可避免地会阻碍国家的社会经济发展。二是俄罗斯一些地区的燃料和能源供应失调或短缺，威胁到地区的能源安全。能源储量分布的不同地理位置，石油产品和电力生产的不同地域，以及连接远东、西伯利亚和俄欧洲部分的输电线路功率不足，都使能源安全问题复杂化。三是有学者指出，俄罗斯对能源供应状况缺少应有的监督，能源安全缺乏完善的法律法规保障。[2]

---

[1] Андрей Барышников: Обеспечение энергетической безопасности России, сентябрь, 2013, http://www.d-kvadrat.ru/dk/info/16759.html.

[2] Трубицын Константин Викторович и др., Обеспечение энергетической безопасности Российской Федерации в условиях вступления во Всемирную торговую организацию, Интернет-журнал «НАУКОВЕДЕНИЕ» Выпуск 6, ноябрь – декабрь,2013.

三、总结性评述

中俄两国面临的能源安全问题各不相同。整体而言,可以将中国面临的突出能源安全问题归结为两大方面:一是石油天然气对外依存度过高,因而受国际市场行情的影响不断增大,始终存在着能源不安全因素。与过高的石油天然气对外依存度相关的另一问题,是中国原油进口来源的多元化程度须进一步提升,因为近些年中国大部分原油进口来自中东和北非发生战乱或局势动荡的地区。二是能源结构不合理,煤炭占比过高且产能过剩愈演愈烈,构成中国能源安全的最大隐患。以煤为主、"多煤少油少气",是中国能源结构的突出特点,目前煤炭在一次能源消费结构中所占比重超过了 2/3。因而,无论从保障能源供给安全,还是从保障生态安全出发,都必须解决能源结构中煤炭占比过高和煤炭产能严重过剩的问题。值得一提的是,2014 年 11 月 19 日国务院办公厅发布的《能源发展战略行动计划(2014—2020 年)》,明确提出了节约优先战略、立足国内战略、绿色低碳战略和创新驱动战略,这四大战略计划不仅为中国能源战略的实施指明了方向,而且也为能源安全奠定了坚实基础。

而从以上对俄罗斯能源安全的分析可见,中俄两国面临的能源安全问题有些是共同的,如经济的能耗过高、能源使用效率低下等,但总体而言,俄罗斯存在的能源安全问题与中国确有很大的不同。甚至可以说,对中国构成能源安全威胁的,对俄罗斯则并不成为能源安全问题。如中国石油天然气对外依存度过高,威胁到能源安全;而俄罗斯则是石油天然气储量丰富的能源大国和出口大国,能源工业是其支柱产业,也是其国内最具竞争力的部门之一。能源尤其是石油天然气大量出口对俄罗斯经济有着非同寻常的意义。因此,如果以对外依存度高低来衡量能源安全,中俄两国的情况是截然不同的：中国是石油天然气需求大国，需要大量进口油气；俄罗斯则是石油天然气出口大国，因而基本不存在油气短缺和依赖进口的能源安全问题。但另一方面，俄罗斯油气大量出口和国际油价的剧烈波动却不仅影响俄罗斯能源安全，也危及国家经济安全。目前俄罗斯经济增长对能源的依赖程度已经接近欧佩克国家的水平。从中短期看，俄罗斯大力发展资源依赖型经济，特别是油气能源经济，可以加快经济发展速度，增加外汇收入，扩大外汇储备，增加财政收入，提高居民生活水平和社会保障程度。但从中长期看，发展资源依赖型经济也有其固有的弊端：其一，能源属于不可再生资源，不具有可持续开采性。其二，国际油价的波动给经济带来了很大的不确定性，俄经济增长的波动与国际市场石油价格的波动密切相关。无论是2008年国际金融危机导致的国际油价狂跌，还是自2014年下半年以来至今的国际油价接连暴跌（截至2016年1月12日，国际油价已由2014年6月的每桶108美元，跌至每桶30美元以下，这是自2003年12月以来首次跌破此价位），都对俄罗斯经济造成沉重打击。美国《洛杉矶时报》在2008年曾撰文指出，凭借油价高涨，"普京将俄罗斯从一个几乎破产的国家变成了一个富裕、傲慢的大国。但最近，莫斯科开始紧张了，他们不得不面对残酷的现实，油价的暴跌揭示出了俄罗斯无法回避的弱点"。[①] 俄罗斯多数媒体和学者也承认，此次危机充分暴露了俄经济长期严重依赖能源出口这种发展模式的脆弱性。其三，发展资源依赖型经济使得俄国内产业结构调整速度缓慢，甚至还可能阻碍国内弱势产业的发展，并导致"荷兰病"的发生。

尽管普京总统在第三任期内于2012年12月发表的总统年度国情咨文中指出，俄罗斯所依赖的原料增长模式的潜力已经耗尽，提出要将摆

---

① 《俄罗斯复兴之梦面临新考验》，《环球时报》，2008年11月18日。

脱资源依赖型经济发展模式和经济增长对资源出口的过分依赖，作为其第三任期的重要目标，但事实上俄罗斯从未放松过发展油气能源经济。《俄罗斯2035年前能源战略》强调，俄罗斯对外能源政策的目标是，继续保持和巩固俄作为世界能源市场"领头羊"之一的地位；降低风险并提高俄燃料动力综合体公司的对外经济活动效果；促进俄罗斯能源出口的多元化，优化能源出口结构。[①] 普京于2015年12月31日签署的新版《俄罗斯联邦国家安全战略》提出，俄将重点巩固能源安全，未来俄罗斯将努力维持石油的高产，争取市场份额。同时，要通过提高原油开采技术、提高能源资源加工水平、采用先进的高效节能技术，来降低石油工业成本，保障俄罗斯在世界能源市场的技术主权和供应大国地位。[②]

总之，俄罗斯保障能源安全不仅刻不容缓，而且依然任重道远。实现能源设备更新改造，提高本国的能源机械设备制造能力，加大对能源领域的投资力度、改善油气开采条件，减少能耗、提高能源的使用效率，为能源安全提供制度保障，是当前和今后一个时期俄罗斯面临的重要任务。早在2009年5月出台的《俄罗斯2020年前国家安全战略》明确提出，俄罗斯能源安全的主要内容是，保质保量地稳定保障能源需求；通过提高本国厂家的竞争力有效利用能源；防止燃料动力资源可能出现的短缺；建立燃料、备用能力和成套设备的战略储备，确保能源—热力供应系统稳定运转。[③] 俄总统普京在2012年10月23日召开的燃料能源系统战略发展和生态安全委员会会议上也提出，俄罗斯能源安全的优先方向是保

[①] Энергетическая стратегия России на период до 2035 года, http://ac.gov.ru/files/content/1578/11-02-2014-energostrategy-2035-pdf.pdf.
[②] 《普京签署新版俄国家安全战略》，新华网，http://news.xinhuanet.com/world/2016-01/01/c_1117643758.htm.
[③] 《俄罗斯2020年前国家安全战略》，http://www.cetin.net.cn/cetin2/servlet/cetin/action/HtmlDocumentAction?baseid=1&docno=385648.

证为消费者供应能源，保证燃料能源系统的创新发展，提高能源使用效率。

最后还须指出，中俄两国各自所面临的能源安全问题的差异性，一定程度上有利于推动两国在保障能源安全领域的合作。特别是两国应通过强化能源合作，构建能源共同体。可喜的是，中俄能源合作正稳步前行，目前这一领域的合作已迈出了坚实的一步，取得了一批早期收获成果。前面提到，中俄两国已于 2014 年 5 月 21 日签署了《中俄东线天然气合作项目备忘录》和《中俄东线供气购销合同》。这个被称为"天然气大单"的合同总金额为 4000 亿美元，累计合同期 30 年，是迄今为止中俄经贸合作的一笔特大项目。中俄东线天然气管道也是继中俄原油管道之后两国间第二条能源战略通道，2018 年建成后俄向中国供气量将最终达到每年 380 亿立方米的规模。如果将来中俄西线天然气供应协议也能够达成，东线和西线这两个协议能够最终得以落实，中国每年从俄进口的天然气可达 680 亿立方米，约占中国 2020 年前消费总量的 17%。此外，在石油合作领域，近期中国公司中标了俄石油公司"马加丹一号"和"利祥斯基"两个区块钻探项目，"南海九号"半潜式钻机 2016 年将赴鄂霍次克海域作业。这些都标志着中俄能源合作正迈向更高水平。今后，中俄双方既要保障好已建的中俄原油管道、在建的东线天然气管道和原油管道复线、拟建的西线天然气管道等几大能源通道的运营或推进建设，更要加快推进能源上下游一体化合作，实现能源合作的可持续发展。[1] 毫无疑问，中俄在上述领域的油气合作有利于保障中国的能源安全。

---

[1] 欧诣：《中俄能源合作稳步前行》，《光明日报》，2015 年 11 月 21 日。

第六节 金融安全

金融是现代经济的核心，金融安全是一国经济安全的重中之重。随着金融全球化进程的加快，转轨国家在金融自由化和金融对外开放程度不断提高的同时，也面临着诸多的金融安全风险和挑战。因此，维护和保障金融安全已成为转轨国家不能回避的现实课题。在本书第一章第三节和第四章第二节中，对金融全球化和金融自由化进程中转轨国家面临的金融风险和金融安全问题已从不同视角进行了较为详细的论述。因此，为避免不必要的重复，本节将分析研究的重点放在以下两个方面：一是在上述已有研究的基础上，进一步分析和概括中国、俄罗斯等转轨国家共同面临的金融安全问题；二是详细分析自2008年国际金融危机以来俄罗斯遭遇的金融风险和金融安全挑战。

一、转轨国家共同面临的金融安全问题

作为经济全球化的重要组成部分，金融全球化推动和促进了转轨国家金融自由化与金融转型的发展进程。20世纪80年代尤其是90年代以来，发达国家推动的金融全球化通过国际经济传导机制几乎席卷了所有的经济转轨国家，促使这些国家加快金融自由化步伐，实现从计划金融体制向市场金融体制的转变。在这一进程中，西方发达国家以金融深化为主要特征的金融改革对转轨国家金融制度变迁发挥了重要的示范效应。同时，转轨国家的金融自由化、放松金融管制和金融市场开放促进了国际资本的自由流动，也有力地促进了金融全球化的发展。而且，转轨国家金融中介的发展和金融机构的不断创新，特别是对外资开放本国的银行业，允许外国银行在本国设立分支机构，大大推升了金融全球化和金

融自由化的广度和深度。

然而，金融全球化的本质特征和表现形式必定会使转轨国家面临着金融安全的挑战。第一，金融全球化要求实现金融自由化，通过金融市场开放使转轨国家的金融体系与金融全球化相融合。第二，金融全球化要求实现资本在全球范围内的自由流动。而金融市场开放条件下国际资本流入或流出的规模及结构不平衡因素，是危及转轨国家金融安全的重大隐患。国际资本的大量流动往往会打破转轨国家国内货币体系的平衡性和稳定性，导致转轨国家金融中介机构运行的不协调，冲击转轨国家金融监管机制的正常运行。第三，金融全球化促进了金融机构的全球化。为了应对日益加剧的金融服务业全球竞争，发达国家各大金融机构竞相扩大规模，通过兼并、收购、控股和设立分支机构等方式进入转轨国家，占领其金融市场，开展国际化经营。这不仅对转轨国家的金融市场造成冲击，而且对其金融机构形成了多种压力，还对金融监管提出了挑战。第四，由于金融全球化进程中金融自由化和金融创新的发展，尤其是现代信息技术和互联网信息技术的广泛应用，现代互联网金融得以不断发展，全球金融市场的金融网络化即全球金融信息系统、交易系统、支付系统和清算系统的网络化正逐步形成。

实际上，可以将金融全球化进程中转轨国家实行金融自由化和金融市场开放所共同面临的金融风险和金融安全挑战，归结为两个方面：一是加剧转轨国家金融体系的脆弱性，造成金融体系的不稳定。二是金融主权受到侵蚀或威胁到金融主权安全。

（一）金融体系稳定性受到冲击

1. 加剧金融市场风险

金融体系稳定是指转轨国家的整个金融体系不出现大的波动，金融体系的功能得以有效发挥,金融业基本保持稳定、有序、协调发展的状态。金融市场是转轨国家金融体系的重要组成部分。金融市场安全指的是转轨国家维护其金融市场免受内部或外部冲击与威胁,并使金融市场功能得以正常发挥的状态和能力。金融市场在现代市场经济中发挥着重要的作用,如果金融市场动荡和金融市场不安全,会对整个金融系统和实体经济造成严重冲击。直接后果可能会首先导致金融企业的大范围倒闭,并由金融部门蔓延至实体经济部门,致使经济萎缩、生产下降、失业急剧上升。在经济全球化时代,一国的金融和实体经济危机会蔓延扩散至其他国家和地区,甚至像2008年国际金融危机一样,造成全球经济的大衰退。

转轨国家金融市场在基本制度、政府干预以及市场监管等方面存在的问题和缺陷加剧了金融市场风险。市场操纵、过度投机、随性的正常干预以及对中小投资者保护不力等,也大大增加了金融市场的不确定性,甚至造成转轨国家金融市场经常性的波动。在这样的情况下,国际资本尤其是投机性的国际游资的大进大出,无疑对转轨国家的金融市场安全构成了极大的威胁。转轨国家金融市场基本制度和基础设施的不健全,为外国短期资本的市场投机和炒作提供了条件。而且,投机性国际游资的大进大出加剧了转轨国家金融市场的波动,严重时极有可能导致转轨国家金融市场的崩溃。

2008年国际金融危机中俄罗斯金融市场的动荡,就与国际资本的流动密切相关。虽然金融危机之前资本的大量流入在很大程度上支持了俄罗斯国内企业和金融业的运作,但由于私有部门的过度借债以及短期外债的比重较大,为全球金融危机背景下金融溢出负效应的扩大埋下了隐患。特别是国际金融危机致使发达国家大量回笼在俄资金,导致俄国内出现流动性危机和投资者信心危机,俄罗斯的债市、股市、汇市以及商业银行体系均发生危机并进而引发实体经济的严重亏损。危机使俄罗斯金融领域损失近万亿美元资金。据俄罗斯中央银行提供的数据,2008年俄外国私人资本净流出额高达1299亿美元。足见资本流动的大规模逆转对俄罗斯金融市场的巨大冲击。

从中东欧转轨国家的情况看,自20世纪90年代实行经济转轨以来,随着私有化和金融自由化进程的不断深化,中东欧转轨国家经历了持续的、大规模的资本流入。外部资本的流入提供了重要的资金来源,支撑着中东欧国家经济的高速增长。但在2008年国际金融危机的冲击下,外资银行遭遇流动性困境,出现了大规模的资金抽逃,高增长率的信贷投放瞬间变为负值,银行坏账水平也大幅攀升。保加利亚政府提供了2.5亿欧元救助其商业银行。拉脱维亚在2008年11月—2009年5月短短几个月内,从银行部门抽逃出境的资金高达30亿欧元,导致外汇储备下降了25%,不良贷款也从3.6%上升为11.3%。[1]不仅如此,受2008年国际金融危机的冲击,中东欧国家竟然普遍出现了资本流入的"突然停止"即"资本骤停"现象。2008年金融危机期间,出于避险和本国的流动性需求,欧洲各大银行实行了去杠杆化,直接促使国际投资者将资本从中东欧国家撤回,从而导致中东欧国家外汇市场恐慌,市场信心大为降低,引发大规模的抛售本币,并出现了资本骤停。[2]2008—2009年,中东欧转轨国家的金融市场开放导致银行业对外资产生过度依赖。在外生性因素的冲击下,外资银行大规模的资本逆转引发了巨大的系统性风险。金融市场

---

[1] 邱立成、殷书炉:《外资进入、制度变迁与银行危机——基于中东欧转型国家的研究》,《金融研究》2011年第12期,第118页。

[2] 徐坡岭、陈旭:《中东欧国家2008年资本骤停的原因及对中国的启示》,《欧亚经济》2014年第1期,第28页。

过度开放导致中东欧国家对外资外债的高度依赖。2007年，传统欧洲大陆的"老欧洲"外资银行的比重平均只占15%，而中东欧转轨国家的"新欧洲"外资银行比重平均高达70%。①

2. 外资金融机构进入对金融体系的冲击

外资金融机构进入转轨国家，犹如一把"双刃剑"，一方面，能给转轨国家银行业带来竞争并产生溢出效应，对银行绩效的提升具有显著的促进作用；另一方面，也对转轨国家的金融体系形成冲击，带来较大的金融风险。随着进入金融市场的外资金融机构数量的增加和金融业务的开展，转轨国家银行面临着更加激烈的市场竞争。外资银行由于拥有先进的管理理念和技术，在经验、创新、资金实力和盈利能力等方面优势突出，往往在竞争中处于优势地位，能够抢占更多的市场份额。

在经济转轨国家中，外资银行对中东欧国家的冲击更为明显。因为这些国家金融市场过度开放导致形成了银行体系对外资的高度依赖。过高的外资依存度增大了银行体系的不稳定性，放大了银行业的潜在风险。有资料显示，截至2004年，中东欧国家有375家银行，账面总资产为3750亿欧元，其中66%掌握在外资手中。而捷克、斯洛伐克、爱沙尼亚、立陶宛、克罗地亚和保加利亚六国银行账面资产的80%以上被外资控制，其中，爱沙尼亚的外资控制率近100%，克罗地亚、斯洛文尼亚超过90%。在中东欧国家银行中投资最多的是奥地利，约占该地区银行账面资产的28%和市场的20.3%；意大利和比利时银行在中东欧国家的市场份额分别为11.6%和9.4%。②另据有关资料，截至2006年年底，捷克外资

---

① 邱立成、殷书炉：《外资进入、制度变迁与银行危机——基于中东欧转型国家的研究》，《金融研究》2011年第12期，第127页。
② 《中东欧国家银行帐面资产66%由外资控制》，中国驻克罗地亚大使馆，http://hr.mofcom.gov.cn/article/jmxw/200411/20041100304001.shtml。

银行资产占比达84.7%，匈牙利为82.9%，波兰为74.3%，斯洛伐克高达97%。由于斯洛文尼亚改革步伐慢于上述四国，其外资银行资产占有率较低，但也达到了29.5%。① 而到2007年，中东欧国家吸引了流入全球新兴市场资金的近一半，达3650亿美元。其中，大部分外资都集中于金融部门或交易活动机构，并未投资于实体经济进行技术创新，从而导致资产价格过度膨胀形成泡沫，埋下了隐患。这多种因素叠加在一起，当金融危机来袭时中东欧国家出现了大规模的外资抽逃。加之不良贷款严重侵蚀银行资本，进一步导致银行流动性短缺，银行业遭遇到巨大的系统性风险，企业大量破产。② 据国际主要评级机构穆迪提供的数据，到2009年，外资对中东欧各国银行业的控股比例都已经接近80%，捷克、斯洛伐克与爱沙尼亚银行业的外资比率甚至超过90%。③ 因此，就中东欧转轨国家而言，外资银行进入对其金融体系的冲击较大，而银行业系统性风险产生的深层次原因，是金融市场的过度开放和银行业对外资的过度依赖。

（二）对金融主权的侵蚀或威胁

关于金融主权，尚无完全统一的概念。有学者认为，所谓金融主权，是指一国享有独立自主地处理一切对内对外金融事务的权利，表现为国家对国内金融体系的控制权与主导权，对外不受国外影响自主进行货币和财政政策的制定，具有对来自外部的金融攻击进行自卫与反击的能力。④ 而一国的金融主权安全，是指金融主权不受威胁，即金融政策独立有效，金融产业的控制权与主导权掌握在本国手中。转轨国家实行金融自由化

---

① 巩云华：《外资银行进入对转轨国家经济发展影响的实证分析——基于中东欧五国的研究》，《中央财经大学学报》2009年第4期，第25页。
② 邱立成、殷书炉：《外资进入、制度变迁与银行危机——基于中东欧转型国家的研究》，《金融研究》2011年第12期，第127—128页。
③ 金玲：《中东欧国家对外经济合作中的欧盟因素分析》，《欧洲研究》2015年第2期。
④ 刘海林：《论金融主权与主动金融安全战略》，《金融发展评论》2015年第6期，第117页。

和金融市场开放条件下金融主权遭侵蚀或受到威胁,主要反映在三个方面。

1. 金融资源面临被外资掌控的风险

从以上分析的中东欧国家的情况看,外资对中东欧各国银行业的控股比例都已接近或超过了80%,这些国家银行业的过度外资化导致金融控制权的转移。中国入世以来,外资大规模进入金融领域,到2008年,外资参股控股的金融企业有20多家银行、4家信托公司、19家保险公司、19家基金管理公司和4家汽车金融公司。此外,有42个国家的75家外资银行在华设立了分支机构,资产总额过万亿元。虽然中国对外资参股国内金融机构有一定限制,但并不能阻止外资对国内金融企业构成事实上的控制。随着入世过渡期限制性措施的失效,外资银行在中国的扩张力度会进一步加大。外资在中国迅速圈占金融资源尤其是高端资源,这对中国金融企业的发展和国家金融主权都会造成威胁。[①]

2. 货币政策的独立性和自主性受到制约

如上所述,中东欧国家金融市场的过度开放造成了其银行体系对外资的高度依赖,过度外资化不仅导致了银行体系的不稳定性,而且会造成金融控制权的转移,致使中东欧国家的货币政策基本失灵。而且,外资银行大量进入转轨国家市场,通过从国际金融市场上筹措资金来抵制货币政策的影响,会弱化转轨国家货币政策的效应。

3. 国际金融组织对转轨国家金融主权形成一定的影响和制约

这方面的事例不胜枚举。例如,国际货币基金组织(IMF)是乌克兰的主要债权人。基于与IMF的合作计划,乌克兰还得到了世界银行、欧

---

① 李朴民等:《当前我国金融安全面临的风险、挑战及对策》,《中国经贸导刊》2008年第19期,第15页。

洲投资银行、欧洲复兴开发银行和欧盟的金融支持以及美国的 10 亿美元担保。IMF 2014 年 4 月 30 日批准了一项总额达 170 亿美元（约合 123 亿欧元）的对乌克兰贷款援助计划，旨在帮助乌克兰实现经济转型，落实对乌克兰的金融支持。但这种支持是带有附加条件的。IMF 提出，如果乌克兰议会通过了未与 IMF 协商的 2016 年预算，通过的预算法案和税务改革方案不符合 IMF 计划目标或违背了乌克兰与 IMF 的合作计划目标，IMF 将中断与乌克兰的合作。[1]而一旦 IMF 与乌克兰的合作计划终止，世界银行、欧洲复兴开发银行等国际金融机构以及欧盟国家和美国政府与乌克兰之间的所有贷款计划也会自动停止。[2]世界银行乌克兰代表处一份报告认为，乌克兰若履行国际货币基金组织对乌贷款的苛刻要求，可能会导致乌需求及生产投资下降，对经济增长产生负面影响。特别是 IMF 对所提供贷款规定的所有附加条件，包括逐步提高天然气和供暖价格，实施退休改革，缩减预算开支等，都会对乌克兰居民购买力和生活水平产生严重影响。

二、国际金融危机和后危机时期俄罗斯的金融安全问题

（一）国际金融危机对俄罗斯金融安全的冲击

由于俄罗斯金融体制尚不健全，金融监管力度不强，存在着产生金融风险和爆发金融危机的隐患，金融业面临着更大的生存和发展压力。2008 年国际金融危机对金融自由化和市场化程度较高的俄罗斯金融业和金融市场造成的巨大冲击和产生的严重后果，就是最好的例证。

---

[1] 《亚采纽克解释为什么乌克兰要与国际货币基金组织合作并满足其全部要求》，中国驻乌克兰大使馆经商参处，http://ua.mofcom.gov.cn/article/jmxw/201512/20151201224124.shtml。
[2] 《IMF：与乌克兰进一步合作有风险》，俄罗斯卫星新闻，http://www.weilairibao.com/show-137-614182-1.html。

1. 脆弱的金融系统遭受打击，银行运转困难甚至倒闭

融入金融自由化进程使俄罗斯受益匪浅，如 2003—2007 年，俄银行体系的资产规模增长了 5.3 倍，银行资本增长了 4.9 倍，尽管如此，俄银行部门的总规模并不太大。截至 2008 年 11 月 1 日，银行系统总资本金额为 1088 亿美元，占 GDP 的 8.1%；总资产量为 8245 亿美元，占 GDP 的 61.4%。虽然俄罗斯 2007 年的 GDP 约为中国的 39%，但银行系统的总资产仅相当于中国银行系统总资产的 11.3%。总的来看，俄罗斯的整个金融体系尤其是银行体系非常脆弱。仅 1998 年的俄罗斯金融危机，就沉重打击了原本就不发达的金融体系，致使数百家中小银行破产倒闭。此后，随着经济转轨的深入，虽然金融体系得到了一定程度的恢复和发展，但至今尚未形成功能齐全、机制完善、与国民经济相匹配的金融体系，整个金融行业远远跟不上国民经济发展的步伐，无法满足俄罗斯日益增长的金融需求。金融自由化虽然催生了众多的俄罗斯金融企业，单是商业银行就有上千家，但由于对银行的注册资本金要求较低，因此规模普遍较小，整个俄罗斯金融业的总体实力不强。不仅如此，大多数金融企业的资本充足率不高，资产负债率和呆坏账比例过大，许多商业银行甚至需要长期依靠境外机构的贷款才能生存，独立性很差。

受 2008 年国际金融危机的严重影响，俄罗斯银行系统亏损更为严重，不良贷款激增，面临流动性难题。而且，由于缺乏流动资金，很多银行运转困难，甚至濒临破产。2008 年 8 月后不到一年的时间内，俄罗斯已有近 30 家银行被吊销了营业执照。由于资产大幅缩水和流动性短缺，许多商业银行丧失了对外贷款能力，众多的小银行甚至丧失了基本的支付和兑现功能。

2. 致使股市大跌和卢布贬值

股市大跌是国际金融危机对俄罗斯金融业造成的一个直接影响。由于俄罗斯股市与全球股市高度联动,国际金融危机产生的金融"共振"效应非常明显,出现了股市狂跌、卢布贬值、证券交易所一度停盘等状况。2008年9月6日,俄罗斯各大银行和一些大公司的股票在一天之内丧失了近1/3的市值。[①] 到2008年12月25日,俄罗斯交易系统指数已经跌至660点,市值损失超过6000亿美元。总的来看,2008年俄罗斯股市跌幅高达70%,成为金融危机爆发以来世界跌幅最大的股市,股票市值从1.3万亿美元缩至4595亿美元。其中,最大上市公司"俄罗斯石油天然气工业公司"的市值从2008年初的3296亿美元缩至1063亿美元。

货币贬值是国际金融危机对俄罗斯经济造成的又一严重影响。2008年11月17日,俄罗斯政府还表示能抵御金融危机,俄罗斯银行完全控制着局势,卢布不会贬值,但也许会略有降低。然而,由于受国际金融危机和国际油价大幅下挫双重因素的影响,俄政府的努力并没能挽回卢布走低的态势。随着局势的持续恶化,卢布开始不断贬值。有资料显示,俄罗斯2008年卢布兑换美元的最低纪录是12月20日创造的,当时1美元兑换31.86卢布。而到2009年2月6日,甚至一度跌至1美元兑换41卢布,触及俄罗斯央行宣称的支撑位,从而使卢布兑美元汇率降至1998年俄债务危机以来的最低点。为了避免一次性暴跌所带来的恐慌,俄罗斯采取了逐步贬值的策略,抛售了大量的美元,动用了近1/3的外汇储备,共约2000亿美元。[②]

---

① 张光政:《金融危机冲击俄罗斯 银行股跌到近3年最低点》,《人民日报》,2008年10月13日。
② 蒋林:《俄罗斯经济遭重创 "一夜回到1998年"?》,《广州日报》,2009年2月22日。

3. 国际资本流动加大了金融市场的不稳定性

俄罗斯是转轨国家中国际资本自由流动程度比较高的国家，而且，国内资金的严重匮乏也使俄成为依赖外部融资程度较高的国家。俄罗斯金融体系的开放与自由化同时并举，资本市场开放度过高，被外资所主导，因而与国际市场的联动性非常明显。国际资本流入或流出的规模及结构不平衡因素也成为危及俄罗斯金融业安全的重大隐患。长期以来，俄金融机构以及实体经济对外部资金的需求量一直呈现日益增长的趋势。随着俄罗斯金融市场的开放和对外部资金需求量激增，外资和国际"热钱"长驱直入，直接进入俄罗斯的银行业、证券市场、保险市场、外汇市场等金融市场的各个领域，从而加大了俄罗斯金融市场对国外资金的依赖性。到2008年，俄罗斯的银行资产中至少有1/3是靠国外"热钱"涌入形成的。一方面，不可否认，国际资本的流入对俄罗斯经济具有重要的推动作用；但另一方面，当国际资本的流动成为俄罗斯资金的重要来源时，便会加大俄罗斯金融市场的不稳定性和风险，特别是国际资本外流会对俄金融体系造成较大冲击。如2008年金融危机爆发之后，外资纷纷抛售俄罗斯能源股票和银行股票，大规模撤出俄罗斯市场，给俄罗斯的金融市场造成动荡。据俄央行当时估计，2008年俄罗斯资本净流出达到500亿美元，2009年可达1000亿美元左右。[①] 而且，资金撤离的规模和速度是随着国际油价下跌和全球金融危机的深化而不断放大和加快的。

4. 加大了债务风险

俄罗斯的外债主要包括巴黎债权人俱乐部贷款、非巴黎债权人俱乐部贷款、商业贷款、国际金融组织贷款、欧洲债券、国内外币国债债券、俄罗斯中央银行贷款、政府外币担保等。外债在俄金融机构的资产

---

① 世界银行：《俄罗斯经济报告》，2008年11月，第20页。

负债结构中占有相当比例。企业和银行（尤其是私人银行）占有的比重较大。例如，截至 2009 年 1 月 1 日，私人部门外债占比超过 66%，其中有超过 1/3 的为短期负债；而私有银行部门占私人部门外债总额的比重为 33%。① 俄私人银行短期外债占其外债总额的比重仍较高，已大大超出 25% 的国际警戒线标准。2008 年俄背负的高额外债中，短期债务又占有较大的比重，其中的近一半要在 2009 年年底前偿还。而大部分银行和公司都失去了偿债能力，又无法借到新债，形成恶性循环。私有部门过度借债导致的私有部门的危机，也必然危及俄罗斯的经济特别是金融安全。而且，银行无力还债会引起外资对俄银行的控股或致使银行倒闭，从而引发更大程度的信用危机并危及金融安全。外债曾是 1998 年俄金融危机的直接导火索，而 2008 年外债问题依然是全球金融危机下俄经济的软肋。仅 2008 年上半年，俄罗斯银行体系的外债就增加了 291 亿美元（2007 年同期俄罗斯银行体系的外债仅增加 97 亿美元）。到 2009 年 3 月底，在俄罗斯 4540 亿美元的外债总额中，银行部门的外债总额达到了 1480 亿美元。银行与企业欠西方银行的短期债务超过 5000 亿美元，到 2009 年年底到期债务就达 1800 亿美元。

随着金融全球化和金融自由化的发展，外资大量进入俄罗斯的证券市场和银行业。而且，俄罗斯石油公司、俄罗斯天然气工业股份公司、卢克石油公司和秋明—BP 石油公司等知名企业均有外债，因而也大大增加了俄罗斯企业的外债规模。截至 2009 年 1 月 1 日，俄罗斯政府机关和中央银行的外债仅为 328 亿美元，而俄罗斯银行与非金融机构的外债余额却高达 4471 亿美元，约占俄罗斯 GDP 的 30%。② 国内微观主体的外债

---

① 俄罗斯中央银行数据，http://www.cbr.ru/statistics/print.aspx。
② 俄联邦中央银行网，http://cbr.ru/statistics/print.aspx?file=credit_statistics/debt。

规模不断扩大,直接威胁到了俄罗斯的经济基础和产业安全。另有资料显示,当时俄罗斯国有企业外债占总外债的50%以上,其中,俄罗斯天然气工业公司和俄罗斯石油公司外债合计占外债总额的17%,2009年两家公司分别需要还债73亿和54亿美元,占其年利润的70%和106%。[①]2009年,俄罗斯再次启动了政府债务计划,这也引发了人们对俄罗斯再次陷入债务危机的忧虑。2010年2月,时任俄罗斯政府副总理兼财长的库德林在接受"俄罗斯"电视频道独家专访时表示,在俄罗斯国家基金用光后,俄将继续恢复举借外债。库德林说:"我们已经计划适度借债。外债占GDP的比重将每年上升2%至3%。我们国家拥有大量稳定储备,用来应对危机、改善民生和完成社会保障。而这一艰难时期过后,我们将会减少借贷,转而依靠本国的收入和税收。"[②]

综上所述,处于金融自由化和经济转轨进程中的俄罗斯,其市场经济体系尚不健全,大量的国际资本在金融市场上流动,大大加剧了俄罗斯金融市场的不稳定性。可以说,由国际金融危机引发的俄罗斯金融危机并由此导致的严重经济衰退,不仅暴露了俄罗斯经济自身的脆弱性和对外部市场的严重依赖性,而且也反映了俄罗斯在金融全球化进程中盲目追求金融自由化、过早过快开放金融市场所造成的后果。俄罗斯加入WTO后,其金融市场必然会进一步对外开放,这使国际金融风险通过一定的传导机制更易传导到俄罗斯。不仅如此,金融市场的进一步开放,也必然使俄罗斯金融企业面临着与国外金融企业的日趋激烈竞争。

[①] 王逎:《俄罗斯债务问题及中国对俄资本战略》,《俄罗斯研究》2010年第2期,第13—16页。
[②] 《俄外债占GDP比重每年将上升2至3%》,中亚新闻网,http://www.xjjjb.com/html/news/2010/2/52511.html。

（二）自 2014 年俄罗斯面临的金融风险和金融安全问题

后危机时期，俄罗斯经济在经历了 2009 年负增长 7.8% 的严峻形势后，曾在 2010 年和 2011 年大幅回升至 4.5% 和 4.3%。但好景不长，2012 年经济增速又回落至 3.4%。2013 年俄经济陷入更加低迷状态，全年的经济增长率仅同比增长了 1.3%。2014 年，受国际市场动荡、国际原油价格暴跌、卢布大幅贬值、美国和欧盟等因乌克兰危机而对俄罗斯实施经济制裁等因素的影响，俄罗斯实际经济增长率仅为 0.6%。其中，国际原油价格暴跌对俄的冲击最大。有数据显示，2013 年俄罗斯石油出口额达到 1737 亿美元，收入占俄政府收入的近一半。但到 2014 年年底，油价暴跌至 80 美元 / 桶，俄罗斯 GDP 减少了约 2%。仅 2014 年 6 月后，国际油价 30% 的跌幅就使俄罗斯损失了近 1000 亿美元。俄罗斯经济遭遇 2008 年国际金融危机后的又一次重创。而祸不单行，自 2014 年 3 月起，美欧等西方国家对俄罗斯实施了多轮经济制裁。尤其是 2014 年 7 月欧盟和美国先后宣布对俄罗斯实施进一步的制裁，这轮制裁涉及俄罗斯金融、能源和军事领域。路透社认为，这是西方国家围绕乌克兰危机对俄施压的"最严厉"举措。到 2014 年 9 月，美欧再度发起新的制裁。美国加大了对俄罗斯金融、能源和国防等领域的制裁力度；而欧洲的新制裁方案是加强对俄罗斯进入欧盟资本市场的限制。油价暴跌和西方经济制裁对俄罗斯经济的负面影响巨大，据俄联邦统计局的数据，2015 年俄 GDP 负增长，比 2014 年下降了 3.7%。

1. 油价暴跌和卢布大幅贬值对俄罗斯金融安全的影响

自 2014 年下半年以来的国际油价持续暴跌，对全球金融市场造成了严重影响和巨大冲击，尤其是对俄罗斯这样的产油国冲击更大。国际油价暴跌，再加上乌克兰危机和由此引发的欧美等西方国家对俄罗斯的经济制裁，对俄罗斯经济造成沉重打击，使得卢布迅速贬值，外债偿还能力日益减弱，国际资本撤出，令俄罗斯的金融风险逐步上升，人们甚至担心俄罗斯随时可能会发生金融危机。

在国际市场油价剧烈波动特别是油价暴跌的冲击下，俄罗斯卢布成为一种不稳定的货币，往往跟踪石油价格，是石油关联货币。本轮卢布大幅贬值就紧随着国际油价的暴跌。有资料显示，2014年全年布伦特基准原油价格下跌48%，俄卢布同步贬值了45%。[1]布伦特原油期货价格是构成俄罗斯原油出口的定价基准。对俄罗斯而言，在影响卢布汇率的诸多因素中，石油价格、资本外流速度和俄罗斯央行的外汇储备量是三个重要的因素。其中，石油价格对卢布的影响最大。有资料显示，当油价在2008年达到每桶150美元时，俄罗斯卢布大幅升值，外汇储备也超过了6000亿美元；当2009年油价从2月的每桶40美元升至5月的60美元时，俄外汇储备也相应地从3805亿美元的较低水平增至4070亿美元。这是因为油价出现趋势性上升，推动卢布升值，投资者预期卢布将会进一步升值而卖出美元。俄央行为避免卢布过度升值对经济恢复带来不利影响，买入美元增加了外汇储备和相应的货币供给，并给国内带来较高的通胀压力。而在油价下跌背景下，卢布贬值预期增强。当石油价格在2008年12月—2009年2月暴跌至每桶40美元时，卢布遭受重挫；当2014年下半年油价再次大幅下跌，卢布也再次进入快速贬值通道。[2]而2016年1月21日引发卢布对美元汇率跌至历史新低的正是13年来首次跌破28美元每桶的国际油价。1月21日当天卢布对美元汇率跌至85.999，当时两者的相关性已经高达77.18，接近历史高位。正是在国际

---

[1] 李建民：《卢布危机的警示意义值得深思》，《中国社会科学报》，2015年1月19日。
[2] 米军等：《国际石油价格波动与俄罗斯经济增长》，《欧亚经济》2015年第5期，第3—4页。

油价的不断下探中，2016年开年以来卢布对美元已经贬值了近20%。①

油价暴跌和卢布大幅贬值的直接后果，一是致使资本外逃加快。据俄罗斯央行统计，2008年俄罗斯资本净流出额为500亿美元，2009年达到1000亿美元，而2014年俄罗斯资本外流额竟高达1530亿美元，创近20年的新高。二是油价暴跌伴随股市暴跌。多数情况下，俄罗斯PTC股票交易系统指数与石油价格的变化存在较强的关联性，尤其是在油价下跌时期同步共振性异常显著。2008年布伦特石油价格下跌75%，PTC指数下跌70%；2014年布伦特油价下跌48%，PTC指数全年下跌42%。而国际油价一旦出现回升趋势，俄股票交易系统指数PTC则呈现快速恢复增长态势。② 三是致使主权财富基金大幅减少甚至枯竭。2015年年初，为缓解近17年以来俄最严重的货币危机，俄财政部动用了总值达880亿美元的储备基金来购买卢布。到2015年12月初，俄主权财富基金的规模已从2014年年中的1800亿美元减至1300亿美元。有分析认为，如果俄政府对低油价伴随卢布贬值的情况无计可施，那么俄主权财富基金将会很快枯竭，甚至撑不到2018年俄罗斯总统大选之际。俄经济发展部2016年5月6日发布宏观经济预测报告说，保守估计，到2019年年底，由国家福利基金和储备基金构成的主权财富基金或将完全用尽。③

2. 与西方对俄罗斯经济制裁相关的金融风险

美欧等西方国家联手对俄罗斯发起的多轮单边制裁，不仅切断了俄银行和企业进入国际资本市场融资的渠道，人为中断资本流动性，造成

---

① 《俄罗斯左右为难，东方市场是救星？油价暴跌引发的卢布惨案》，新浪财经，http://finance.sina.com.cn/roll/2016-01-30/doc-ifxnzanm3820901.shtml。
② 米军等：《国际石油价格波动与俄罗斯经济增长》，《欧亚经济》2015年第5期，第4—5页。
③ 《俄罗斯主权财富基金共计约1155亿美元 只能撑到2019年》，环球网，http://world.huanqiu.com/hot/2016-05/8879190.html。

金融机构和非金融机构的严重缺血，而且也严重打击了投资者信心。避险情绪升温，造成了资本大量外流，从而使卢布遭到投机性抛售。[①]

总的来看，美欧等西方国家的经济制裁，对俄罗斯造成的金融风险主要反映在以下两个方面。

（1）冲击银行业并引发信贷危机

受西方制裁的影响，俄罗斯银行无法从资本市场获得美元，加之国内经济萧条对银行利润构成打压和卢布剧烈贬值，致使俄罗斯银行偿债困难，违约风险上升。在这种情况下，普京总统强调必须提高银行体系的稳定性。鉴于银行体系的流动性短缺成为普遍问题，俄罗斯央行不得不向银行体系注入流动性，以防止大面积违约。俄罗斯国会也批准了一项立法，向银行业提供 1 万亿卢布（当时约合 147 亿美元）的新资本，以对银行业提供支持。俄罗斯最大银行——储蓄银行的投资银行部首席经济学家叶·加夫里连科夫认为，俄罗斯央行采取的这种"拯救行动"可能会导致全面的银行危机。他认为银行可能无法偿还央行的贷款（当时央行贷款利率为 17%），而他们抵押品的质量也不足以抵债。据他估计，超过 7.3 万亿卢布的债务意味着银行将支付每年 1.2 万亿—1.3 万亿卢布的利息(200 亿美元)。[②]

自 2014 年 9 月以来，西方制裁升级，尤其是欧盟进一步加强了对俄罗斯进入欧盟资本市场的限制，包括欧盟公民和公司不再向 5 家俄罗斯主要的国有银行提供贷款，使俄罗斯从西方金融机构获得贷款受限，导致俄金融机构普遍出现融资难题。成立于 1995 年的特拉斯特国有银行就

---

① 李建民：《卢布危机的警示意义值得深思》，《中国社会科学报》，2015 年 1 月 19 日。
② 《俄将面临"全方位银行危机"》，新浪财经，http://finance.sina.com.cn/world/20141222/120121133840.shtml。

是出现融资困难的银行之一。为避免该银行破产,俄央行指定俄罗斯银行存款保险局对该银行业务进行临时托管,并实行救助。俄罗斯银行存款保险局从俄央行获得 300 亿卢布(约合 5 亿美元)贷款,以保证特拉斯特国有银行的偿债能力。[①] 总之,正如俄罗斯储蓄银行董事长戈·格列夫所指出的,俄罗斯在 2015 年面临着一场"全面开花"的银行业危机。这场危机意味着,俄罗斯各银行的不良贷款比例将会上升,银行客户面临着难以融资的困境。[②]

由于俄罗斯银行业受到的巨大冲击和面临的风险,2015 年 2 月,标准普尔将莫斯科银行、俄罗斯外贸银行和莫斯科信贷银行评级调降至垃圾级。国际评级机构对俄罗斯银行的降级行为严重影响到俄罗斯金融机构在国际市场的融资能力,全方位压缩了俄罗斯未来的资金来源。[③]

(2)加剧资本外逃并引致外汇储备下降

关于俄罗斯资本外逃(外流)问题,上文已有涉及,不再赘述。至于资本外逃的原因,有学者认为是由于资本市场对俄罗斯因西方制裁而爆发危机的担心,加上投机资本的冲击,因而引发资本外逃和卢布汇率大幅下跌。卢布汇率下跌和对俄罗斯债务违约的担心进一步导致资本外流,国内经济形势进一步恶化。[④] 但另一方面,西方制裁导致俄罗斯吸引外资不断减少。根据联合国贸发会议公布的全球投资报告,2015 年

---

① 《俄救助一家国有银行》,人民网,http://world.people.com.cn/n/2014/1223/c157278-26256388.html。
② 《俄罗斯金融有多糟 银行业遭巨亏》,新华网,http://news.xinhuanet.com/fortune/2015-03/23/c_127609665.htm。
③ 《评级机构"趁火打劫" 俄罗斯银行业危机升级》,中国金融新闻网,http://www.financialnews.com.cn/gj/gjyw/201502/t20150206_70591.html。
④ 徐坡岭等:《乌克兰危机以来俄罗斯经济危机的性质及展望》,《俄罗斯研究》2015 年第 1 期,第 116 页。

流入俄罗斯的外国直接投资缩减了92%。资本大量外逃以及石油产品价格下跌致使俄罗斯外汇储备急剧下降，据俄罗斯央行的统计数据，俄罗斯的外汇储备由2014年1月的5095.95亿美元减至2015年1月1日的3854.60亿美元，较上年初减少了约24%。截至2016年1月8日，俄罗斯外汇储备又降至3681亿美元。其中，真正可以动用的大约只有2000亿美元，因为这些外汇储备中包括了流动性较差的约450亿美元的黄金储备以及为偿债和贸易往来所必须留存的美元。①

三、简要结论

在金融全球化背景下，转轨国家的金融自由化和金融市场开放对其产生双重影响：一方面，转轨国家可以利用国际金融市场和金融系统参与全球的资源配置，从而获取金融全球化带来的实际利益；另一方面，参与金融全球化和实行金融自由化也意味着转轨国家必须承担由此带来的金融风险，并要面对金融安全的挑战。这种金融风险和金融安全挑战主要表现在两个方面：其一是加剧转轨国家金融体系和金融市场的风险，尤其是国际资本流动加大了金融市场的不稳定性，外资金融机构的进入也对转轨国家的金融体系形成较大冲击；其二是侵蚀或威胁到转轨国家的金融主权安全。这不仅表现为国际金融组织对转轨国家金融主权形成一定的制约，而且转轨国家的金融资源也面临着被外资掌控的风险，其货币政策的独立性和自主性受到制约。在转轨国家中，俄罗斯的金融安全问题较为突出，有其自身特点。一方面，肇始于2008年的国际金融危机对俄罗斯金融安全造成严重冲击，使其脆弱的金融体系遭受打击，致

---

① 《俄罗斯左右为难，东方市场是救星？油价暴跌引发的卢布惨案》，新浪财经，http://finance.sina.com.cn/roll/2016-01-30/doc-ifxnzanm3820901.shtml。

使银行运转困难甚至倒闭、股市大跌、卢布贬值、债务风险加大、资本外流加剧。另一方面，自2014年以来，俄罗斯的金融安全形势依然不容乐观：一是油价暴跌和卢布大幅贬值对俄金融安全造成严重影响；二是西方对俄罗斯实行经济制裁，使俄银行业受到冲击并引发信贷危机，加剧了资本外逃，并导致外汇储备大幅下降。显然，俄罗斯所面临的金融安全形势是十分严峻的。

第七节 本章小结

第一，在经济全球化进程中，贸易自由化、金融全球化、投资自由化和生产全球化都对转轨国家的产业发展和产业安全产生重要影响，既能够有力地促进转轨国家的经济和产业发展，又对产业安全构成威胁和挑战。其中，贸易自由化带给转轨国家的主要产业安全风险，一是进一步抬升转轨国家的产业对外依赖度，例如在能源产业领域，中国对能源进口的依赖和俄罗斯对能源出口的依赖程度都很高；二是恶化贸易环境，中国高科技产业和劳动密集型产业的出口环境均在恶化，对产业发展和产业安全构成一定的威胁。

金融全球化对转轨国家的产业安全产生重要影响。金融全球化不仅推进了金融自由化，而且在这一过程中也加快了金融风险的传导。2008年的国际金融危机就严重冲击了转轨国家的金融业和金融市场，特别是重创俄罗斯和中东欧国家的整个金融体系。总体而言，在转轨国家实行金融自由化和金融市场开放进程中，国际资本流动和外资金融机构进入对金融安全的冲击较大，面对强大的外资金融机构竞争对手，转轨国家金融机构的竞争压力巨大。

投资自由化和生产全球化使转轨国家成为国际资本流动的重要市场，也使跨国公司在转轨国家的国际化生产和跨国并购成为可能。投资自由化和生产全球化在为转轨国家引进外资和先进生产技术与管理经验提供必要条件的同时，也对转轨国家的民族工业和产业安全造成较大的影响和冲击。例如，对中国的民族工业形成冲击；加剧了中俄两国产业结构的失衡或畸形发展，加大了两国区域经济发展的不平衡。而且，跨国公司的跨国并购和国际化生产给转轨国家带来了诸如市场和关键技术受到控制、产业分工优势降低、资源大量输出等一系列的产业安全问题。

第二，一、二、三产业内部各自存在不同的产业安全问题，为抓住重点，避免泛泛而论，本章将分析的着力点集中在三次产业中的粮食安全、民族工业安全、能源安全和金融安全上。关于粮食安全，本章指出，几乎所有经济转轨国家都不同程度地面临着粮食安全问题，中国和俄罗斯也概莫能外。虽然中俄两国面临的粮食安全风险和防范粮食安全风险的任务各不相同，但应对粮食安全的挑战则是共同的。而且，中俄两国保障粮食安全都应侧重于解决食品安全问题，也都注重政府对粮食市场的适度干预和必要调控。

关于民族工业安全，本章认为，中国和俄罗斯都通过大力吸引外资促进民族工业发展，因而也都面临着由外资大量进入而导致的民族工业安全问题。同时，由于中俄两国的不同国情和不同的民族工业发展道路以及对外资的不同依赖程度，中俄所面临的民族工业安全问题各有不同。对此，本章做了具体分析。

关于能源安全，本章分析了中俄两国各自所面临的能源安全问题以及两国能源安全的共性与差异性，特别是对俄罗斯能源安全问题与中国的不同点进行了分析。这种不同点或差异性表现为，对中国构成能源安全威胁的，对俄罗斯往往并不是能源安全问题。本章认为这种情况恰恰有利于推动中俄两国在保障能源安全领域的互补性合作。当然，为保证经济和能源安全，俄罗斯须将摆脱资源依赖型经济发展模式和经济增长对能源出口的过分依赖，作为重要的发展目标。

关于金融安全，本章强调，转轨国家实行金融自由化、放松金融管制和金融市场开放，不仅大大促进了国际资本的自由流动，也推动了本国银行业的对外资开放，允许外国银行在本国设立分支机构。但与此同时，转轨国家也共同面临着金融风险和金融安全的挑战：一方面，转轨国家的金融主权受到侵蚀或威胁到金融主权安全；另一方面，加剧转轨国家金融体系的脆弱性，造成金融体系的不稳定。尤其是大量国际资本的迅速流入或流出，对转轨国家的银行体系安全、金融市场安全和货币安全均构成一定的威胁。

最后应当指出，在经济全球化条件下，转轨国家产业发展面临的不确定性越大，其产业安全的风险也就越大，产业安全就会在更大程度上受到威胁。因此，在经济全球化进程中提高国家竞争力，采取强有力的宏观调控手段和建立有效的风险防范机制，最大限度地保障国家产业安全，是经济转轨国家面临的一项长期任务。

第五章　转轨国家促进产业发展和维护产业安全的对策措施

　　经济全球化的发展和科学技术的日新月异，加速了世界市场的形成和贸易自由化、金融全球化、投资自由化和生产全球化的发展。这一发展进程对转轨国家产业发展和产业结构调整产生深刻影响和巨大的推动作用。另一方面，经济全球化使世界各国之间的联系越来越紧密，因而局部性的经济危机有可能迅速传播到其他国家并演变为世界性的危机。因此，在经济全球化背景下，国家产业安全越来越受到各国政府的关注。

　　世界经济发展的实践表明，无论是发达国家还是发展中国家，都把促进本国的产业发展和维护产业安全作为其产业政策的核心目标，并成为制定对内对外经济政策的依据之一。国外的经验也表明，一个国家产业安全的维护，需要政府、产业界及各个企业间的密切配合，只有上下协调才能形成合力，只有团结一致才能把本国的产业安全维护好。从总体上看，目前包括中国在内的转轨国家产业仍然处于全球产业链的中下游地位，这对转轨国家国内的产业安全构成了一定的威胁。因而，在经济全球化发展进程中，为了维护本国的产业安全，转轨国家应当借鉴其他国家的有益经验，树立产业安全的全局观念，在贸易、金融、投资、生产等各个领域都要制定并实施一系列的政策措施，进一步构建完善的产业安全保障体系，以实现经济全球化与本国产业发展和产业安全的平衡发展，并切实维护产业安全。

第一节　完善国家经济（产业）安全体系，保护民族工业

在经济全球化和经济转轨进程中，转轨国家始终关注本国的经济安全问题。虽然经济全球化给转轨国家的经济安全带来了严峻的挑战，但经济全球化是世界经济发展不可避免的客观趋势，因而不能对其抵制或回避，而应该积极面对。转轨国家应从本国国情出发，采取必要的措施积极参与经济全球化，并在这一过程中努力维护国家的经济安全。而维护经济安全是一项涉及贸易、金融、投资、生产等多领域的系统工程，也需要构建系统化的产业安全体系，这对于经济转轨国家十分重要。

在转轨国家中，俄罗斯为维护产业安全采取了提高出口产品竞争力、深化金融市场改革和金融监管、优化投资环境、完善创新体系和人才服务体系等措施。这些措施为其他转轨国家维护本国的产业安全提供了一些经验和启示。早在1996年出台的俄罗斯《国家经济安全战略》，明确指出了经济不安全的诸因素，其中包括：金融体系脆弱、通货膨胀、泡沫经济、经济（产业）结构畸形、区域经济发展不平衡、贫富差距拉大、外债规模过大、战略性产品过度依赖进口等。而随着国际经济环境的变化，2009年5月俄联邦政府又批准了《2020年前俄联邦国家安全战略》，将维护经济安全提升到保证国家安全的首位。俄罗斯国家经济安全战略的主要目标是力求通过保障国家经济安全来保证俄罗斯经济在世界上的独立性，减少对西方发达国家的依赖，保证俄罗斯在经济利益不受威胁的

状态下持续发展。[①] 为了使国家经济安全更具可操作性，俄政府还制定了监控国家经济安全的指标和参数，对威胁国家经济安全的各种因素进行监测，主要涉及失业水平、消费价格增长水平、内债和外债占 GDP 的比重、医疗、文化及科技资源保障程度、军事和专门技术更新水平等方面。一旦这些指标偏离经济安全"临界值"，"就迅速做出反应"。此外，俄罗斯制定并出台的《矿产资源法》、《产品分割协议法》、《经济特区法》、《俄罗斯银行及银行活动法》、《外汇调节和外汇监督法》、《有价证券市场法》等经济法规，均涉及相关领域的产业发展和产业安全问题，有利于维护国家的经济和产业安全。

在投资自由化和生产全球化进程中，转轨国家吸引和利用外资是为了大力发展自己的民族工业，而不是要取代民族工业。民族工业是以民族资本为主建立起来的工业和工业体系。健全而又具有竞争力的民族工业和产业，是一个国家民族品牌兴起和发展壮大的基础。转轨国家要立足于比较优势，发展竞争优势，这是增强其产业国际竞争力的基本战略。目前在一些转轨国家中，某些行业几乎被外资所垄断，这种情况任其继续发展，将导致这些转轨国家的民族工业逐渐被外国公司所控制或垄断。因此，在民族工业尤其是一些幼稚产业尚不强大的情况下，转轨国家要对本国的民族工业特别是那些具有战略意义的新兴产业和幼稚产业实行有效的保护。因为这些产业往往面对的是来自发达国家早已发展成熟产业的竞争以及跨国公司的垄断性竞争。如果没有国内产业政策和贸易政策的保护和扶植，转轨国家的某些产业就很难生存和发展下去。因而要采取必要措施，对其实施产业政策保护，并扶植本国幼稚工业的发展，

[①] 赵惟：《国家经济安全与产业安全研究综述》，《首都经济贸易大学学报》2005 年第 3 期，第 25—27 页。

从而带动国家相关产业的发展，并促进全社会的经济进步。

当然，对民族工业进行保护并非是要求转轨国家排斥外资或停止对外开放，相反，应通过扩大开放来解决民族工业保护中存在的一些问题。与此同时，要真正维护产业安全，转轨国家保护民族工业还应注意把握好尺度：一是在有关国计民生的经济领域要强化市场准入的限制，避免国家的经济命脉被外资所控制；二是要保护民族品牌；三是要增强外商直接投资的技术含量，达到市场换技术的目的；四是要不断完善与外资合作的企业制度形式，等等。①

第二节 转变经济发展方式，加快产业结构调整与升级

产业结构的调整与优化是维护产业安全的重要途径。转轨国家的产业发展要依靠本国具有国际竞争力的产业体系，尤其是依靠本国的科技创新能力，提高参与贸易自由化、金融全球化、投资自由化和生产全球化的水平与程度。而且，从国际产业结构的调整看，发达国家的产业由资金密集型向知识、技术密集型升级，而转轨国家的产业则是从劳动密集型产业向资金技术密集型产业转换升级，一些转轨国家还将劳动密集型产业向国外转移。事实证明，要实现产业结构的高级化，必须先要实现产业结构的合理化。要根据不同的历史发展时期，适时采取不同产业政策，使产业结构不断实现合理化和高级化，从而促进经济增长。产业结构发展水平越高，合理化的要求就越高。产业结构合理化是高级化的

---

① 夏兴园、王瑛：《国际投资自由化对我国产业安全的影响》，《中南财经大学学报》2001年第2期，第40页。

基础，而合理化要在高级化过程中进行。两者中任何一方都不可偏废。[①]美国等发达国家经济增长的过程正是产业结构高级化和合理化的过程。而转轨国家由于经济的结构性因素，在技术创新产业和精密制造业等方面落后于美国、欧盟、日本等国家。在经济转轨进程中，中国和俄罗斯等转轨国家都明确提出了调整产业结构的任务并付诸实施。虽然转轨国家产业结构调整的问题和困难重重，但产业结构调整问题已经迫在眉睫，对转轨国家经济增长质量的提高至关重要，因而转轨国家以产业结构调整升级促进产业发展的力度都很大。

然而，在经济全球化背景下，如何实现国际产业升级和转移与转轨国家国内产业结构调整的有机结合，成为大部分转轨国家在市场经济体制基本确立之后进一步谋求经济发展的主要问题。以俄罗斯为例，俄罗斯产业结构畸形导致出现了贸易结构畸形、大量外资涌入能源和金融等关键国民经济部门、社会贫富差距拉大等问题。而且，俄罗斯产业结构的畸形化发展并没有得到根本扭转。无论是苏联还是独立后的俄罗斯，都是依靠自然资源的大量出口来达到经济的快速增长，从而形成资源依赖型的经济结构，并导致经济增长与经济发展的不协调和不同步。国际金融危机爆发后，这种状况对俄罗斯经济产生了较大的负面影响。因此，实现国内产业结构的调整优化，是俄罗斯经济摆脱危机、实现可持续发展的首要任务。在2008年俄罗斯出台的《2020年前俄罗斯社会经济发展构想》中提出了优化产业结构、提高经济增长质量的任务。当然，该任务是一个庞大的系统工程，能否顺利实现取决于国际和国内的政治、经济、社会等一系列因素。

从中国的情况看，经济全球化背景下的贸易自由化、金融全球化、

[①] 高晓慧：《俄罗斯经济增长中的结构问题》，《俄罗斯中亚东欧研究》2005年第4期，第43页。

投资自由化和生产全球化对中国的各个产业都产生了不同的影响，使其受到了不同程度的冲击。因而产业结构的调整与优化成为中国应对冲击的必然选择。尤其是 2008 年国际金融危机后，全球新一轮的产业升级和产业转移兴起，中国抓住机会有选择地承接知识密集型和技术密集型产业。另一方面，鉴于新兴产业对国家竞争力水平提升和未来经济发展的引领作用，在国家"十二五"规划中提出重点发展节能环保产业、新一代信息技术产业、生物产业、高端装备制造产业、新能源产业、新材料产业和新能源汽车产业等七大战略性新兴产业，而且战略性新兴产业增加值占 GDP 的比重到 2020 年要达到 15%。党的十八届五中全会审议通过的《中共中央关于制定国民经济和社会发展第十三个五年规划的建议》进一步提出，要实施创新驱动发展战略，培育壮大战略性新兴产业。这些发展目标和战略措施必将有力推动产业结构升级和经济发展方式的转变。中国加快产业结构调整升级的其他重要举措还包括：（1）发展先进制造业，实施《中国制造 2025》，形成具有较强创新能力和国际竞争力的产业集群。制造业今后还要加快核心部件的研发速度，掌握核心知识产权，提高对外出口产品的科技含量。（2）继续加快传统产业的转型升级，运用高新技术加快改造传统产业，提升其创新发展能力。（3）加快发展包括生产性服务业和生活性服务业在内的服务业，做到现代服务业与传统服务业发展并重。

总之，转轨国家要将产业结构的调整和升级落到实处，改变长期以来形成的不合理的生产和出口结构，减少对资源密集型产业的过分依赖，就必须对产业结构进行调整、改造和升级，使本国经济发展转向以技术密集型产业为主，特别是以高新技术产业和知识密集型产业为主的轨道。这是促进产业发展和保障产业安全的根本出路。

第三节 完善产业政策，促进产业发展和产业安全

何谓产业政策？并没有公认的定义。世界银行认为，产业政策是政府为了其全局和长远利益而主动干预产业活动的各种政策的总称。有学者认为，产业政策是指国家或政府通过对全产业的保护、扶植、调整和完善，积极或消极参与某个产业或企业的生产、经营、交易活动，以及直接或间接干预商品、服务、金融等的市场形成和市场机制的政策总称。① 也有学者认为，产业政策是政府为了实现某种经济和社会目标而对产业发展进行的主动干预。因而产业政策是政府主动干预的经济政策，是为了实现某种经济和社会目标而对产业实行保护的政策。②

我们认为，转轨国家的产业政策是国家促使产业合理化、对特定产业进行组织以及促进产业内国际竞争的一种政府干预机制。从这个意义上讲，产业政策和竞争政策的作用形成互补，目的是促进产业发展和提升产业竞争力。而且，随着经济全球化的深入发展，转轨国家产业政策的目标也从协调国内市场主体间的垄断与竞争关系、保护消费者和其他市场主体的利益、在产业部门间合理配置资源等，逐步转向促进资源在全球范围内的优化配置，提高本国企业的国际竞争力，谋求国家战略利益的最大化。

20世纪90年代以来，转轨国家在从计划经济向市场经济转轨过程中，积极推行私有化、自由化改革，俄罗斯和许多中东欧国家甚至基本取消或大大削弱了政府对产业的支持和保护，鼓励自由竞争，但并没有

---

① 〔日〕植草益：《日本的产业组织——理论与实证的前沿》，经济管理出版社2000年版。
② 参见韩小威：《经济全球化背景下中国产业政策有效性问题研究》，中国经济出版社2008年版，第15页。

达到提高经济效率和合理配置资源等预期目标。而且，这一时期转轨国家产业政策的实施往往被国内经济危机或政权更迭所打断，不具连续性。为了稳定和恢复经济，使本国产业结构更具竞争性，转轨国家对某些产业特别是出口部门加强了宏观调控，并通过提供补贴和政府援助等方式，鼓励建立大型企业集团参与国际竞争。俄罗斯还曾在国际能源价格居高不下的形势下，积极推动"俄天然气工业股份有限公司"的资产收购，并提供各种优惠。

在经济全球化和经济转轨条件下，制定合理的产业政策是转轨国家实现资源最优配置、促进产业发展和维护产业安全的必要保障。相较于发达国家，转轨国家的市场调节机制更为脆弱，因而在很多情况下还需要政府制定并实施强有力的产业政策来对本国的经济和产业安全加以有效保护。转轨国家可以通过产业政策来指导和约束国内各产业的有效发展。而且，产业政策也可以起到弥补市场缺陷的作用。

新形势下，转轨国家要进一步调整和完善产业政策，使其更加有利于促进转轨国家的产业发展和维护产业安全。新时期转轨国家产业政策的目标，一是要顺应全球产业结构调整和产业发展的新潮流，将着力点放在新兴产业的培育和发展上；同时，要有选择性地吸纳国际转移产业和国外高新技术型投资，促进本国产业结构调整和升级换代。二是注重保护本国的传统优势产业和扶植幼稚产业。因为这些产业对于转轨国家经济的长期持续发展发挥着至关重要的作用。由于这些产业往往面对的是来自发达国家早已发展成熟的产业以及跨国公司的垄断性竞争，因而需要转轨国家产业政策和贸易政策的保护和扶植。否则，转轨国家的这些产业就难以生存和继续发展。

此外，要使产业政策有利于转轨国家的区域经济平衡与协调发展。

随着经济全球化进程的深化，转轨国家的区域经济发展不平衡问题在不断加大，应采取具有导向性的产业政策来促进产业在区域间的转移。中国在推动东部地区的产业向高端升级、大力发展新兴产业的同时，正逐步将中低端的产业向中西部地区转移。中西部地区资源较为丰富且劳动力成本较低，特别是随着国家在基础设施方面的大规模投资，中西部地区的投资环境已经有了明显改善，客观上基本具备了向中西部地区转移产业的可能性。俄罗斯的区域经济发展不平衡问题更加突出，其西部地区（欧洲部分）和东部地区的经济发展水平差距很大。因此，俄罗斯在多年前就提出了东部开发战略，决心大力开发西伯利亚和远东地区，实行经济东移规划。2013年，俄政府出台了《俄罗斯远东和贝加尔地区社会经济发展国家规划》，该规划批准通过了俄远东地区经济发展的新模式和产业发展具体目标。有资料显示，俄政府在2013年的财政预算中要拨出170亿美元用于这一规划的投资。[1] 俄罗斯之所以将投资开发重心转向东部地区，除了那里是俄罗斯石油与天然气的主要产区外，另一个重要因素是推行产业转移的产业政策，并通过强化与中国东北地区的经济合作，来振兴俄东部地区经济。

第四节 优化外贸结构，改善外贸环境

贸易自由化对不同转轨国家的产业发展所造成的影响各不相同。从总体上看，转轨国家的对外贸易主要以货物贸易为主，对外贸易的商品结构比较简单。如中国的对外贸易仍主要以货物贸易为主，且以欧盟成

---

[1] Shinichiro Tabata, The Booming Russo-Japanese Economic Relations, *Eurasian Geography and Economics*, 2012, 53(4): 429.

员国、美国、日本等发达国家为主要贸易伙伴。而且，转轨国家的对外贸易依存度较高。因此，不断优化对外贸易商品和市场结构，降低对外贸易的过高依存度，实现外贸产品多元化和市场多元化发展战略，保障外贸安全，成为包括中国在内的转轨国家的必然选择。

转轨国家要不断降低对外出口的劳动密集型产品的比重，尤其是要大大降低各种自然资源的出口比重，提高高新技术产品和服务贸易的出口比重，从而优化对外贸易的结构。从整体上看，转轨国家进口商品结构要偏重于为未来的高新产业提供要素和技术支持，出口商品结构则要有利于为这些高新产业的产品扩大销售市场。在进口方面，转轨国家可以进口国外极具市场潜力的、技术上较为先进的产品，并引导该产业在国内的发展。当该产业发展到一定程度时，可利用本国生产要素上存在的比较优势扩大生产规模，并降低生产成本。与此同时，转轨国家还需要不断开拓对外贸易市场，特别是大力开发亚非拉等发展中国家的市场，以分散对外贸易风险。

中国作为最大的经济转轨国家，在贸易自由化进程中不仅要不断优化外贸结构，而且要不断改善对外贸易环境。可以说，改善外贸环境是当前中国的主要任务之一。中国应在双边和多边贸易中积极利用WTO规则来捍卫自己的合法权益。为促进外贸发展，保障外贸安全，国务院办公厅曾于2014年5月下了《关于支持外贸稳定增长的若干意见》，提出了激发市场活力、支持外贸稳定增长的如下政策措施：第一，着力优化外贸结构。包括支持进口先进技术设备、保持货物贸易稳定增长、做强一般贸易、提升加工贸易、扶持服务贸易发展等。第二，进一步改善贸易环境。包括提高贸易便利化水平、优化监管方式方法、整顿和规范进出口环节经营性服务和收费、规范进出口秩序、加强贸易摩擦应对等。第三，强化政策保障。

包括进一步完善人民币汇率市场化形成机制、拓宽进出口企业融资渠道、扩大出口信用保险规模和覆盖面、加大对小微企业等的支持力度、加快出口退税进度并保证及时足额退税等。第四，增强外贸企业竞争力。包括引导外贸企业结构调整和兼并重组、加快推进外贸生产基地和各类贸易平台建设、为小微企业出口提供专业化服务等。[①]

总之，经济全球化的发展促进了世界多边贸易体制的形成，从而加快了国际贸易的增长速度，不仅促进了全球贸易自由化的发展，而且促使各国经济相互依赖和相互影响的程度进一步加深。然而，还应看到，当今世界的贸易保护主义仍然盛行，贸易保护倾向依然存在，保护方式也由公开转向隐蔽、由固定转向灵活、由单个国家自我保护转向区域集团集体保护、由通过贸易政策保护转向寻求国内产业政策保护等。为了适应这种情况，转轨国家要及时把握国际贸易发展的新动向，调整经济发展战略，采取符合本国国情的应对措施。不仅要加速经济体制转换的进程，还要不断调整产业结构和产业政策，加大国内市场开放力度，放宽进出口限制，实行进出口贸易的自由化并应对贸易自由化的挑战，在促进对外贸易发展的同时保障外贸安全。[②] 此外，转轨国家还要加强对外贸易法规建设，使对外贸易政策法规与国际接轨，并实现对外贸易的规范化。

第五节 深化金融改革，完善金融监管和调控

与其他行业相比，金融业因其具有较高的流动性和风险性，因而具

[①] 《国务院办公厅关于支持外贸稳定增长的若干意见》，国办发〔2014〕19号，中国政府网，http://www.gov.cn/zhengce/content/2014-05/15/content_8812.htm。
[②] 参见刘军梅：《经济全球化与转型国家的制度变迁》，《世界经济研究》2002年第5期，第15页。

有与生俱来的脆弱性。金融体系的脆弱性往往更容易导致金融危机，使国民经济遭受巨大损失。处于制度变迁中的转轨国家，其所面临的金融环境和金融形势并不乐观，金融风险和金融危机随时可能危及这些国家的金融安全。而且，不断深化的金融自由化使转轨国家本来就不成熟的金融监管和宏观调控面临新的挑战和冲击，影响了金融监管体系在已有结构下的协调有效运行。

金融全球化一方面可为生产、贸易全球化服务，但另一方面，它又可背离生产与贸易，具有独立运作的虚拟资本的特性，因而更应注意金融全球化对一国经济安全所带来的冲击与影响。金融全球化尤其是国际资本流动既增强了转轨国家经济与世界经济的相互依存和互动性，又使这些国家在金融全球化条件下对世界货币与金融市场的依赖性加大。因此，国际资本流动的规模、结构不平衡等因素也直接影响到转轨国家的金融安全。[①] 鉴于此，转轨国家在逐步放开金融市场的同时，要不断地提高国家的金融调控和监管能力，探索建立有效的风险释放机制。只有这样，转轨国家才能从经济全球化进程中和国际竞争中获益，才能不断提高市场的资本含量，引进先进技术和管理经验，并拓宽业务结构，同时还能最大限度地减少因金融市场开放所带来的不利影响。

应当说，包括中国在内的转轨国家的金融市场正处在转轨时期，尚未建立起全面的现代金融企业制度；银行机构改革、股票发审制度市场化改革、本币汇率改革、利率市场化改革等还有待于进一步深化；创业板市场、产外交易市场、期货和衍生品市场、私募基金市场等还需要继续推进发展。在与国际接轨的进程中，转轨国家还要不断地提高维护金

---

① 米军、郭连成：《国际资本流动与转轨国家金融安全的相关性——以俄罗斯为案例》，《世界经济与政治》2009年第11期，第73页。

融安全的话语权,防止和化解国际金融风险。要提高对作为经济主权构成要素之一的金融主权的认识。转轨国家不仅不能丧失金融主权,而且在经济全球化和美元主导国际金融的背景下,转轨国家还应当不断强化金融主权的观念,并切实保证金融安全。

转轨国家要加快建立和完善有效的货币政策调控体系,实现利率、汇率等金融工具的市场化运作;加快推进金融机构改革,使其真正形成"自复制"、"自组织"、"自适应"等自组织机制;提高金融机构资本充足率和资产质量及资产收益率,增强银行业总体实力和抗风险能力;推进金融创新,稳步发展金融衍生产品市场,增强国民经济应对外部冲击的弹性;深化国内投融资体制改革,逐步降低经济增长对外资和出口的依赖;加强金融监管的国际合作,完善资本流动的国际监控。[①]

转轨国家要加快分业监管改革,实现混业监管,确保金融市场实现全方位监管;要加快转轨国家的金融信用体系建设,促使金融机构规范经营;应该积极参与国际金融标准的制定,实现国内外的标准统一,促进转轨国家金融机构更快地融入金融全球化的浪潮之中;转轨国家应该以金融管制和金融宏观调控的制度建设和完善为核心,不断提高金融管制和金融宏观调控的有效性,使其有助于提高宏观金融市场运行效率和宏观经济运行效率;转轨国家还要加快国内金融立法进程,使金融业务活动在各个不同层次均能做到有法可依,严厉惩处金融系统的违法犯罪活动。

在金融日益全球化、网络化、自由化的今天,国际投机者的投机手段已经改变,他们不再满足于传统的市场套利,而是利用一些转轨国家

---

① 米军、郭连成:《国际资本流动与转轨国家金融安全的相关性——以俄罗斯为案例》,《世界经济与政治》2009年第11期,第77页。

宏观经济政策的失误、银行体系的脆弱以及这些国家国内利率、汇率扭曲等弱点伺机炒作，获取暴利。因此，在金融全球化的背景下，转轨国家要警惕"热钱"的流入，要强化金融管理和金融监督，防范金融风险；要在健全的法律框架下构建完善的防范短期国际资本流动的金融监管体系，维护金融市场稳定和安全。

近些年，由于中国经济高速增长，使得大规模的"热钱"不断地涌入中国市场，不仅对股市、房地产业、农产品等各领域造成了一定的冲击，而且还直接影响到了居民的日常生活。由于中国经济日益开放并融入世界经济，中国跨境的资金流量也大幅增长，因而受全球市场影响的程度也在不断扩大。中国实行的是资本管制制度，这种制度具有两个重要的特点：一是越不稳定的跨境资本流动，对其管制越严格；二是随着时间推移，管理模式已从一味地防止资本流出，转向对跨境资本双向流动进行更为均衡的管理。尽管如此，国际上的"热钱"仍会通过其他途径进入到中国市场，因而增加了中国对"热钱"监督的难度。为了避免"热钱"炒作危及中国的经济金融安全，可通过上调存款准备金率、直接的价格管制、进一步的外汇流动管制、加息及升值等措施来应对"热钱"的冲击。

第六节　改善投资环境，合理引导外资流向

在投资自由化背景下，国际资本流入已成为包括转轨国家在内的世界许多经济体经济增长的重要推动力之一。国际资本的引入不仅可以扩大就业、促进生产发展，还可以为引资国的当地企业带来稀缺资源和先进技术，从而加速东道国的经济增长。近些年，投资自由化的发展使外资大量涌入转轨国家，从而极大地促进了这些国家的经济增长，但同时

也使这些国家的产业安全问题日益突出。

目前，转轨国家在吸引国际直接投资的竞争力上差异较大。中国无疑是转轨国家中最具吸引力的国际直接投资目的地。众所周知，自改革开放以来，中国在吸引外资方面取得了令人瞩目的成就。作为转轨国家中最大的国际直接投资接受国，全球金融危机甚至未对国际直接投资流入中国造成明显的负面影响。近些年，为了促进国内产业的发展和缓解经济发展的压力，俄罗斯也一直积极引进外资，并为此在基础设施、法律及政府服务等方面不断改善国内的投资环境。当然，转轨国家在积极引进外资的同时，应实行灵活的产业政策，适度保护和扶持民族工业，积极推进转轨国家国内的各项改革措施，规范和引导外资活动，以此来维护转轨国家的产业安全。

第一，要合理引导外资的流入，平衡外商投资的地区结构，实现区域经济协调发展。由于具有国家政策上和地理位置上的优势，外资在中国境内的流向呈现出东部与西部落差较大的不平衡状态，东部沿海地区成为外商直接投资的主要集中地。而随着劳动力成本的上升和人口红利的逐渐消失，东部沿海地区逐渐将一些劳动密集型产业向内陆地区转移。因而，在产业调整和升级的战略中，引导外资尤其是那些具有一定技术含量、资源和环境约束较小且劳动密集产业的内迁，是一项重要措施。外资在俄罗斯的地区分布也不均衡，俄吸引的外资主要流向莫斯科、圣彼得堡等经济发达的大城市以及萨哈林州、秋明州等能源和其他资源丰富的少数地区。而乌拉尔工业区和伏尔加河沿岸工业区等一些工业实力较为雄厚且急需外资进行技术改造的地区，由于对外资缺乏足够的吸引力，外资流入的数额很少。因此，像中国和俄罗斯这样的转轨国家，从实现区域经济协调发展出发，应给予经济不发达地区更多的吸引外资优惠政策，并将产业倾斜和地区倾斜结合起来，以产业为主，地区倾斜为辅，通过产业政策与区域发展政策的有效结合，正确引导外资的进入，使其向有利于产业发展和产业安全的方向发展。同时，落后地区应做好产业承接的各项准备工作，改善基础设施条件，加强政府的服务意识，以便吸引更多的外资对其投资设厂，带动当地的经济发展，并最终发展成为资金、技术、人才等生产要素的新聚集地，成为经济发展的新动力。同时，为了避免这些地区出现环境破坏和产业重复的现象，必须做好这些地区的产业发展规划和分工布局，实现区域经济的可持续发展。

第二，要注重引导外商投资领域，促进产业结构协调发展。在中国，尽管外商直接投资方向分布较广，但还是主要集中在制造业和房地产业两个领域，较少涉及高新技术产业和第三产业。特别是在现代服务业领域外商投资更少，主要集中在批发零售业，较少涉及科学研发、居民服务、教育、社会事业等领域。从某种程度上讲，这种情况加剧了中国产业结构的不协调发展。俄罗斯利用外资的结构不合理，一是直接投资比重小。在俄罗斯引进的外资中以国际金融组织和各国政府提供的贷款等"其他投资"为主，而直接投资所占比重较小。二是外资的流向主要集中在外贸和公共饮食、能源和原材料领域。进入能源领域的外资往往伴随着大量的原材料及初级产品被运出国外，而能够给予俄产业发展动力的高新技术领域和机械制造领域利用外资则严重不足。因此，为了实现产业结构的协调发展，转轨国家需要注重引导外商直接投资的领域，鼓励外商投资于高新技术产业和现代服务业等领域，以促进国内相关产业的发展，实现转轨国家产业的升级和产业结构的调整与优化。而政府作为宏观调控者，必须根据产业发展水平和外部环境的变化，及时修订本国的外商直接投资指导目录。当然，就关键性产业而言，外资的进入特别是外资并购可能会对转轨国家的产业安全构成一定的威胁。因此,要处理好投资并购中"以我为主"还是"以外为主"的关系、单一国家并购与多国并购的关系,以及引进跨国公司投资与非跨国公司投资的关系等问题。

第三,正确处理利用外资和发展本国民族工业的关系,掌握国家经济命脉。自经济转轨以来,转轨国家已逐渐成为全球资本流入的主要区域,而中国则发展成为全球最受欢迎的外商直接投资国之一。许多跨国公司不断地向转轨国家尤其是中国市场进军,这对转轨国家的民族工业造成了一定程度的冲击。因此,正确处理好利用外资和发展民族工业的关系,成为实现产业安全的重要前提。应当看到,转轨国家的经济发展离不开外商的直接投资,而利用外商直接投资具有引进资金、技术、先进管理经验等优势,有利于促进转轨国家的经济发展。但与此同时,外资的引进也存在着许多问题,如可能会危及国家经济安全、军事安全、社会公共利益等。因而必须慎重对待外资的进入,确保国家的产业安全。在市场经济发展中,除个别产业和领域外,外商直接投资企业和本土企业应处于平等的地位,并通过市场竞争机制来实现优胜劣汰。

第四,不断完善外商投资的法律法规。引进外资和允许外国公司进入本国市场,不仅可以满足转轨国家的投资需求,同时还可向外国公司学习先进经验和管理方法,并增强本国的竞争实力。中国自2007年12月1日实施的新的《外商投资产业指导目录》,表明中国既注重吸引外资,同时也注重提高产业安全意识,新目录对维护产业安全有指导意义。新目录还强调坚持扩大对外开放,促进产业结构升级。进一步鼓励外商投资发展高新技术产业、装备制造业、新材料制造等产业;鼓励外商投资发展循环经济、清洁生产、可再生能源和生态环境保护;调整单纯鼓励出口的导向政策;促进区域协调发展;维护国家经济安全。俄罗斯也在不断修订和完善与外商投资相关的法律法规，如《俄罗斯联邦外国投资法》、《经济特区法》、《俄联邦产品分成协议法》等。这些法律法规目的是为外国投资者提供法律保障并维护本国的产业安全。

第七节 完善科技创新体系，培育高新技术产业

在经济全球化进程中，技术创新已经取代自然资源成为产业竞争力的决定性因素。目前，许多转轨国家自主创新能力不足，已经严重影响了这些国家的产业发展和产业安全。当然，无论是产业结构调整，还是高新技术产业的发展，都需要一个较为长期的过程。今后转轨国家不仅要努力培育掌握核心技术的跨国公司和企业，还要把增强自主创新能力、形成拥有先进技术的自主产业作为提升国家竞争力的重要途径。下面，以俄罗斯为例分析转轨国家科技创新和培育高新技术产业的措施。

在全球科技进步和产业升级的背景下，俄罗斯积极完善科技创新体系，力争转变以资源出口为主的外向型经济增长方式，先后出台了《国家创新活动和创新政策法》、《联邦科学城地位法》、《关于建立联邦科学技术中心条例》、《2002至2006年国家创新政策基本原则》等。2005年，俄罗斯出台了《2010年俄罗斯联邦发展创新体系政策基本方向》，作为俄罗斯创新体系的基本文件和中期规划。该文件中创新体系的构成包括：由俄罗斯科学院、其他国家级科学院及高等院校进行的基础研究和探索，以获得具有市场需求前景的知识；由俄罗斯国家科学中心及工业科研机构进行应用研发与成果推广；具有竞争力的创新产品的生产；

发展创新体系的基础设施；培训创新活动的组织管理人才。① 为了支持创新活动的具体开展，俄罗斯还设立了促进科技型小企业发展基金会和多只风险基金，成为研发资金的重要来源；建立了科技园、创业技术中心、技术转移中心、工业创新基地，为科技企业提供孵化服务；成立了新技术集团创业联盟，鼓励企业做大做强，走规模化和集团化之路；鼓励企业和高校开展合作，实现产学研一体化，加快科技成果转化，加大知识产权保护，构建现代知识产权法律体系。2011年4月，时任俄罗斯总理的普京发表2010年政府工作报告，强调要继续采取措施支持创新。他指出，俄罗斯应该成为真正的具有竞争力的国家，应该进入世界五大经济体的行列。未来10年，创新产品在总产量中的比例应该从目前的12%提高到25%—35%。为此，应该鼓励新技术的推广应用，并掀起工业技术发展的新浪潮，对企业的研发进行经费支持，对企业的现代化改造贷款给予利率补贴。②

为了促进产业结构的调整，近些年来俄罗斯积极发展高新技术产业。在2003年3月普京签署命令正式批准的《俄联邦科技发展政策纲要》中，明确提出了国家支持发展高新技术产业的基本方针和政策构想。同年10月，俄罗斯政府批准了《俄联邦社会经济发展中期纲要》，把加快发展"新经济"、"提高产品的高科技含量"和"提升经济的国际竞争力"作为俄罗斯建设经济强国的一项重大战略任务。2007年4月26日，普京在国情咨文中正式提出俄罗斯发展高新技术工业的迫切任务，并建议组建专门的集团公司来承担这一任务。俄先后组建了联合航空制造、联合

---

① 龚惠平：《国际视点：从俄罗斯经济发展看其国家创新体系》，《科技日报》，2006年10月10日。
② 《俄罗斯政府工作报告强调支持创新》，中华人民共和国科学技术部网，http://www.most.gov.cn/gnwkjdt/201105/t20110504_86411.htm。

船舶制造、俄罗斯技术工艺等大型集团公司。普京指出，在原子能、航空、船舶、通信、微电子等高科技领域，俄罗斯正在丧失领先地位，必须集中国家资源快速发展这些关键技术领域。[1]2009年5月20日，俄罗斯成立了"现代化和经济技术发展委员会"，该委员会主要负责为俄罗斯的现代化和经济技术发展制定国家政策，并协调相关工作。同年6月，召开了俄罗斯现代化和经济技术发展委员会的首次会议，提出将节能环保、核技术、航天通信、生物医疗、战略信息技术作为发展创新型经济的五大战略方向。2010年3月，俄罗斯成立了斯科尔科沃创新中心，随后制定了《斯科尔科沃创新中心法》，重点发展能源效率与节能、核技术、航天技术、医学技术（医疗设备和药物）、超级计算机及软件开发等五大领域，俄政府计划在两年半内投资500亿—600亿卢布支持中心建设。[2]俄罗斯试图通过类似的一些实际措施，争取到2020年使实现技术创新的企业由目前的8%左右增加到40%—50%，高新技术产品由目前的5%—6%增加到25%—35%，在世界新技术市场的比重由目前的1%—2%增加到5%—10%。[3]

总之，在生产全球化背景下，加快科技创新已成为包括中国在内的转轨国家改变全球产业分工格局、实现产业安全的重要途径。为此，转轨国家可以采取如下措施：一是通过设立风险投资基金，增加科技创新的资金投入，为技术研发提供资金支持；二是通过建立产业技术联盟或行业协会，实现关键技术突破和共同制定产业技术标准，促进产业技术

---

[1] 王伟：《俄罗斯国家资本的新一轮扩张》，《当代世界》2009年第2期，第31页。
[2] 《俄罗斯着力打造自己的"硅谷"》，中工网，http://theory.workercn.cn/contentfile/2010/07/26/150856187705578.html。
[3] 《现代化委员会的八次会议：按俄罗斯方式促进创新发展》，http://www.ng.ru/science/2010-02-10/11_comissia.html。

升级；三是通过发挥高校、科研机构和企业研发中心等各种科研力量的作用，完善产、学、研合作机制，从而提高技术转化率和市场应用范围；四是通过制定优惠的税收、贷款、补贴等政策，鼓励企业从事高新技术产业和开发新工艺、新产品，成为产业研发的主体；五是通过完善知识产权法律体系，维护企业的技术产权合法利益。

高新技术产业的发展不仅有利于包括中俄两个转轨大国在内的转轨国家抢占国际新兴产业的制高点，也有利于促进这些国家传统产业的升级，从而提高民族产业的国际竞争力。因而转轨国家都极为重视高新技术产业的发展，并不断加大科技与资金投入，力争使高新技术产业成为推动经济快速发展的主导产业。

第八节　发挥人才支撑引领作用，促进产业发展

科技和人才是产业发展和维护产业安全的重要因素，尤其人才是实现科技创新和高新技术产业发展的关键因素。世界经济迅猛发展，先进产业不断涌现并实现了快速规模化发展，其中最重要的原因便是科技创新，而人才是其核心要素。众所周知，国家竞争归根到底是科技和人才的竞争，而一国的产业发展和产业安全也最终取决于其科技发展水平和对人才教育培养的重视程度。因此，为了促进产业发展和维护产业安全，转轨国家必须不断健全人才培养及服务体系，打造人才高地，发挥人才的支撑和引领作用。

作为中国第一个中长期人才发展规划，《国家中长期人才发展规划纲要（2010—2020）》指出，当前中国的人才发展与经济社会发展需要相比尚有许多不相适应之处，如高层次创新型人才匮乏，人才创新创业

能力不强，人才发展的体制机制障碍尚未消除，人才资源开发投入不足等。因此，当前和今后一个时期，中国人才发展的指导方针是：服务发展、人才优先、以用为本、创新机制、高端引领、整体开发。中国人才发展的目标是：适应走新型工业化道路和产业结构优化升级的要求，以提升职业素质和职业技能为核心，以技师和高级技师为重点，形成一支门类齐全、技艺精湛的高技能人才队伍。到 2015 年，高技能人才总量达到 3400 万人。到 2020 年，高技能人才总量达到 3900 万人，其中技师、高级技师达到 1000 万人左右。[①] 显然，这一人才发展目标有利于中国产业发展和产业结构优化升级，有利于在这一进程中充分发挥人才的支撑和引领作用。

俄罗斯在转轨之初出现了科研投入不足和人才流失问题，科技对经济发展的支撑作用并没有完全发挥出来，最终导致一些产业失去竞争力。近些年，俄罗斯针对国家科技优势弱化和人才流失问题，不断加大对科技的投入和人才培养，对产业发展和产业安全的维护起到了重要的作用。为了稳定人才队伍，俄联邦政府先后出台了《关于建立支持科学家的俄罗斯基础研究基金章程》、《"关于科学和国家科学科技政策"联邦法》、《2010 年前和未来俄罗斯联邦科技发展基本政策》、《国家保护科技综合体人才潜力的措施构想》和《俄罗斯科研人才联邦纲要》等文件和规定，主要包括改善人才发展环境、增加科研投入、设立人才奖励及引进外来人才等措施。2006 年，俄罗斯通过了《俄罗斯联邦 2015 年前科学与创新发展战略》，提出到 2016 年前 39 岁以下的中青年科研人员要占到科研

---

① 《国家中长期人才发展规划纲要（2010—2020）》，中华人民共和国人力资源和社会保障部网站，http://www.mohrss.gov.cn/SYrlzyhshbzb/zwgk/ghcw/ghjh/201503/t20150313_153952.htm。

人员总数的36%。①2010年7月，俄计划放宽移民政策以吸引外国专业人才。俄经济发展部已制定改善投资环境文件，其中将放宽移民政策排在第一位，并建议对高水平的外国人才完全取消发放工作许可和赴俄邀请配额等限制。②可见，俄罗斯采取了许多措施吸引人才和应对人才流失问题，从而为国家经济建设和产业发展提供足够的人才与智力支持。

今后，包括中国在内的转轨国家，要想通过科技创新实现产业结构的升级和产业发展，必须构建全面的人才培养和服务体系，并充分发挥人才的支撑和引领作用。首先，要积极引进海外人才，特别是行业领军人物，促使国内相关科技产业积极向国际前沿靠拢；要鼓励企业和高校开展"订单式"人才培养，为企业提供专业性人才；要鼓励高校开设新兴产业专业，满足国内战略性新兴产业发展对技术人才的需求。其次，要为高端人才提供柔性的引进政策，如帮助一些稀缺人才解决其落户、住房、子女上学等现实问题，以使引进的外来优秀人才能够安心工作。再次，为了鼓励外来优秀人才投资办厂，转轨国家应为其提供企业孵化、办公场地及服务平台等创业服务，鼓励高新技术产业领域的创业与投资。同时，转轨国家还要不断鼓励开展技术和知识产权入股和融资等工作，并逐步完善知识产权参与收入分配的制度。

第九节 发挥政府作用，促进产业发展和维护产业安全

在经济全球化和经济转轨条件下，能够创造良好市场环境和制度环

---

① 《综述：俄罗斯坚持走科技创新之路》，网易新闻网，http://news.163.com/08/0101/18/4152EG64000120GU.html。
② 聂云鹏：《人才流失致科研实力下降 俄罗斯发力欲促人才回流》，人民网，http://scitech.people.com.cn/GB/12281337.html。

境、促成规范市场机制形成的依然主要是政府。而经济转轨时期的特殊性决定了转轨国家政府职能作用的新特点，政府除了要创造有效率的良好市场环境，为市场提供必要的规则和制度框架，纠正市场失灵和弥补市场缺陷，加强宏观调控并适度干预经济外，还要实施正确的产业政策，促进经济结构和产业结构调整，促进产业发展和维护产业安全，这是经济全球化背景下转轨国家政府的重要经济职能。

第一，在加强立法的同时强化政府规制。政府规制是转轨国家政府为促进产业发展和维护产业安全而做出的各种具有法律或准法律约束力的规范、引导、限制的行为和措施。政府运用法律、法规、规章等手段和措施来引导产业发展，而政府规制在保障产业安全方面也具有不可替代的作用。从长远看，为进一步完善产业安全保护法律体系，保护国内产业，防范各种风险，转轨国家政府应制定类似于产业安全保障法的保障产业安全的法规。只有这样，才能将有关产业安全的法规纳入一个统一的法律框架，以依法采取有效措施，确保国家产业安全。此外，政府要出台与《反不正当竞争法》和《反垄断法》相配套的规定，以保护公平的竞争制度，充分发挥市场配置资源的作用，促进产业发展和保障产业安全。目前，俄罗斯已经形成了以《俄罗斯商品市场竞争和限制垄断活动法》为基础和核心，由《俄罗斯联邦金融服务市场竞争保护法》、《广告法》、《关于在对外经贸活动中保护消费者利益的法律》、《国家保护中小企业免受垄断和不正当竞争法》和《反自然垄断法》等法律法规相配套的反垄断、反不正当竞争和促进产业发展的法律体系。

第二，强化产业政策导向。关于产业政策，上文已有阐述。这里主要是强调转轨国家政府的产业政策应在以下几个方面突出政策的引导作用：一是注重优化产业结构，重点发展基础工业和战略产业，尤其是重视发展装备制造业。二是培育和发展一批在国内市场中占有较大份额、在国际市场上具有较强竞争力的大型企业集团。三是建立国家创新体系，全面提升国家的产业技术水平和创新能力。着力发展高新技术和关键技术，并带动相关产业的发展。四是为促进产业发展而加强各类标准建设，提高国家标准、行业标准和企业标准的等级，完善国家的标准体系。

第三，完善市场准入制度。这是转轨国家推动产业发展和维护产业安全的重要措施。2015年10月，中国国务院印发了《国务院关于实行市场准入负面清单制度的意见》。市场准入负面清单制度，是指国务院以清单方式明确列出在中华人民共和国境内禁止和限制投资经营的行业、领域、业务等，各级政府依法采取相应管理措施的一系列制度安排。实行市场准入负面清单制度是发挥市场在资源配置中的决定性作用的重要基础，也是更好发挥政府作用的内在要求。通过实行市场准入负面清单制度，明确政府发挥作用的职责边界，有利于进一步深化行政审批制度改革，大幅收缩政府审批范围、创新政府监管方式，不断提高行政管理的效率和效能，有利于促进政府运用法治思维和法治方式加强市场监管，推进市场监管制度化、规范化、程序化，从根本上促进政府职能转变。俄罗斯也规定政府要对外国公司在俄某些领域的经济活动实行必要限制，以防范经济风险。《俄罗斯联邦国家安全构想》明确规定，国家应当参与对外国银行、保险公司和投资公司活动的调控，制定必要的限制措施，限制外国公司开发有战略意义的自然资源、远程通信和交通网。这些措施的目的是保障国家经济和产业安全。

第四，健全产业安全预警机制。转轨国家的产业安全预警机制要能够对各个产业当前和未来一个时期的安全状况做出评估或趋势预测，要能够及时将产业安全信息传递给相关行业或企业。在国家层面，应建立重点产业安全预警机制；在行业层面，应依托各个行业协会或部门，建立行业安全预警机制。转轨国家特别要进一步完善产业损害预警机制，达到预测准确、预警及时、预案可行、预控有效，切实将产业安全问题消灭在萌芽状态或解决在未对经济和产业发展造成较大危害之时。

第六章　总的结论

本书运用大量的数据和资料，从多角度对经济全球化背景下转轨国家的产业发展和产业安全及与之相关的问题进行了较为深入的分析研究。综合本书以上研究成果，可以得出如下结论。

第一，经济全球化与转轨国家的经济和产业安全具有相关性。因此，经济转轨国家必须从经济全球化的大视角来审视国家经济和产业安全问题。实践证明，转轨国家几乎无一例外地通过扩大对外开放、开放本国市场来融入经济全球化进程并寻找最佳的利益结合点，而在这一过程中，维护自身经济和产业安全的问题凸显，表明经济全球化与转轨国家经济和产业安全之间存在着相关性。随着经济全球化发展程度的不断加深，经济市场化和经济自由化的趋势愈加明显，与之相伴随，转轨国家的经济主权和经济与产业安全会面临越来越多的挑战。因此，经济转轨国家不仅需要从经济全球化的角度来审视国家经济和产业安全问题，而且要在经济全球化进程中处理好经济主权与经济安全的关系。这是经济转轨国家肩负的一项长期任务。虽然存在着经济和产业安全的隐患，但只有更好地融入经济全球化进程，与世界经济接轨，参与国际分工，获得更大的国际市场份额，才能真正达到抵御外部威胁、防范经济风险和保障经济与产业安全的目标。从这一角度出发，研究经济全球化与转轨国家经济安全的相关性问题，特别是深入探究经济全球化与转轨国家的产业安全及与此相关的一系列重要问题，具有重要的学术价值和现实意义。

第二，虽然学术界一般将产业安全也包括在经济安全的概念内，但实际上研究经济安全往往着眼于更加宏观的层面，而研究产业安全则侧重于具体的产业领域。经济安全和产业安全这两者既有密切联系，又有一定的区别。因而，既可以通过研究经济安全来研究产业安全问题，也可以从不同的视角将经济安全和产业安全区分开来加以分析研究。基于此，本书从宏观和微观两个层面重点分析了经济全球化与转轨国家经济和产业安全及与之相关的一系列问题。特别是集中论述了贸易自由化、金融全球化、投资自由化、生产全球化与转轨国家的经济和产业安全问题。我们认为，经济全球化是影响国家经济和产业安全的重要因素。从经济全球化的发展进程看，它在给世界各国经济发展带来前所未有的机遇，推动全球经济与发展中国家经济协调发展，为发展中国家吸收发达国家的资金、先进技术和管理经验提供可能的同时，也导致出现了一系列错综复杂的矛盾和问题，特别是会使主权国家在处理经济发展和市场开放与捍卫经济主权和保障经济安全的关系时面临两难选择。而且，由于经济全球化进程中各国之间的相互依存、相互联系和相互渗透日益增加，各国的经济利益相互交织，使发达国家及国际组织对其他国家事务的干预能力大大增强，这使得一国的经济和产业发展往往会面临更多的经济和产业安全问题。

另一方面，从发展中国家和经济转轨国家的情况看，经济全球化进程本身及其所引起的经济自由化、激烈竞争和国际经济环境的变化，对这些国家的正面和负面影响都非常大。也就是说，这些国家在分享经济全球化所带来的利益和机遇的同时，也面临着经济安全的更大挑战。一是经济增长和发展越来越依赖于日益全球化的世界经济。与此同时，国内经济政策与经济管理权限越来越受到主导全球化的发达国家以及国际组织或国际规则的制约，经济主权面临挑战。二是经济全球化下形成的国际分工格局，不仅使发展中国家和转轨国家的经济利益受损，而且形成了其对发达国家的高度依赖性，因而容易受到来自发达国家经济危机或经济波动的影响，经济安全受到威胁。三是发展中国家本身经济长期落后，综合国力不强，国际竞争力弱，因而在经济全球化进程中往往处于不利和弱势地位，经济安全得不到有效保障。四是在发展中国家和转轨国家市场开放和生产要素跨国界流动条件下，外国长期资本、技术和商品的大量流入会对这些国家的民族工业造成巨大冲击。其结果是使民族工业市场份额下降、人才流失、失业增多，也使社会各阶层之间的收入差距拉大。

第三，经济全球化对全球产业结构的调整和产业发展产生着极其深刻的影响，在很大程度上改变了各国产业分工格局和经济发展模式。发达国家借全球产业结构调整之机加快产业升级并大力增强产业竞争优势和技术优势，使产业结构向知识密集、技术密集、服务密集的方向升级。而发展中国家和转轨国家则利用全球产业转移和产业结构调整的时机，对传统的落后的产业结构进行必要调整和改造，转变粗放的经济增长方式。本书对经济全球化进程中全球产业结构的调整与变化趋势以及对发展中国家和转轨国家在承接国际转移产业、推动产业结构逐步升级、提升产业竞争力方面的利弊得失进行了多角度分析，为深入分析经济全球化背景下转轨国家产业发展和产业安全问题奠定了基础。

本书还重点分析了中国和俄罗斯的产业发展和产业结构调整问题。在全球产业结构深刻调整的背景下，中国和俄罗斯虽都对本国的产业结构进行调整，但中国的产业结构调整升级要快于俄罗斯。由于俄罗斯难以从根本上改变资源依赖型的产业结构和经济与产业发展模式，其所面临的产业结构调整任务要比中国更为艰巨。尽管俄罗斯试图通过实施创新发展战略来推动产业发展和产业结构调整，但其产业结构的调整首先须解决经济增长和发展对能源产业的过分依赖问题。对中国而言，产业结构调整与升级的中心任务是：实施创新驱动发展战略，拓展产业发展空间，大力培育和发展战略性新兴产业，支持传统产业优化升级，提升制造业的核心竞争力并加快建设制造强国，加快发展服务业。

第四，在经济全球化背景下，中国和俄罗斯这两个最大的经济转轨国家积极融入贸易自由化、金融全球化、投资自由化和生产全球化进程，极大地促进了经济增长和产业发展。但中俄两国同时也面临着各不相同的产业安全状况，特别是经济全球化进程本身所造成的国际经济环境的急剧变化和全球产业结构的大调整，对两国产生的负面影响也是十分明显的。不仅两国的经济主权面临挑战，而且产业的比较优势削弱，产业安全受到威胁。尤其是俄罗斯资源密集型的产业与贸易结构，使其在国际经济竞争中处于不利的地位。而且，中俄两国正处于工业化加速发展时期，国民经济命脉根系于产业安全。从这一角度看，产业安全问题对两国都是至关重要的。事实上，中俄两国在经济全球化进程中都在金融自由化与金融安全、投资自由化和生产全球化与产业安全、经济发展与经济安全之间努力寻找平衡点，以使经济增长和经济发展更为安全。

本书以转轨国家中最具代表性的大国——中国和俄罗斯为研究视角，选取作为经济安全最重要组成部分的粮食安全、民族工业安全、能源安全和金融安全等四大产业安全问题，深入分析研究经济全球化背景下转轨国家产业发展和产业安全状况。关于粮食安全，在分析中国和俄罗斯各自所面临的粮食安全风险的基础上，提出如下观点：一是中俄两国均须应对粮食安全的挑战，而且两国防范粮食安全风险、保障粮食安全首先应侧重于解决食品安全问题。二是应将粮食安全作为国家安全法的重要组成部分。三是要注重政府对粮食市场的适度干预和调控。关于民族工业安全，认为中国和俄罗斯都通过大力吸引外资来促进民族工业发展，因而两国都不可避免地面临着由外资大量进入而导致的民族工业安全问题，这对两国是共同的。但不同的是，存在着由中俄两国各自的民族工业发展状况以及对外资不同依赖程度而形成的民族工业安全的差异性。基于这种差异性，本书重点分析了中国民族工业的产业外资控制状况以及由此造成的民族工业安全问题；深入分析了引进外资对俄罗斯民族工业安全的影响以及俄民族工业自身发展中的安全问题。关于能源安全，本书认为中俄两国共同面临的能源安全问题是经济的能耗过高和能源使用效率低下。除此之外，俄罗斯存在的能源安全问题与中国的能源安全问题是各不相同的。甚至对中国构成能源安全威胁的，对俄罗斯则并不成为能源安全问题。中俄两国各自所面临的能源安全问题的这种差异性，有利于推动两国在保障能源安全领域的合作。关于金融安全，本书认为金融自由化和金融市场开放在为转轨国家利用国际金融市场和金融系统参与全球的资源配置，从而在获取金融全球化带来的实际经济利益的同时，也给转轨国家带来了金融风险和金融安全的挑战。这不仅加剧了转轨国家金融体系和金融市场的风险，而且也威胁到转轨国家的金融主权安全。俄罗斯面临的金融安全问题尤为突出，尤其是2008年国际金融危机和2014年以来西方对俄罗斯实行经济制裁而造成的危机，使俄脆弱的金融体系特别是银行业遭受沉重打击，也致使卢布大幅贬值、资本外逃加剧、外汇储备大幅下降。俄罗斯所面临的金融风险和金融安全形势是十分严峻的。

第五，本书提出了转轨国家促进产业发展和维护产业安全的对策措施。这些对策和具体措施包括：

——完善国家经济（产业）安全体系，保护民族工业。转轨国家要对民族工业特别是新兴产业也包括一些重要的幼稚产业实行有效的产业政策保护；要保护和扶植民族品牌；要在扩大开放中解决民族工业保护存在的问题。

——转方式调结构，加快产业结构调整与升级。转轨国家要使本国经济发展转向以技术密集型产业为主，特别是以高新技术产业和知识密集型产业为主的轨道，必须对产业结构进行调整、改造和升级，这是促进产业发展和保障产业安全的根本出路。

——完善产业政策，促进产业发展和产业安全。制定和完善合理的产业政策，是转轨国家促进产业发展和维护产业安全的前提和必要保障。转轨国家要将产业政策的着力点放在新兴产业的培育和发展以及保护本国的传统优势产业和扶植幼稚产业上；要使产业政策有利于转轨国家的区域经济平衡与协调发展。

——优化外贸结构，改善外贸环境。一要优化对外贸易商品和市场结构，降低对外贸易的过高依存度，保障外贸安全；二要加强对外贸易法规建设，使对外贸易政策法规与国际接轨，为外贸发展提供良好的政策与制度环境。

——进一步深化金融改革，完善金融监管和调控机制。转轨国家面临着复杂的金融环境和金融形势，金融全球化和金融自由化条件下随时可能发生的金融风险和金融危机，会威胁到转轨国家的金融安全。因此，转轨国家只有深化金融改革，并在逐步放开金融市场的同时，不断提高国家的金融调控和监管能力，才能保证本国的金融安全。

——改善投资环境，合理引导外资流向。一要合理引导外资的流入，平衡外商投资的地区结构，实现区域经济协调发展；二要注重引导外商投资领域，促进产业结构协调发展；三要正确处理外商直接投资企业与本土企业的关系，确保国家的产业安全；四要完善外商投资的法律法规。

　　——完善科技创新体系，培育高新技术产业。加快科技创新和培育高新技术产业是转轨国家改变全球产业分工格局、实现产业安全的重要途径。应通过增加科技创新和技术研发的资金投入，实现关键技术突破和制定产业技术标准，完善产、学、研合作研发机制，鼓励企业科技创新和从事高新技术产业等政策措施，促使高新技术产业发展并成为推动转轨国家经济快速发展的主导产业。

　　——发挥人才支撑引领作用，促进产业发展。构建人才培养和服务体系，并充分发挥人才在产业发展中的支撑和引领作用，是转轨国家产业发展和维护产业安全的必要前提和重要保证。

　　——发挥政府作用，促进产业发展和维护产业安全。推进经济结构和产业结构调整，促进产业发展和维护产业安全，这是经济全球化背景下转轨国家政府的重要职能作用所在。为此，一要切实强化政府规制；二要实施正确的产业政策，特别是要强化政府的产业政策导向；三要完善市场准入制度；四要建立健全产业安全预警机制和防御体系。

　　总之，增强经济实力是维护转轨国家经济和产业安全的坚实基础，提高国家竞争力是维护转轨国家经济和产业安全的重要前提，加强国际经济安全合作则是实现转轨国家经济和产业安全的必要途径。

主要参考文献

1. 郭连成等：《国际金融危机与转轨国家的应对——兼论后危机时期转轨国家经济发展》，中国社会科学出版社 2012 年版。

2. 郭连成主编：《新兴经济体研究》（第 8 辑），中国社会科学出版社 2015 年版。

3. 郭连成主编：《经济全球化与转轨国家经济发展及其互动效应》，经济科学出版社 2007 年版。

4. 曹荣湘：《经济安全——发展中国家的开放与风险》，社会科学文献出版社 2006 年版。

5. 程伟等：《经济全球化与经济转轨互动研究》，商务印书馆 2005 年版。

6. 刘尚希主编：《财政风险及其防范研究文集》，经济科学出版社 2000 年版。

7. 卢中原主编：《世界产业结构变动趋势和我国的战略抉择》，人民出版社 2009 年版。

8. 李孟刚：《产业安全理论研究》，经济科学出版社 2010 年版。

9. 李孟刚主编：《中国产业外资控制报告》，社会科学文献出版社 2012 年版。

10. 曹秋菊：《对外经济下的中国产业安全》，经济科学出版社

2007年版。

11. 〔俄〕先恰科夫主编：《经济安全——生产·财政·银行》，国务院发展研究中心国际技术经济研究所译，中国税务出版社2003年版。

12. 〔波兰〕科勒德克：《全球化与后社会主义国家大预测》，郭增麟译，世界知识出版社2003年版。

13. 郭连成：《经济全球化与转轨国家财政金融安全相关性研究》，《国外社会科学》2010年第6期。

14. 郭连成：《经济全球化与转轨国家经济双向互动论》，《世界经济与政治》2006年第11期。

15. 郭连成等：《全球产业结构变动与俄罗斯产业结构调整与产业发展》，《俄罗斯中亚东欧研究》2012年第6期。

16. 郭连成等：《国际产业转移与美国和欧盟产业结构调整》，《财经问题研究》2012年第10期。

17. 郭连成、米军：《俄罗斯金融危机的演变与发展特点》，《国外社会科学》2009年第6期。

18. 郭连成、李卿燕：《经济全球化与转轨国家经济安全相关性》，《世界经济》2005年第11期。

19. 郭连成、刘坤：《转轨国家经济结构调整的现状与趋势》，《财经问题研究》2011年第12期。

20. 米军、郭连成：《国际资本流动与转轨国家金融安全的相关性——以俄罗斯为研究视角》，《世界经济与政治》2009年第11期。

21. 滕维藻、张岩贵：《全球化对世界各国经济安全的影响以及我国的因应措施》，《南开经济研究》1999年第5期。

22. 潘悦：《国际产业转移的四次浪潮及其影响》，《现代国际关系》

2006 年第 4 期。

23．杨蕙馨、吴炜：《经济全球化条件下的产业结构转型及对策》，《经济学动态》2010 年第 6 期。

24．于新东：《产业保护和产业安全的理论分析》，《上海经济研究》1999 年第 11 期。

25．姜振军：《俄罗斯食品安全形势及其保障措施分析》，《俄罗斯东欧中亚研究》2013 年第 5 期。

26．王殿华、拉娜：《俄罗斯粮食安全与政策评析》，《俄罗斯东欧中亚研究》2013 年第 3 期。

27．邓丽娜、任志新：《外商直接投资对我国制造业产业安全的影响》，《对外经贸实务》2014 年第 8 期。

28．王锐：《外资并购与产业安全》，《中国金融》2014 年第 11 期。

29．何维达等：《FDI 对我国产业安全的影响及其对策》，《生产力研究》2007 年第 24 期。

30．邱立成、殷书炉：《外资进入、制度变迁与银行危机——基于中东欧转型国家的研究》，《金融研究》2011 年第 12 期。

31．徐坡岭、陈旭：《中东欧国家 2008 年资本骤停的原因及对中国的启示》，《欧亚经济》2014 年第 1 期。

32．李朴民等：《当前我国金融安全面临的风险、挑战及对策》，《中国经贸导刊》2008 年第 19 期。

33．赵惟：《国家经济安全与产业安全研究综述》，《首都经济贸易大学学报》2005 年第 3 期。

34．如琢：《重视经济全球化下的经济安全》，《人民日报》，2004 年 12 月 16 日。

35．宋泓：《国际产业转移新趋势》，《经济日报》，2004年6月19日。

36．牛晓帆、代坤宏：《全球分工与我国未来产业结构调整问题研究》，《四川经济日报》，2010年4月27日。

37．林兆木：《"十二五"时期我国发展取得重大成就》，《光明日报》，2015年11月16日。

38．马凯：《壮大战略性新兴产业》，《人民日报》，2015年11月10日。

39．徐坡岭、张鲁平：《国际金融危机冲击下中东欧国家经济走势分析》，《俄罗斯研究》2009年第3期。

40．《俄罗斯复兴之梦面临新考验》，《环球时报》，2008年11月18日。

41．欧诣：《中俄能源合作稳步前行》，《光明日报》，2015年11月21日。

42．李建民：《卢布危机的警示意义值得深思》，《中国社会科学报》，2015年1月19日。

43．江涌：《经济全球化背景下的国家经济安全》，人民网，2007年3月16日，www.people.com.cn。

44．《经济全球化呼唤金融安全》，《人民日报》，1998年10月21日。

45．《全球跨国并购形势分析及中国对策》，中国产业安全指南网，http://www.acs.gov.cn/sites/aqzn/。

46．《商务部副部长：跨国投资投向服务业明显增多 高端产业加快向发展中国家转移》，新华网，http://news.xinhuanet.com/fortune/2011-06/18/c_121553170.htm。

47．《补足短板 统筹推进先进制造业发展》，中国工业新闻网，

http://www.cinn.cn/xw/chanj/317614.shtml。

48．《俄罗斯吸引外资情况及政策》，中华人民共和国商务部网站，http://www.mofcom.gov.cn/article/i/dxfw/jlyd/201304/20130400102200.shtml。

49．《中国产业结构调整取得历史性变化》，中国产业经济信息网，2014年1月22日，http://www.cinic.org.cn/site951/cjtt/2014-01-22/716336.shtml。

50．《国务院印发〈关于加快发展生产性服务业促进产业结构调整升级的指导意见〉》，新华网，http://news.xinhuanet.com/politics/2014-08/06/c_1111957465.htm。

51．《习近平阐述中国经济新常态新机遇》，新华网，http://news.xinhuanet.com/fortune/2014-11/10/c_127195397.htm。

52．《中共中央关于制定国民经济和社会发展第十三个五年规划的建议》，人民网，http://cpc.people.com.cn/n/2015/1103/c399243-27772351.html?_t=1447680555122。

53．《国务院总理李克强2015年3月5日在第十二届全国人民代表大会第三次会议上所作的〈政府工作报告〉》（全文），中央政府门户网站，http://www.gov.cn/guowuyuan/2015-03/16/content_2835101.htm。

54．何维达：《跨国并购对中国产业安全的五大影响》，中国企业网，http://www.qiye.gov.cn/news/20141202_87890.html。

55．李伟：《加快转变农业发展方式，为保障粮食和食品安全注入新动力——在第三届中国粮食与食品安全战略峰会上的致辞》，中国经济新闻网，http://www.cet.com.cn/wzsy/gysd/1689197.shtml。

56．Шестой технологический уклад: *Наука и жизнь*, 2010 г., No.4.

57．В.А.Мальгин: России необходима структурная перестройка

инновационной системы, *Актуальные проблемы экономики и права*, 2012 г., No.3.

58. Заседание Совета по модернизации экономики и инновационному развитию, http://президент.рф.24 октября 2012 года.

59. Минэкономразвития России: прогноз долгосрочного социально – экономического развития российской федерации на период до 2030 года, Март, 2013. http://www.economy.gov.ru/2013-03-25.

60. Стратегия инновационного развития Российской Федерации на период до 2020 года, http://minsvyaz.ru/ru/doc/?id_4=685.

61. Путин.В.В.: Нам нужна новая экономика, *Ведомости*, 30 января 2012 г.

62. В.А.Мальгин.:России необходима структурная перестройка инновационной системы, *Актуальные проблемы экономики и права*, 2012 г.,No.3.

63. Минэкономразвития России: Концепция долгосрочного социально–экономического развития Российской Федерации ,Москва, Июль, 2007 г.

64. Проблемы продовольственной безопасности в России, http://knowledge.allbest.ru/economy.html.

65. Глотов О.А.: Продовольственная безопасность Российской Федерации: риски и угрозы, основные направления государственно-экономической политики, Известия Тульского государственного университета, *Экономические и юридические науки*, Выпуск No. 1-2 / 2011.

66. Н. Шагайда, В. Узун: Продовольственная безопасность:

проблемы оценки, *Вопросы экономики*, 2015г., No. 5.

67. Прямые иностранные инвестиции в Россию в 2015 году рухнули на 92%, 2016-01-21, http://www.interfax.ru/business/490758.

68. Власенко Р. Д.: Прямые иностранные инвестиции как фактор роста российской экономики [Текст] / Р. Д. Власенко, А. В. Строганова // *Молодой ученый*, 2015, No.21.

69. А. Могилат: Прямые иностранные инвестиции в реальный сектор российской экономики: взгляд с микроуровня и прогноз до 2017 года, *Вопросы экономики*, 2015г., No.6.

70. В. Половинкин и др, Проблемы импортозамещения в отечественной экономике, http://www.unionexpert.ru/index.php/zhurnal-qekspertnyj-soyuzq-osnova/zhurnal-qehkspertnihyj-soyuzq-122014g.

71. Машиностроение, объективнвй взгляд на перспективы импортозамещения, 24 февраля 2015 г., http://www.mashportal.ru/machinery_russia-38053.aspx.

72. Приказ Минпромторга РФ от 24.09.2009 N853, «Об утверждении Стратегии развития легкой промышленности России на период до 2020 года и Плана мероприятий по ее реализации».

73. Стратегия развития автомобильной промышленности Российской Федерации на период до 2020 года, http://www.toyota-club.net/files/reglament/10-05-10_strateg.htm.

74. Энергетическая стратегия России на период до 2035 года, http://ac.gov.ru/files/content/1578/11-02-2014-energostrategy-2035-pdf.pdf.

75. Трубицын Константин Викторович и др., Обеспечение

энергетической безопасности Российской Федерации в условиях вступления во Всемирную торговую организацию，Интернет-журнал «НАУКОВЕДЕНИЕ» Выпуск 6, ноябрь – декабрь,2013.

76．Андрей Барышников, Обеспечение энергетической безопасности России, сентябрь, 2013，http://www.d-kvadrat.ru/dk/info/16759.html.